雑司ヶ谷鬼子母神堂開堂三百五十年・重要文化財指定記念

雑司ヶ谷鬼子母神堂

威光山法明寺
近江正典
［編］

勉誠出版

鬼子母神堂開堂三百五十年記念誌発刊の辞

平成二十六年、鬼子母神堂の建立三百五十年を記念して鬼子母神堂とそこに収蔵する絵馬を収録した図録の制作を企画しました。これまで企画展などでお世話を頂いた日本女子大学名誉教授の永村眞先生から「鬼子母神堂の建物や絵馬、仏像をまとめた書籍がなく、現在の姿を確認できる資料として図録を作るべきだ」というご教示を頂いた事がきっかけでした。永村先生には文京区の文の京インタープリターの企画展で鬼子母神堂を取り上げて頂いて以来、建物や収蔵物の保護について様々なご意見を伺っていました。図録制作の企画を総代会に諮り鬼子母神堂建立三百五十年記念事業として進めることを決定、永村先生を中心に建物、絵馬、仏像、仏具などの構成を決め、論考と写真撮影を各先生方にお願いしました。はじめに建物と絵馬の撮影と法量の計測から着手、これを進めるうちにその点数の夥しいことに驚き、時間も経過していきました。はじめに撮影だけでも一年以上かかり、建立三百五十年にはとうてい間に合わないことも判ってきました。一方、これまであまり伝わっていなかった寄進者の自昌院殿英心日妙大姉の事績なども改めて調べなければなりませんでした。これは広島市の本山國前寺貫首、疋田英親猊下のご懇篤なるご協力とご理解を頂き詳細を調査することができました。疋田猊下のご協力に深甚なる感謝を表します。また、鬼子母神堂の歴史を調べるうちに建立から開堂供養までに二年間あいていたことも判り、建立三百五十年に着手した本書は開堂三百五十年の記念誌として平成二十八年に発刊されることになりました。

この間、鬼子母神堂を取り巻く状況は劇的に変化しました。はじめに建立三百五十年を迎えた平成二十六年に日本ユネスコ協会から雑司が谷地域が未来遺産登録の認証を受けました。これは百年後の子供たちに残したい活動をしている街を顕彰しようと同協会が行っている運動で、豊島ユネスコ協会会長の平井憲太郎氏等の提案で実現しました。雑司が谷には鬼子母神堂を中心に御会式連合会やすすきみみずく保存会、ボランティアガイド雑司が谷案内人や七福神の会、欅並木保存会など様々なコミュニティーが形成され活動しています。こうした活動を百年後の子供たちに残そうと、豊島ユネスコ協会で取り上げられました。この企ては高野之夫豊島区長の強力な後押しもあって、初回の申請で認証されるという快挙となりました。さらに翌平成二十七年三月には鬼子母神御会式の万灯練り供養が豊島区の無形民俗文化財に指定されました。これは五年に及ぶ調査と審議の結果承認されたもので三田一則教育長はじめ関係者の尽力が実ったものでした。そして本書の発刊を目前にした今年五月には文化庁から鬼子母神堂の重要文化財指定を審議会に諮問したというニュースが飛び込んできました。審議会で承認されれば重要文化財指定を受けることになります。これは鬼子母神堂の歴史の中でも大きな出来事ですから、この度の記念誌に是非とも指定書を掲載したいと考え、七月に予定していた発行が秋まで延期されることになりました。

この度の指定を振り返ると本当に大勢の方々とのご縁に恵まれていたと思います。はじめに本書の刊行から重要文化財指定に至るまで、中心になってお骨折りを頂いた永村眞先生との出会いです。これは長女が日本女子大学史学科で永村先生にお世話になったことがきっかけでした。もっとさかのぼれば二十八年前に文教大学教授だった矢崎正見伯父が日本女子大学附属豊明幼稚園への入園を勧めてくれたことから始まっていました。そして永村先生と文の京インタープリターの方々による企画展、その折にご指導頂いた元東京藝術大学大学院教授の上野勝久先生、インタープリターの代表を務められた國分眞史氏、仏像調査にご尽力頂いた大正大学教授の副島弘道先生、絵馬を丹念に調査して下さった金沢文庫主任学芸員の梅沢恵先生、また四半世紀にもわたるご交誼を賜っている豊島区長高野之夫氏、教育委員会の三田一則教育長をはじめ、鬼子母神堂の護持にご協力を頂いた学芸員の皆様、池上本門寺宝物館の主事で鼠山感応寺展を企画され、今回御会式の歴史について論文をご執筆頂いた安藤昌就氏、豊島ユネスコ協会の平井憲太郎会長はじめ未来遺産登録にむけて徹夜で準備して下さった幹部の方々、本書の刊行を物心両面から支えて下さった法明寺総代会をはじめ法明寺檀信徒、鬼子母神堂信徒の皆様、また鬼子母神堂に連なる花園中、妙見講、武芳稲荷講、御会式連合会の面々など大勢の皆様とのご縁が鬼子母神堂の重要文化財指定に向かって紡がれていたように思います。そうしたご縁を記録し後世に残すこともこの記念誌発刊のもう一つの意義ではなかったかと考えています。

本書の刊行のためお忙しい時間を割いて調査と玉稿を賜った諸先学、不備の多い現場で撮影して下さった井上久美子、永井文仁両先生、そして度々予定の変わる計画に最後までおつきあい下さり発刊まで導いて下さった勉誠出版株式会社の池嶋洋次会長、岡田林太郎社長および吉田祐輔氏に心からなる感謝を捧げ発刊の辞に代えます。

威光山法明寺
近江正典

開堂三百五十年を迎えて

鬼子母神堂は今年開堂から三百五十年を迎えました。寛文六年（一六六六）の正月、開堂供養が本寺である碑文谷法華寺の住職日禅上人によって行われました。建立はそれより二年前、寛文四年（一六六四）で法明寺の開山日源上人の三百五十遠忌の年でありました。建立から開堂まで二年を要したのは、本殿に付随した拝殿が作られていたと思われることや不受不施制をめぐって幕府と宗門が対立していたことなどが考えられます。実際、鬼子母神堂を建立した当時の法明寺住職日了上人（十五世）は、開堂の直前、寛文五年（一六六五）十二月に四国丸亀に配流されました。このような緊張した時代に鬼子母神堂を寄進した自昌院殿英心日妙大姉の篤信に敬服するばかりです。

鬼子母神堂の文化財指定を発表した五月二十五日は、奇しくも七十一年前、昭和二十年の空襲で法明寺全山を焼失した日であり、その中で唯一残った鬼子母神堂が重要文化財指定を受けたことは誠に感慨深いものでした。最も思い出深いのは、東京都の学芸員を務めていた金山正好先生から鬼子母神堂の解体修理を勧められた時のことです。昭和三十五年に師父一味院日厚上人が遷化し、法燈を継承した私は密かに法明寺の復興を誓い、山門、鐘楼の再建、安国堂の改修、威光稲荷堂の再建などを休む暇なく手がけました。それらが一段落した頃のこと、朝の勤行を終えて向拝口の階段を降りかけたとき、正面から金山先生が登ってきました。そこで「このお堂を修理しませんか」と持ちかけられたのです。既に建立から三百年を越え、柱の痛みや傾きの出ていた鬼子母神堂の改修はいつも念頭にありましたが、自分の代では無理だろうと諦めていました。それが実現できると言われ、驚きとともに「本当にやりきれるだろうか」という不安がよぎりました。「東京都に私が掛け合いますから」という先生の言葉に背中を押され三年がかりの昭和大修理に取りかかりました。幸い仏天の加護と檀信徒の協力に恵まれ昭和五十四年十一月に完成、鬼子母神堂は自昌院建立当時の姿を取り戻すことができました。

今年、鬼子母神像の出現から四百五十年、現在の本殿開堂から三百五十年を迎えましたが、その歴史の中で五十年もの長きにわたり鬼子母神堂の格護に携われたことは法明寺の住職を勤めた者として何よりも幸せなことでありました。これまでご丹精いただき、このお堂を支えて下さった檀信徒の皆様に心から感謝を捧げます。

威光山法明寺　院首

近江正隆

鬼子母神堂開堂三百五十年記念誌発刊に寄せて

この度は、鬼子母神堂開堂三百五十年記念誌の発刊、ならびに、国の重要文化財指定決定、誠におめでとうございます。平成二十六年末に日本ユネスコ協会連盟「未来遺産」に雑司が谷のプロジェクトが認証された興奮も冷めやらぬ中で、続けての国の重要文化財指定は、皆さまだけでなく、区をはじめ区民の皆さまにとっても、たいへん大きな喜びです。

今回、国の重要文化財に指定された歴史と伝統のある雑司ヶ谷鬼子母神堂は、古くから安産祈願の参詣者が集まる場です。豊島区教育委員会の無形民俗文化財の指定を受けている御会式をはじめ、地域の文化や人々の交流の場としても重要な役割を担ってきております。

また、永い歴史に培われた多くの文化資源があり、民話にもある「すすきみみずく」等の郷土玩具の保全や、伝統行事である御会式の伝承等、次の世代に引き継いでいく活動が活発に行われています。さらに、「雑司が谷案内処」では、ボランティアの案内人が常駐して、訪れた方々に雑司が谷の魅力を紹介するなど、地域をあげて雑司が谷を盛り上げる活動を行っており、これらの活動も、国の重要文化財指定の後押しとなったと思います。

一方で雑司が谷は、隣接する繁華街池袋とは対照的に、古き良きものを保存すべきまちであり、最近特に若者にも人気があります。今回の国の重要文化財指定決定により、一層多くの方々にその良さが広く知られることになると思います。

「プライド・オブ・プレイス」という言葉があります。雑司が谷は、この街で生まれ、育ち、学び、働くすべての人々が、誇りをもって皆に自慢したくなるような、すばらしいまちです。

今、豊島区は大きく発展しようとしております。古き良きものを大切に保存し、新時代に向けて国際アート・カルチャー都市を目指して、皆さまとともに取り組んでまいります。その中で、雑司ヶ谷鬼子母神は、まさに豊島区を代表する文化のシンボルとして、これからもさらに多くの方々と魅力を守り、継承し、その良さを世界に向けて発信していきたいと思います。

結びにあたり、法明寺の近江住職をはじめ関係の皆さまの益々のご発展を祈念して、お祝いの言葉とさせていただきます。この度は、誠におめでとうございました。

（平成二十八年六月二十日）

豊島区長
高野之夫

雑司ヶ谷鬼子母神堂開堂三百五十年と国重要文化財指定の慶事に際して

世紀の慶事に関係者の一人として立ち会い記念誌に寄稿できますこと、望外の喜びであります。雑司ヶ谷鬼子母神堂開堂三百五十年、そして、国の宝としての重要文化財指定と、重ね重ねの慶事は、一昨年、雑司が谷地区が日本ユネスコ協会連盟の未来遺産プロジェクトに登録されたことと併せての快挙であり、豊島区民として誠に目出度く誇らしく感じ入る次第です。

威光山法明寺で祭祀する雑司ヶ谷鬼子母神は永禄四年（一五六一）に出現し、その後、安土桃山時代に当たる天正六年（一五七八）に現在の地に安置され、現本殿は寛文六年（一六六六）に開堂されて三百五十年となります。この間、当山の鬼子母神は法華信仰の外護神として、さらに、安産・子育の神として人々に尊崇されてきました。また、お堂の前の鬼子母神立像は鬼型ではなく（「鬼」の字には角が無い）、羽衣をつけ吉祥果を持って幼児を抱いた菩薩形の美しいお姿で、江戸時代を通じての鬼子母神信仰の歴史を物語っています。

次に、本年五月二十日、文化審議会が文部科学大臣に、雑司ヶ谷鬼子母神堂等十二件を国の重要文化財に指定するよう答申された慶事について申し上げます。

本鬼子母神堂の外観は神社本殿形式、檜材と銅板葺屋根、懸魚や蛙又の見事な透かし彫の彫刻や加飾、重厚な屋根を支える組物も力強さと美しさを表しています。内部には三間四方の仏間があり、本殿内の奥に宮殿が安置されています。本殿内部の装飾はすべて黒漆塗で天井板は金箔押が施され、細部にわたり広島藩安芸地方の社寺建築の特徴を示すと共に、元禄十三年（一七〇〇）に開堂されたという拝殿の豊かな装飾、近世建築らしい華やかな礼拝空間として光り輝いています。本殿、相の間、拝殿が巧妙に連結した権現造が特筆されます。本殿背面には妙見宮（北極星の精・北辰妙見大菩薩）が北西に面して建っている等々、「意匠的に優秀なもの、歴史的価値の高いもの」（指定基準）と評価されたのです。

私は、五月二十五日、法明寺主催の重要文化財指定答申報告会の折に参拝し、保存性の高い木材や漆、金箔、精巧な金の金具等を駆使し、今日まで当時の輝きを伝えている威容さに、改めて感動いたしました。匠の技の素晴らしさと併せて、東奔西走されて寺宝を守り抜かれた歴代の御住持及び御檀家の皆様に深甚なる敬意を表する次第です。今後は国の宝として、広く内外にその歴史的・文化的価値を発信して参ります。

（平成二十八年六月二十日）

豊島区教育委員会教育長

三田一則

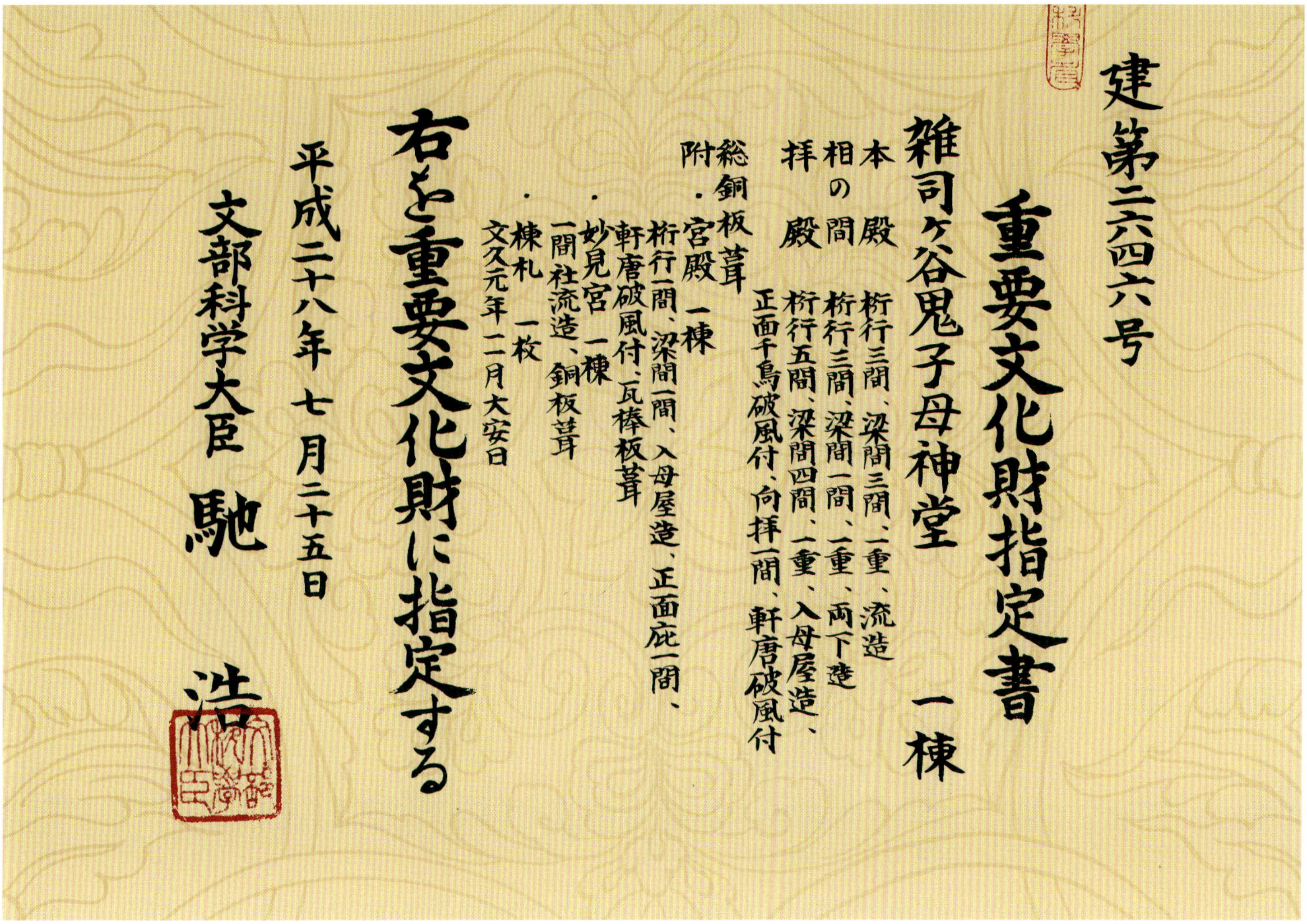
建第二六四六号

重要文化財指定書

雑司ケ谷鬼子母神堂　一棟

本殿　桁行三間、梁間三間、一重、流造
相の間　桁行三間、梁間一間、一重、両下造
拝殿　桁行五間、梁間四間、一重、入母屋造、正面千鳥破風付、向拝一間、軒唐破風付
総銅板葺

附
・宮殿　一棟
桁行一間、梁間一間、入母屋造、正面庇一間、軒唐破風付、瓦棒板葺
・妙見宮　一棟
一間社流造、銅板葺
・棟札　一枚
文久元年十一月大安日

右を重要文化財に指定する

平成二十八年七月二十五日

文部科学大臣　馳　浩

雑司が谷の鬼子母神は、永禄四年（一五六一）に清土（現在の文京区目白台）で掘り出された鬼子母神像を、天正六年（一五七八）に現在の場所に堂を建てて安置したことに始まる。寛永二年（一六二五）には社殿の造営が執り行われ、正保三年（一六四六）には宮殿が寄進された。江戸時代前期から将軍の御成りがあるなど、武家から庶民まで、子育て・安産の神として広く信仰され、現在でも多くの参詣者が訪れている。

現在の鬼子母神堂は、手前から「拝殿」・「相の間」・「本殿」の三つの建物で構成される「権現造り」。本殿の開堂供養は寛文六年（一六六六）に行われたことが記録にあるが、屋根裏の束に書かれた墨書から、寛文四年に上棟されたことが判明している。拝殿と相の間は元禄十三年（一七〇〇）に建てられた。広島藩二代目藩主浅野光晟の正室満姫の寄進により建てられ、その建築には広島から呼び寄せた大工が従事している。そのため、本殿の三方の妻を飾る梁や組物の彫刻には広島地方の寺社に用いられている建築様式が見られる。拝殿は、江戸時代中期の華やかな建物ではあるものの、装飾を簡素なものに変えるなど、幕府による建築制限令に対応をうかがわせる特徴がみられる。

これらのことから、江戸時代の大名家による寺社造営の実像を示す事例であり、本殿と拝殿とで異なる特徴を持つ建造物であることから、歴史的・意匠的に価値が高いという点が評価され、平成二十八年七月二十五日に重要文化財に指定された。

豊島区教育委員会教育長
三田一則

目次

図版篇

解説篇

論考篇

図版篇

凡　例

・堂宇の編集は、上野勝久（元東京藝術大学大学院教授）・小林直弘（東京藝術大学大学院美術研究科非常勤講師）が担当した。
・堂宇の撮影は、永井文仁（東京藝術大学美術学部付属写真センター助教）が担当した。
・彫刻、工芸品（法具など）の編集は、副島弘道（大正大学文学部教授）・久保田綾（大正大学大学院）・菱沼沙織（大正大学大学院）が担当した。
・彫刻の寸法は、特に断りのないかぎり、像高を示している。
・絵画・奉納額の編集は、梅沢恵（神奈川県立金沢文庫主任学芸員）が担当した。
・彫刻、工芸品、絵画・奉納額の撮影は井上久美子が担当した。

堂宇

木造扁額 「鬼子母神」(※解説は129ページ)

裏面陰刻銘

1
鬼子母神堂正面全景（東より）

2
鬼子母神堂全景（南東より）

3 本殿全景（北より）

4 本殿・相の間・拝殿（北西より）

5 本殿全景（南西より）

6 本殿背面全景（西より）

7 本殿妻飾（南側面）

8 本殿南側面全景（南東より）

9 本殿・相の間内部全景（東より）

10 本殿内部全景（東より）

11
本殿内部（北東より）

12
本殿内部（南より）

13
宮殿及び須弥壇

14
宮殿正面全景

15
相の間内部（北東より）

16
相の間内部（南より）

17
拝殿正面向拝（南東より）

18
拝殿正面向拝架構（南より）

19

拝殿外陣架構（北東隅）

20

拝殿外陣架構（南より）

21 拝殿内陣全景（南東より）

22 拝殿脇の間（北西隅）

23 拝殿内陣全景（東より）

24 拝殿内陣全景（北東より）

25 妙見宮　正面全景（西より）

26 妙見宮　側面全景（南より）

27 手水舎全景（南西より）

28 鬼子母神の大銀杏（北より）

1

木造鬼子母神倚像　一二・〇cm　江戸時代

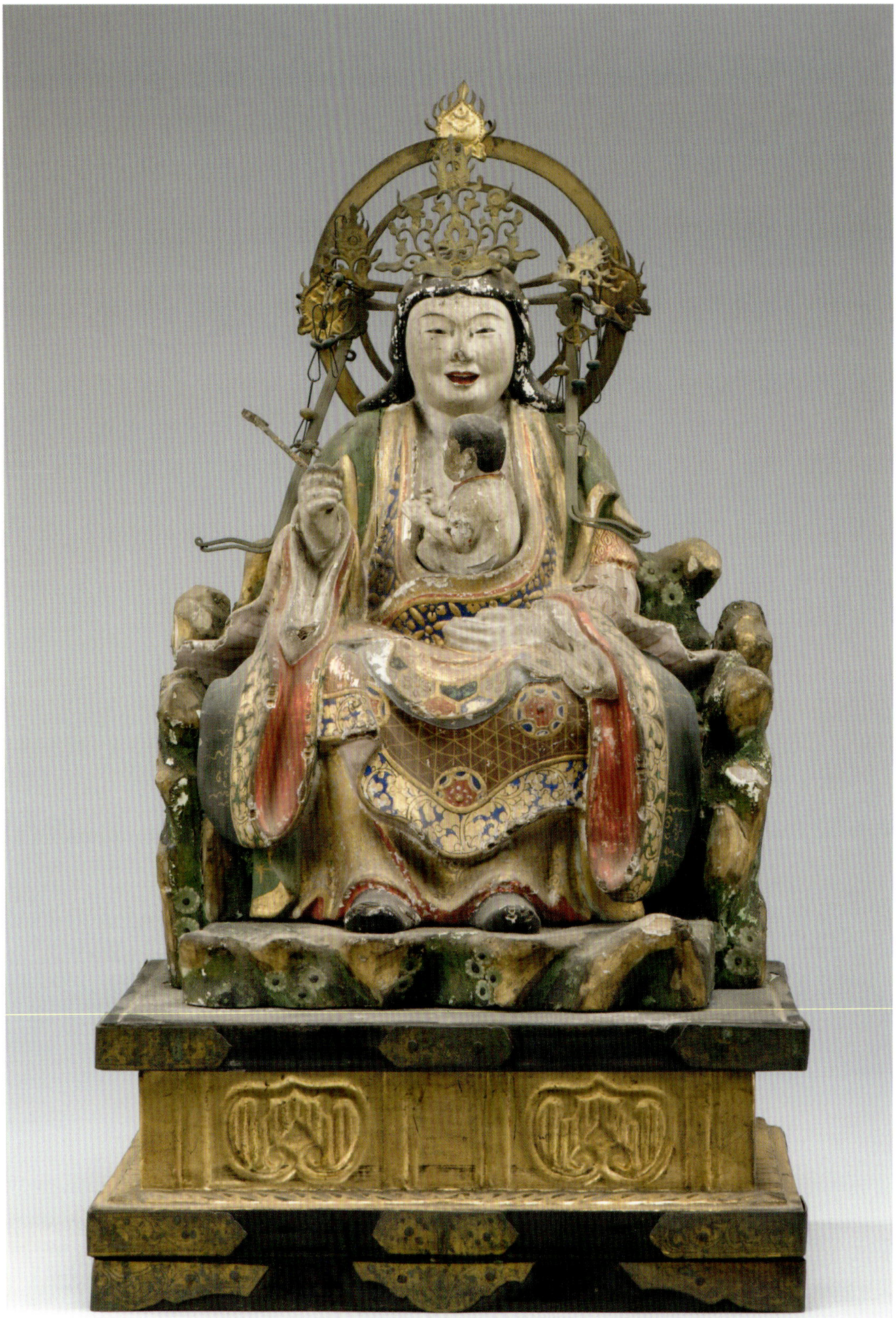

台座天板裏墨書

2
木造十羅刹女立像　その一　一六・九cm　江戸時代

2
木造十羅刹女立像　その二　一六・五cm　江戸時代

2
木造十羅刹女立像　その三　一六・三cm　江戸時代

2
木造十羅刹女立像　その四　一六・五cm　江戸時代

2
木造十羅刹女立像　その五　一六・二cm　江戸時代

2
木造十羅刹女立像　その六　一六・五cm　江戸時代

台座裏墨書

台座裏墨書

2
木造十羅刹女立像　その七　一六・六cm　江戸時代

2
木造十羅刹女立像　その八　一六・三cm　江戸時代

2
木造十羅刹女立像　その九　一六・四cm　江戸時代

2
木造十羅刹女立像　その十　一六・五cm　江戸時代

台座裏墨書

3
木造鬼子母神立像　一一・五cm　江戸時代～近代

4

木造鬼子母神立像　二六・九cm　天正三年（一五七五）

同前　木造鬼子母神立像

台座背面墨書（赤外線撮影）

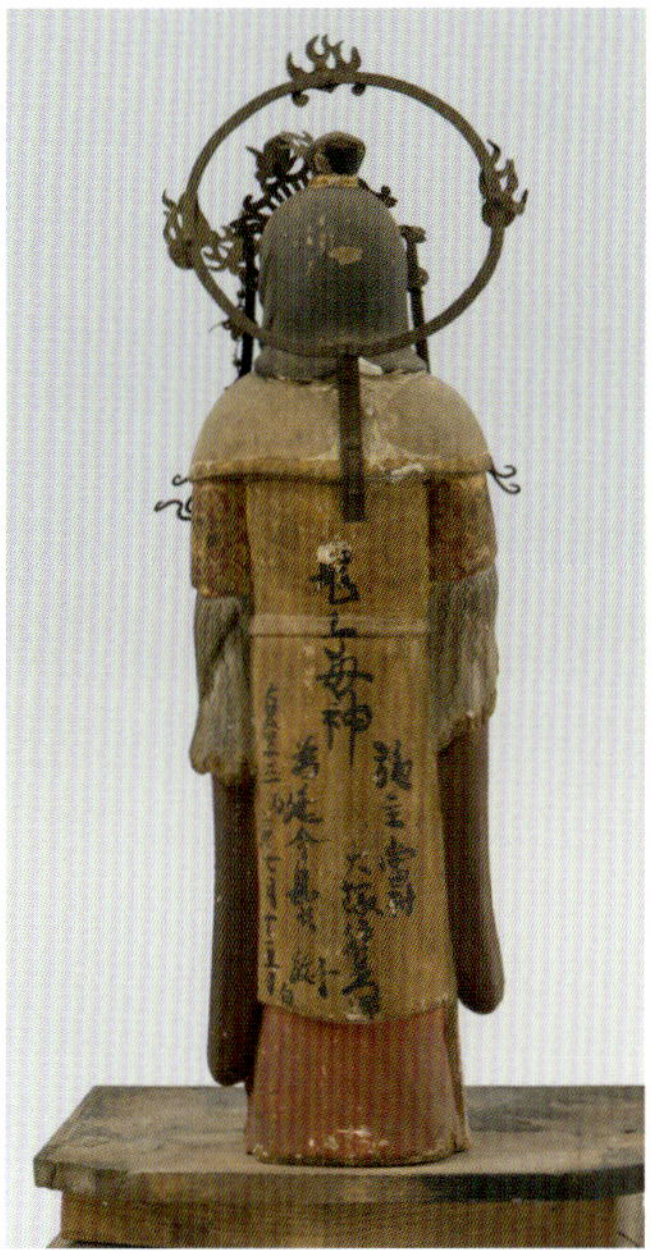

5

木造鬼子母神立像　二八・九cm　貞享三年（一六八六）

6

石造金剛力士立像　阿形　一五〇・二cm　元禄九年（一六九六）

框座陰刻

6

石造金剛力士立像　吽形　一三四cm（現状）　元禄九年（一六九六）

框座陰刻

7

銅造灯明台童子坐像　その一　五五・七cm　宝永三年（一七〇六）

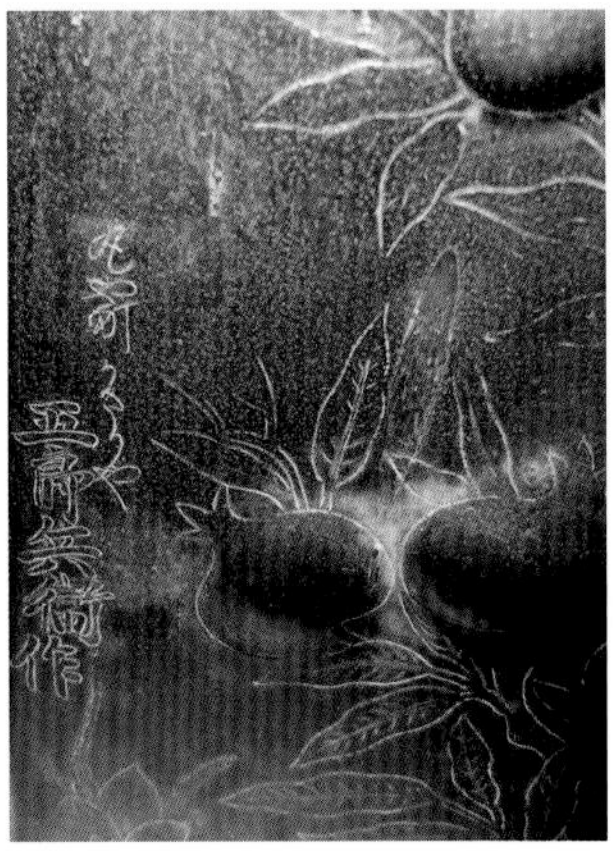

基台背面陰刻

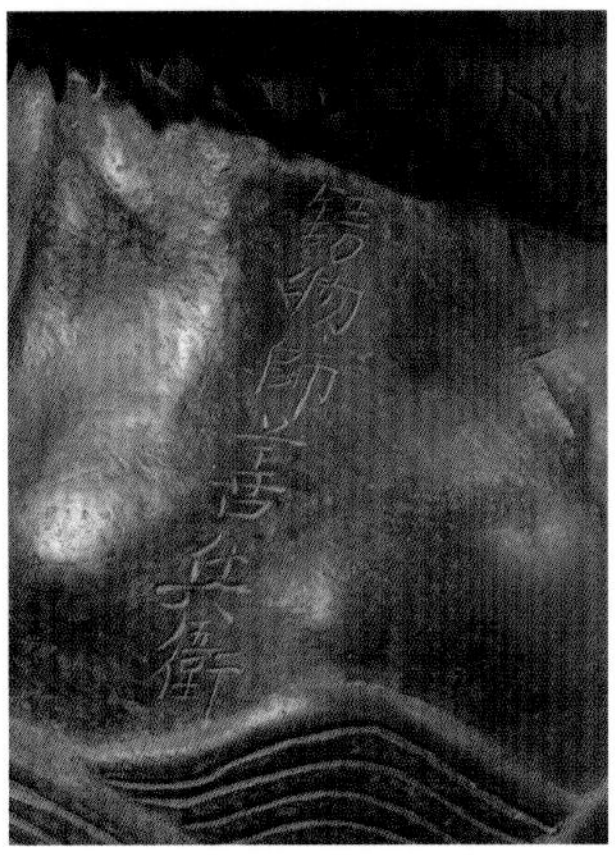

台座背面陰刻

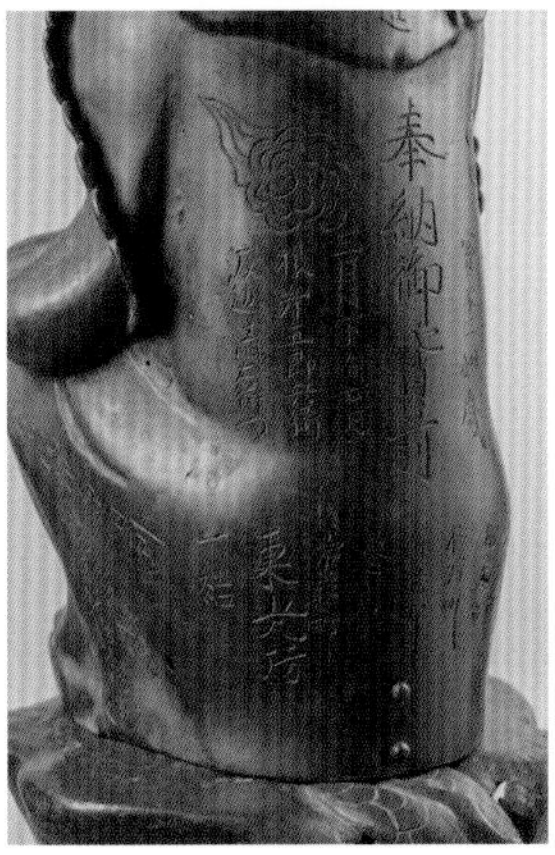

背部陰刻

7
銅造灯明台童子坐像　その二　五一・〇cm　宝永三年（一七〇六）

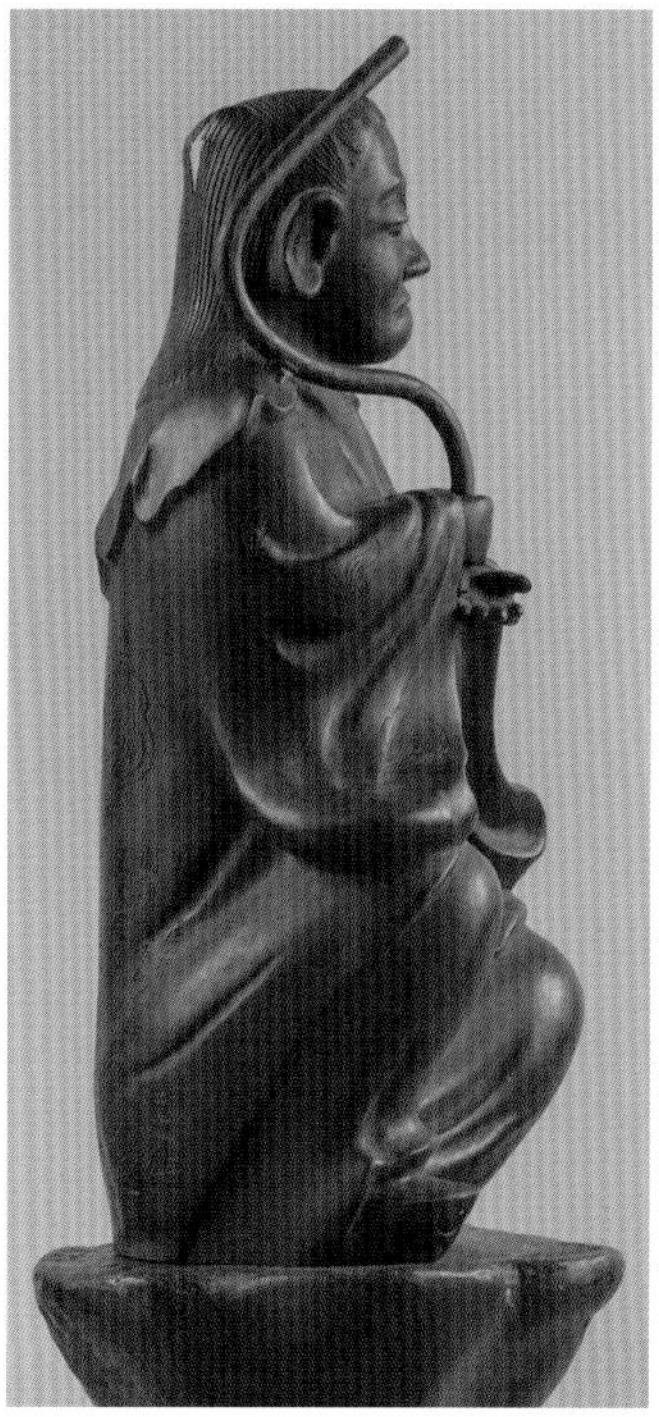

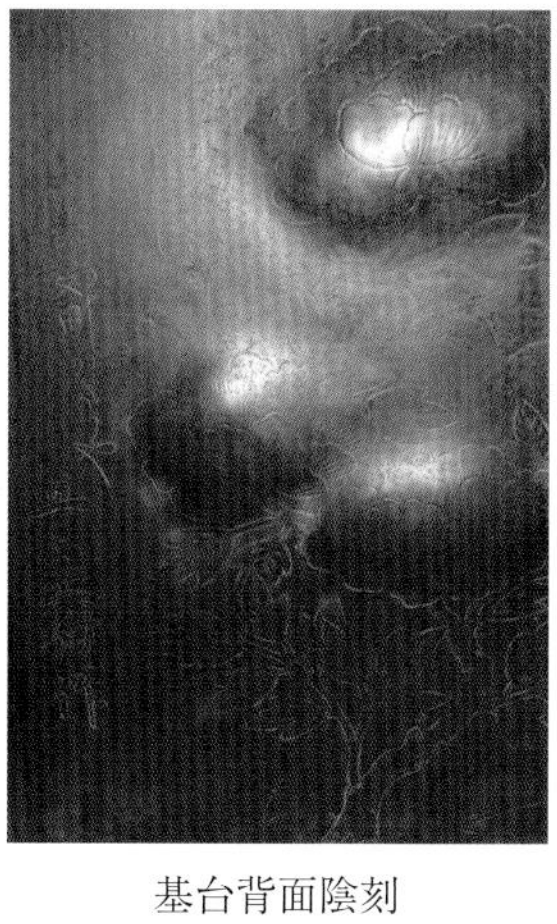
基台背面陰刻

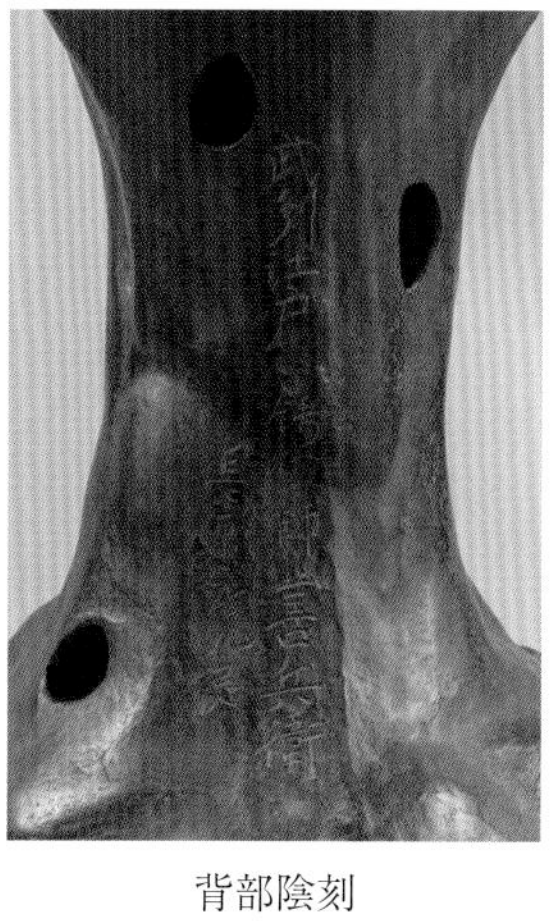
背部陰刻

台座背面陰刻

8

木造鷺大明神立像　一五・八cm　正徳二年（一七一二）

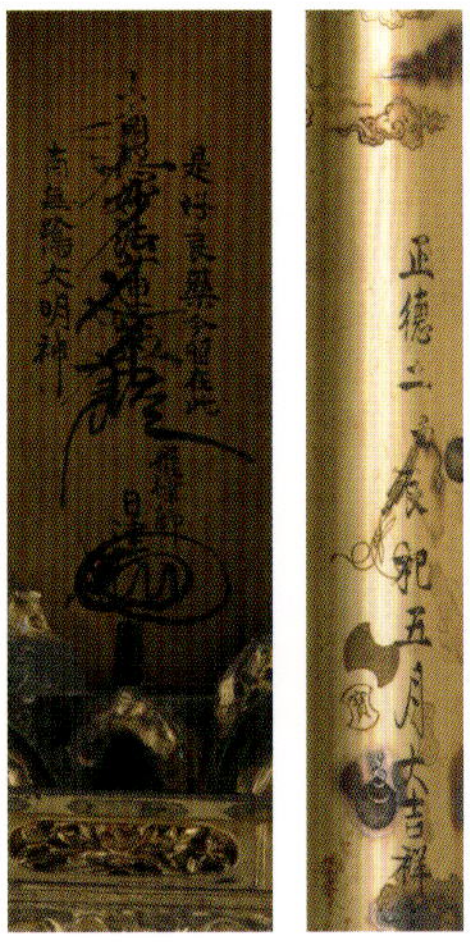

厨子墨書

9

木造愛染明王坐像　一四・五cm　文化十二年（一八一五）

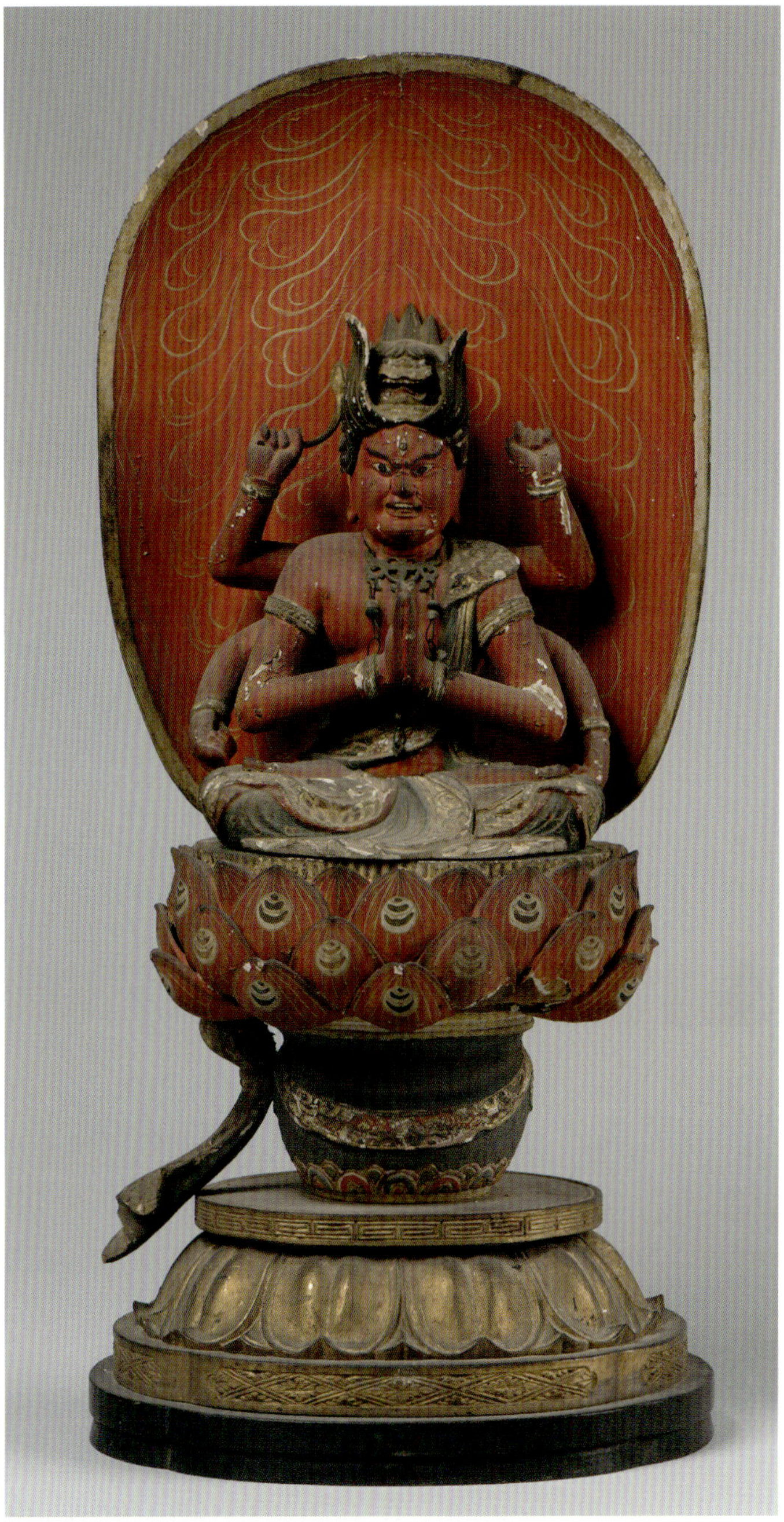

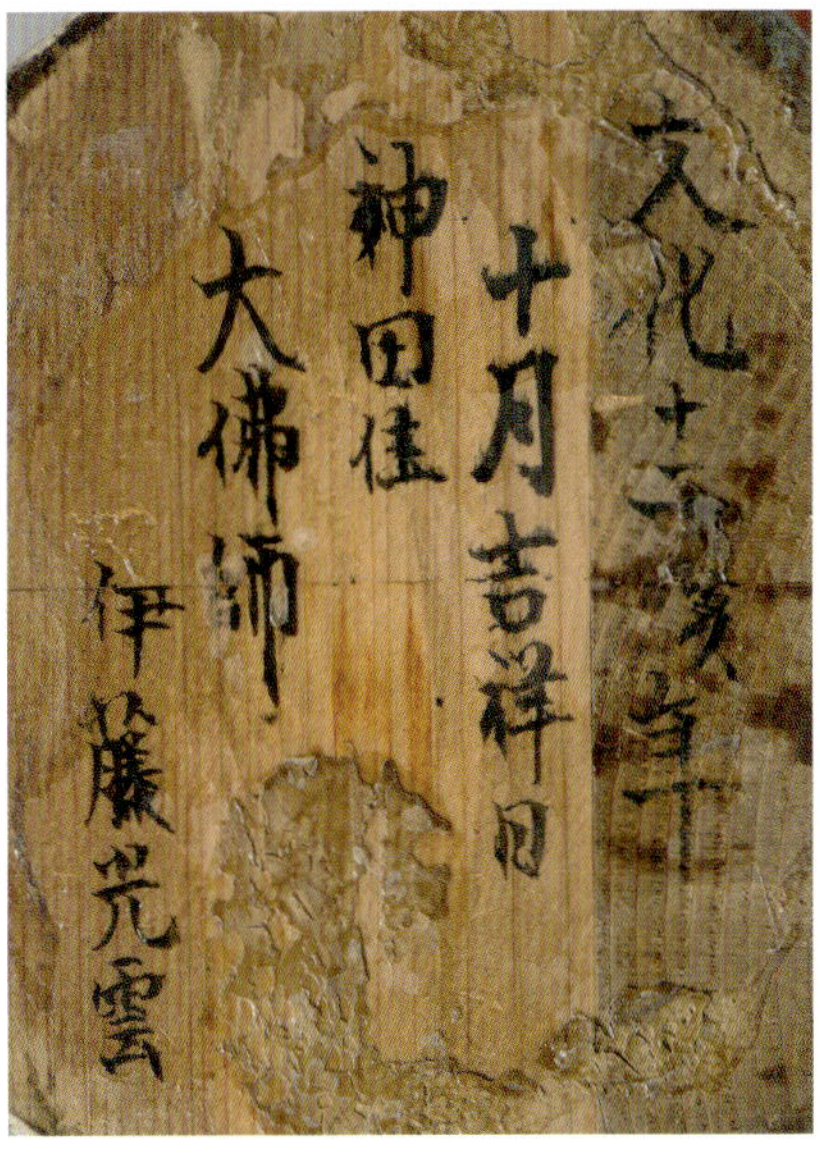

像底墨書

10 木造鬼子母神立像　一五・八cm　江戸時代

11 木造鬼子母神立像　一〇・五cm　江戸時代

12 木造鬼子母神立像　一四・五cm　江戸時代

13 木造鬼子母神立像　三・五cm　江戸時代～近代

14
木造地蔵菩薩立像　一四・六cm　江戸時代〜近代

15
木造大黒天立像　六五・五cm　江戸時代

16
木造倉稲魂命坐像（武芳稲荷神）　二四・〇cm　江戸時代

17
木造鬼子母神及び両脇侍立像　明治三十二年（一八九九）
中尊　九・八cm　左脇侍　八・七cm　右脇侍　九・三cm

18
木造鬼子母神立像　一六・二cm　明治三十三年（一九〇〇）

19
木造鬼子母神立像　一五・二cm　明治四十四年（一九一一）

20
木造鬼子母神立像　九・三cm　昭和五年（一九三〇）

21
木造鬼子母神立像　九・〇cm　昭和十年（一九三五）

22
木造日蓮上人坐像　四・六cm　昭和十年（一九三五）

23
石造鬼子母神立像　一三六cm　昭和十三年（一九三八）

24
木造鬼子母神立像　一六・四cm　昭和二十四年（一九四九）

25
木造鬼子母神立像　二四・二cm　昭和二十九年（一九五四）

26
木造大黒天立像　一五・一cm　昭和三十七年（一九六二）

27
木造不動明王立像　九三・五cm　昭和四十七年（一九七二）

28
木造観音菩薩立像　二七・四cm　昭和五十四年（一九七九）

29
木造大黒天立像　七・五cm　昭和五十六年（一九八一）

30
銅造鬼子母神立像　八・三cm　平成元年（一九八九）

31
木造大黒天立像　六・七cm　平成十年（一九九八）

32
木造鬼子母神立像　三四・〇cm　近代

33
木造鬼子母神立像　一六・二cm　近代

34
木造鬼子母神立像　一二・六cm　近代

35 木造鬼子母神立像 一四・二cm 近代

36 木造鬼子母神立像 八・五cm 近代

37 木造鬼子母神立像 一一・七cm 近代

38 木造鬼子母神立像 一〇・八cm 近代

39 木造鬼子母神立像 八・三cm 近代

40 木造鬼子母神立像 四・九cm 近代

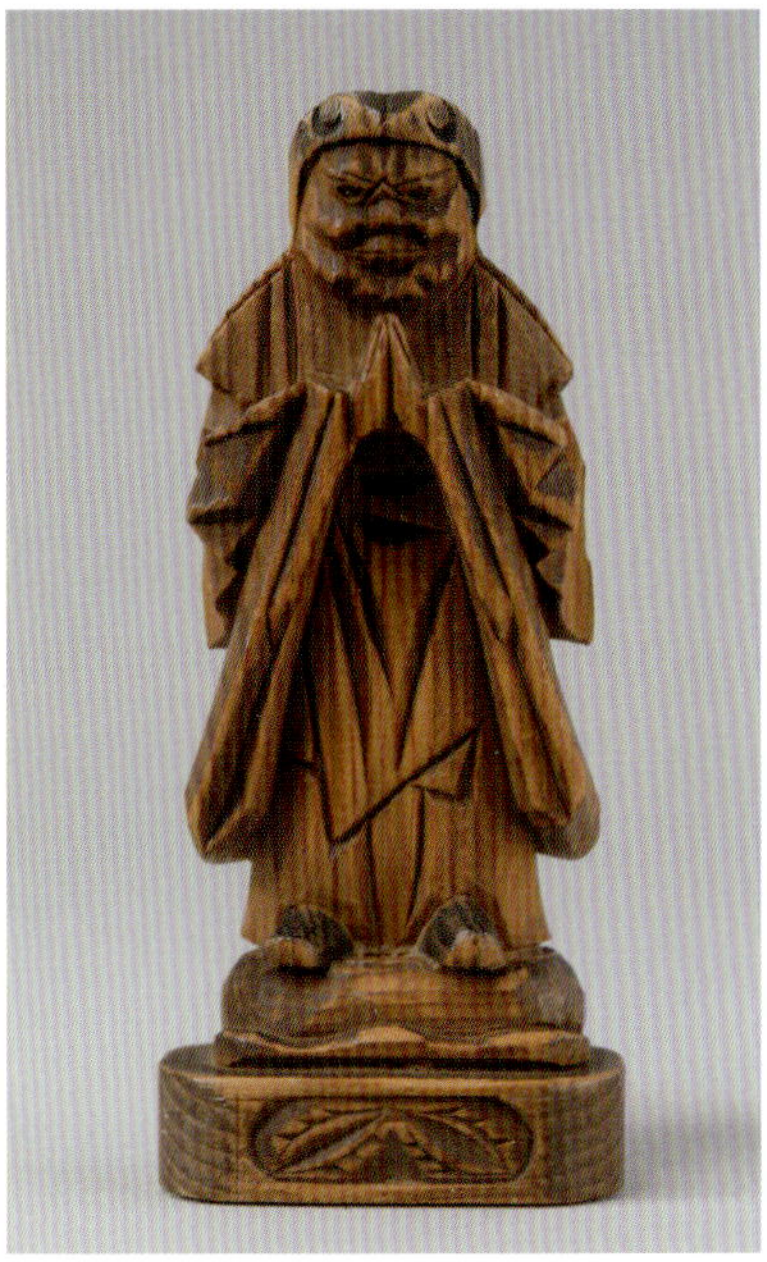

41 木造鬼子母神立像 八・六cm 近代

42 木造鬼子母神立像 八三・〇cm 近代

43 木造日蓮上人坐像 二七・〇cm 近代

44
木造三宝本尊像　各五・五cm　近代

45
木造妙見菩薩立像　一七・二cm　近代

46
木造天部形立像　六・五cm　近代

47
木造大黒天立像　一八・三cm　近代

48
木造大黒天立像　一六・二cm　近代

49
木造稲荷大明神立像　二五・七cm　近代

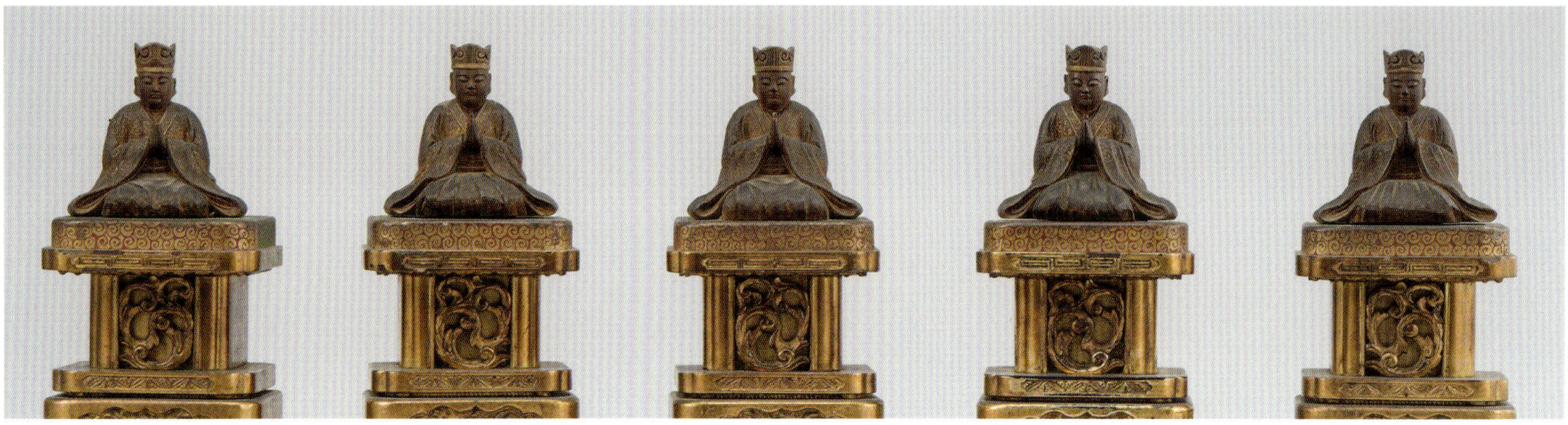

50 木造法徳善神坐像　八・三cm　近代

51 木造顕徳善神坐像　八・五cm　近代

52 木造華徳善神坐像　八・四cm　近代

53 木造経力善神坐像　八・四cm　近代

54 木造蓮光善神坐像　八・四cm　近代

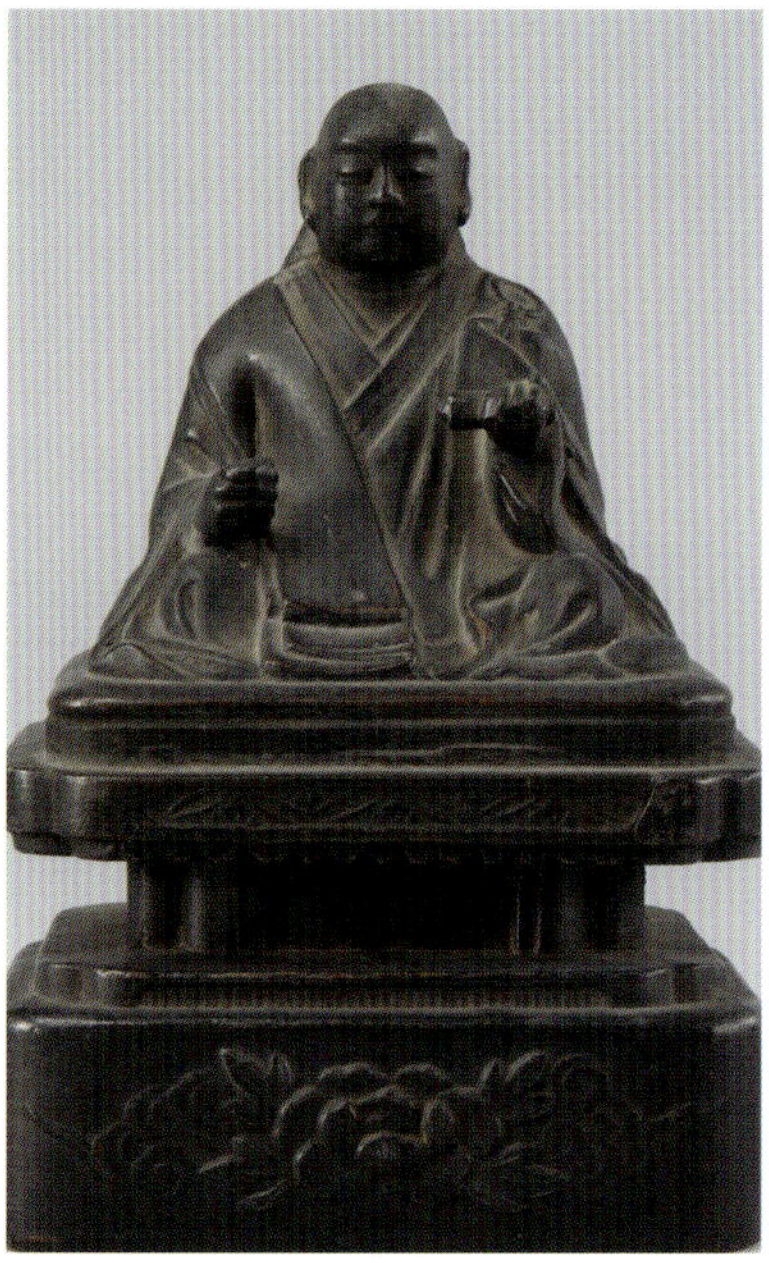

55 銅造日蓮上人坐像　五・五cm　近代

56 銅造誕生釈迦仏立像　一三・八cm　近代

57 銅造誕生釈迦仏立像　一四・四cm　近代

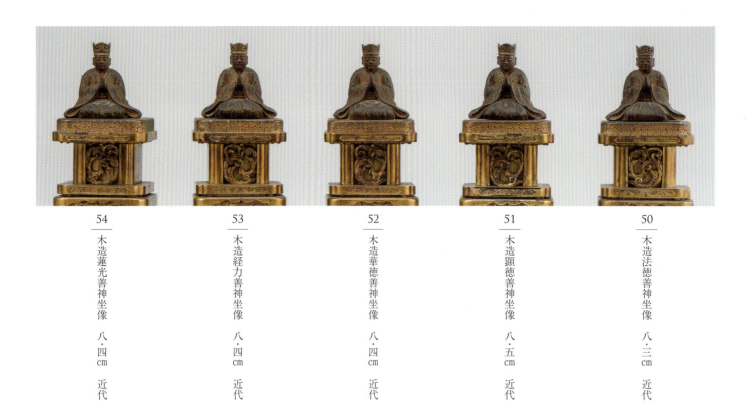

58
銅造菩薩立像　一八・五cm　近代

59
銅造地蔵菩薩立像　一八・〇cm　近代

60
銅造毘沙門天立像　六・四cm　近代

61
銅造大黒天立像　総高二・六cm　近代

62
石造地蔵菩薩立像　総高一六・〇cm　近代

63
石造布袋坐像　二三・八cm　近代

64
陶製魚籃観音菩薩立像　二三・八cm　近代

65
石膏製恵比須神踏下げ像　八・六cm　近代

工芸品（法具など）

1
鰐口　面径七三・五cm　元禄十三年（一七〇〇）

2
花瓶（石榴常花付き）その一　高三七・三cm　元禄十三年（一七〇〇）

2
花瓶（石榴常花付き）その二　高三七・三cm　元禄十三年（一七〇〇）

3
香炉　高（獅子頭まで）五〇・五cm　元禄十三年（一七〇〇）

4
梵鐘　高六九・五cm　元禄十三年（一七〇〇）

5
銭箱　高三一・八cm　正徳元年（一七一一）

6
武芳稲荷堂棟札　縦五二・八cm　正徳四年（一七一四）

7
鏡（台付き）　径九六・〇cm　享保二年（一七一七）

8
仏器膳　高二五・七cm　享保十八年（一七三三）

9
灯籠（台付き）　その一　総高一八七・一cm　寛延二年（一七四九）

9
灯籠（台付き）　その二　総高一八七・一cm　寛延二年（一七四九）

10
灯籠（台付き） その一 総高二〇六・〇cm 文政八年（一八二五）

10
灯籠（台付き） その二 総高二〇六・〇cm 文政八年（一八二五）

11
香炉（台付き） 総高九二・二cm 天保十二年（一八四一）

12
棟札 縦六九・〇cm 文久元年（一八六一）

13
三方 その一 高三一・六cm
文久三年（一八六三）

13
三方 その二 高三一・六cm
文久三年（一八六三）

14
瓶子（神酒口、三方付き） その一 高三六・〇cm 文久三年（一八六三）か。

14
瓶子（神酒口、三方付き） その二 高三六・〇cm 文久三年（一八六三）か。

15
経箱　高一九・八cm　江戸時代

16
経箱蓋　高二二・三cm　江戸時代

17
礼盤　高三五・三cm　江戸時代

18
前机　高一一〇・九cm　江戸時代

19
経机　高三一・四cm　江戸時代

20
台　高一一・二cm　江戸時代

22
磬及び磬架　磬縦八・三cm　磬架高七〇・五cm　江戸時代

21
見台　高八一・七cm　江戸時代

23
灯籠（台付き）その一　総高一九三・五cm　江戸時代

23
灯籠（台付き）その二　総高一九三・五cm　江戸時代

24
祈祷札（台付き）　総高八〇・〇cm　江戸時代〜近代

25
祈祷札（台付き）　総高八〇・〇cm　江戸時代〜近代

26
盤子（台付き）　高四六・五cm　明治四年（一八七一）

26
盤子台　近代

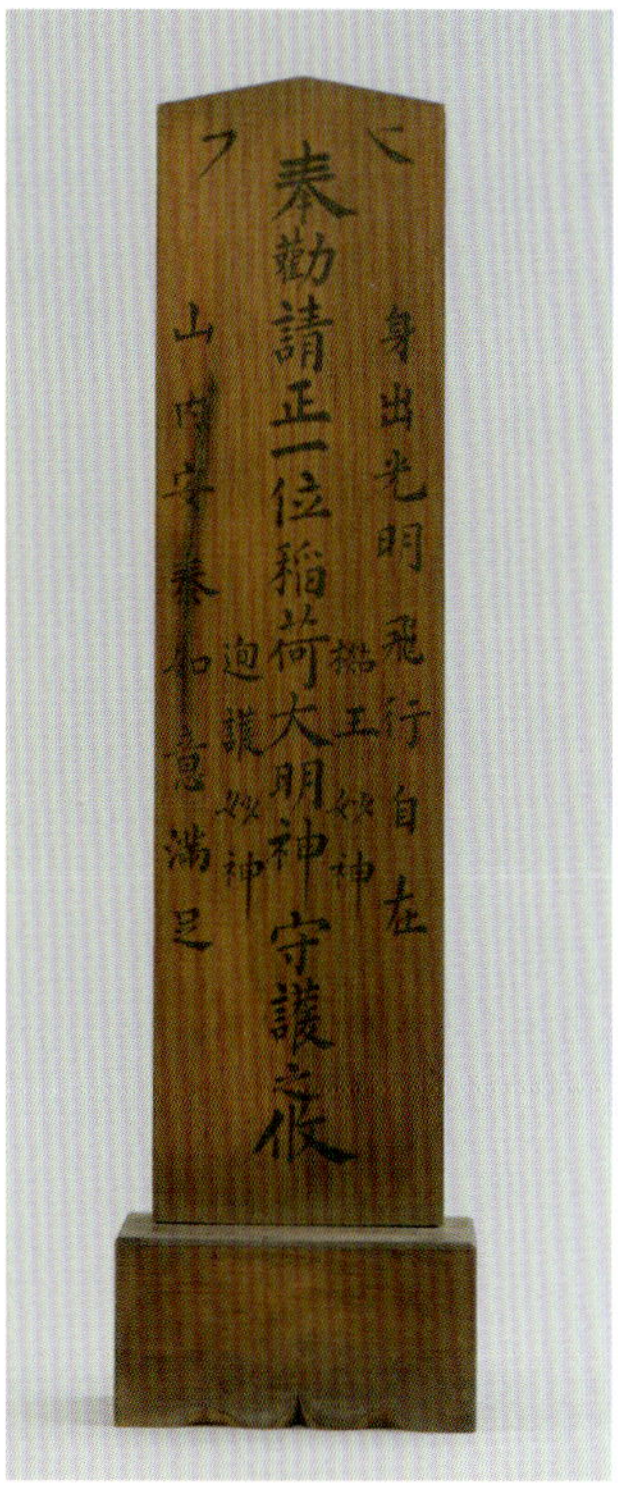

27
稲荷大明神守護札　高三四・〇cm　明治四年（一八七一）

27
稲荷大明神守護札厨子　高四九・五cm　近代

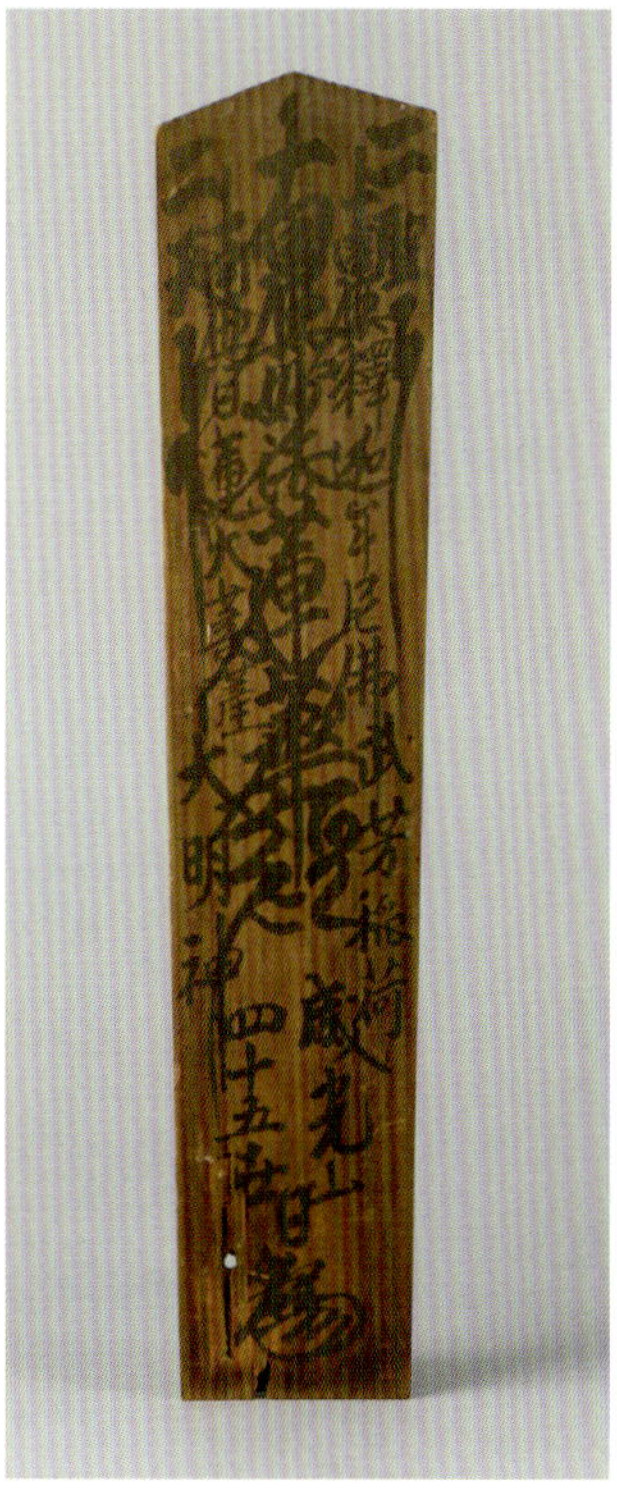

28
武芳稲荷堂棟札　縦四一・八cm　明治三十二年（一八九九）

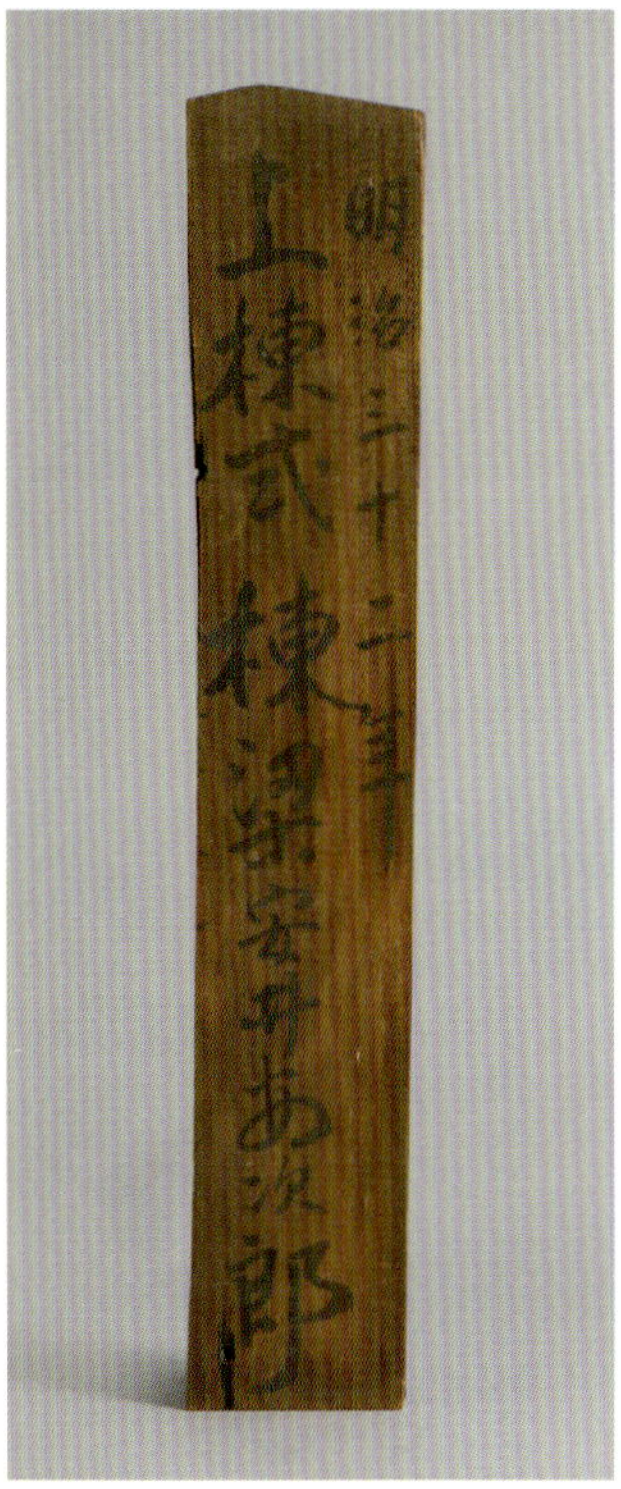

29
武芳稲荷堂棟札　縦三八・〇cm　明治三十二年（一八九九）

30
供物台　その一　高二一三・五cm　大正二年（一九一三）

30
供物台　その二　高二一三・五cm　大正二年（一九一三）

31
三方　その一　高三一・〇cm　大正十二年（一九二三）

31
三方　その二　高三一・〇cm　大正十二年（一九二三）

31
三方　その三　高三一・〇cm　大正十二年（一九二三）

31
三方　その四　高三一・〇cm　大正十二年（一九二三）

31
三方　その五（蓋付き）　総高四九・〇cm　大正十二年（一九二三）

32
六角台　高三六・四cm　大正十四年（一九二五）

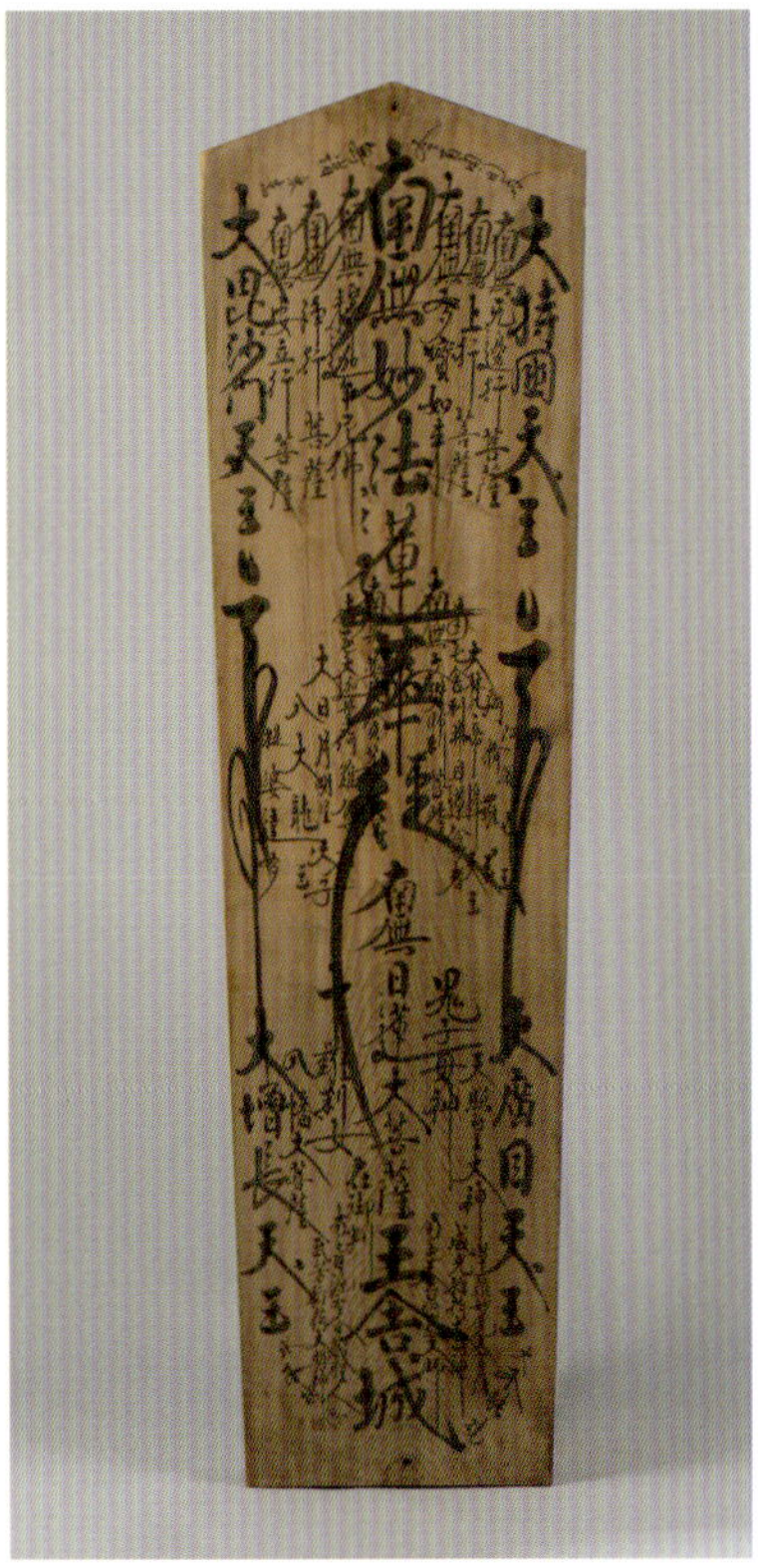

33
鬼子母神堂棟札　縦一〇〇・一cm　昭和二年（一九二七）

34
灯籠（台付き）その一　総高五三・〇cm　昭和二年（一九二七）

34
灯籠（台付き）その二　総高五三・〇cm　昭和二年（一九二七）

35
五具足　香炉　高（獅子頭まで）三五・八cm　昭和三年（一九二八）

35
五具足　燭台　その一　高七七・八cm　昭和三年（一九二八）

35
五具足　燭台　その二　高七七・八cm　昭和三年（一九二八）

35
五具足　花瓶　その一　高三七・〇cm　昭和三年（一九二八）

35
五具足　花瓶　その二　高三七・〇cm　昭和三年（一九二八）

36
燭台　その一　高七五・五cm　昭和四年（一九二九）

36
燭台　その二　高七五・五cm　昭和四年（一九二九）

37
灯籠（台付き）　その一　総高一五六・〇cm　昭和五年（一九三〇）

37
灯籠（台付き）　その二　総高一五六・〇cm　昭和五年（一九三〇）

38
花瓶（台付き）　その一　総高七一・〇cm　昭和八年（一九三三）

38
花瓶（台付き）　その二　総高七一・〇cm　昭和八年（一九三三）

39 鏡（台付き、厨子入り） 径五・〇cm 昭和十三年（一九三八）

40 御幣（台、木札付き、厨子入り） 高一三・〇cm 昭和二十六年（一九五一）

40 御幣厨子 高三九・五cm 昭和二十六年（一九五一）

41 御籤筒 高三〇・六cm 昭和二十八年（一九五三）

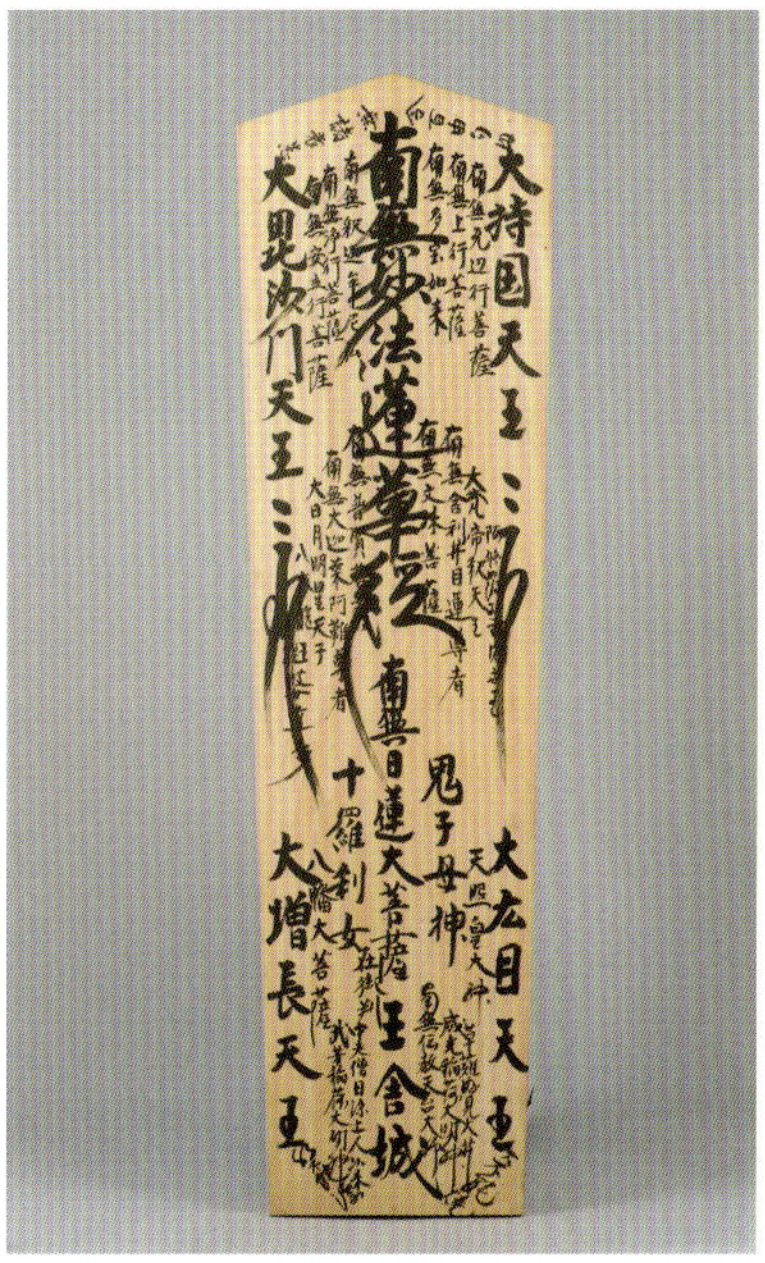

42 鬼子母神堂棟札 縦一〇〇・三cm 昭和五十五年（一九八〇）

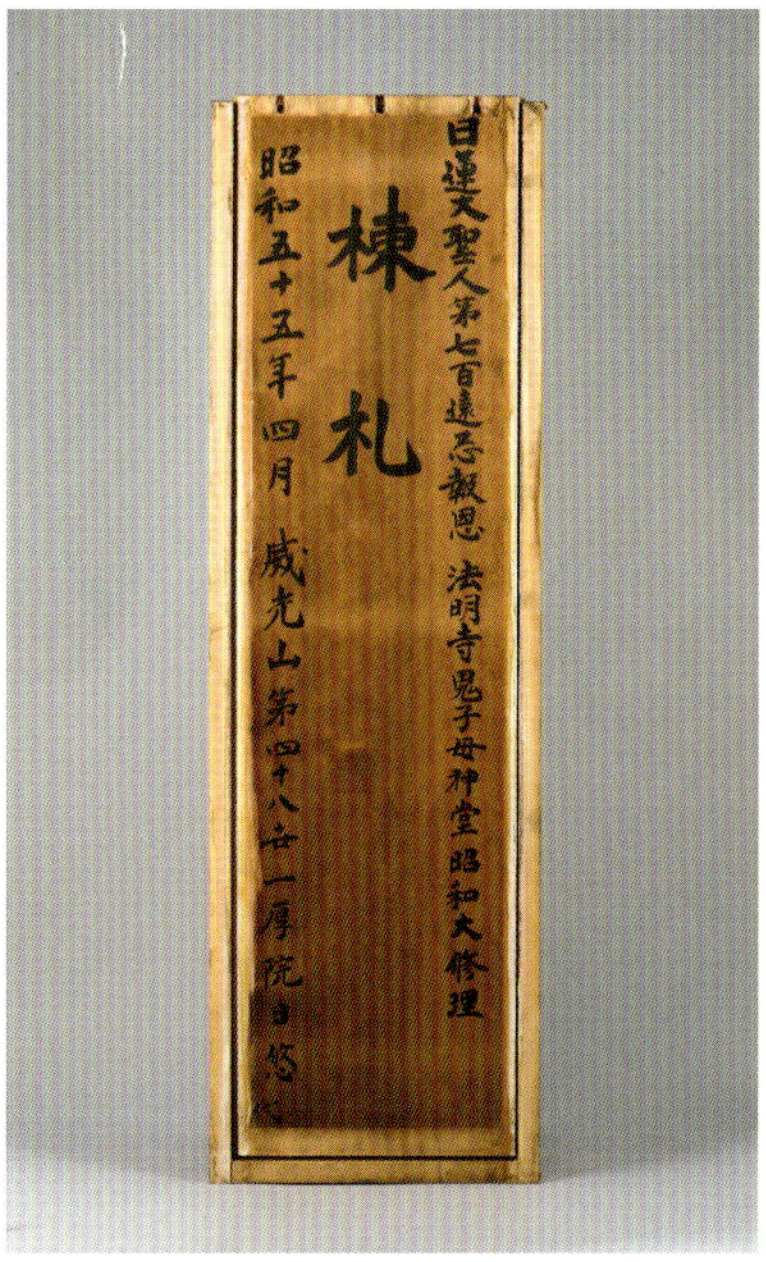

43 棟札箱 縦一一〇・九cm 昭和五十五年（一九八〇）

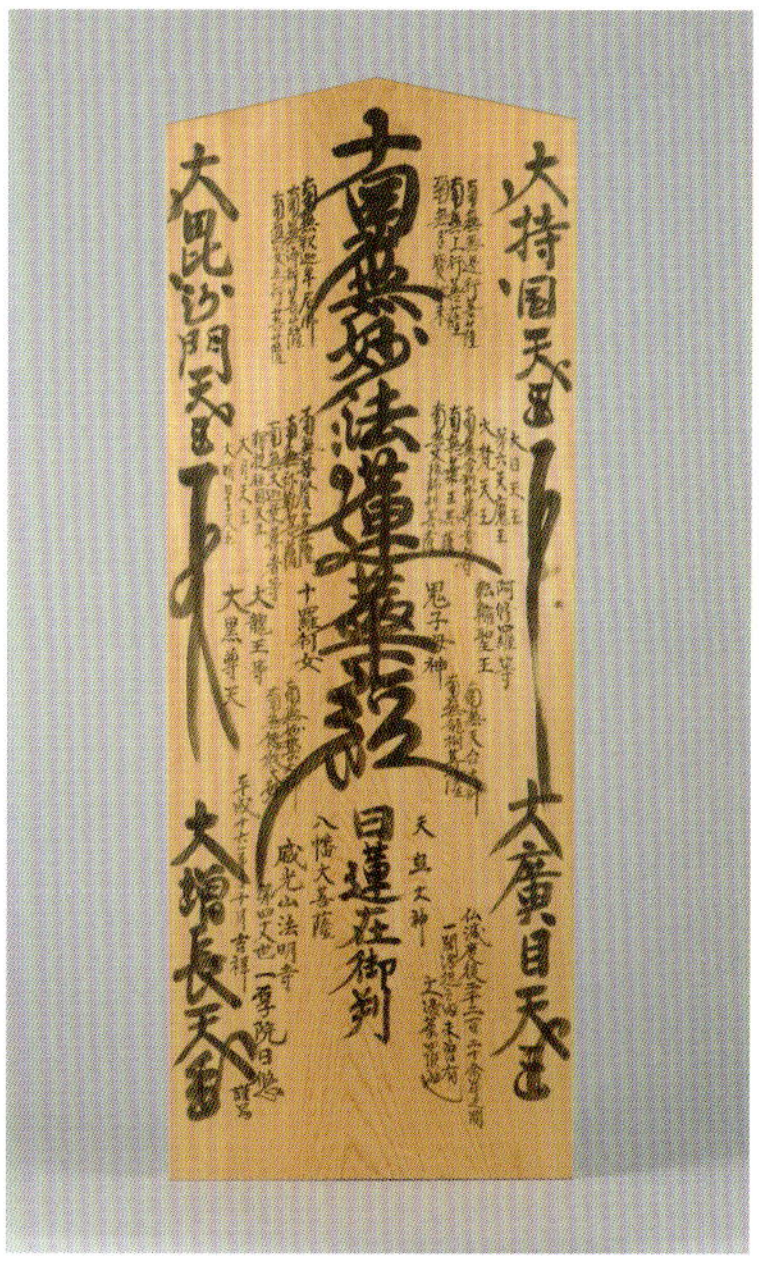

44 大黒堂棟札 縦六四・八cm 平成十六年（二〇〇四）

45 厨子 高五七・四cm 近代

46 経箱 高一二・三cm 近代

47
瓶子　その一　高三六・五cm　近代

47
瓶子　その二　高三六・五cm　近代

48
瓶子　その一　高三五・三cm　近代

48
瓶子　その二　高三五・三cm　近代

49
瓶子（神酒口付き）その一　高一八・三cm　近代

49
瓶子（神酒口付き）その二　高一八・三cm　近代

50
瓶子（神酒口、三方付き）　その一　高二〇・八cm　近代

50
瓶子（神酒口、三方付き）　その二　高二〇・八cm　近代

51
瓶子（神酒口付き）　その一　高三八・〇cm　近代

51
瓶子（神酒口付き）　その二　高三八・〇cm　近代

52
賽銭箱　高五〇・七cm　近代

53
前机　高一〇五・〇cm　近代

54
経机　高一三・四cm　近代

55
供物台　高一四・五cm　近代

56
三方　高一八・三cm　近代

57
三方　高一五・六cm　近代

58 茶陶器（高台、三脚台付き） 茶湯器 高九・七cm 近代

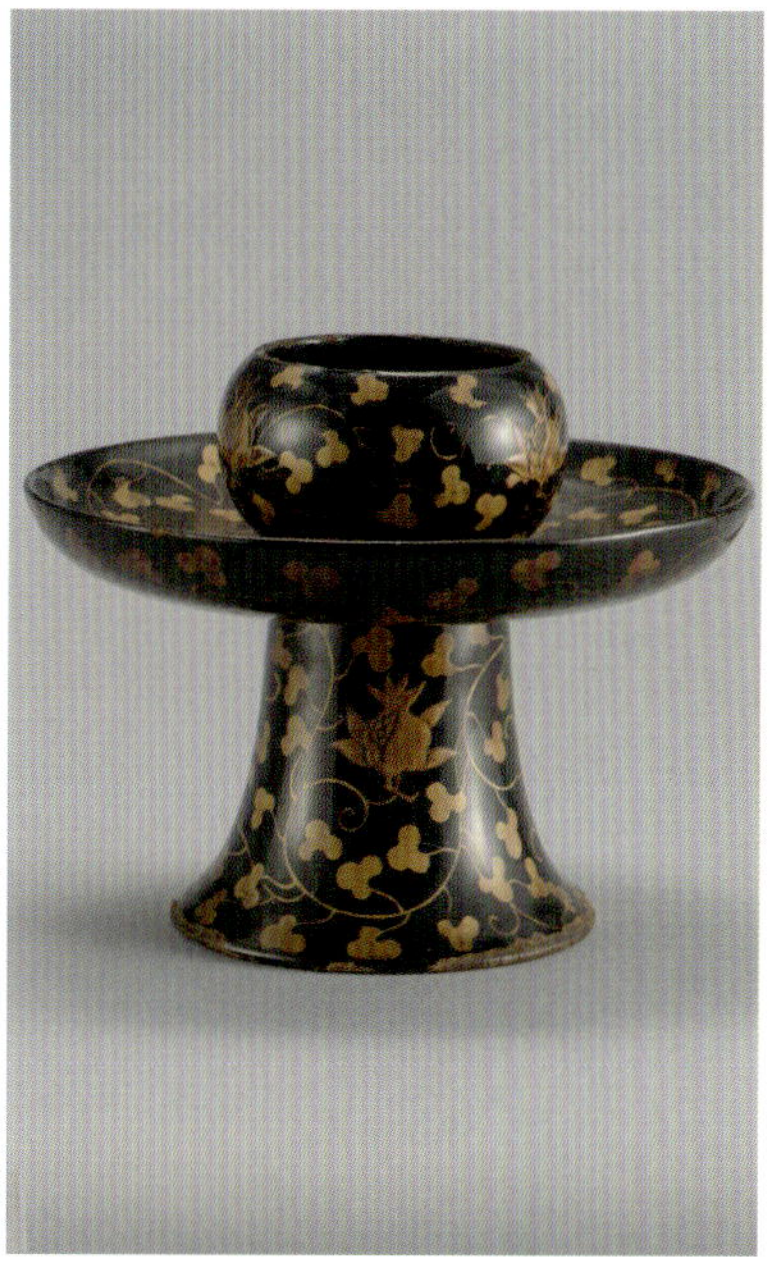

58 茶陶器高台 高台 高一二・三cm 近代

58 茶陶器三脚台 三脚台 高三四・〇cm 近代

59 馬頭観音碑 高二八・三cm 近代

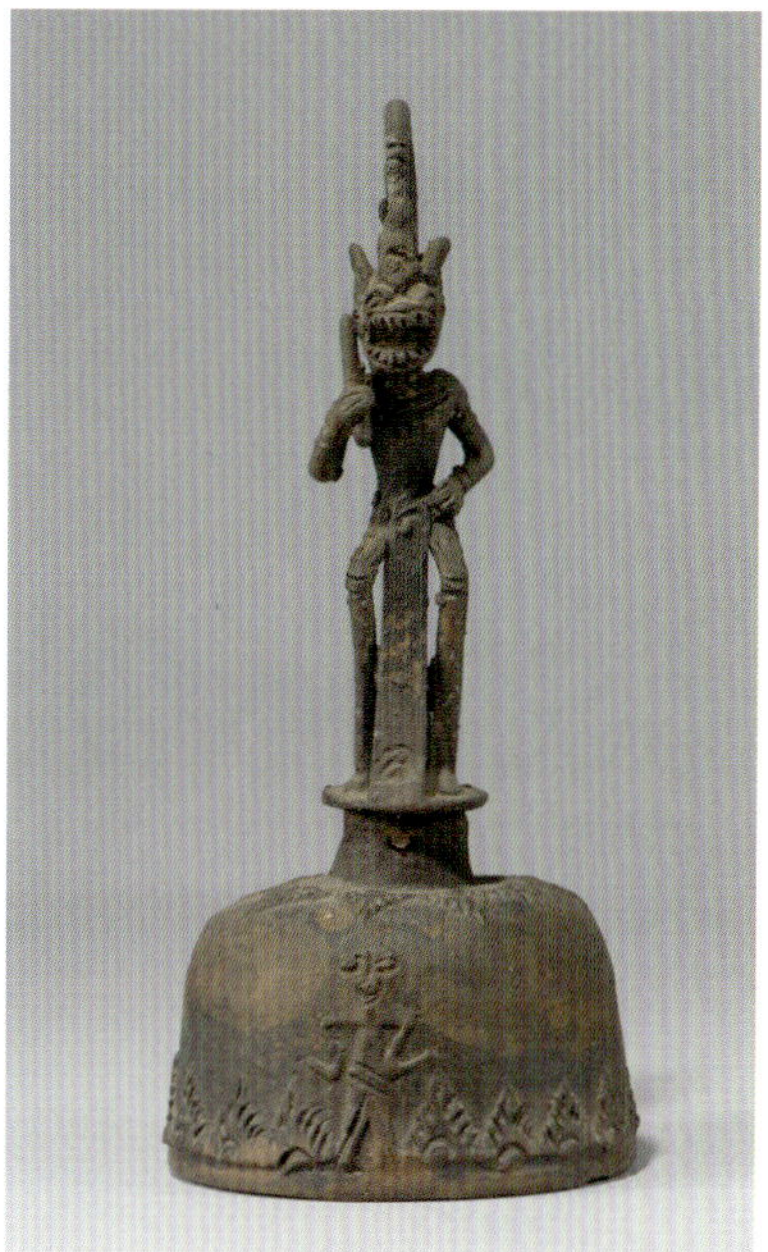

60 鬼形鈴 高一四・五cm 近代

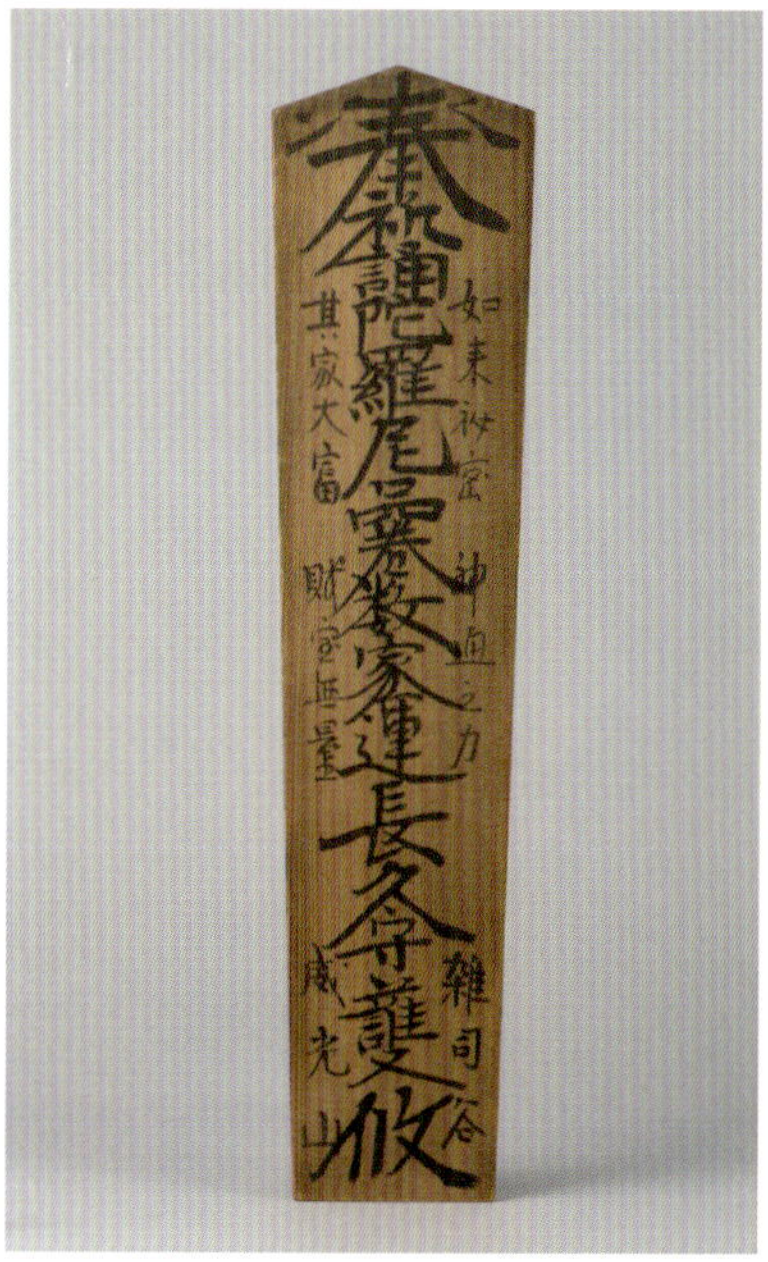

61 木札 縦 三六・二cm 近代

62 陀羅尼巻数札 縦四五・五cm 近代

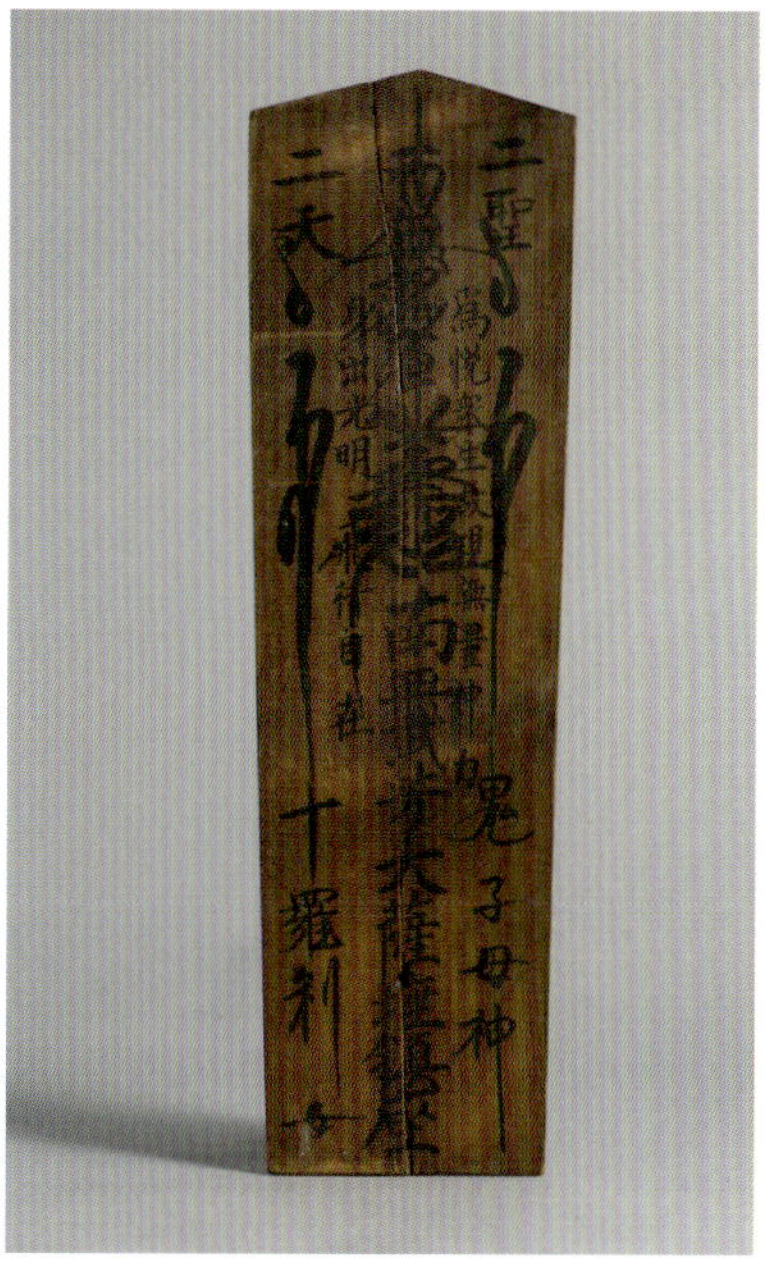

63 陀羅尼巻数札 縦六〇・三cm 近代

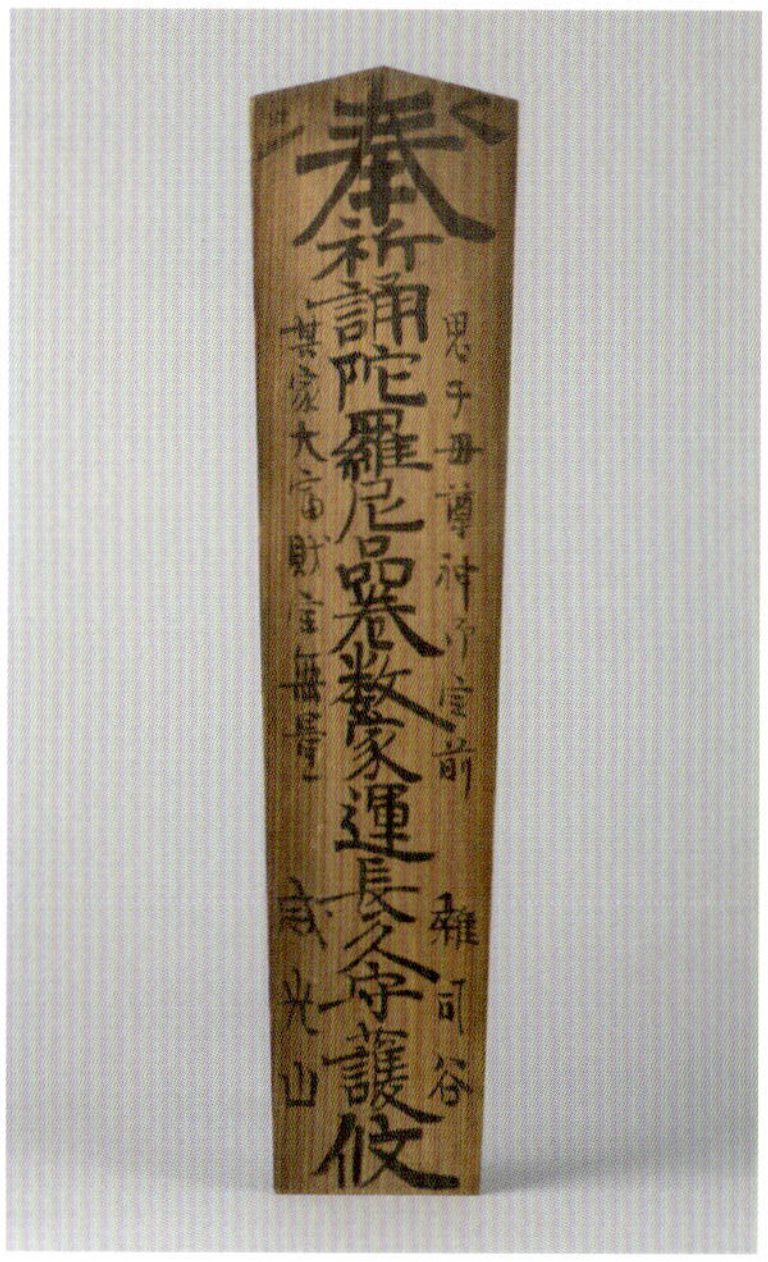

64 陀羅尼巻数札 縦四五・二cm 近代

絵画・奉納額

木造鬼子母神像懸仏

鬼子母神堂宮殿　壁画

同　天井画

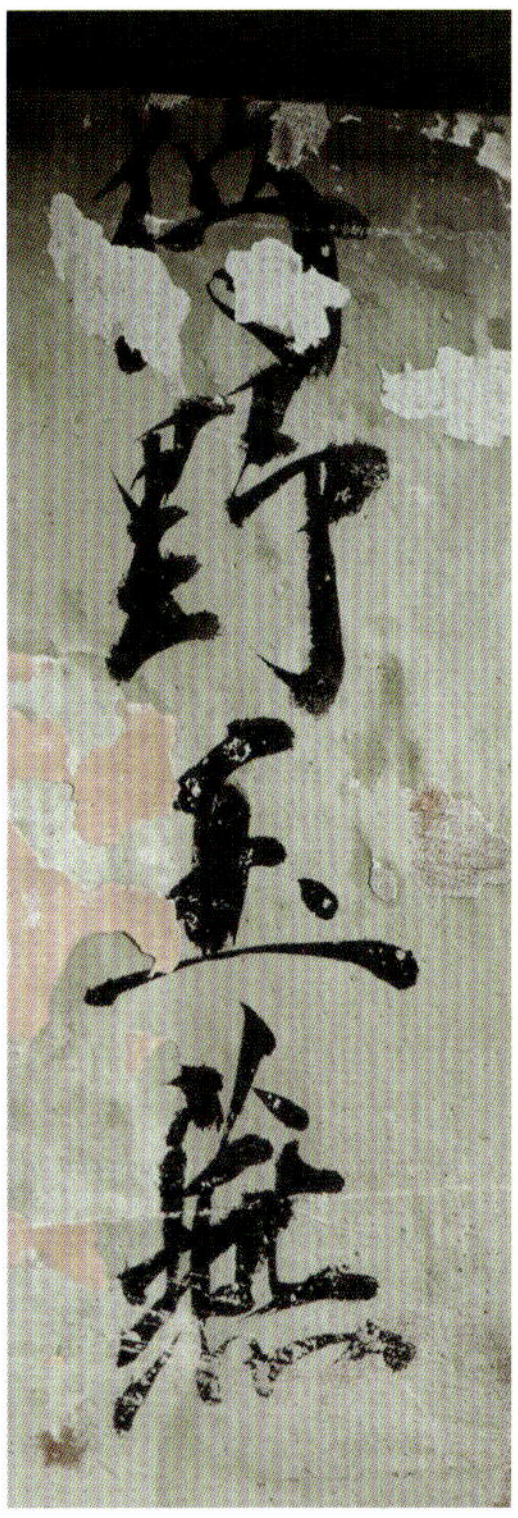

落款（厨子背面より内部を観察）

印章

鬼子母神堂本殿旧壁画（北）　唐獅子図①

鬼子母神堂本殿旧壁画（南）　唐獅子図②

鬼子母神堂本殿旧壁画（北）　天台大師聖蹟図

落款

鬼子母神堂本殿旧壁画（南） 霊鷲山図

1
絵馬　三人静白拍子図（大小舞図）　鳥居清満（二代）

2

絵馬　大森彦七図　鳥山石燕

落款・印章

裏面

3
絵馬　鬼子母神解脱図

4

絵馬　鬼子母神解脱図

5
絵馬　鶴図　狩野愛信

6
絵馬　唐子遊び図

7
絵馬　末広かり図　観嵩月

8
絵馬　繋馬図

9

絵馬　趙雲幼主を救う図

10

絵馬　稲荷大明神祭礼四季耕作図

11
絵馬　架鷹図　中邑清船斎

12
絵馬　七面大明神応現図

13
絵馬　神影図

14
絵馬　石榴図　景山

15
絵馬　石榴牡丹鶏図

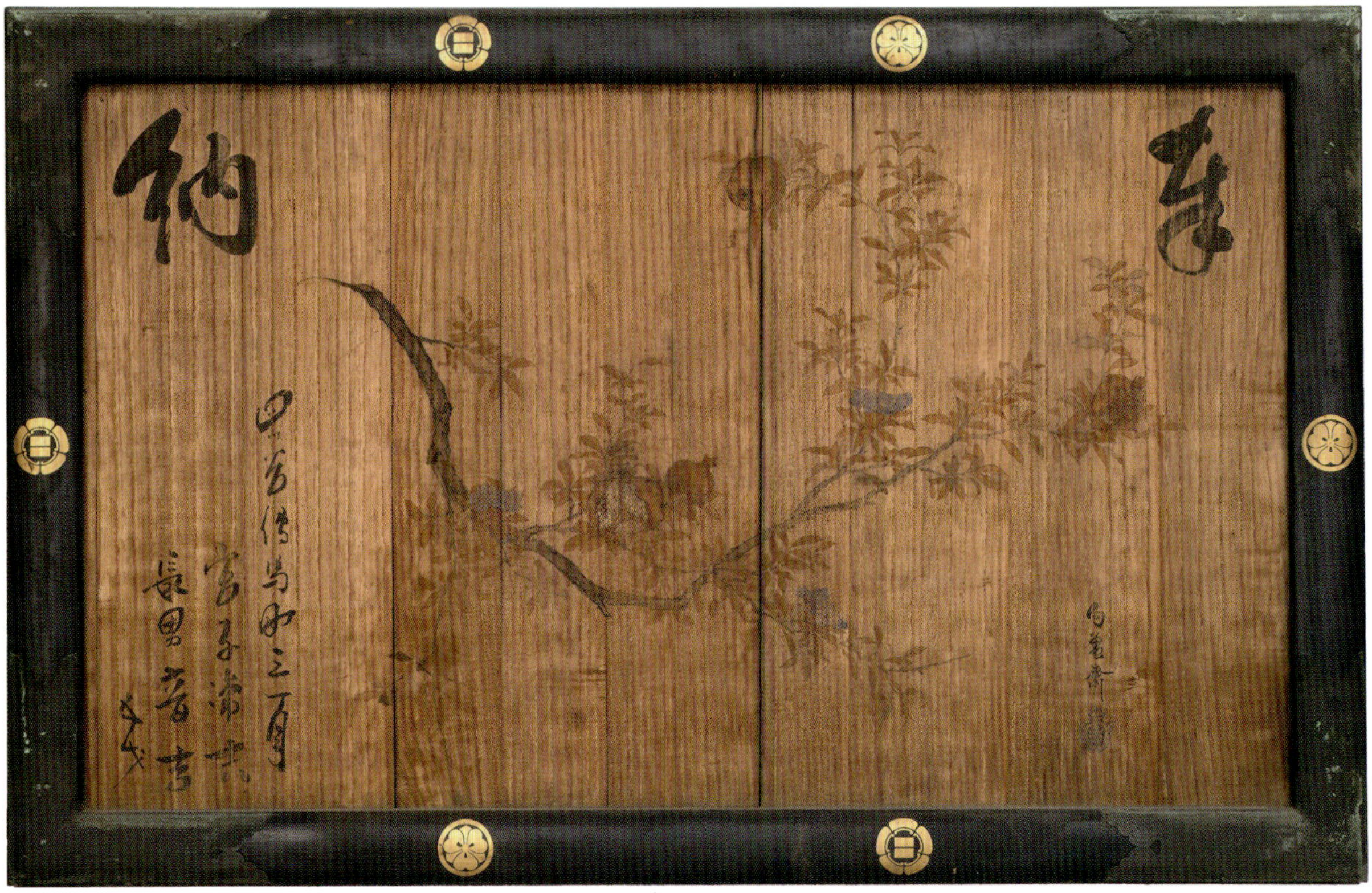

16
絵馬　石榴図　局亀斎

17
絵馬　牡丹図

18
絵馬　弾琴図

19
絵馬　赤松弾正と長山遠江守の勇戦図

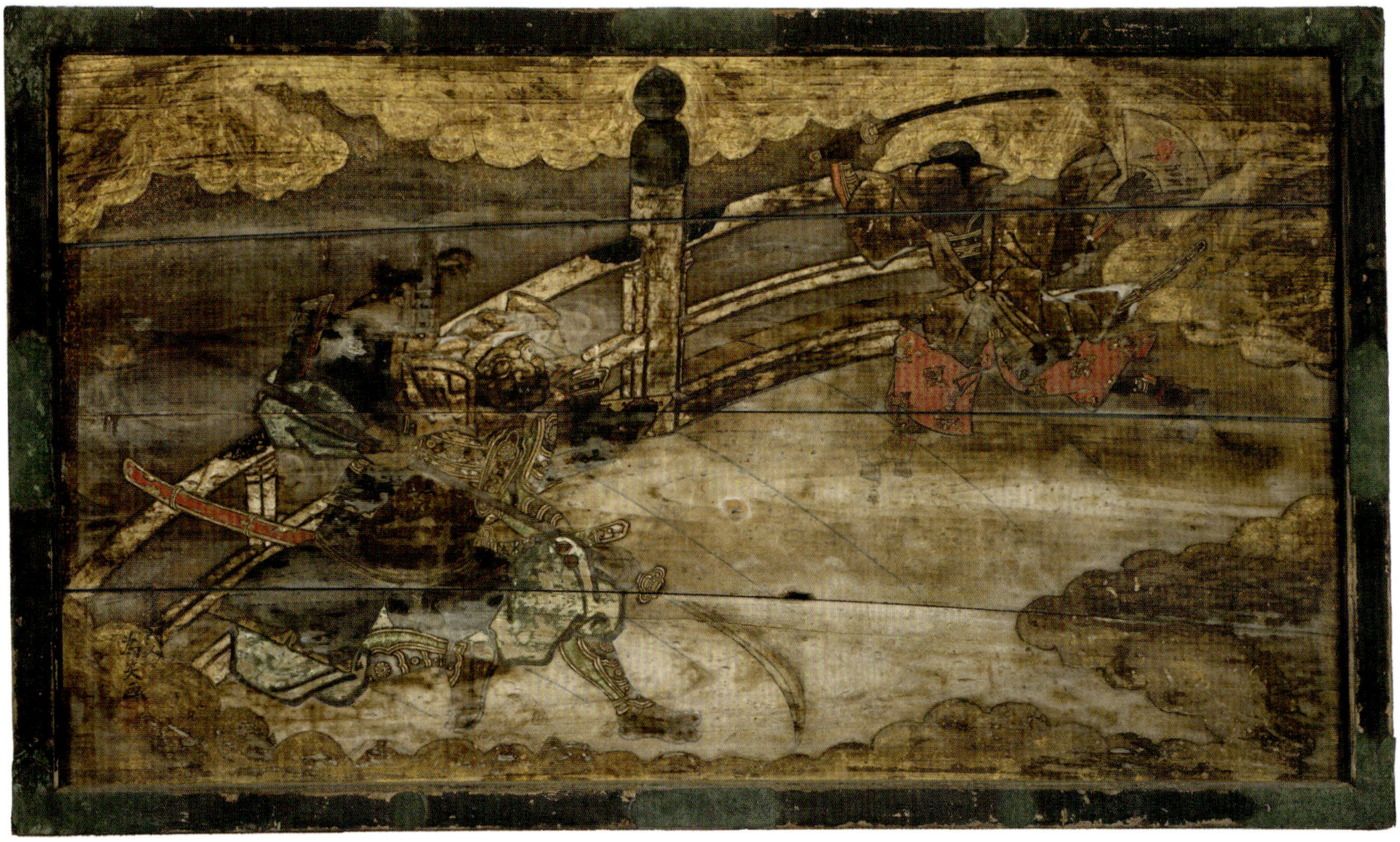

20
絵馬　牛若丸弁慶五条橋図　山崎如流・為笑

21
絵馬　神功皇后武内宿禰図

22
絵馬　神功皇后武内宿禰図

23
絵馬　猿図　蓮斎

24
絵馬　坂田金時元服図　一耀斎艶豊

25
絵馬　猩猩図

26
絵馬　黄石公張良図　南坡

27
絵馬　鬼子母神影向図

28
絵馬　鬼子母神影向図

29 絵馬 鬼子母神影向図

30 絵馬 鬼子母神影向図

31 絵馬 鬼子母神影向図

32 絵馬 鬼子母神影向図

33 絵馬 石榴図

34 絵馬 石榴図

35 絵馬 餅図

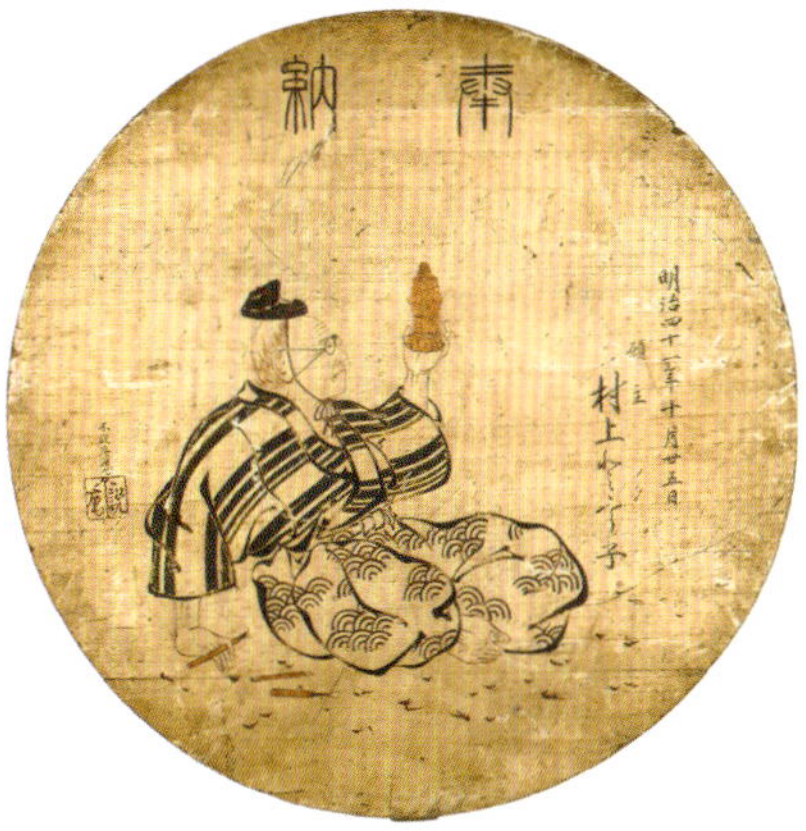

36 絵馬 鬼子母神像彫刻図 不説庵誠也

37 絵馬 鬼子母神堂参詣図

38 絵馬 鬼子母神堂参詣図

39 絵馬 鬼子母神堂参詣図

40 絵馬 鬼子母神堂参詣図

41
絵馬　鬼子母神堂参詣図　秀齋

42
絵馬　鬼子母神堂参詣図

43
絵馬　鬼子母神堂参詣図

44
絵馬　鬼子母神堂参詣図

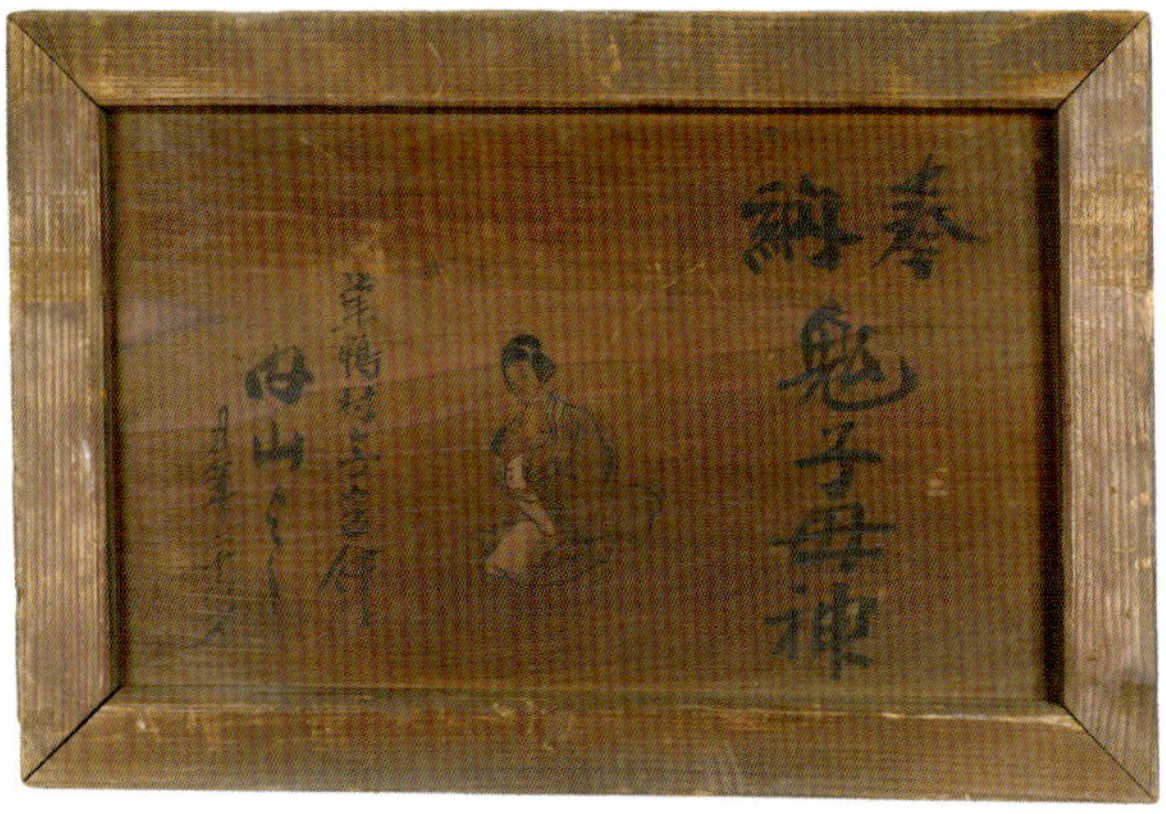

45
絵馬　母子図

46
絵馬　鞍馬天狗牛若丸兵法伝授図

47
絵馬　洋船図

48
絵馬　兎図

49
絵馬　武内宿禰図

50
法華経額

53
銭額　石榴図

51
銭額　題目

52
銭額　題目

54
銭額「奉納」

55
銭額　石榴図

56
銭額

57
銭額　三重塔図

58
銭額　三重塔図

59
銭額　五重塔図

61 銭額「奉納」

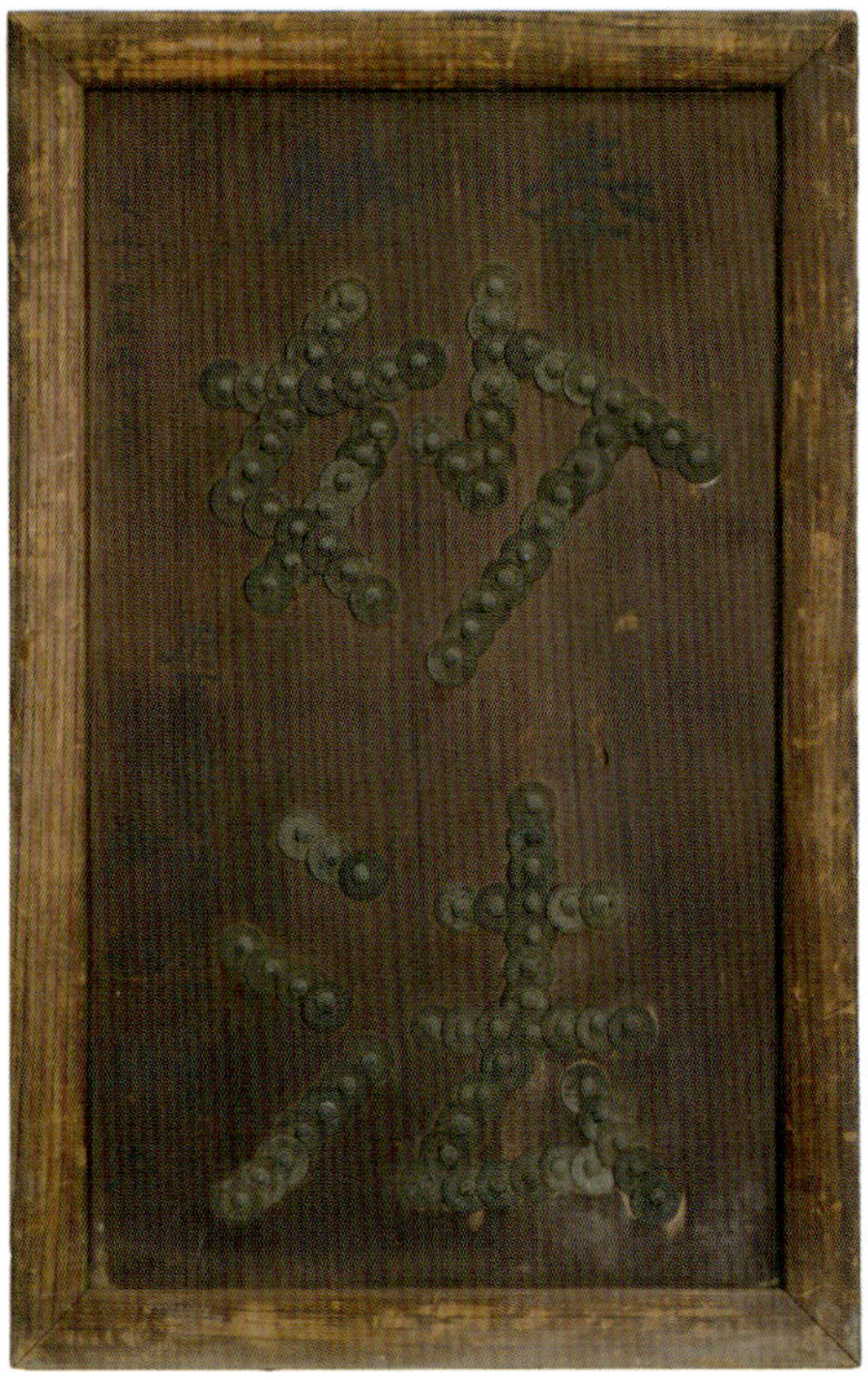

60 銭額「妙法」

63 銭額 日章

62 銭額 石榴図

65 神号額「鬼子母神」

64 銭額 石榴図

66
神号額「鬼子母神」

67
神号額「鬼子母神」

68
書額「心願成就」

69
社号額「鬼子母神社」

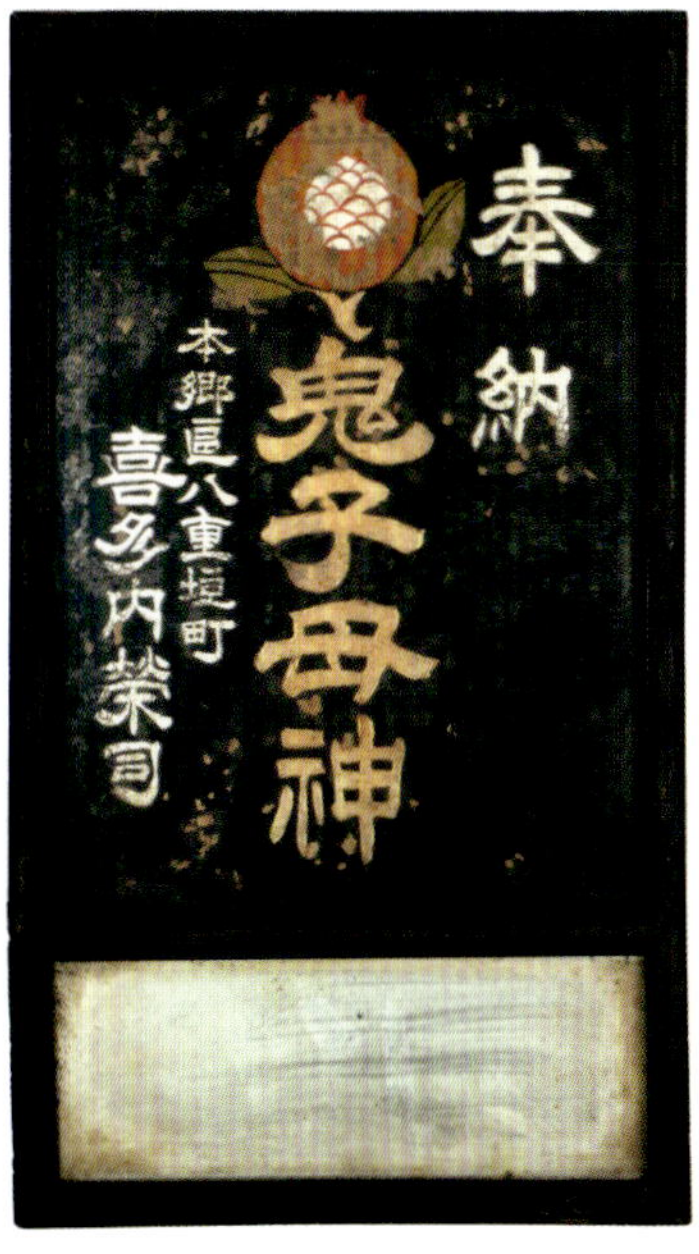

70
神号額「鬼子母神」

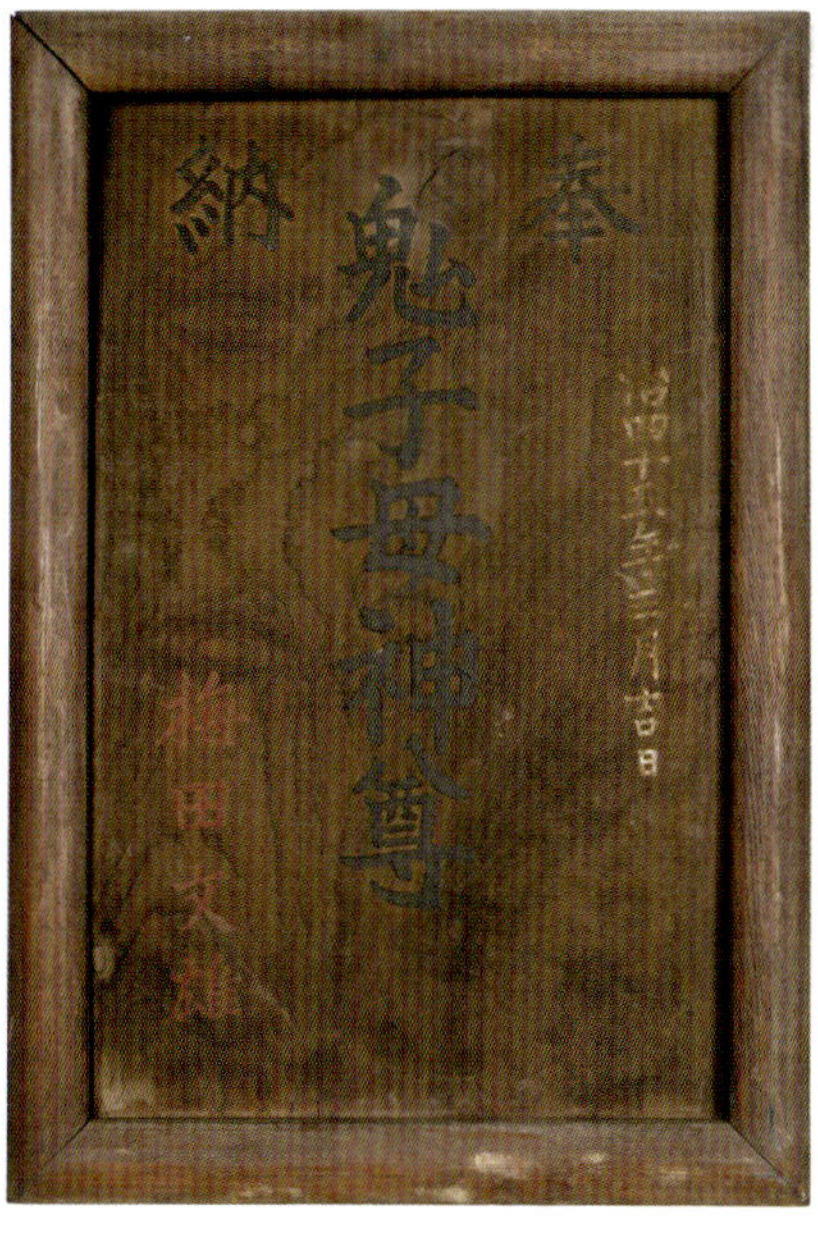

71
神号額「鬼子母神尊」

72
神号額「鬼子母神」

73
神号額「鬼子母神」

74
書額「心願成就」

75
神号額「鬼子母尊神」

76
書額「心願成就」

77
神号額 「鬼子母尊神」

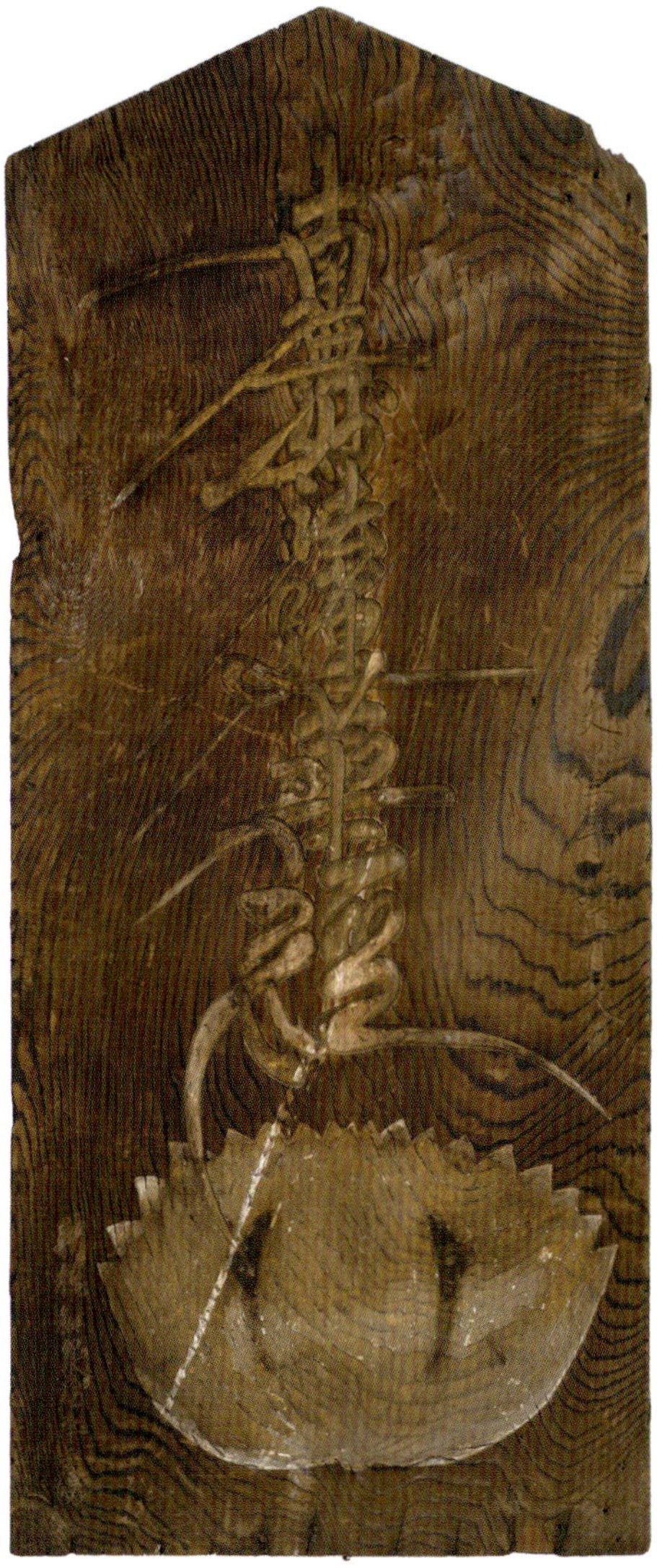

78
書額 題目

79
神号額 「鬼子母尊神」

80
神号額 「鬼子母神」

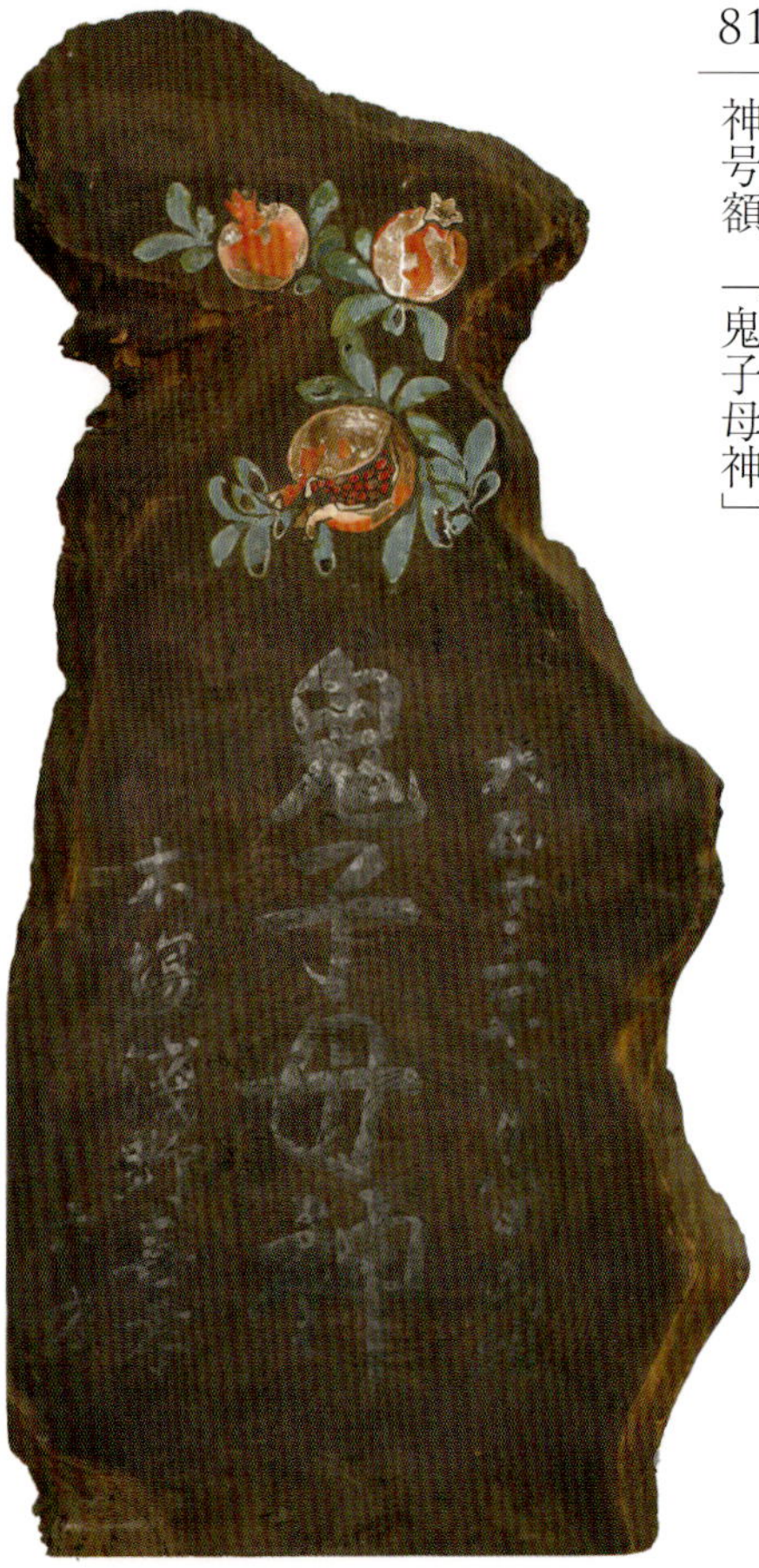

81
神号額　「鬼子母神」

82
神号額　「鬼子母神」

83
神号額　「鬼子母神」

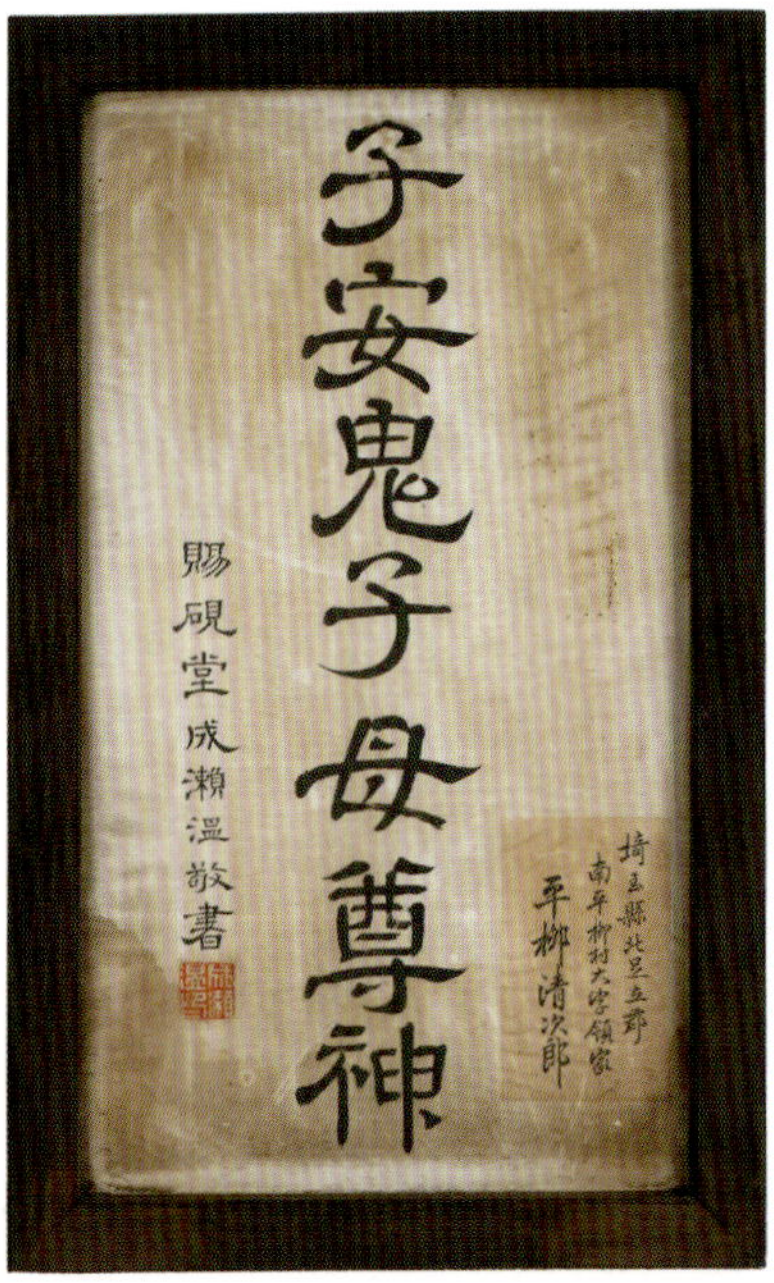

85
神号額　「子安鬼子母尊神」

87
書額　題目本尊

84
神号額「鬼子母神」

86
神号額「鬼子母尊神」

90
神号額「鬼子母尊神」

88 書額 題目本尊

89 書額 題目本尊

91 神号額 「鬼子母神」

92 神号額 「鬼子母神」

93
神号額　「鬼子母神」

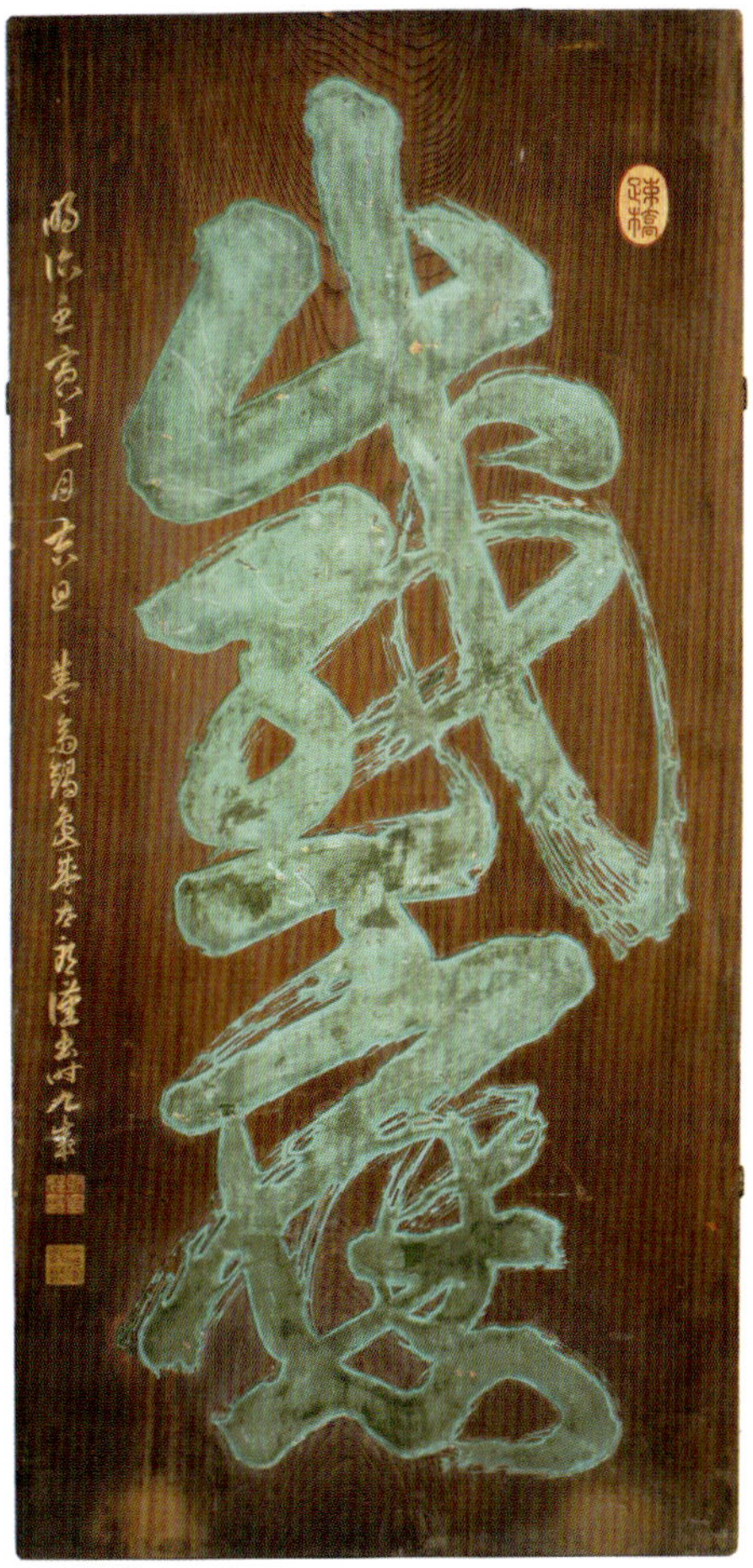

94
書額　「感応」

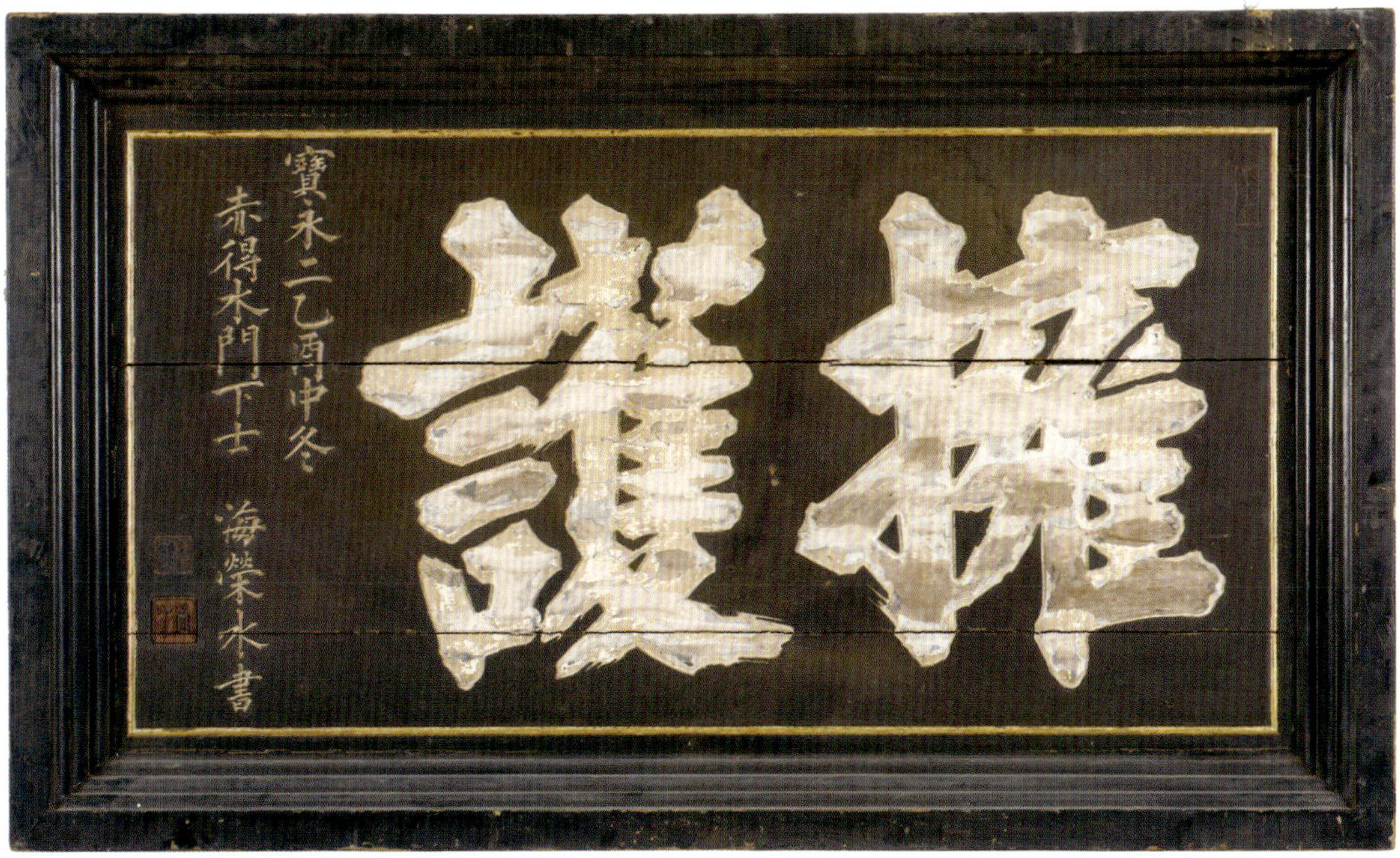

95
書額　「擁護」

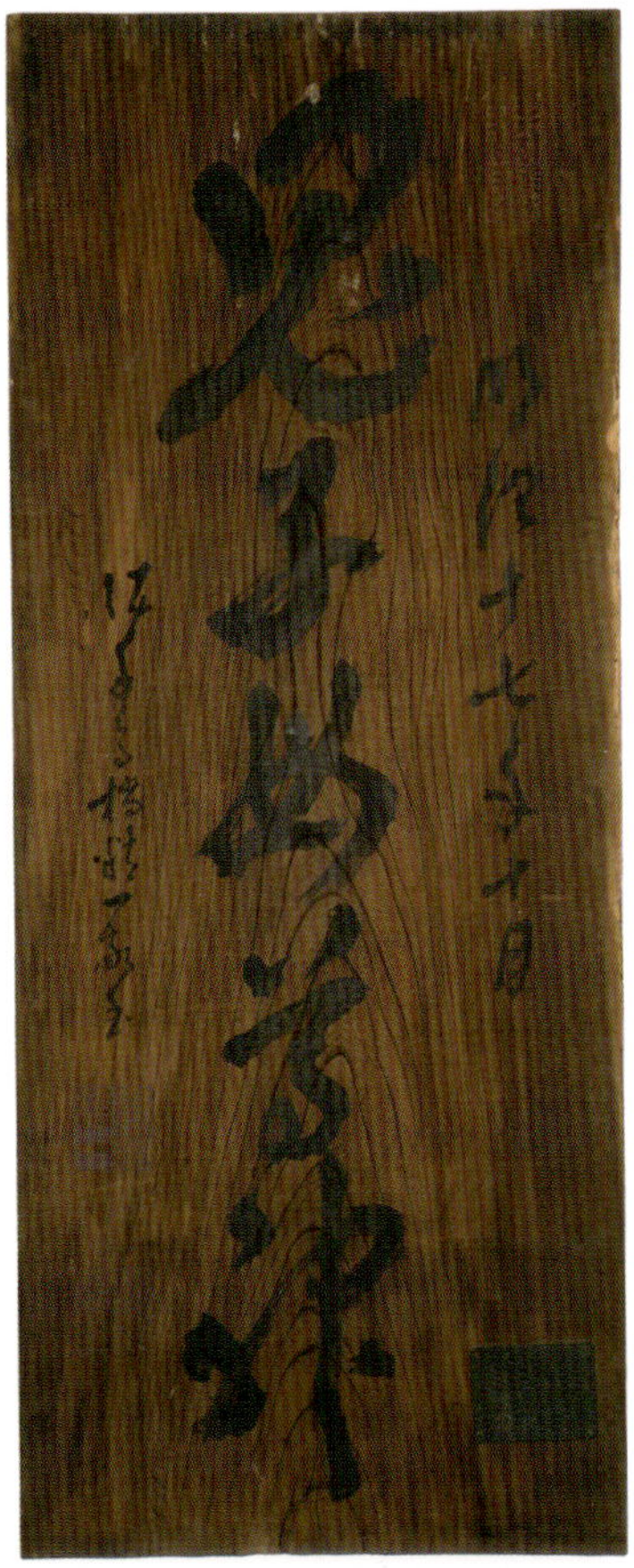

96
神号額「鬼子母尊神」

97
神号額「鬼子母神」

98
神号額「稲荷大明神」

99
神号額「鬼子母尊神」

100
神号額

101
神号額「妙見大菩薩」

102
鬼子母神図

103
大銀杏

解説篇

堂宇図版解説

小林直弘

1　鬼子母神堂正面全景（東より）
2　鬼子母神堂全景（南東より）

鬼子母神堂は境内の正面の参道の軸線から若干振れた位置に建ち、本殿・相の間・拝殿からなる。拝殿は、正面五間、側面四間で、屋根は平入の入母屋造、銅板葺、箱棟を作り両脇に鬼板を飾る。東面して立ち、正面に一間幅の向拝を設け、大屋根には千鳥破風、向拝には軒唐破風を付ける。正面中央の向拝から拝殿に上がり、正面及び両側面に擬宝珠高欄付の切目縁を廻し、脇障子を付ける。側柱は角柱で、長押や貫で固め、向拝は角柱で几帳面をとり、虹梁型の頭貫で固める。

3　本殿全景（北より）

本殿は流造の形式で正面に相の間が接続する。梁間方向奥の二間は身舎、手前の一間を庇と呼ぶ。側面には切目縁を付け、脇障子を設ける。身舎の壁面は手前が引違戸で、後方は横板を嵌め、庇の壁面も身舎後方と同様で横板を嵌める。壁面は黒漆で仕上げる。通常流造の庇側面の柱間装置は開放であるが、鬼子母神堂の本殿は壁を作る点が特異である。屋根は銅板葺で、棟には箱棟を乗せ、両脇に鬼板を飾り、鳥衾を付ける。相の間の側面の柱間は三間である。本殿とは柱や壁の仕上げが異なり、漆を施さない素木である。屋根は両下造で、本殿の屋根中腹に接続する。

4　本殿・相の間・拝殿（北西より）

鬼子母神堂は、本殿・相の間・拝殿が連結したいわゆる権現造である。社殿は寛文四年（一六六四）に本殿、元禄十三年（一七〇〇）に拝殿・相の間がつくられて一体の建築となった。権現造は、本殿と拝殿を石の間または相の間でつなぐ形式で、石の間造とも呼ばれる。同様の形式は各地で見られ、慶長十二年（一六〇七）に竣工した、北野天満宮、大崎八幡宮、寛永十三年（一六三六）に日光山内に作られた東照宮などがある。石の間は、拝殿と本殿から一段低く作られ、石敷きであったことが名前の由来となっているが、板敷や畳敷のものも後世にはみられる。鬼子母神堂の相の間は途中から拝殿より床を上げて作られて本殿へと続き、畳敷である。

5　本殿全景（南西より）
6　本殿全景（西より）

本殿身舎は梁間（側面）が二間、桁行（正面及び背面）が三間で、正面に一間の庇がつく三間社流造の形式である。柱は土台に立て、地長押、腰長押、切目長押、内法長押、木鼻付の頭貫で固める。長押は柱との交差部を和釘でとめ、金物の釘隠を打つ。木鼻は各柱上部側面につき、繰型と絵様で飾る。柱上は実肘木付の出組で、軒支輪をつける。柱上の柱間にある中備は彫刻蟇股で花鳥を施す。背面の軒は二軒繁垂木で小口が胡粉塗である。

7　本殿妻飾（南側面）

寺社などの建築では、妻飾に多くの特徴をもち、鬼子母神堂本殿も例外ではない。妻飾は、組物が支える丸桁《がぎょう》から化粧棟木までの妻壁を飾る部材と、破風や懸魚などの屋根端部を飾る部材で構成される。本殿は二重に虹梁を渡し、大《たい》瓶束《へいづか》に木鼻を差し、束上に大斗、捨斗受けの肘木、実肘木を組み、繰型、絵様を施す。中備は人字型の蟇股で、雲形の絵様を彫る。蟇股上部は大斗、実肘木である。破風は黒漆塗で、破風の拝みと各流れの桁隠に猪ノ目懸魚を設け、六葉・樽の釘隠を打つ。また破風表面は、昭和修理で復原した金物で装飾する。

8　本殿南側面全景（南東より）

本殿は三間社流造で身舎と庇で構成される。身舎柱は丸、庇柱は角で几帳面に金箔を押す。身舎と庇は虹梁で繋がれ正面側に木鼻を付ける。繋虹梁の表面装飾は、両脇に袖切、弓眉、下部に欠眉をつくり、絵様は渦と若葉を施し、金箔を押す。縁は両脇につけられ、擬宝珠高欄付の切目縁で、奥に脇障子を建てる。縁は四本の縁束で支え素木造である。高欄は前方の親柱と脇障子をつなぐ。親柱は銅製の擬宝珠付きで、地覆、平桁、架木《ほこぎ》でつなぎ、斗束を立て、束間にたたら束を立てる。脇障子は素木の彫刻を施さない鏡板で、上部に反り増し付の笠木を渡し、竹の節欄間を乗せる。

9　本殿、相の間内部全景（東より）

本殿は相の間から一段高くした床に畳敷である。段には切目長押、無目敷居をいれ、柱間は開放で本殿内部を望む。正面は柱間が三間で、几帳面取の角柱を用いる。柱上に頭貫を通し、和様の三斗、両脇を連三斗として、中備は花鳥の彫刻を施す蟇股である。軒は二軒繁垂木で、小口に金物を付ける。

10～12　本殿内部

三間社流造は、通常身舎と庇の境に柱を立て、身舎が内部、庇が外部となることが通例である。鬼子母神堂では、身舎と庇の境に柱を設けず、身舎と庇を一室として扱っている。

本殿内部の背面中央には禅宗様の須弥壇を構え、宮殿《くうでん》を置く。身舎側柱の柱上は出三斗を置き、天井桁を受ける。中備は蟇股で、他と同様に花鳥の彫刻を嵌める。

天井は、折上格子天井で天井桁、廻縁、格縁の角に几帳面をとり、漆仕上げである。格間は鏡板を入れ、金箔を押す。

13～14　宮殿及び須弥壇

本殿背面の中央部分の須弥壇に宮殿が置かれる。宮殿は、二重の木製基壇にたち、下段の長押間は雲文彫刻と両脇の力士彫刻で飾る。身舎は方一間の規模で、正面に庇を付ける。屋根は入母屋造、平入で正面庇に軒唐破風を付け、木製瓦棒で本瓦風に葺く。正面に浜縁を構え、正面及び側面に逆蓮頭高欄付の切目縁を廻し、正面の高欄は蕨手、両側面に脇障子を立てる。柱は身舎がすべて丸柱で、庇は、角柱である。身舎の組物は詰組で禅宗様の尾垂木付の三手先で、向拝は三斗である。柱間は正面を藁座付の桟唐戸をいれ、両脇は板壁で獅子図を描く。

15～16　相の間内部

相の間の柱間は正面が一間、側面が三間で、本殿と拝殿をつなぐ。室内のほぼ中央に三級の木階をつけ、前方は拝殿と床高が揃う。拝殿境、本殿境ともに開放で、両側面は漆喰壁もしくは障子戸である。床は畳敷で、中央の木階は黒漆塗、天井は素木の格天井である。組物などは用いない。

17 拝殿正面向拝（南東より）
18 拝殿正面向拝架構（南より）

向拝は拝殿の正面中央間につき、海老虹梁で繋がる。海老虹梁は、向拝柱の頂部から、側柱の飛貫の位置に差し込む。向拝の虹梁型頭貫は正面には獅子鼻、側面に象鼻をつける。向拝組物は三斗及び連三斗であるが、本体の側柱上は舟肘木となる。この舟肘木は論考で言及した寛文八年の建築規制の影響である。ただし、扁額に隠れる正面中央間の吊束上部には平三斗がみられる。

19～20 拝殿外陣架構

拝殿の外陣と内陣は身舎と庇の関係であり、側柱と入側柱は繋虹梁でつなぐ。この繋虹梁の中ほどに大瓶束を立て、木鼻を差し、束上は大斗肘木を乗せ、側桁と海老虹梁で繋いでいる。

21～24 拝殿内部

拝殿の平面は、正面よりの梁間一間が開放の外陣で、次の梁間二間、桁行の中央三間を内陣、両脇の入側一間を脇の間として、奥の梁間一間、桁行中央三間を内々陣、両脇一間を控の間とする。

内陣は身舎にあたり、内々陣、脇の間、控えの間は庇で外陣の架構と同じである。内陣を囲む入側柱は、すべて丸柱を用い柱上に禅宗様にみられる粽《ちまき》をつける。軸部は内法長押や飛貫、頭貫で固め、柱上に台輪を四周に廻らす。組物は詰組で和様の出三斗を用い、敷桁、天井桁を受ける。

内陣中央部は板敷で、前方に床下に収まる賽銭箱を設ける。内陣中央の板敷以外は畳敷である。天井は、内陣が棹縁天井で、脇の間などの庇部は鏡天井と化粧屋根裏天井を振り分けている。

25～26 妙見宮

妙見宮は本殿背面に位置する。一間社流造で、切石積基壇の上にたつ。正面に浜縁を設け、正面及び両側面に刎高欄付の切目縁を廻し、脇障子を設け、縁の正面中央に木階をつける。身舎は丸柱で、上部に粽をつけ、長押や貫で固める。庇は角柱で几帳面をとり、虹梁型の頭貫を用い、身舎柱とは海老虹梁でつなぐ。組物は、身舎が出組、庇が連三斗を用いる。庇の木鼻や、組物の実肘木、身舎正面の桟唐戸、方立の地紋彫など細部は作り込まれる。これらの絵様細部は十八世紀後期頃とみてよく、天明八年（一七八八）の建築といえる。

27 手水舎

境内東に位置する手水舎は方一間の規模で、ほぼ中央に手水鉢を置き、四隅に柱を立てる。屋根は切妻造、銅板葺で、箱棟をつくり両脇に鬼板を飾る。平側を正面として参道に面し、参詣者の身を清める。柱は角柱の几帳面取で内側に転び、頭貫でつなぎ、台輪を乗せる。柱上には三斗を置き、中備は蟇股である、妻は虹梁、束の構成で、虹梁には絵様や袖切など装飾が施される。

28 大銀杏

境内の西に位置する大銀杏は、応永年間に僧日宥が植えたと伝えられている。樹高は三〇m、周幹八mと大きく、現在は東京都天然記念物に指定されている。

（東京芸術大学大学院美術研究科非常勤講師）

法明寺鬼子母神堂彫刻目録

久保田　綾

凡　例

一、本目録は、東京都豊島区法明寺鬼子母神堂および境内諸堂所在の彫刻作品目録である。

二、銘文は原則として現行通有の字体で表記し、改行は／で示し、割書きは〈　〉の中に示した。文字は原文の大小に関わらず同じ大きさで記した。江戸時代以前の作品の銘文は、その全文を記した。近代の作品の銘文は、寄進者名などその一部を省略したものがある。

三、備考欄には作者名などを記した。また、鬼子母神堂以外に安置する作品はその所在を記した。

四、豊島区登録文化財は、備考にその旨を記した。なお、この登録のための調査については、東京都豊島区教育委員会生涯学習課文化財係『豊島区仏像彫刻調査報告書　豊島区の仏像』（平成十二年、東京都豊島区教育委員会）に報告されている。また、法明寺の文化財については、豊島区教育委員会教育総務課文化財係編『豊島区文化財調査報告8　雑司が谷鬼子母神御会式調査報告書』（平成二十六年、豊島区教育委員会）がある。

五、調査は平成二十七年十二月に実施した。調査担当者は大正大学文学部教授副島弘道、同歴史学科副手菱沼沙織、同大学院博士後期課程久保田綾。調査補助者は同博士前期課程杉田美沙紀。

作品番号	名　称	員数（整理番号）	像　高（cm）	品　質	制作年代	銘　文	備　考
1	木造鬼子母神倚像	一躯（33）	一二・〇	木造、彩色、玉眼	江戸時代	〔台座天板裏墨書〕□（五カ）	鬼子母神堂本尊厨子入り
2	木造十羅刹女立像	十躯		各木造、彩色・切金文様、玉眼	江戸時代	〔各台座裏墨書〕	本尊（作品番号1）と同じ厨子内に安置
		その一（34）	一六・九			〔その一〕へ／三合（ママ）	
		その二（35）	一六・五			〔その二〕ろ／九各	
		その三（36）	一六・三			〔その三〕の／五各	
		その四（37）	一六・五			〔その四〕は／四各	
		その五（38）	一六・二			〔その五〕ぬ／拾各	
		その六（39）	一六・五			〔その六〕い／七各	
		その七（40）	一六・六			〔その七〕に／八各	
		その八（41）	一六・三			〔その八〕ち／二各	
		その九（42）	一六・四			〔その九〕□／壱各	
		その十（43）	一六・五			〔その十〕ほ／六各	
3	木造鬼子母神立像	一躯（32）	一一・五	木造、彩色	江戸時代～近代	〔厨子底裏陰刻〕安永六丁酉正月吉日／施主／村田屋宇右衛門／狩野屋治右衛門／信濃屋太良吉／桐屋源治／千代村屋長五良／権律師日全代	鬼子母神堂本尊前立厨子入り安永六年（一七七七）作の厨子は他像からの転用

4　木造鬼子母神立像　一躯（45）　二六・九　木造、彩色、玉眼　天正三年（一五七五）

〔背部墨書〕令百由旬内／開眼師／南無妙法蓮華経／無諸襄患
〔台座背面墨書〕天正二《ママ》歳／〈三／月〉／大乗山十三世／善善《ママ》院／日等／（花押）

背部墨書は台座背面墨書と別筆、後世の補筆の可能性
『豊島区の仏像』銘文一覧に掲載される台座（嘉永七年銘）は所在不明
豊島区登録文化財

5　木造鬼子母神立像　一躯（68）　二八・九　木造、彩色　貞享三年（一六八六）

〔背部墨書〕施主当村／大塚伊左衛門姉／子／鬼子母神／為延命息災〈敬／白〉／貞享三〈丙／寅〉七月十五日
〔厨子左右扉内側墨書〕心浄［　　］／八□□首以論／［　　］（中略）／諸仏救世者［　　］／（後略）

厨子入り
厨子扉墨書は墨色薄く判読できない部分が多い
豊島区登録文化財

6　石造金剛力士立像　二躯　阿形（143）　一五〇・二　吽形（144）　一三四（現状）　各石造　元禄九年（一六九六）

〔阿形框座陰刻〕市谷田町／□□六□衛門／大坂や□衛門／倉元源七郎／笹田惣兵衛／田□□久兵衛／中谷左□平／□□□□／久保□□□／中□七兵衛／糀町／十二丁目／山□□良兵衛／□□や長兵衛／清心院日性／大谷左兵衛／冨田左兵□／同妻／□□七軒町／□□町一丁目／篠田八□□／同妻／□□十□□／妙法／服□六三郎／□□山□伝□□／岡田□□／大谷□□□□／高野□□□／久保田氏□□／小林□□□□／□目十万遍さ加い／□光院母／□□衛講中／□林庄左衛門／十右衛門□□篠田八兵衛／同□き／八日講中拾五人／元禄九〈丙／子〉七月廿八日／市谷田町／石や／源五□
〔同花立て陰刻〕□多明神／柳町／石屋内／吉
〔吽形框座陰刻〕［　　］／同［　　］／同［　　］／［　　］／十［　　］／［　　］／福田安兵衛／□□十兵衛／本田加兵衛／江沢□兵衛／□代氏／大和屋□衛／□川五□門／山口市兵衛／□□兵衛／□□□／□□町一丁目／□□七軒町／□井八左衛門／同妻／村山□兵衛／関口□右衛門／□□□兵衛／本村□兵衛／□□作兵衛／松□多左衛門／高□□□／□□□□／□□□兵衛／□□□兵衛／田山□右衛門／［　　］／［　　］／□□右衛／□□左衛門／［　　］／［　　］／□目講中／□行十二人／□目□中／□行十二人石屋二一／弥五左衛門／同小右衛門／元禄九〈丙／子〉七月廿八日／□□□
〔同花立て陰刻〕宝暦十四〈甲／申〉年／六月吉日／西山氏

境内入口左右に立つ
阿形像石屋源五□作、吽形像石屋弥五左衛門、小右衛門作
框座陰刻は摩損のため判読困難な部分が多い

7	銅造灯明台童子坐像	二躯 その一(48) その二(47)	五五・七 五一・〇	各銅造	宝永三年 (一七〇六)	〔その一背部陰刻〕高橋六兵衛／同伝右衛門／日代多左衛門／宝永三〈丙／戌〉歳／永代蝋燭寄進奉納御宝前／三月下旬七日／根岸五郎兵衛／渡辺清右衛門／講中／喜左衛門町／丸屋町／本石町／因幡町／参河町／京橋常盤町／東光坊／一結／境智院浄運日到／願主江戸梅田町／土橋高橋／氏 〔同台座背面陰刻〕鋳物師善兵衛 〔同基台正面陰刻〕宝永三歳／講中一訣／天下太平／現当二世／丙／戌三月廿七日 〔同基台背面陰刻〕丸や町かさりや／五郎兵衛作 〔その二背部陰刻〕里見庄右衛門／那須彦右衛門／勝木庄兵衛／宝永三〈丙／戌〉歳／永代蝋燭寄進奉納御宝前／三月下旬七日／綿抜佐兵衛／上村佐兵衛／佐久間源左衛門／連結／了仙院／京橋伝馬町／西ノ久保／久保町土橋／木引町／八町堀／一結／兼房町／八官町 〔同台座背面陰刻〕武州江戸鋳物師善兵衛／長原庄八良 〔同基台正面陰刻〕宝永三歳／此施不残／国土安穏／大願成就／丙／戌三月廿七日 〔同基台背面陰刻〕丸や町かさりや／五良兵衛作	その一鋳物師善兵衛、飾屋五郎兵衛作、その二鋳物師善兵衛、長原庄八良、飾屋五良兵衛作 豊島区登録文化財
8	木造鷺大明神立像	一躯(70)	一五・八	木造、彩色、玉眼	正徳二年 (一七一二)	〔背部墨書〕妙法蓮華経／鷺大明神／令得安穏／離諸〈襄／患〉／消衆〈毒／薬〉 〔厨子左扉内側墨書〕正徳二〈壬／辰〉祀五月大吉祥日 〔厨子右扉内側墨書〕別当／大行院 〔厨子内墨書〕是好良薬今留在此／南無妙法蓮華経　権律師／日津(花押)／南無鷺大明神	厨子入り 豊島区登録文化財
9	木造愛染明王坐像	一躯(44)	一四・五	木造、彩色	文化十二年 (一八一五)	〔像底墨書〕文化十二年亥年／十月吉祥日／神田住／大仏師／伊藤光雲 〔台座光背枘受部墨書〕文化十二年／亥十月吉日	伊藤光雲作 豊島区登録文化財
10	木造鬼子母神立像	一躯(71)	一五・八	木造、彩色、玉眼	江戸時代		厨子入り 厨子は他像からの転用 豊島区登録文化財
11	木造鬼子母神立像	一躯(74)	一〇・五	木造、彩色	江戸時代		厨子入り 豊島区登録文化財
12	木造鬼子母神立像	一躯(86)	一四・五	木造、漆塗り、玉眼	江戸時代		厨子入り 厨子は他像からの転用
13	木造鬼子母神立像	一躯(126)	三・五	木造、墨塗り	江戸時代～近代		
14	木造地蔵菩薩立像	一躯(78)	一四・六	木造、漆塗り	江戸時代～近代	〔背部墨書〕□祖代々	豊島区登録文化財
15	木造大黒天立像	一躯(142)	六五・五	木造、漆塗り、玉眼	江戸時代		大黒堂本尊 豊島区登録文化財

16	木造倉稲魂命坐像（武芳稲荷神）	一躯（104）	二四・〇	木造、彩色	江戸時代		武芳稲荷堂安置
17	木造鬼子母神及び両脇侍立像	三躯（73）	中尊 九・八 左脇侍 八・七 右脇侍 九・三	木造、素地・金泥	明治三十二年（一八九九）	〔中尊背部墨書〕点眼／正中山百十四世／日□（花押）／左右両像点眼了〔左脇侍背部墨書〕妙雲出世〔右脇侍背部墨書〕明治三十二年八月三日幸正自在大善神／原木山／日晃（花押）〔台座裏墨書〕中山仏工／浅子周慶／作（花押）	浅子周慶作 厨子入り 豊島区登録文化財
18	木造鬼子母神立像	一躯（88）	一六・二	木造、彩色、玉眼	明治三十三年（一九〇〇）	〔背部墨書〕明治三十三年／五月九日／鬼（ママ）子母神／仏師石井日運／自作	石井日運作 厨子入り
19	木造鬼子母神立像	一躯（77）	一五・二	木造、素地・金泥	明治四十四年（一九一一）	〔背部墨書〕明治四十四年一月（中略）／奉開眼鬼子母大善神（後略）	豊島区登録文化財
20	木造鬼子母神立像	一躯（75）	九・三	木造、素地・金泥	昭和五年（一九三〇）	〔背部墨書〕昭和五年十二月廿二日／日映（花押）	厨子入り 豊島区登録文化財
21	木造鬼子母神立像	一躯（95）	九・〇	木造、素地	昭和十年（一九三五）	〔背部墨書〕（前略）昭和十年〈乙／亥〉三月吉祥日／（中略）順縁院日□（花押）	厨子入り
22	木造日蓮上人坐像	一躯（97）	四・六	木造、素地	昭和十年（一九三五）	〔背部墨書〕（前略）昭和十年三月吉祥日／奉開眼南无日蓮大菩薩／順縁院日□（花押）	厨子入り
23	石造鬼子母神立像	一躯（180）	一三六	石造	昭和十三年（一九三八）	〔台座背面陰刻〕（前略）昭和十三年十一月二十八日／（中略）白石留次郎	境内鬼子母神堂東側に立つ
24	木造鬼子母神立像	一躯（83）	一六・四	木造、素地	昭和二十四年（一九四九）	〔背部墨書〕南無妙法蓮華経奉開眼鬼子母神〔台座背面墨書〕昭和二十四年／十月吉日（中略）／正中山相承／日潁（花押）	厨子入り
25	木造鬼子母神立像	一躯（100）	二四・二	木造、素地	昭和二十九年（一九五四）	〔背部墨書〕昭和廿九年十月廿七日／（中略）開眼主題目山日英（花押）	
26	木造大黒天立像	一躯（109）	一五・一	木造、素地	昭和三十七年（一九六二）	〔背部墨書〕開眼主／威光山／四十七世一味院日厚（花押）〔台座裏墨書〕本堂庫裏再建／丹精ノ功ニヨリ授与之／昭和参拾七年四月吉日（後略）	
27	木造不動明王立像	一躯（181）	九三・五	木造、黒色塗り	昭和四十七年（一九七二）	〔台座背面白色塗料〕（前略）昭和47年3月13日開眼（後略）	銘文は横書き、算用数字
28	木造観音菩薩立像	一躯（82）	二七・四	木造、素地	昭和五十四年（一九七九）	〔背部墨書〕昭和五十四年一月大吉辰／南無妙法蓮華経南無観世音菩薩（後略）〔厨子底板墨書〕嘉吉二年／八月	厨子入り 嘉吉二年（一四四二）銘の厨子は他像からの転用
29	木造大黒天立像	一躯（111）	七・五	木造	昭和五十六年（一九八一）	〔背部墨書〕（前略）昭和五十六年四月大吉辰（中略）日健（花押）	升に納める 升底部などに墨書がある

30	銅造鬼子母神立像	一躯(112)	八・三	銅造	平成元年（一九八九）	〔木箱内側墨書〕平成元年四月四日／鬼子母尊神開眼（後略）	木箱に納める
31	木造大黒天立像	一躯(121)	六・七	木造、素地	平成十年（一九九八）	〔背面墨書〕（前略）平成十年十二月大吉辰（後略）	升に納める
32	木造鬼子母神立像	一躯(67)	三四・〇	木造、彩色、玉眼	近代		厨子入り 豊島区登録文化財
33	木造鬼子母神立像	一躯(72)	一六・二	木造、彩色	近代		厨子入り 厨子は他像からの転用 豊島区登録文化財
34	木造鬼子母神立像	一躯(89)	一二・六	木造、素地	近代	〔背部墨書〕奉開眼鬼子母尊神／（中略）開眼之／霊興院日光（花押）（後略）	厨子入り 厨子は他像からの転用
35	木造鬼子母神立像	一躯(90)	一四・二	木造、漆塗り、玉眼	近代	〔台座裏墨書〕維時／文久二年／戌六月九日／下小河原村／□□／利右衛門 〔厨子貼紙〕昭和六十一年／七月四日／板橋区（後略）	厨子入り 厨子、文久二年（一八六二）銘の台座は他像からの転用
36	木造鬼子母神立像	一躯(91)	八・五	木造、彩色	近代		厨子入り
37	木造鬼子母神立像	一躯(92)	一一・七	木造、素地	近代		厨子入り
38	木造鬼子母神立像	一躯(93)	一〇・八	木造、素地	近代		厨子入り
39	木造鬼子母神立像	一躯(98)	八・三	木造、素地	近代		厨子入り
40	木造鬼子母神立像	一躯(99)	四・九	木造、彩色	近代	〔厨子扉墨書〕正中山／百廿世日修（花押）	厨子入り
41	木造鬼子母神立像	一躯(125)	八・六	木造、素地	近代		
42	木造鬼子母神立像	一躯(46)	八三・〇	木造、漆箔、玉眼	近代		
43	木造日蓮上人坐像	一躯(76)	二七・〇	木造、黒漆塗り・金泥、玉眼	近代	〔背部金泥書〕下総国行徳町／日宗仏師浅子周慶作之（花押）	浅子周慶作 豊島区登録文化財
44	木造三宝本尊像	二躯(87)	各五・五	各木造、漆箔	近代	〔厨子貼紙〕豊島区雑司が谷（中略）／平成九年十二月廿四日預り	厨子入り
45	木造妙見菩薩立像	一躯(69)	一七・二	木造、彩色、玉眼	近代	〔厨子背面金泥書〕平成四年五月吉祥日／御尊像並厨子修復（後略）	厨子入り 豊島区登録文化財
46	木造天部形立像	一躯(96)	六・五	木造、漆塗り	近代		厨子入り
47	木造大黒天立像	一躯(85)	一八・三	木造、素地	近代		厨子入り
48	木造大黒天立像	一躯(102)	一六・二	木造、素地	近代	〔台座裏墨書〕妙鑒	
49	木造稲荷大明神立像	一躯(80)	二五・七	木造、漆塗り、玉眼	近代	〔台座底板墨書〕貞享三〈丙／寅〉年／稲荷大明神／卯月吉祥日	武芳稲荷堂安置 狐二匹が随う 厨子入り 貞享三年（一六八六）銘の台座底板は他像からの転用か

50	木造法徳善神坐像	一躯（113）	八・三	木造、素地・金泥	近代	〔背部墨書〕法徳善神／下総行徳町／浅子周慶作	善神像五躯（作品番号51～54）は一具同時の作 浅子周慶作
51	木造顕徳善神坐像	一躯（114）	八・五	木造、素地・金泥	近代	〔背部墨書〕顕徳善神	浅子周慶作
52	木造華徳善神坐像	一躯（115）	八・四	木造、素地・金泥	近代	〔背部墨書〕華徳善神	浅子周慶作
53	木造経力善神坐像	一躯（116）	八・四	木造、素地・金泥	近代	〔背部墨書〕三／経徳善神	浅子周慶作
54	木造蓮光善神坐像	一躯（117）	八・四	木造、素地・金泥	近代	〔背部墨書〕蓮光善神	浅子周慶作
55	銅造日蓮上人坐像	一躯（122）	五・五	銅造	近代		
56	銅造誕生釈迦仏立像	一躯（101）	二二・八	銅造	近代		
57	銅造誕生釈迦仏立像	一躯（119）	一四・四	銅造	近代		
58	銅造菩薩立像	一躯（106）	一八・五	銅造、鍍金	近代		
59	銅造地蔵菩薩立像	一躯（107）	一八・〇	銅造	近代		
60	銅造毘沙門天立像	一躯（124）	六・四	銅造、金色塗り	近代		
61	銅造大黒天立像	十躯（120）	総高二・六	銅造、鍍金	近代	〔背部陽鋳〕正中山	
62	石造地蔵菩薩立像	一躯（118）	総高一六・〇	石造	近代		
63	石造布袋坐像	一躯（103）	二三・八	石造	近代		
64	陶製魚籃観音菩薩立像	一躯（105）	二三・八	陶製	近代		
65	石膏製恵比須神踏下げ像	一躯（123）	八・六	石膏製、金色塗り	近代		

（大正大学大学院博士後期課程）

法明寺鬼子母神堂工芸品（法具など）目録

久保田　綾
菱沼　沙織

凡　例

一、本目録は、東京都豊島区法明寺鬼子母神堂および境内諸堂所在の工芸品目録である。

二、銘文は原則として現行通有の字体で表記し、改行は／で示し、割書きは〈　〉のなかに記した。文字は原文の大小に関わらず同じ大きさで記した。江戸時代以前の銘文は全文を記した。近代の銘文は、寄進者名などその一部を省略したものがある。

三、備考欄には作者名などを記した。また、鬼子母神堂以外に置かれる作品はその所在を記した。

四、調査は平成二十七年十月から同二十八年一月にかけて実施した。調査担当者は大正大学文学部歴史学科副手菱沼沙織、同大学院博士後期課程久保田綾。調査補助者は同博士前期課程杉田美沙紀。

作品番号	名称	員数（整理番号）	大きさ（㎝）	品質	制作年代	銘文	備考
1	鰐口	一口（182）	面径七三・五 最大径　八二・五 厚　三六・二	銅製	元禄十三年（一七〇〇）七月吉祥日	〈表面陰刻〉奉懸御宝前（右から左に横書き）、／牛込元天龍寺前／払方町講中、／元禄拾三歳／〈庚／辰〉七月吉祥日、／月夏寿清／摂相喜安／妙行信女／一文字屋庄左衛門／一文字屋三郎兵衛／上総屋又四郎／上総屋角右衛門／三河屋権兵衛／油屋久五郎／片岡吉兵衛／足袋屋清左衛門／甲州屋平左衛門／上総屋仁兵衛／たはこや太兵衛／肴屋九左衛門／吉田伝蔵／表具屋／久右衛門妻志を 〈口部陰刻〉鋳物師奥田出羽大掾作之	鋳物師奥田出羽大掾作
2	花瓶（石榴常花付き）	二口 その一（10） その二（11）	各 高　三七・三 口径三六・二 底径二二・三	銅製 常花、木製、彩色	元禄十三年（一七〇〇）九月八日	〈その一・二、各胴部陰刻〉元禄十三天／辰／九月八日 〈その一・二、各高台部陰刻〉富／沢／町／講／中	香炉（12）と一具か

3　香炉　一口(12)

高(獅子頭まで)五〇・五　幅(把手で)四五・八　奥(胴)三五・二

銅製

元禄十三年(一七〇〇)九月大吉祥日

〔胴部正面陰刻〕奉寄進御宝前、／諸願成就、／志村半兵衛／糸賀孫右衛門／会善八郎／野村喜八郎／小宮山伝左衛門／関川半平／本間彦太夫／清水文左衛門／福本十郎兵衛／中沢孫四郎／野村源助／寒窓道殺為菩提／妙法浄慶為菩提／元禄十三〈庚／辰〉年／九月大吉祥日
〔同背面陰刻〕粉河屋久左衛門作

粉河屋久左衛門作
花瓶(10・11)と一具か

4　梵鐘　一口(179)

高　六九・五　口径四〇・二

銅製

元禄十三年(一七〇〇)九月吉日

〔池の間及び縦帯陰刻〕奉納梵鐘一口〈武州豊嶋郡雑司谷／鬼子母堂神前〉、／右志趣者、為祈天下安全仏法般(ママ)昌、〈悲母〉、／信行院日念現世安穏後生善処、惣／心中所願皆令満足也、／夫梵鐘者神社之荘厳仏閣又要器／焉、兹小林氏／利寿恭詣神前嘆欠鳴鐘所其／志也、果不得止新／冶小鐘一口以納母堂、因請吊為銘乃／抽毫之銘、同／銅□神誓恒招吉祥響□蜜語鎮／除衆殃、／一打伏魔巨益無妨三通極苦利生、／日彰祝日／天下安全仏法繁昌、鐘声神用無／量、／諸人快楽有吉有慶篤信願主寿福延／長、／願主小林源蔵利寿／法号惣持院日讙、／旹元禄十三〈庚／辰〉天九月吉日、／威光山十八世閑居／日寛記之、／別当七世教光院日行／鋳物師／羽鳥半兵衛作

鋳物師羽鳥半兵衛作

5　銭箱　一合(177)

高　三一・八　幅　四二・〇　奥　二九・〇

木製、漆塗り、錠付き

正徳元年(一七一一)五月吉日

〔蓋裏墨書〕日演代／芋坂／取締／□栄之
〔底墨書〕万人講／鷺明神／銭箱／正徳元年〈辛／卯〉五月吉日／宮番／恵真

鷺明神銭箱
所在法明寺

6　武芳稲荷堂棟札　一枚(62)

縦　五二・八　横　一四・六　厚　一・四

木製、素地

正徳四年(一七一四)

〔表面墨書〕身延山直末流武州雑司谷稲荷大明神之社／(他に法華曼荼羅を記す)
〔裏面墨書〕此稲荷社本在千住小塚原新町也、高田妙泉寺開基運寮院日俵掌之焉、嘗以此地／寄附于身延山矣、其地狭少其路嶮隘不便参賽瞻礼、依之延山日亨正徳癸巳之夏令江府／末頭三箇寺告寺社司、蒙公許而徒此社於雑司谷也、斯処景色佳勝山水幽美而最可祀／神之霊境也、同甲午之歳附門弟大行院日津令幹事干営建焉、於斯乎日津喜捨／浄財三尧天子社〈本是番／神社也〉稲荷大明神社華表門墻及職社之別院皆悉新成矣、／所冀霊神威耀巍然其山水不尽慧利煥乎等乾坤無彊、／正徳第四太歳甲午勅願寺〈身延山第三十三世／勅賜永紫衣初祖〉遠沾院日亨誌／当社幹事比丘勅賜権律師大行院日津

武芳稲荷堂は千住小塚原新町から正徳三年に雑司が谷に移り、翌年、造営が始まったことなどを記す

7	鏡（台付き）	一面（178）	径　九六・〇 台高　一七一・五	銅製 台、木製、漆箔及び彩色、基台黒漆塗り	享保二年（一七一七）八月吉祥日	〔鏡裏陽鋳〕人見石見守藤原吉次 〔同陰刻〕享保二〈丁／酉〉年／鬼子母神／南無妙法蓮華経／金井町／青山御掃除町／赤坂町／十羅刹女／八月吉祥日 〔台背面支柱朱漆書〕修復喜捨主（中略）明治廿三年五月（後略）	人見石見守藤原吉次作 明治二十三年（一八九〇）修理、平成初年頃に再度修理（明古堂施工）
8	仏器膳	一脚（135）	高　二五・七 幅　三二・六	木製、黒漆塗り、蒔絵	享保十八年（一七三三）十月	〔天板裏金泥書〕奉納御宝前、／幸阿弥内／川嶋氏／享保十八丑十月	見付に蒔絵、三つ葉葵文などをあらわす
9	灯籠（台付き）	二基 灯籠その一（17・18） 灯籠その二（19・20）	各 高　九四・三 笠径六五・九 台高九二・八 幅七五・五 奥七五・六	銅製 台、木製、黒漆及び朱漆塗り	寛延二年（一七四九）五月吉日	〔その一・二、各火袋枠陰刻〕鬼子母神奉納御宝前、／武運長久大願成就、皆令満足之所、／寛延二〈巳《(ママ)》／己《(ママ)》〉年五月吉日、上田元当〈敬／白〉／別当大行院十四世日詮代 〔その二、中台部陰刻〕本願主／宇右衛門／伴助／忠治／善四郎 〔台その一、天板裏墨書〕鬼子母神御宝前（右から左に横書き）、／向テ右ノ燈籠一ツ／本願主／当社門前／宇右衛門／伴助／畑町／忠治／伝通院前表町／善四郎／右寛延二〈巳《(ママ)》／己《(ママ)》〉十月吉日納之、／此ノ台同年五月吉日／〈別当大行院／日詮納之〉、／何モ十四世日詮代、／時ノ番頭／湛秀／皆ナ世話、 〔台その二、天板裏墨書〕鬼子母神奉納御宝前（右から左に横書き）、／武運長久大願成就、皆令満足之所、／寛延二〈巳《(ママ)》／己《(ママ)》〉五月吉日上田元当〈敬／白〉／別当大行院十四世日詮代 〔台その一・二、各背面朱漆書〕大正四乙卯歳八月吉祥日／（中略）／修復喜捨主（後略）	その一・二とも台の側面に引出付 台その一正面向かって右下部焼損 大正四年（一九一五）修理
10	灯籠（台付き）	二基 その一（30） その二（31）	各 総高　二〇六・〇 台幅七二・〇 奥六六・二	銅製、鍍金 台、木製、黒漆及び朱漆塗り	文政八年（一八二五）霜月吉辰	〔その一、台正面陰刻〕松本幸四郎／市川高麗蔵／市川新之助／市川ゑび蔵／市川団十郎 〔その二、台正面陰刻〕（順序は異なるほかはその一に準じる） 〔その一・二、各台背面陰刻〕文政八乙酉歳／霜月吉辰 〔その一・二、各台側面陰刻〕維時文久二〈壬／戌〉九月／坂東亀蔵	その一・二とも台に多数の傷

11	香炉(台付き)	一口 香炉(15・16)	高 五二・七 径 二六・五 台高三九・五 幅三八・九 奥三八・四	銅製 台、木製、茶漆塗り	天保十二年(一八四一)孟夏良辰	〔頂蓮華部透彫り〕南無 〔胴上部透彫り〕妙法蓮華経 〔胴部側面陰刻〕永代常香/施入面々/山本三治良/店/山本吉右ヱ門/山本正三良/大坂屋藤兵ヱ/近江屋新兵ヱ/日本橋岩倉町/願主/山本伝右ヱ門/世話人/中村半兵ヱ/尓時/天保十二〈辛/巳〉年/孟夏良辰/石井治良吉/石塚清吉/田中安五良/近江屋勘七 〔台正面朱漆書〕奉/納/御宝前 〔台側面朱漆書〕天保十二〈辛/丑〉年/孟夏良辰/願主桐谷氏	台背面に引出二段付き
12	棟札	一枚(59)	縦 六九・〇 横 三一・二 厚 一・二	木製	文久元年(一八六一)十一月大安日	〔表面墨書〕南無妙法蓮華経(法華曼荼羅)旹時文久元辛酉吉歳十一月大安日/威光山法嗣/四十参世/日高(花押)/別当/三十世/日□(花押) 〔裏面墨書〕(汚損のため判読困難)屋根家□□金□□/瓦師□同/□□□□/□□□□□/左官□□□/出入大工市□□/時ニ□□斉藤伊□郎/其外面々如意円満藤原基明(花押)	
13	三方	二基 その一(57) その二(58)	各 高 三一・六 幅 三三・三 奥 三三・二	木製、黒漆及び朱漆塗り、蒔絵	文久三年(一八六三)二月吉日	〔その一、背面朱漆書〕文久三年/亥二月吉 〔その二、背面朱漆書〕(吉の次に「日」があるほかはその一に準じる)	蒔絵石榴文様が瓶子(163・165)と類似、一具か
14	瓶子(神酒口、三方付き)	二口 その一(162・163) その二(164・165)	各 高 三六・〇 神酒口高 三三・六 三方高 三一・六	木製、蒔絵 神酒口、銅製 三方、木製、黒漆塗り、蒔絵	文久三年(一八六三)か 三方は大正十四年(一九二五)十二月一日	〔三方その一・二、各背面金泥書〕(前略)大正十四年十二月一日	瓶子の蒔絵石榴文様が文久三年作の三方(57・58)と類似、一具か
15	経箱	一合(4)	高 一九・八 幅 二三・四 奥 三三・二	木製、茶漆塗り、隅金具金銅製	江戸時代		蓋と身に石榴文様法華経を納める
16	経箱蓋	一蓋(128)	高 二二・三	木製、朱漆及び黒漆塗り	江戸時代		身、亡失 蒔絵石榴文 灯籠(23)の台の中に納める

17	礼盤	一基(1)	高 三五・三 幅一五二・〇 奥一三七・三	木製、朱漆塗り 金具金銅製	江戸時代	〔背面金泥書〕第四十八世／一厚院日悠代修復／第四十六世／一妙院日龍代修復／修復施主／田中誠信	大正十三(一九二四)から昭和二年(一九二七)までの間、および昭和五十五年(一九八〇)の二度修理されたという
18	前机	一脚(9)	高一一〇・九 幅二五六・八 奥 五九・〇	木製、朱漆塗り、彩色	江戸時代		正面、基台上などの石榴を透かし彫り
19	経机	一脚(5)	高 三一・四 幅 八一・〇 奥 四三・二	木製、朱漆塗り、漆箔	江戸時代		
20	台	一基(6)	高 一一・二 幅 六九・二 奥 四六・七	木製、朱漆塗り、漆箔	江戸時代		経机(5)を載せる
21	見台	一基(3)	高 八一・七 幅 三二・五 奥 六〇・七	木製、朱漆塗り、漆箔	江戸時代		
22	磬及び磬架	一式(2)	磬縦 八・三 横二二・〇 磬架 高七〇・五 幅三〇・七 奥五六・八	磬、銅製 磬架、木製、朱漆塗り及び漆箔	江戸時代		磬は無文
23	灯籠(台付き)	二基 その一(23) その二(24)	各 総高 一九三・五 台幅七一・五 奥七二・二	銅製、鍍金 台、木製、茶漆及び黒漆塗り	江戸時代	〔その一・二、各火袋背部陰刻〕錺棟梁／奈良百助	錺棟梁奈良百助作 各台背面に引出二段付き
24	祈祷札(台付き)	一基(172)	総高八〇・〇	木製、黒漆塗り	江戸時代～近代	〔正面陰刻及び漆箔書〕月参講中家内安全子孫心願満足処 〔背面陰刻及び漆箔書〕当日月参講中家内安全子孫心願満足攸	
25	祈祷札(台付き)	一基(173)	総高八〇・〇	木製、黒漆塗り	江戸時代～近代	〔正面金泥書〕御草履取加入者家内安全祈願成就之攸	
26	磬子(台付き)	一口(7・8)	高 四六・五 台高五八・二	銅製 台、木製、茶漆塗り	明治四年(一八七一)二月大吉辰	〔磬子外側陰刻〕(前略)東京雑司ヶ谷／鬼子母神／御宝前／威光山四拾三世／日英代／維時明治四年／辛未二月大吉辰	台は近代の作か

27	稲荷大明神守護札（厨子入）	一基（81）	高 三四・〇 厨子高 四九・五	木製、素地 厨子、黒漆塗り、漆箔	明治四年（一八七一）二月吉辰	〔表面墨書〕（前略）奉勧請正一位稲荷大明神守護之攸（後略） 〔裏面墨書〕維時明治四年龍舎辛未仲春吉辰（後略）	厨子は転用か
28	武芳稲荷堂棟札	一枚（63）	縦 四一・八	木製、素地	明治三十二年（一八九九）正月大吉日	〔表面墨書〕（法華曼荼羅）南無妙法蓮華経／（中略）武芳稲荷／威光山／四十五世／日□（花押） 〔裏面墨書〕（前略）明治卅二年／正月大吉日／新築世話人（後略） 〔裏面左端鉛筆書〕昭和参拾壱年十月吉日修理する、	武芳稲荷堂新築 昭和三十一年再修理 所在武芳稲荷堂
29	武芳稲荷堂棟札	一枚（64）	縦 三八・〇	木製、素地	明治三十二年（一八九九）	〔表面墨書〕明治三十二年／上棟式棟梁安井安二郎	所在武芳稲荷堂
30	供物台	二基 その一（21） その二（22）	各 高二一三・五	木製、黒漆及び朱漆り、各段に金網を張る	大正二年（一九一三）三月吉日	〔その一・二、各下段正面金泥書〕牛／込／千部講 〔その一・二、各下段左右及び背面朱漆書〕（前略）仏工矢野永寿／大正二年三月吉日（後略）	仏工矢野永寿作 御会式所用
31	三方	五基 その一（136） その二（137） その三（138） その四（139） その五（蓋付き）（140・141）	各 高 三一・〇 （その五蓋 高 一八・〇）	木製、黒漆塗り、蒔絵 蓋側面にガラス	大正十二年（一九二三）三月吉日	〔三方その一～五、各内側朱漆書〕威光山法明寺／四十六世一妙院日龍代／大正十二年三月吉日／奉納（後略）	
32	六角台	一基（52）	高 三六・四	木製、朱漆塗り及び漆箔	大正十四年（一九二五）十月十五日	〔背面金色塗料書〕奉／納／（中略）大正拾四年拾月拾五日	石榴浮彫
33	鬼子母神堂棟札	一枚（60）	縦一〇〇・一	木製、素地	昭和二年（一九二七）九月	〔表面墨書〕南無妙法蓮華経（法華曼荼羅） 〔裏面墨書〕尊神堂曩遭大正十二稔九月朔日大震災大傾斜西北方、仍／翌年三月着手内外復旧大修繕、就中屋瓦総葺内陣荘厳具／悉皆塗換其主要也、際今茲本月竣工、（中略）干時昭和弐龍集九月／威光山四十六世一妙院日龍（花押）／大仏師富田龍慶／瓦師青木小三郎／工事世話方山田甚五郎	大正十二年（一九二三）関東大震災後の修理 大仏師富田龍慶、瓦師青木小三郎施行
34	灯籠（台付き）	二基 その一（151） その二（152）	各 総高五三・〇	銅製 台、木製、朱漆塗り	昭和二年（一九二七）十月	〔その一・二、各火袋枠陰刻〕（略） 〔その一・二、各台側・背面陰刻及び金泥書〕昭和二年十月新調、（中略）／大仏師富田龍慶	大仏師富田龍慶作

35	五具足	一具 香炉(171) 燭台その一(166) 燭台その二(167) 花瓶 (石榴常花付き) その一(174) その二(175)	香炉 高(獅子頭まで) 三五・八 燭台　各 高　七七・八 花瓶　各 高　三七・〇	香炉、木製、茶漆塗り 燭台、木製、茶漆塗り及び金泥 花瓶、銅製 常花、木製、漆箔	昭和三年(一九二八)十月吉祥日	〔花瓶その一・二、各常花枝部墨書〕昭和三辰年十月吉祥日(後略)	香炉、燭台はともに技法、作風から花瓶と一具同時の作
36	燭台	二基 その一(13) その二(14)	各 高　七五・五	銅製	昭和四年(一九二九)九月二十八日	〔その一・二、各胴部陰刻〕昭和四年九月二十八日(後略)	
37	灯籠(台付き)	二基 その一(25・26) その二(27・28)	各 高　九五・七 台高六〇・三	銅製 台、木製、黒漆塗り	昭和五年(一九三〇)三月吉日	〔その一・二、各中台部陰刻〕(略) 〔その一・二、各台正面金泥書〕奉／納／(中略)昭和五年三月吉日	
38	花瓶(台付き)	二口 その一(147・148) その二(149・150)	各 高　四四・〇 台高二七・〇	銅製 台、木製、朱漆塗り及び漆箔	昭和八年(一九三三)十二月二十一日 台は昭和二年(一九二七)一月吉日	〔その一・二、各背面陰刻〕奉／納／(中略)昭和八年十二月二十一日(後略) 〔その一・二、各台背面陰刻〕(前略)昭和二年一月吉日／納之	
39	鏡(台付き、厨子入り)	一面(94)	径　五・〇 台高　七・三 木札高 一二・四 厨子高 二〇・三	銅製 木札、厨子、各木製	昭和十三年(一九三八)九月聖日	〔木札表面墨書〕(法華曼荼羅)(前略)南□(幣串があるため判読不可能)(後略) 〔同裏面墨書〕(前略)昭和十三□九月聖日(後略) 〔厨子背面墨書〕昭和拾参稔九月大吉祥日／奉再勧請直伝日修(花押)／奉勧請南無白龍大善神安置(後略)	白龍大善神鏡
40	御幣(台、木札付き、厨子入り)	一基(84)	高　一三・〇 木札高 一一・七 厨子高 三九・五	紙製 台、木札、厨子、各木製	昭和二十六年(一九五一)二月二十七日	〔木札表面墨書〕南無妙法蓮華経奉勧請正一位伏見稲荷大神攸(法華曼荼羅) 〔同裏面墨書〕昭和廿六年二月廿七日(後略) 〔幣串裏面墨書〕(梵字他)	伏見稲荷大神御幣
41	御籤筒	一基(129)	高　三〇・六	木製	昭和二十八年(一九五三)正月二十八日	〔正面陰刻及び漆箔〕鬼子母神 〔背面陰刻〕昭和二十八年正月廿八日(後略)	中に御籤を納める
42	鬼子母神堂棟札	一枚(61)	縦一〇〇・三	木製、素地	昭和五十五年(一九八〇)四月吉祥日	〔表面墨書〕南無妙法蓮華経(法華曼荼羅) 〔裏面墨書〕(前略)老朽甚然而今般東京都対尊堂修復申出下附補助金、(中略)尊堂解体大修復、(中略)于時昭和五十五庚申歳四月吉祥日／威光山四十八世一厚院日悠(花押)／工事株式会社眞木建設	鬼子母神堂老朽化に伴う修理 株式会社眞木建設施工

43	棟札箱	一合(66)	縦一一〇・九	木製	昭和五十五年(一九八〇)四月	〔蓋表面墨書〕日蓮大聖人第七百遠忌報恩法明寺鬼子母神堂昭和大修理/棟札/昭和五十五年四月(後略)	棟札(59・60・61・62)を納める
44	大黒堂棟札	一枚(145)	縦六四・八	木製、素地	平成十六年(二〇〇四)十月吉祥	〔表面墨書〕南無妙法蓮華経(法華曼荼羅)〔裏面墨書〕大黒尊天堂建立/維時平成十六年十月吉祥/(中略)棟梁片山組平泉博次/クリア工芸舎浜田信市	棟梁片山組平泉博次、クリア工芸舎浜田信市施行 所在大黒堂
45	厨子	一基(79)	高五七・四	木製、黒漆塗り、漆箔	近代		厨子のみ、中は空
46	経箱	一合(158)	高一二・三	木製、朱漆塗り、紐付	近代	〔底裏面金泥書〕東京浅草/中野三仏屋謹製	中野三仏屋作
47	瓶子	二口 その一(55) その二(56)	各 高三六・五	木製、黒漆塗り、蒔絵	近代		蓋付き 灯籠の台(24)に納める
48	瓶子	二口 その一(53) その二(54)	各 高三五・三	木製、黒漆塗り、蒔絵	近代		蓋付き 灯籠の台(23)に納める
49	瓶子(神酒口付き)	二口 その一(160) その二(161)	各 高一八・三	陶磁製 神酒口、紙製	近代		
50	瓶子(神酒口、三方付き)	二口 瓶子 その一(155) 三方 その一(154) 瓶子 その二(157) 三方 その二(156)	各 高二〇・八 神酒口高一五・四 三方高一三・六	銅製 神酒口、三方各銅製	近代	〔瓶子その一・二、各正面陰刻〕奉/納 〔同各背面陰刻〕(略) 〔三方その一・二、各背面見付陰刻〕仲	
51	瓶子(神酒口付き)	二口 その一(169) その二(170)	各 高三八・〇 神酒口高五五・八	銅製 神酒口、銅製	近代		
52	賽銭箱	一基(29)	高五〇・七	木製、茶漆塗り	近代	〔側面陰刻〕東神田/富田屋/弥七倅	
53	前机	一脚(176)	高一〇五・〇	木製、朱漆塗り、漆箔及び金泥	近代		正面などに龍、獅子、石榴など透かし彫り
54	経机	一脚(159)	高二三・四	木製、朱漆及び金泥塗り	近代		

55	供物台	一基(168)	高　二四・五	木製、朱漆及び金泥塗り	近代		背面一部焼損
56	三方	一基(153)	高　二八・三	木製、黒漆及び朱漆塗り	近代	〔正面見付金泥書〕奉／納 〔背面金泥書〕(略)	
57	三方	一基(134)	高　二五・六	木製、黒漆塗り	近代	〔背面金泥書〕(略)	
58	茶陶器(高台、三脚台付き)	一基 茶湯器(49) 高台(50) 三脚台(51)	高　九・七 高台高　一二・三 三脚台高　三四・〇	各木製、黒漆塗り、蒔絵	近代		
59	馬頭観音碑	一基(130)	高　二八・三	石製	近代	〔正面陰刻〕馬頭観世音 〔側面陰刻〕(略)	一部欠失
60	鬼形鈴	一口(127)	高　一四・五	銅製	近代		東南アジア製か、把部に鬼形をあらわす
61	木札	一枚(65)	縦　三六・二	木製、素地	近代	〔表面墨書〕(前略)南無妙法蓮華経(法華曼荼羅)(後略) 〔裏面墨書〕(前略)妙法蓮華経序品第一守(後略)	所在武芳稲荷堂
62	陀羅尼巻数札	一枚(131)	縦　四五・五	木製、素地	近代	〔表面墨書〕(前略)奉祈誦陀羅尼品巻数家運長久守護攸／雑司谷／威光山(後略) 〔裏面墨書〕(略)	近年奉納
63	陀羅尼巻数札	一枚(132)	縦　六〇・三	木製、素地	近代	〔表面墨書〕(前略)奉祈誦陀羅尼品巻数家運長久擁護之攸／雑司谷／威光山(後略) 〔裏面墨書〕(略)	近年奉納
64	陀羅尼巻数札	一枚(133)	縦　四五・二	木製、素地	近代	〔表面墨書〕(前略)奉祈誦陀羅尼品巻数家運長久守護攸／雑司谷／威光山(後略) 〔裏面墨書〕(略)	近年奉納

（久保田綾・大正大学大学院博士後期課程）
（菱沼沙織・大正大学文学部歴史学科副手）

絵画・奉納額解説

梅沢　恵

※奉納額の法量は縁を含めた最大値を上から縦・横・厚さで示す（単位はcm）

木造鬼子母神像懸仏　一面

木造　漆塗　彩色
径一一〇
元禄十四年（一七〇一）

大型の木造懸仏で、鏡板の中央に鏡面を表し、朱漆塗の圏線、黒漆塗の覆輪、岩座上の荷葉座に鬼子母神立像、花瓶を取り付ける。鬼子母神の頭上に天蓋、上部左右に獅嚙を取り付けるが鐶はない。鬼子母神は宝冠を頂く唐装の女神形で、懐に入れた子を左腕で抱え、右手に石榴の枝を執る。また、岩座に蓮華と荷葉を挿した花瓶を置く。覆輪、圏線には唐草文様の金銅製の金具を施す。彩色は近年の修理によるものである。

懸仏には社殿や厨子内に安置された尊像の正体（本地仏）を表す御前立としての機能がある。本書では、技法の近さから便宜的に奉納額とともに収録したが、尊像に準じる御正体として製作されたものと考えられる。外区に「南無妙法蓮華経／南無鬼子母神／元禄十四辛巳歳／九月吉祥日」と金の陰刻銘があり、製作年がわかる。元禄年間末頃は、法明寺が不受不施派として幕府に弾圧されながらも鬼子母神堂の拝殿、幣殿が元禄十三年（一七〇〇）に再建されており、本品も伽藍が復興整備されるなかで製作されたものであろう。

木造扁額「鬼子母神」　一面

木造　彩色
一三九・二×三三八・四×一九・八
元禄十三年（一七〇〇）

鬼子母神堂拝殿正面に掲げられる扁額で、朱塗の板地に金字で「鬼子母神」と彫出される。「佐文山」の落款、「墨華堂」、「閒生計」の印章から、江戸時代中期の能書家、佐々木文山（一六五九～一七三五）の揮毫によるものであることがわかる。縁には雲龍が浮彫されている。裏面には「元禄十三庚辰年九月吉日」と陰刻されており、鬼子母神堂拝殿の再建にあわせて製作されたものとみられる。

（※図版は本書4・5頁に掲載）

鬼子母神堂宮殿壁画および天井画　一基

木製黒漆塗・彩色、紙本著色・板貼付
壁画　四九・〇×一七一・五（正面、左右壁含む）
天井画　四〇・〇×六七・〇
江戸時代

鬼子母神堂の本殿には鬼子母神立像および十羅刹女立像を奉安する宮殿形の厨子が安置されている。厨子の内壁には、正面と両側面に連続する山水図、天井に鳳凰図があり厨子内を荘厳する。壁画は金箔地に群青で水流、緑青で土坡を描き、正面の壁面には、大きな岩と屈曲する石榴と笹を描く。石榴は本尊である鬼子母神の持物であり、多子多産の象徴である。群青で彩色された水流には、白色の絵具で水紋、笹は墨で葉脈が描かれ、緑を金泥で彩色する。岩には、ところどころ白緑を白い点で縁取り点苔を表わす。石榴の実には、熟して中から種子をのぞかせるものがあり、種子を一粒ずつ胡粉で盛りあげて彩色し、立体的に表わしている。

壁画の向って右側面には「玉燕」（朱文方印）の印章がある。また、上野勝久氏による宮殿調査において、厨子背面の横板の隙間から内部の構造が観察され、厨子内壁画の下部に「狩野玉燕」の落款が発見された。狩野玉燕季信（一六八三～一七四三）は、表絵師十五家のうち、御徒町狩野家の第四代当主にあたる。奉納額No.2の大森彦七図を描いた鳥山石燕は、一説に、狩野玉燕、狩野周信に学んだといわれる。宮殿壁画が狩野玉燕の筆であるならば、鬼子母神堂は石燕と狩野玉燕を繋ぐ場としても注目される。本書245頁梅沢論考参照。

厨子の天井には鳳凰を描く。鳳凰は鳥の王といわれる想像上の鳥で、優れた天子の世に姿を現す瑞鳥とされた。本図に描かれた鳳凰は尾羽を広げ、天空から舞い降りるかのような姿で描かれている。鳳凰は障屏画の画題としてしばしば採用され、狩野探幽筆桐鳳凰図屏風（サントリー美術館）をはじめ、江戸時代の狩野派の絵師により描き継がれた五鳳凰図がある。これは、右隻に雌雄の鳳凰と幼鳥、左隻に白鳳の雌雄のあわせて五羽の鳳凰を描く図様である。この狩野探幽筆の桐鳳凰図屏風は徳川家綱の婚礼屏風であったともいわれる。つまり、鳳凰のつがいと幼鳥という画題は、聖天子の出現を予言する瑞鳥を描く吉祥画であり、また徳川将軍家の世継ぎ誕生の願いが込められた画題でもあった。天井画の作者および制作時期は不明であるが、本図もまた、五鳳凰図屏風にみられる飛来する雄の白鳳の型を継承しており、狩野派の粉本を用いて描かれている。

鬼子母神堂本殿旧壁画　四紙

紙本著色
唐獅子図①一九六・〇×一六一・二　唐獅子図②一九六・四×一六二・〇
天台大師聖蹟図一七三・一×一五二・四　霊鷲山図一七〇・六×一五二・〇
江戸時代

鬼子母神堂本殿南北壁面には奥に唐獅子図が二面、手前には山水図二面が貼られていた。いずれも画風から幕末頃に描かれたものとみられるが、昭和四十五年（一九七〇）に行われた鬼子母神堂の大規模修理の際に、後補の建具として取り外され、現在はマクリの状態で別置保存されている。

唐獅子図は金箔地に岩と紅白の牡丹を配し、それぞれ画面に二匹の唐獅子を描く。獅子はライオンをもとに造形化され、仏教美術では釈迦の威厳を示す守護獣とされ、文殊菩薩の獣座などにみられる。さらに、中国で図像化が進み、鬣、尾、手足の一部に大量の渦巻く毛を持ち、体に丸い斑点がある想像上の霊獣として表わされるようになる。日本では、桃山時代の狩野永徳筆唐獅子図屏風に代表されるように、大規模建築を飾る金碧走獣画の主題として確立された。江戸時代になると、雄壮さは減退し、軽やかに飛び跳ねて遊ぶ愛嬌ある唐獅子が主流となる。ただし、江戸時代以降も、唐獅子は天台山石橋（能「石橋」では文殊菩薩の聖地である五台山に改変）に住まう霊獣としてイメージされ続けていたと考えられる。鬼子母神堂の本殿の奥に唐獅子が描かれていたのも、二面の山水図「霊鷲山図」、「天台大師聖蹟図」とともに法華宗寺院の堂宇にふさわしく、法華信仰の聖地である天台山の信仰世界を現出させるためであったのだろう。

なお、山水図には落款「時年七十五／暁雲齊勝月筆」と「暁雲齊画印」（朱文方印）があるが、作者については未詳である。山水図の主題については本書256頁の由良コラム参照。

奉納額

1　絵馬　三人静白拍子図（大小舞図）　鳥居清満（二代）　一面

板絵著色
二二五・〇×一三五・二×四・八
江戸時代
東京都指定文化財

東京都の指定名称では、「三人静白拍子図」とするが、中村座の寿狂言「大小舞」を描いた絵馬である。大小の舞は寛永年間に中村勘三郎（初代）により、初期歌舞伎の舞踊を元に初演されて以後、中村座の秘曲として伝えられた。

本図は、画面を舞台に見立て、松樹の下に金色の立烏帽子に狩衣を着し白拍子に扮した女方を描く。三人はそれぞれ帯刀し、背に幣帛を挿し、右手に中啓を執る。袖には、坂東家の紋である丸に三つ大文が配され、それぞれ「しうか」、「玉」、「吉」と記される。このことから、坂東しうか（一八一三～五五）を中心に、しうかの養子である坂東玉三郎（?～一八七二）と実子の坂東吉弥（一八二九～七三）を描いた図であることがわかる。

絵馬の縁金具には中村座の紋である銀杏の意匠が施されている。坂東しうかはそれまで他の座に出仕していたが、嘉永三年（一八五〇）に中村座に加わっており、本図の制作、奉納された背景として注目される。

筆者は落款から、文政十二年（一八二九）に二世清満を襲名した鳥居清満（三代）とわかる。

2　絵馬　大森彦七図　鳥山石燕　一面

板絵著色
一四五・一×二〇七・二×七・二
元文三年（一七三八）
東京都指定文化財

本図は『太平記』巻二十三「伊予国より霊剣注進の事」に取材した武者絵である。後醍醐天皇による建武政権樹立からまもなく政権は混乱し、足利尊氏が離反して新天皇を擁立した。足利方についた大森彦七は、湊川の戦いで楠木正成を自害に追い込んだ功績により所領を得た。それを祝うために催された猿楽に向かう途上、大森彦七は矢取川を渡してほしいという美女と出会う。女を背負って川を渡り始めると、急に女の体は石のように重くなり、みるみるうちに鬼形に変じた。女の正体は楠木正成の怨霊で、彦七が所有していた天下を覆す力があるという霊剣を奪おうとしたのであった。

本図では、緑色の恐ろしい形相で不敵な笑みをうかべる不気味な女と、水面に映る姿で女の正体に気付いた大森彦七の緊張の一瞬がみごとに捉えられている。

作者の鳥山石燕（一七一二～八八）は江戸時代後期の画家で、狩野派に学んだと伝えられる。これまで、喜多川歌麿の師であることや『絵本百鬼夜行』などの絵本の作者としての側面が主に注目されてきた。本図では、大画面に大森彦七の荒々しい力強さと、鬼女の不気味な凄みがみごとに描かれている。彦七の緊張や恐怖など複雑な心理描写までも捉えており、石燕の卓越した力量を示す数少ない肉筆画として貴重である。画面の落款に行年書きがあるが、現状では判読できない。元文三年の制作であれば、現存作例中、最初期の作品ということになる。裏面には宝暦十一年（一七六一）、天明二年（一七八二）の修理銘があり、門人の名も記されている。本書245頁梅沢論考参照。

3　絵馬　鬼子母神解脱図　一面

板絵著色
一五八・七×一九七・〇×五・五
正徳元年（一七一一）

4　絵馬　鬼子母神解脱図　一面

板絵著色
一四九・八×二〇二・八×八・七
江戸時代

鬼子母神（訶梨帝母）は十羅刹女とともに『法華経』の持経者を守護するとされ、法華宗で重視される尊格である。鬼子母神堂には、鬼子母神の説話を描いた「鬼子母神解脱図」と称される大型の絵馬が二面伝わっている。かつて、鬼子母神は人の子を捕らえて喰うため、人々に恐れられていた。あるとき、釈迦が一計を案じて鬼子母神が最もかわいがっていた末子ピンカラを隠した。鬼子母神は子を失う親の気持ちをはじめて知って改心し、受戒して以後仏法を守護する善神となったという。この二面の絵馬は、鬼子母神がこれまでの行いを改悛し解脱に至った場面を描いた説話画である。

No.3は画面の中心に釈迦とその眷属、仏弟子を描き、対面するように鬼子母神とその一族を描く。No.4では釈迦を中心に普賢菩薩、文殊菩薩、十六羅漢を配し、羅漢の手から鬼子母神に子が戻される場面を描いている。鬼子母神の隣に描かれている着甲像は鬼子母神の夫で、毘沙門天の眷属であるパーンチカとみられる。

5　絵馬　鶴図　狩野愛信　一面

板金地著色
一〇三・〇×九三・五×三・三
江戸時代

金地に首をもたげて鳴く雄、嘴を閉じて足下を向く雌で一対をなす鶴のつがいと、三羽の幼鳥を描く。鬼子母神堂に奉納された絵馬には、故事人物画、動物画など主題を問わず子供や親子を題材としたものが多くみられる。これは、鬼子母神堂が子安信仰で知られたためであろう。

「鶴寿千歳」といわれるように、鶴は長寿の象徴とされ、その優雅な姿態から瑞鳥、霊鳥として神仙や蓬莱のイメージとともに描かれてきた。また、狩野派が手がける城廓建築や大寺院、公武の住居のための障屏画にしばしば採用される画格の高い主題でもある。

筆者の狩野洞白愛信は、寛政九年（一七九七）に狩野洞雲益信を祖とする駿河台狩野家の五代目の当主となり、文化四年（一八〇七）には法眼に叙せられている。本図は狩野派の粉本を用いて手堅く、また気品ある作品に仕上げられている。落款が愛信の他の作品に比べて正式な形式であることなどからも、たびたび鬼子母神堂に参詣している徳川将軍家など、有力な外護の奉納も想定される。あるいは家の繁栄や子の成長を願って画家自身が奉納した可能性もあろう。本書253頁柏﨑コラム参照。

6　絵馬　唐子遊び図　一面

板金地著色
一〇五・五×五一・五×四・八
文化八年（一八一一）

中国の子供が遊ぶ「唐子遊び」は、多子多産、子孫繁栄を象徴する吉祥画として好まれ、工芸の意匠などに用いられる。そのため、子安信仰の鬼子母神堂に奉納される絵馬としてふさわしい画題であるといえる。

本図には金地に、大きな水盤に手を入れて魚を捕まえたり、あやつり人形で遊ぶ七人の唐子が描かれている。年長の子供が幼子を玩具であやすなど、群像の中にも、年齢の描き分けや物語性がうまく表出されている。

7　絵馬　末広かり図　観嵩月　一面

板金地著色
一〇〇・〇×一四八・五×六・〇
江戸時代

狂言「末広かり」に取材した絵馬。太郎冠者は主人のいいつけで都に「末広」（中啓）を買いに行くが、「末広」が何か知らなかったため、だまされて古傘を売りつけられる。太郎冠者は主人の元に帰り、怒られてだまされたことに気が付く。困った太郎冠者は、主人の機嫌が悪くなった時に舞うように教えられた囃子物を披露する。太郎冠者の滑稽な囃子と舞いにつられて主人も一緒に舞い、めでたく納まるというあらすじで、祝言的な性格の強い狂言である。本図には、傘をさしかける太郎冠者と主人が描かれている。

筆者の観嵩月（一七五五～一八三〇）は江戸中期の画家。材木商築島屋坂本米舟の子として生まれたが、英一蝶（一六五二～一七二四）の画風を継いで洒脱な風俗画を描いた高嵩谷（一七三〇～一八〇四）の門人となった。

8　絵馬　繋馬図　一面

板絵著色
一三三・三×一三九・一×八・五
寛政八年（一七九六）

近世以降、絵馬の画題は多種多様となるが、その源流はその名のとおり、馬を描いて寺社に奉納したことからはじまったとされる。本図のように繋がれた神馬を描く繋馬図のほか、馭者が手綱をとる曳馬図などがある。本図は二頭の繋馬を描く。地面に置かれた水盤は馬蹄を洗うためのもので、馬の後方には馬を世話する馬丁の姿がみえる。一般的に、神馬を側面から描く構図の絵馬が多いが、本図は神馬を正面から捉える意欲的な作品である。同様の主題を描いた作例に、高嵩谷筆神馬図（東京国立博物館）がある。

9　絵馬　趙雲幼主を救う図　一面

板絵著色
一八〇・九×一三六・五×六・〇
文化九年（一八一二）

三国志に取材した武者絵。劉備が曹操との戦いで敗走した際、家来の趙雲は軍勢の中を引き返して敵陣に取り残された劉備の夫人と一子阿斗を見つける。夫人は阿斗を趙雲に託して自害してしまうが、趙雲は敵陣を奇跡的に突破し、阿斗を無事に劉備の元へ届けることができた。この時、趙雲が救った阿斗はのちに蜀漢の二代皇帝となる劉禅である。

本図では、懐に阿斗を抱く趙雲が飾りを付けた黒駒に騎乗する姿で描かれる。大型の画面に、馬の体軀を的確に捉える佳作であるが、裏面の銘文に記される石川錠之については未詳である。

斎藤月岑『武江扁額集』には、近隣の鷺明神社にも英一蜂筆の同画題の絵馬があったことが記される。

10　絵馬　稲荷大明神祭礼四季耕作図　一面

板絵著色
六一・三×七八・〇×四・〇
江戸時代～近代

田植えから収穫まで四季を通じた耕作図を描く。画面の上方には稲荷社頭の秋祭が描かれており、大きな魚を囲んで酒宴が催されている。右上方には狐が米俵を担いで米倉に納める様子が描かれている。画中に描かれた稲荷社は武芳稲荷の社殿であり、その祭礼を描いていた図様とみられる。鬼子母神堂には「稲荷大明神」の神号額（No.97）も伝来しており、いずれも隣接する武芳稲荷社に奉納されたものであろう。

11　絵馬　架鷹図　中邑清船斎　一面

木製黒漆塗　彩色
九〇・六×六六・四×二・七
江戸時代～近代

雲龍文の衝立に繋がれた鷹を描く。鷹は内裏や貴族の間で贈答される習慣があり、神馬を描く絵馬と同様に、神仏への奉納物として描かれた画題であると考えられる。

12　絵馬　七面大明神応現図　一面

板絵著色
六六・四×八四・五×四・〇
江戸時代～近代

身延山の七面大明神出現の説話を描いた図。あるとき、日蓮聖人の説法を聞いていた女が、説法が終わると龍の姿を顕し、『法華経』持経者の守護となることを誓って七面山へと姿を消した。女の正体は七面大明神であったという。

本図は、絵具の剥落のために図様が判然としないが、法華経とみられる経巻を手に説法をする日蓮聖人を中心に、右に龍の出現に驚いて逃げだす人々、左には火炎を帯びた鱗が見えるため、女が姿を変じた龍が描かれているとみられる。

13　絵馬　神影図　一面

板絵著色
六〇・一×八二・二×二・六
江戸時代〜近代

画面を社殿に見立て、中央に雲に乗って影向する鬼子母神、向かって右に妙見菩薩、左に弁才天の三幅の神影図が掛けられる様子を描く。中央には香炉、その手前には琴や三味線が置かれている。芸事上達に関わる信仰の対象としては弁才天（妙音天）が一般的であるが、鬼子母神堂に奉納された絵馬には歌舞伎、狂言を題材にしたものや弾琴図を描いた絵馬が含まれている。鬼子母神堂や、武芳稲荷社には歌舞伎役者や力士がたびたび絵馬を奉納しており、芸能に関わる人々の信仰も集めていたのであろう。

14　絵馬　石榴図　景山　一面

板金地著色
七一・三×八五・六×四・五
江戸時代〜近代

15　絵馬　石榴牡丹鶏図　一面

板絵著色
九〇・五×五四・三×三・五
明治四十一年（一九〇八）

16　絵馬　石榴図　局亀斎　一面

板絵著色
六六・四×一〇五・六×三・〇
江戸時代〜近代

石榴は実の中に粒状の種子ができることから、多子多産の象徴とされ、「榴開百子」と称される吉祥画題である。子供が多いことで知られる鬼子母神は、中国や日本では手に石榴を執る姿で表される。そのため、鬼子母神堂に奉納された絵馬には、石榴を主題とする作例が多く、石榴のみを描く図の他、他の花鳥と組み合わせて吉祥画とする図様もある。

№14は実が熟してはじけ、中の種がのぞく石榴の枝を描く。№15は石榴と牡丹、鶏の親子を描く。№16は花と実をつけた石榴の折枝画である。

17　絵馬　牡丹図　一面

板絵著色
七六・〇×一〇六・〇×六・五
江戸時代〜近代

百花の王とされる牡丹は、その豊かで華麗な美しさから富貴の象徴とされた。本図は金地に岩と紅白の牡丹を描く。

18　絵馬　弾琴図　一面

板絵著色
七一・六×一三四・五×三・五
江戸時代〜近代

若い女性が琴を弾く図で、傍らには三味線も描かれている。№13と同様、芸事上達を願って奉納された絵馬であろう。

19　絵馬　赤松弾正と長山遠江守の勇戦図　一面

板絵著色
一四六・六×二二一・三×五・八
江戸時代〜近代

武勇で知られた南北朝時代の武将である赤松弾正を描いた武者絵。自分にふさわしい対戦相手を求めていた赤松弾正はあるとき長山遠江守と一騎打ちとなった。長山遠江守が振り上げた大鉞を赤松弾正が掴み、柄が折れて結局勝負はつかなかった。本図では、黒駒に騎乗し、大鉞を両手で掴む人物が赤松弾正とみられる。

20　絵馬　牛若丸弁慶五条橋図　山崎如流・為笑　一面

板絵著色
一〇六・〇×一八二・二×六・七
江戸時代

京都の五条橋で千本の太刀を奪っていた弁慶が、牛若丸（のちの源義経）に敗れて家来になった説話を描く。謡曲「橋弁慶」で知られ、浮世絵や絵馬の主題としても好まれた。

本図には二箇所に落款があり、向かって右下に「如流」、左下に「如流門人／為笑」とある。山崎如流は鶴沢探山に狩野派の画法を学んだ江戸中期の画家である。牛若丸を如流、弁慶を為笑が分担して師弟が合作した作品である。

21　絵馬　神功皇后武内宿禰図　一面

板絵著色
五四・六×九〇・八×二・三
文久二年（一八六二）

22　絵馬　神功皇后武内宿禰図　一面

板絵著色
六五・〇×九〇・八×四・五
江戸時代〜近代

神功皇后の三韓征伐に取材した主題。神功皇后が新羅に出兵して凱旋帰国した際、大和国に入ろうとしたところ、反乱がおきたため、これを回避するために神武天皇となる皇子を武内宿禰に託して紀伊水門にとどめた。№21は、託された皇子を抱えて跪く武内宿禰と佩刀して弓矢を手に立つ神功皇后を描く。№22は甲冑をつけて床几に坐し、軍配を手にする神功皇后と跪いて皇子を抱く武内宿禰を対峙させて描く。

23　絵馬　猿図　蓮斎　一面

板絵著色
六〇・〇×九四・六×三・一
文政四年（一八二一）

樹上に二匹の猿を描く。猿の体軀をよくとらえており毛描きも細かく丁寧である。画中に「蓮斎筆」の落款がある。

24　絵馬　坂田金時元服図　一耀斎艶豊　一面

板絵著色
六六・五×九〇・〇×二・六
江戸時代

熊と相撲をとり、怪童丸と呼ばれた金太郎（坂田金時）の元服を描いた図。大鉞を手にして月代を剃られる金太郎はまだあどけない表情である。

25　絵馬　猩猩図　一面

板絵著色
四八・五×八〇・五×三・〇
幕末〜近代

猩猩は中国の架空の生き物として古典文学などに現われる。能「猩猩」では赤い髪をした酒の精として登場する。本図でも赤い髪の猩猩が空の杯を背負い遊ぶ様子が描かれている。猩猩たちの顔は酒で赤くなっている。

26　絵馬　黄石公張良図　南坡　一面

板絵著色
一二一・四×一一二・四×四・五
明治二十二年（一八八九）

秦の張良は始皇帝暗殺に失敗し、身を隠していた時、隠者・黄石公と出会った。黄石公は橋の下に落とした沓を張良に拾わせ、五日後に再開の約束をする。後日、約束の場所に張良が向かうと、すでに黄石公が来ていて、自分より遅く来た張良をとがめた。再び約束をした日、張良は夜明け頃に約束の場所へ向ったが、やはり黄石公はすでに来ていた。三度目の約束の日、張良は夜明け前から黄石公を待つことにした。はじめて後から現れた黄石公は張良の謙虚さを褒めて、ついに太公望の兵法書を与えたという。黄石公の予言どおり、張良は優れた軍師となり、劉邦に仕えた。

27　絵馬　鬼子母神影向図　一面
板絵著色
五六・一×三七・三×二・八
近代

28　絵馬　鬼子母神影向図　一面
板絵著色
四四・五×三二・五×二・四
近代

29　絵馬　鬼子母神影向図　一面
板絵著色
四三・八×六〇・五×二・〇
明治二十三年（一八九〇）

30　絵馬　鬼子母神影向図　一面
板絵著色
三三・〇×四四・八×二・三
近代

31　絵馬　鬼子母神影向図　一面
板絵著色
三三・五×四五・三×一・五
明治十八年（一八八五）

32　絵馬　鬼子母神影向図　一面
板　押絵
三九・二×五四・五×三・三
明治三十二年（一八九九）

雲に乗った鬼子母神が絵馬の奉納者やその子供の肖像とみられる人物のもとに影向する図様の絵馬が鬼子母神堂に多数伝わっている。No.27、29、32には、画面を縁取るように幔幕が描かれている。これは、鬼子母神堂内において鬼子母神が影向したことを表しているのであろう。幔幕の石榴文様は鬼子母神の持物にちなんでいる。

33　絵馬　石榴図　一面
板絵著色
六一・九×四三・五×二・〇
明治四十二年（一九〇九）

34　絵馬　石榴図　一面
板金地著色
四一・〇×四八・七×二・〇
大正三年（一九一四）

35　絵馬　餅図　一面
板絵著色
三九・四×七六・四×二・四
大正七年（一九一八）

36　絵馬　鬼子母神像彫刻図　不説庵誡也　一面
板絵著色
径五九・九　厚一・二
明治四十一年（一九〇八）

37 絵馬　鬼子母神堂参詣図
板絵著色
三二・八×三八・五×二・五
近代
一面

38 絵馬　鬼子母神堂参詣図
板絵著色
四〇・五×五四・七×二・〇
近代
一面

39 絵馬　鬼子母神堂参詣図
板絵著色
四五・五×六三・六×二・五
近代
一面

40 絵馬　鬼子母神堂参詣図
板絵著色
四三・五×六〇・九×二・七
大正十五年（一九二六）
一面

41 絵馬　鬼子母神堂参詣図　秀齋
板、紙本著色
三四・五×四五・五×二・〇
明治二十六年（一八九三）
一面

42 絵馬　鬼子母神堂参詣図
板絵著色
二八・七×三九・〇×二・〇
近代
一面

43 絵馬　鬼子母神堂参詣図
板絵著色
三三・二×四五・七×一・五
近代
一面

44 絵馬　鬼子母神堂参詣図
板絵著色
三五・七×四五・五×二・〇
近代
一面

45 絵馬　母子図
板絵著色
三〇・五×四五・八×一・五
近代
一面

46 絵馬　鞍馬天狗牛若丸兵法伝授図
板絵著色
四五・三×六〇・七×一・九
近代
一面

47 絵馬　洋船図
板絵著色
六九・九×八一・五×四・二
江戸時代〜近代
一面

48 絵馬　兎図
板絵著色
二九・五×三六・五×二・〇
近代
一面

49 絵馬　武内宿禰図
板絵著色
四五・〇×五九・〇×二・五
近代
一面

50 法華経額
板　模型貼付
八一・五×四八・三×四・〇
文久三年（一八六三）
一面

51 銭額　題目
板　銭貼付
一三六・〇×三六・五×四・〇
江戸時代～近代
一面

52 銭額　題目
板　銭貼付
一五七・〇×四七・五×五・五
江戸時代～近代
一面

53 銭額　石榴図
板　銭貼付
六七・〇×九一・〇×七・五
近代
一面

54 銭額「奉納」
板　銭貼付
五五・五×七五・七×二・二
近代
一面

55 銭額　石榴図
板　銭貼付
六三・五×九一・〇×四・五
明治二年（一八六九）
一面

56 銭額
板　銭貼付
九九・六×五四・二×二・一
明治七年（一八七四）
一面

57 銭額　三重塔図
板　銭貼付
六一・一×三〇・五×一・五
明治二十四年（一八九一）
一面

58 銭額　三重塔図
板　銭貼付
最大七三・五×四五・五×三・二
明治二十二年（一八八九）
一面

59 銭額　五重塔図
板　銭貼付
七五・六×三〇・二×二・六
近代
一面

60 銭額「妙法」
板　銭貼付
七六・〇×四八・四×二・〇
大正十四年（一九二五）
一面

61 銭額「奉納」
板　銭貼付
四二・八×五一・三×一・八
明治十七年（一八八四）
一面

62 銭額　石榴図
板　銭貼付
現状三七・五×四八・〇×二・〇
明治三十九年（一九〇六）
一面

63 銭額　日章
板　銭貼付
五七・四×七二・二×一・八
明治二十三年（一八九〇）
一面

64 銭額　石榴図
板　銭貼付
七四・五×五一・〇×六・〇
明治四十四年（一九一一）
一面

65 神号額「鬼子母神」　一面
木製
四五・五×二九・三×二・七
大正六年（一九一七）

66 神号額「鬼子母神」　一面
木製
六五・七×三九・一×一・七
大正十年（一九二一）

67 神号額「鬼子母神」　一面
木製
五一・五×三六・〇×二・〇
近代

68 書額「心願成就」　一面
木製
四〇・〇×二六・〇×二・〇
昭和三年（一九二八）

69 社号額「鬼子母神社」　一面
木製
五〇・四×三六・四×〇・七
大正十五年（一九二六）

70 神号額「鬼子母神」　一面
木製
五二・二×三〇・四×一・九
大正時代

71 神号額「鬼子母神尊」　一面
木製
五二・〇×三六・〇×三・〇
明治十五年（一八八二）

72 神号額「鬼子母神」　一面
木製
四六・四×三五・四×三・九
昭和十年（一九三五）

73 神号額「鬼子母神」　一面
木製
七六・五×四一・八×三・二
明治四十二年（一九〇九）

74 書額「心願成就」　一面
木製
七四・五×五〇・五×三・五
大正十一年（一九二二）

75 神号額「鬼子母尊神」　一面
木製
六九・八×二三・八×二・〇
近代

76 書額「心願成就」　一面
木製
六一・〇×四〇・五×三・七
明治四十三年（一九一〇）

77 神号額「鬼子母尊神」　一面
木製
五七・四×三五・九×三・二
明治二十五年（一八九二）

78 書額　題目　一面
木製
一一九・〇×四九・九×一・七
江戸時代～近代

79 神号額「鬼子母尊神」 一面
木製
九〇・一×五三・五×三・〇
江戸時代～近代

80 神号額「鬼子母神」 一面
木製
九〇・〇×五六・五×八・二
文化四年（一八〇七）

81 神号額「鬼子母神」 一面
木製
八二・〇×四一・〇×一・七
大正十三年（一九二四）

82 神号額「鬼子母神」 一面
木製
六三・三×四五・〇×五・八
幕末～近代

83 神号額「鬼子母神」 一面
木製
五〇・六×三四・〇×六・三
幕末～近代

84 神号額「鬼子母神」 一面
木製
五二・七×九八・二×五・八
昭和四年（一九二九）

85 神号額「子安鬼子母尊神」 一面
板、紙本墨書
六六・五×四一・六×二・六
近代

86 神号額「鬼子母尊神」 一面
木製
最大六六・三×一一四・六×四・三
近代

87 書額 題目本尊 一面
木製
五八・一×三七・五×一・二
幕末～近代

88 書額 題目本尊 一面
木製
一一二・七×五一・五×九・六
近代

89 書額 題目本尊 一面
木製
一七九・五×五八・四×五・一
近代

90 神号額「鬼子母尊神」 一面
木製
五九・五×一〇七・二×九・〇
大正十三年（一九二四）

91 神号額「鬼子母神」 一面
木製
一三五・九×九〇・四×一五・五
近代

92 神号額「鬼子母神」 一面
木製
一六五・〇×八八・四×一一・〇
近代

93 神号額　「鬼子母神」　一面
銅製
一三五・五×七二・〇×一九・〇
近代

94 書額　「感応」　一面
木製
一八二・三×八八・〇×三・二
明治三十五年（一九〇二）

95 書額　「擁護」　一面
木製
九四・〇×一六〇・〇×一〇・五
宝永二年（一七〇五）

96 神号額　「鬼子母尊神」　一面
木製
二二〇・七×八九・〇×六・六
明治十七年（一八八四）

97 神号額　「鬼子母神」　一面
木製
七〇・五×四四・〇×四・五
江戸時代〜近代

98 神号額　「稲荷大明神」　一面
木製
八〇・四×二〇〇・五×一三・五
江戸時代〜近代

99 神号額　「鬼子母尊神」　一面
木製
一一八・八×一九一・三×六・六
近代

100 神号額　一面
木製
八七・五×一八一・五×七・一
近代

101 神号額　「妙見大菩薩」　一面
石造
三七・〇×二二・二×六・四
文久二年（一八六二）

102 鬼子母神図　一面
紙本版画
一〇一・〇×一三五・〇×五・七
昭和時代

103 大銀杏　一面
紙本著色
二一一・三×一四八・三×八・四
昭和時代

（神奈川県立金沢文庫主任学芸員）

論考篇

法明寺と鬼子母神堂

近江正典

法明寺の歴史

威光山法明寺は弘仁元年（八一〇）に創建された真言宗の旧跡で稲荷山威光寺と称し、正嘉元年（一二五七）に日蓮聖人の弟子で中老僧に数えられる日源上人によって日蓮宗に改宗、以来今日まで法灯を継承していると伝えられている。こうした歴史を語る資料のほとんどは昭和二十年（一九四五）の戦災で灰燼に帰し、今その歴史を辿るものは、寛政年間に雑司が谷の住人で熱心な法華信者であった金子直徳が大田南畝の奨めによって編纂したといわれる地誌「若葉の梢」や文化文政期に編纂された「新編武蔵国風土記稿」、また江戸時代後期の紀行文「遊歴雑記」などに記されたものが頼りとなる。「若葉の梢」は江戸の北西一帯、戸塚、源兵衛、諏訪、早稲田、目白、高田、落合、長崎、音羽、雑司が谷、池袋などの地域と、それに隣接する付近の地誌、故実などを記したもので、寛政十年（一七九八）十二月に脱稿している。

以下、「若葉の梢」に記された法明寺の略縁起をみると

当山は往古真言の旧地にて、東鏡に所謂威光寺と云是也。後寺号を山号とす、威光山法明寺と改。東鏡第一四十三帋云。武蔵国威光寺は依源家数代御祈祷所、院主僧増圓相承之僧坊・寺領如元被券免之、云々。同書第五、二帋云、私に云、右大将家の御時、源家数代との給ふ。ある御代より御祈祷所たる也。其先可貴由来は人王五十二代嵯峨天皇の御宇弘仁元庚寅年（八一〇）草創矣。安永六年（一七七七）至て凡九百六十八年に及べり。然るに中頃人王八十八代後深草天皇の御宇、正嘉元年（一二五七）の頃、我山開基日源聖人は其時巌譽律師と申て、駿州岩本にて、高祖大士入経蔵の時節、屢宗祖の法美を聞き尊び、帰服して高祖の御弟子と成、巌譽院日源上人と改め、後に中老僧と成給ふは是也。学解甚高く、辯舌流るるごとし。衆徒の群疑をくだき、宗祖の法燈をかかげ、山徒を帰服せしめて、山を高祖に奉り法華霊場とす。吾山もまた其一ツ也。それよりこの方今に五百余年に及ぬ。

とあり、真言宗の旧跡を日源聖人が改宗して現在に至っている経緯を述べている。寺伝に依れば法明寺の改宗は正和元年（一三一二）のことで、日源上人はその三年後の正和四年（一三一五）に没している。

その後の記録を辿ると弘治年間（一五五五～一五五八）に飛騨国の工匠が祖師堂を建立、永禄四年（一五六一）には雑司が谷清土の畑中から鬼子母神像が発見され塔頭の東陽坊に安置された。鬼子母神像は天正六年（一五七八）に稲荷の森といわれていた法明寺境内の一角に奉安された。

江戸時代に入り寛永十七年（一六四〇）には三代将軍家光の御成があり、その後、四代家綱、八代吉宗、十代家治、十一代家斉、十二代家慶、十三代家定など代々将軍の御成を受けている。

一方、江戸時代初期における日蓮教団では、信徒以外から布施を受けないという不受不施制の考え方が主流となっており、御朱印の交付を巡って幕府との

対立を深めていた。それは浄土宗門徒である徳川家から布施としての寺領を受けることを拒むというもので、池上本門寺（東京都）や野呂妙興寺（千葉県）、小湊誕生寺（千葉県）、碑文谷法華寺（東京都）等とともに法明寺もまた不受不施制を主張する中心的存在であったため幕府の意向と対立する関係にあった。そうした中、寛文五年（一六六五）幕府は土水供養令を出して不受不施派の弾圧に踏み切り、不受不施制のために御朱印の再交付を辞退することは公儀の意向に違背するものであるとして、下総玉造檀林の日浣上人を肥後人吉へ、平賀本土寺の日述上人を伊予国吉田へ、下総野呂妙興寺の日講上人を日向砂土原へと配流した。この年の十二月には法明寺第十五世智照院日了上人（一六三五～一六八八）も讃岐丸亀に配流となった。

こうした緊張した時代の直中にあった寛文四年（一六六四）、広島藩主浅野光晟の夫人満姫（自昌院殿英心日妙大姉）の寄進によって鬼子母神堂が建立された。これは十五世日了上人の時代で、この工事中に日了上人は配流となった。造立の工事は寛文四年十月二十日棟上げ、十一月二十六日槌納と記録されており、開堂供養は配流の翌年、寛文六年正月に本寺である碑文谷法華寺の十四世日禅上人の名で行われている。

その後、幕府は元禄四年（一六九一）に不受不施派を禁制とし、元禄十一年（一六九八）には碑文谷法華寺を破却して天台宗に改宗、これに伴い法明寺は身延山末寺に組み替えられ今日に至っている。

天保元年（一八三〇）に火災により釈迦堂、祖師堂、客殿、庫裏などを焼失したが、間もなく再建されているようで、「東都歳時記」の天保十年（一八三九）十月七日の項には「七日は法明寺会式の経揃へ。八日から二十三日は法会期間中の開帳があり、種々の機巧や見世物が出て、参詣人が群集する」との記述があり、大勢の参詣者が訪れている様子を伝えている。

大正十二年九月一日、関東大震災で本堂が倒壊、第四十六世一妙院日龍（近江正瑞）上人により直ちに再建されるが、昭和二十年（一九四五）五月の戦災により全山焼失、鬼子母神堂だけが被災を免れた。戦後、第四十七世一味院日厚（近江正順）上人が再建に着手し、昭和三十四年に現在の本堂を再建、同三十五年（一九六〇）には鬼子母神堂が東京都有形文化財の指定を受け、同三十七年（一九六二）に客殿を再建した。更に法燈を継承した第四十八世一厚院日悠（近江正隆）上人は昭和四十三年（一九六八）に山門、鐘楼を再建して寺觀を旧に復したほか、出現所の清土鬼子母神を整備し、昭和五十一年（一九七六）から五十四年（一九七九）に鬼子母神堂解体復元の昭和大修理を行い、鬼子母神堂を建立当時の姿に復した。

こうした歴史を踏まえて雑司ヶ谷鬼子母神堂は今年（二〇一六）七月二十五日、文化庁の審議を経て重要文化財指定を受けている。

日源上人（～一三一五）

法明寺の開基日源聖人は、字を智海といい、もと天台宗の学僧で播摩法印と称した。静岡県岩本山実相寺の開山。実相寺はもと天台宗寺門派に属し、日源上人は第四代の貫主厳誉の時、その学才を嘱望され、若くして学頭職を務めた。正嘉二年（一二五八）日蓮聖人が一切経閲読のため来山の折、聖人の『摩訶止観』の講義を聞いて聖人に帰依の志をいだいたが学頭職の故にそれを果せず、弘安元年（一二七八）実相寺を去って身延入山中の聖人に帰伏して日蓮宗義を研鑽。その後、官の命により実相寺第五世貫主となり、宗を改めて日蓮宗の道場とした。その後、各地を布教し武蔵碑文谷法華寺、武蔵雑司谷の真言宗威光寺（法明寺）を改宗、また駿河東光寺、正法寺等を創建して弘通の拠点とし、教線を拡大した。

不受不施について

不受不施とは受けず、施さずの意味で、不受は概ね僧侶の立場から未信徒の布施を受けないの意であり、不施とは信徒の立場から他宗の僧侶に布施をしないという信条を表している。この考え方は日蓮聖人の中にすでにあり、『立正安国論』や『守護国家論』に止世または留施として示されている。もとは不施が本意でありそこから不受が派生したと考えられる。

他宗の僧への不施を禁ずる背景には謗法という考え方がある。謗法は詳しくは誹謗正法（正法を誹謗する）という。一般には仏法を謗るということは、仏教が説かれていることを非難し、弘教者に迫害を加えることだとされて来た。それに対し日蓮聖人は法華一乗の義によって仏教を体系的に理解し、教主釈尊の随自意《ずいじい》（＝真実）が明らかにされねばならないとし、それを間接的であれ、否定する行為を謗法として指摘した。そして謗法が無間地獄に堕ちる業因となるため、これを防ぐために断固として謗法を指摘しなければならず、そのための不施が求められた。

日蓮聖人は仏法を弘めるとき、弘めるべき「教」と弘めるべき「時」が重要であると説いている。『撰時抄』の冒頭で「夫れ仏法を学せん法は必ず先ず時を習うべし」と示されるとおり、時代によって弘めるべき「教」が異なるからである。釈尊在世の時代、またはそれから間もない時代は、それぞれの教典に基づいて修行することで成仏を果たすことができたが、末法ではそれが出来ない。日蓮聖人の生きた時代は末法の始めで、それまで救いとされてきた教経がその力を失ってゆく「仏法隠没」の時代であった。

謗法者への布施を禁止することは、同時に謗法者からの布施を受けないという不受の立場も備えており、不受不施の制法になっていったが、初期の不受不施制においては、朝廷や幕府は不受不施の対象にはしていなかった。

末法について

末法とは仏教が衰滅する時代。お釈迦様の入滅後、時代が下がるにつれて教えの影響力が衰え、時代社会の混乱と退廃が起こり、遂に完全な破滅が到来する終末的歴史観。

仏法が衰滅する時代を三期に分け、正法、像法、末法とする。正法と像法はそれぞれ千年ずつで、末法は万年続くといわれている。

鎌倉時代の識者は『周書異記』によって仏滅年代を決めており、これによれば紀元前九四九年となり、永承七年（一〇五二）が末法の第一年となる。末法は白法隠没、闘諍堅固の救いのない時代で、仏の救済をどのように示すかが鎌倉仏教の最大の課題だった。

鎌倉時代に考えられた像法と末法の区分は概ね次のようになるだろう。

紀元前九四九年	釈尊の入滅	
五二年	弥生時代	像法第一年
五三八年	大和時代（古墳）	中国天台大師誕生
五九七年	推古天皇	天台大師入滅　中国天台宗
七六七年	神護景雲元年	伝教大師誕生
七七四年	宝亀五年	弘法大師誕生
七九四年	延暦十三年	平安京遷都
八二二年	弘仁十三年	伝教大師入滅　天台宗（比叡山）
八三五年	承和二年	弘法大師入滅　真言宗（高野山）
一〇五一年	永承六年	前九年の役
一〇五二年	永承七年	末法第一年
一〇八三年	永保三年	後三年の役
一一三三年	長承二年	法然上人誕生
一一七三年	承安三年	親鸞聖人誕生
一二〇〇年	正治二年	道元禅師誕生
一二一二年	建暦二年	法然上人入滅　浄土宗
一二一九年	承久元年	公暁、実朝を殺し源氏滅亡
一二二二年	貞応元年	日蓮聖人誕生
一二五三年	建長五年	道元禅師入滅　曹洞宗
一二五七年	正嘉元年	八月二十三日　正嘉の大地震
一二五八年	正嘉二年	八月一日　　大風
一二五九年	正嘉三年	大飢饉　改元
一二五九年	正元元年	大疫病
一二六〇年	正元二年	大疫病
一二六〇年	文応元年	七月十六日　『立正安国論』を執権北条時頼に奏上
一二六二年	弘長二年	親鸞聖人入滅　浄土真宗

一二七一年　文永八年　蒙古使趙良弼来日
、　　　　　　　　　　九月十二日　日蓮聖人龍口法難
一二八二年　弘安五年　日蓮聖人入滅　法華宗（日蓮宗）

雑司ヶ谷鬼子母神の出現

雑司ヶ谷鬼子母神堂に奉安する鬼子母神像は永禄四年（一五六一）一月十六日、雑司が谷領主柳下若狭守の家臣、山村丹右衛門が清土（現在の文京区目白台）の畦より掘り出し、東陽坊（後の大行院で法明寺に合併）に納めたと伝えられている。十年ほどして東陽坊の僧侶がその霊験顕著なることを知って、密かに尊像を故郷の安房に持ち帰ったところ、意に反してたちまち病気になったため、その地の人々が大いに怖れ、再び東陽坊に戻した。その後、安土桃山時代の天正六年（一五七八）「稲荷の森」と呼ばれていた法明寺境内の一角にお堂を建て安置したのが雑司ヶ谷鬼子母神の始まりで、始めに鬼子母神を安置した東陽坊が鬼子母神別当となった。

鬼子母神像の出現については「南向茶話」では、

> 鬼子母神勧請の一説あり
> 只今大塚より下板橋へ行道、巣鴨本村といふ所、道より左側に真言古義瑠璃山福蔵寺〔覃按、瑠璃山福蔵寺巣鴨本村に有、十羅刹女の宮あり。大いなる銀杏の木二本あり。石の鳥居有。鬼子母神を奪取て、十羅刹女をのこせしなるべし〕と云寺ありて。鬼子母神の社ありて、村民信仰せり。然るに此の寺の旧説に、盗ありて此寺へ忍入、鬼子母神の像并雑物を盗取、只今の尊像出現と申所の畠中にて、雑物を取分、像をば此所捨て去ぬる故、村民重右衛門、喜右エ門、善右衛門といふ三人申談じ、法明寺の寺内東陽坊へ持参しけると」也。東陽坊は今大行院と改候由也。

と、出現する前の鬼子母神像が巣鴨の寺から盗み出された物だという説を紹介している。

大行院と前田家

「若葉の梢」によれば鬼子母神別当の大行院は元は東陽坊といい、天正の末ころ前田利家が建立したと伝えられている。豊臣秀吉の小田原征伐に従軍した前田利家は、八王子城、世田谷城を攻め落としたが、この時、法明寺に引き上げて軍を休めた事から、後に東陽坊を建立したと伝えられている。

「櫨楓」に記された大行院歴代を見ると、開山東陽坊日進上人の命日が文安二年（一四四五）とあり、天正十七年（一五八九）から天正十八年（一五九〇）にかけておこった秀吉の小田原征伐とは一四〇年以上も隔たりがある。鬼子母神像が稲荷の森に堂宇を建てて安置されたのが天正六年（一五七八）であることを考えると、「若葉の梢」に記されていたのは利家が東陽坊の建物を寄進したということであろう。その後、東陽坊は文政三年（一八二〇）三月十二日に火災で焼失している。

東陽坊がいつ頃から大行院と呼ばれるようになったのかは明らかではないが、「櫨楓」に記録された天正六年（一五七八）五月三日の棟札には「東陽坊日性」（東陽坊歴代五世で初代鬼子母神別当）、寛永二年（一六二五）の棟札には「東陽坊日進」（歴代七世）、正徳三年（一七一三）九月十八日の棟札には「東陽坊社僧日解」（歴代八世）とそれぞれ記されているので、正徳の頃までは東陽坊と名乗っていたと思われる。ただ、「櫨楓」に掲げられた大行院歴代の七世日倚は、寛永の棟札では日進になっていて、法明寺に残っている大行院歴代墓では七世は大行院日信と刻まれている。さらに「櫨楓」の日倚には中興と示されていた。この七世日倚と歴代墓の日信、さらには寛永の棟札にある日進は同一人物の可能性が高く、八世日解以降の人々が中興の祖である大行院日信上人の法号を寺の名称に用いたであろうことは十分に推測できる。

自昌院殿英心日妙大姉による鬼子母神堂の建立

現在の鬼子母神堂本殿は寛文四年（一六六四）、法明寺十五世智照院日了上人、東陽坊八世本行院日解上人の時代に安芸藩主浅野光晟の夫人、自昌院殿英心日

妙大姉の寄進によって建立された。本殿は三間四面、内外とも総漆塗装が施され、天井は金箔押しになっている。

その本殿小屋組中央の棟束の墨書には

當僧司谷鬼子母神御本社願主
加能越三州太守三位中納言利常□之息女
藝備二州太守源光晟室建立之
別當　本行院日解
奉行　吉田彦左衛門尉政忠
棟梁　田中庄太夫宗□
大工　藝陽之住五十八人
九月八日　釿初
寛文四年甲辰　十月二十日　棟上げ
田中庄太夫□□
十一月二十六日　槌納

と記されていた。奉行の吉田彦左衛門政忠は浅野家の普請奉行で、五十八人の大工とともに広島から呼び寄せられ工事に当たっている。このような寄進は自昌院夫人の強い法華信仰を動機としている。

自昌院殿英心日妙大姉は俗名を満といい、元和五年（一六一九）十二月十五日、加賀前田家三代藩主前田利常と珠姫（天徳院）の二女として生まれた。珠姫は二代将軍秀忠の二女で利常に嫁いで三男三女をもうけたが、満姫三歳の時、元和八年（一六二二）に没した。その後、満姫は祖母（寿福院殿華嶽日栄大姉）のもとで育てられ、寛永十一年（一六三四）九月に三代将軍徳川家光の養女となり、翌年、安芸二代藩主浅野光晟に嫁いだ。

自昌院夫人を育てた祖母寿福院は前田利家の側室で、熱心な法華信徒だった。慶長八年（一六〇三）に能登滝谷妙成寺を菩提寺と定め、本堂、番神堂、庫裡、五重塔仁王門など諸堂を建立整備したほか、元和五年（一六一九）には利家の菩提のために身延山に五重塔、奥の院祖師堂、拝殿等を寄進するなど外護の丹精を尽くしている。自昌院夫人はこうした信仰をまのあたりにして、法華信仰を受け継いでいた。自昌院夫人が建立した広島市国前寺には自昌院夫人四歳の時に書写したと伝えられる仮名題目や三十九歳の時に書写した細字法華経が残されており、自昌院夫人の生涯を貫いた法華経信仰を伝えている。

自昌院夫人は大乗院日達上人に師事していた。日達上人は不受不施派の派祖仏性院日奥上人に直参した人で、九か寺を建立し旧跡三か寺を復興するなど、精力的な布教を展開し、広く不受不施僧として知られていた。自昌院夫人は明暦二年（一六五六）、国前寺二十世日勝上人の時代に同寺を菩提寺としているが、日達上人は同寺の十八世を歴任しており、このことが国前寺を菩提寺とする縁由になっていると思われる。

自昌院夫人から最も大きな外護を受けた安国院日講上人は妙覚寺日習上人の弟子で、大乗院日達上人にも師事しており、日達上人の取り持ちで自昌院夫人との知遇を得ている。自昌院夫人は日講上人の清廉な信仰に傾倒し、姉弟の契りをかわして人々に披露したといわれている。

このように自昌院夫人は日達上人、日講上人から不受不施制を学び、これに同心する各師との交流を広めていった。法明寺十五世日了上人もまた日講上人の同志であったことから自昌院夫人の知遇を得たのであろう。鬼子母神堂の建立は日了上人が配流される前年のことであった。こうしてみると鬼子母神堂の建立は単に信仰の発露に留まらず、自昌院夫人の不受不施外護の発揚であったと見ることもできるかも知れない。

一方雑司ヶ谷鬼子母神堂を建立する動機については他にもいくつかの事が考えられる。

それは法明寺開山日源上人の三百五十遠忌である。日源聖人は正和四年（一三一五）に入寂しており、寛文五年（一六六五）が三五〇遠忌に正当する。遠忌法要とともにその中心的な報恩事業として鬼子母神堂を新築することは十分に推測できる。寛文四年（一六六四）の着工も翌年の完成を目指してのものだったのではないだろうか。

また大行院の縁起に伝えられる前田利家との縁故も挙げられよう。縁起に従えば利家の時代に大行院の建物を寄進を受けており、大行院と前田家は秀吉の北條氏討伐の頃からの縁故であり、自昌院夫人は祖父に縁のある大行院が別当をつとめる、つまり大行院持ちの鬼子母神堂を建立したことになる。そしてそのような縁の結び役となったのは、大行院檀家であった小幡景憲（勘兵衛）ではなかったかと思われる。

小幡景憲は江戸時代前期の兵学者で、武田家家臣小幡昌盛の三男、通称孫七郎または勘兵衛といった。徳川氏に仕え、大坂夏の陣では諜者として大阪城に入っている。甲州流軍学中興の祖として門弟を多く集め、「甲陽軍鑑」を加筆、集大成したことで知られている。文政十一年（一八二八）に完成した新編武蔵国風土記稿（江戸市中を除く武蔵一国の官撰地誌）には

> 当院（大行院）に小幡勘兵衛景憲及び弟子杉山八蔵盛政像あり。景憲は幼弱の時台徳院殿（徳川秀忠）に近侍し奉り。一旦去って松平安芸守に倚頼す。世に甲州流軍学中興の祖と称する人なり。此の人大阪の役に忠節ありて召出さる。（中略）景憲は寛文二年二月二十五日歳九十五にして卒す。

とあり、小幡景憲が自昌院夫人の外祖父である徳川秀忠に仕え、後に浅野家に仕えていたことを伝えている。杉山八蔵盛政は景憲の高弟で、「若葉の梢」には景憲が盛政の菩提のため像を造り菩提寺の大行院に奉納したことを記している。法明寺墓地には小幡家の墓域があり景憲の墓も残っていることから、小幡家が大行院の檀家であったことはほぼ間違いない記録であると思われる。そして景憲が自昌院夫人と大行院の結びつきをさらに深めたことも容易に想像できるのではないだろうか。

以上のように自昌院の鬼子母神堂建立は不受不施派への支持を基盤としながら、法明寺開山日源上人の三百五十遠忌に合わせて行った寄進であり、さらに前田家と大行院の縁故や小幡景憲の影響などが様々に作用して実現したものと考えられる。

（威光山法明寺住職）

図1　小幡景憲(勘兵衛)の墓

雑司ヶ谷鬼子母神における庶民信仰の確立

近江美佳

一

寛文四年（一六六四）の雑司ヶ谷鬼子母神堂建立以来、雑司が谷において鬼子母神は江戸庶民の信仰対象としての地位を確立していく。その信仰形態は、決して現代と趣を異にするものではない。ここでは、雑司が谷における信心と宗教空間の確立について考察していきたい。

威光山法明寺、および雑司ヶ谷鬼子母神について記されているものは「江戸名所記」である。「江戸名所記」は「仮名草子」の作者でもある浅井了意の作と言われ、いわゆる江戸地誌の刊本としては最古のものと考えられている。「江戸名所記」には次のように記されている。

> 威光山法明寺は、開山日源聖人、もとは天台の宗風をつたへて玉泉の法流をくみ、心觀鑽仰の床の上には、三千一念の霜をこらし、無相般若の窓の前には、一乗實相の月をもてあそび、學術たかく智徳ひろうして、世にかくれなき名匠なり、ある時駿河の岩本といふ所にて、日蓮聖人に行合て法問あり、互に勝負にまかせて弟子となるべしと約束して、問答ありけるに、詞の鋒《ほこさき》は刃をみがき、辯舌に火花をちらし、妙理の劒はしのぎをけづり、難破の鐔《つば》をわりて、ついに日蓮聖人問答にかちたまへば、日源は弟子となれり、それより天台の流儀をはなれて、日蓮宗になり、寺を轉じて此経をひろめられたり、本堂は三間四めん也、これは飛弾の匠が作りし所、日蓮聖人の御影は鎌倉の大仏師式部卿權僧都、百日のあひだ精進潔齋しつくり立たる所也、又ある人のかたられしは、この御影は楠正成公の妻室の願主にてつくられたりともいふ、鬼子母神ハ、これ十羅刹の母として、法華經守護の神なり。これも名作の木像なり、そのかみ傍の村にありしを日照房といへる沙門、天正六年此寺にうつして安置せらる、諸願あやまたずかなへ賜ふとて、諸人参詣していのりをかく、東照權現御在世の御時に、當寺に十石の佛餉《ぶっしょう》を御寄附あり、それより代々の朱印を給はりけり、大猷院殿折々当寺に御成の事おはしましけるゆへに、御茶屋をたてをかれしと也。
> ともし火にたとへし法《のり》のあきらけく、てらすや人のくらきやみちを
>
> （「江戸名所記」[1]）

ここではすでに、鬼子母神が日蓮宗行者の守護神であるという記述があり、日蓮宗の教義にそぐう形での位置づけがなされていた。元禄七年（一六九四）に記された「増補江戸咄」は「江戸名所記」と同様の記録であるため、一六〇〇年代に鬼子母神は日蓮宗信者の守護神という立場認識であったことは間違いない。それから約六十年後、宝暦五年（一七五五）に書かれた「南向茶話追考」では、現在祀られている鬼子母神像の出現一説が記された。

> ○鬼子母神勧請の一説あり。
> 只今大塚より下板橋へ行道、巣鴨本村といふ所、道より左側に真言古義瑠

璃山福蔵寺〔覃按、瑠璃山福蔵巣鴨本寺村に有、十羅刹女の宮あり。大なる銀杏の木二本あり。石の鳥居有。鬼子母神を奪取て、十羅刹女をのこせしなるべし〕と云寺ありて。鬼子母神の社ありて、村民信仰せり。然るに此寺の旧説に、盗ありて此寺へ忍入、鬼子母神の像幷雑物を盗取、只今の尊像出現と申所の畠中にて、雑物を取分、像をば此所に捨て去ぬる故、村民重右衛門、喜右衛門、善右衛門といふ三人申談じ、法明寺の寺内東陽坊へ持参しけると也。東陽坊は今大行院と改候由也。又境内に千体仏堂あり。其梁札に相記如ㇾ左。

此御堂は、嵯峨天皇御宇、飛騨工建し堂也。弘仁九戊戌年、当山之住僧白源上人、祖師日蓮を尊敬し宗を弘め、高祖の尊像を此寺に安置し奉る也

（後略）

（『南向茶話追考』(2)）

ここにある「大行院」は雑司ヶ谷鬼子母神別当である。この記述から、鬼子母神像は、「盗人が鬼子母神像出現の地といわれる場所（清土）で盗品を仕分けし、像はその場へ捨て去った、これを村民が法明寺内の大行院に持参した」ということがわかる。「只今の尊像出現と申所の畠中にて」ということからも、宝暦五年（一七五五）頃にはすでに、「清土」のことは知れわたっていたと指摘できるであろう。

それから約三十年後に記された「高田雲雀」には六老僧に加え、小幡景憲、杉山盛政の像が境内にあったことが新たに加えられ、この頃になると「江戸名所記」に記された事柄は周知のこととなっていたと考えられる。

雑司ヶ谷鬼子母神に対する意識の固定化、認識の定着が見られるようになったのもこの頃で、「大行院」より略縁起が配布された。一七〇〇年代後期の頃である。

恭《うやうや》しく当社の由来を考るに人皇百七代正親町《おおぎ》院の永禄四年辛酉五月十六日土人山本氏なる者ありて田面《たのも》の耘《くさかり》せる折から尊神出現の旧跡ハ今叢祠《ほこら》となして清土町の側にあり祠前の井戸を三角の井といひ又ハ星跡とも云是則出現の旧地也塊の如き物ありて鍬に掛りたるを怪しみて取揚見るに木像なりければ携へ帰りて東陽坊の今の大行院これなり五世日性大徳に見せけるに定めて仏像也とも見分かち難けれハまづ其儘《そのまま》に仏壇の側に安置し等閑《なおざり》に十とせ余りを過けるが、天正の頃に至り安房の国より来りて日性に奉仕せる僧あり此僧彼像の霊仏ならんことを知りてや竊《ひそか》に盗ミ取りて本国に立帰りぬ然るに此僧何となく物狂しき病発りて口走りけるハ我は元武蔵国雑司谷の鬼子母神也往昔名家に崇敬せられしが事の縁ありて久しく泥土に埋れ隠れしかども今彼地の機縁巳に熟し済度の期を得るを以て再び出現せしを此僧故なく誘ひ来るこそ安からね速に彼地に送り還すべしさらすハ此里人らにも祟あらんずるぞと有ければ国民大ニ驚き恐れさらバ託宣の儘に尊像をバ送り還し奉るべしとて急ぎ艤《ふなよそい》して房州を出帆し当所東陽坊のもとに送り参らせ云々《しかじか》のよしを述けるにぞ初て尊神の霊像なることを知りて随喜に堪へず頓而《やがて》祠をも造営せんと議《ぎし》けるに古より稲荷の社跡とて叢林の有けれハ今堂の巽に稲荷を勧請す則当社の地主神なり爰《ここ》こそよかれと人々打寄て荊棘《けいきょく》を芟夷《きりひら》き天正六年戊寅五月朔日経営成就し良辰を以て尊像を遷座し奉り永く一郷の産神と仰き奉りぬ其後寛文六年丙午の春の頃安芸少将光晟卿の夫人加賀黄門利常卿の令女法諱自昌院殿英心日妙大姉御祈願の事有つて新に宝殿を造立し大に荘厳を加へたまふ今の堂舎是なりしかしより以来尊神の霊験今に著し祭事ハ年に両度ありて正月十六日を歩射の神事といひ六月十五日を草薙《くさなぎ》の祭といふ皆氏人の鎮守え賽《かえりもう》し奉るになん抑《そもそも》尊神の仏道に入り給ハざりし時ハ邪悪の御心ましゝて人の子を多く取り食らひ給ふにより諸人の悲哀に堪へざるを釈尊深く憐み給ひ尊神御子千人ましますが中に最末《いちすえ》の御子愛奴と申せしを取り隠し給ひぬ尊神愛奴の見へ給ハぬを悲しミ給ひて終にハ釈尊に歎き願ひ給ひ今迄の邪悪を翻し仏の仰を背くべからずと仰せけれハ釈尊則隠し置給ひし御子を出し返させ給ふ是より後法華擁護の善神と成り給ひ釈尊霊山の大会にして法花経を説給ふとき其席に連り給ひ仏の滅後此妙法を持つ人あらば守護を加へ安穏ならしめんと誓ひ給へるに世尊是を印可し給ひ法華の名を受持する者を擁護せんこと福不可量《ふくはかるべからず》と示し給へりされバ尊神法花の行者を守り渇仰信敬の輩に於てハ病苦災難を免れしめ安産福生一切所願悉く成就せしめんとなり其霊験感応に至つてハ信ずる者自これを知らんと云

（『雑司ヶ谷鬼子母神略縁起』(3)）

この縁起をもって、これまで不明瞭かつ、曖昧であった雑司ヶ谷鬼子母神の外郭が設定される。略縁起は、鬼子母神像の出土、鬼子母神像の霊的力量の示唆、鬼子母経にある鬼子母神説話の三部構成になっており、略縁起が鬼子母神のイメージの固定化に一役買ったことは容易に推察できる。しかし、これは寺院側からの一方的なイメージの植え付けということではなかったであろう。略縁起の配布年代を考慮すると、人々の間での鬼子母神のイメージはすでに固定化されており、民衆が抱く鬼子母神の印象を総括し、改めて寺院側が提示したと解釈すべきであろう。

さらに一八〇〇年代といえば、「遊歴雑記」も著され、雑司ヶ谷鬼子母神で催される行事の記録も増加していく過渡期とも言える。寺院側が由緒書きを提示するということの裏側には、故事来歴を問う参詣者の増加、すなわち当時の雑司ヶ谷鬼子母神の「賑わい」が推察される。また、一七〇〇年代以降、古絵馬の奉納や願掛けが増加していく点から、少なくとも雑司ヶ谷鬼子母神への信仰対象の幅が拡大され、鬼子母神が説話とともに浸透するにつれ、流行神としての立場をも確立されていった、ということが垣間見られる。

二

しかしながら、これらの地誌学的、行楽的側面を示唆する記録だけでは、江戸時代の人々が雑司ヶ谷鬼子母神に対しどのような印象をもち、雑司が谷において鬼子母神堂が受容されていったのか、具体的な様子が不明瞭な部分もあると感じられる。

こうした中で、宝暦六年(一七五六)、「戸田内藏介妹雑司谷鬼子母神信仰奇妙之事」を講談師馬場文耕が著している。

戸田内藏介妹雑子谷鬼子母神信仰奇妙之事
西丸大奥勤に御書院番戸田内藏介妹松の井と言女也、今度宮様御産所懸りにて御産の御入用物の縫物いたさるゝとて、針を一本うしなひけり、針毎改て御年寄より受取、縫物畢る、又改めて返す事也、針紛失の時は其迷惑の事なる由也いかゞして針を失ひしか、此段御年寄へ申上る時は、必御太切《たいせつ》なれば、常日縫出來候物の分は皆ほどき改て見る事也、何共迷惑也とて日此信向し給ふ所の雑司谷鬼子母神へ立願し、題目をとなへ一心不亂《ふらん》に祈り給ひければ、あら不思儀や、御天井よりちら〱と何やら落ける故、能見給へバ正敷右の針にて、心覺《こころおぼえ》の糸少めどに付て落たり、忝さ感涙肝に銘じて何事なく相納め給ひけると也、此事を包まず申上候に、宮様にも御聞及び被レ遊、忝旨にて西丸より雑司谷へ御代參等有レ之候而、猶も御産平安の御祈禱被二仰付一、拜殿へ納め物等有レ之けるこそ信心のする處也、此旨戸田内藏介母公本浄院尼、予に物語致され、當五月の事なりとかや、此故其傳記を爰に記ス也、
(「寳丙密か秘とつ」)(4)

この話は、決して鬼子母神信仰を逸脱したものではなく、むしろ子供が間接的に登場することで、子供に対する霊験が主張され、江戸庶民の雑司ヶ谷鬼子母神に対する心象、それに伴う御利益の願望が見受けられる。この史料内容が史実である、とは言い難い。しかし、雑司ヶ谷鬼子母神の霊力にあやかろうという江戸時代の思想が、この頃からあったことは指摘するまでもない。

以上のように、一七〇〇年代に入り、雑司ヶ谷鬼子母神の名が知られるようになるのと比例して、鬼子母神の力にあやかろうとする人々も増加、中にはその霊力を強く信望する者も現れたであろう。元来、鬼子母神は、子供に関することのみを聞き入れる神ではないため、信仰者の制限は全くない。それ故、様々な奉納絵馬があってもおかしくはない。しかし、本来なら教義の中に在る仏や神の存在が、鬼子母神の場合、説話が先行している側面があると思われる。それは、現代に生きる私たちが鬼子母神に抱くイメージが物語っている部分でもあり、江戸時代の多くの人々が鬼子母神は子授け、子供の守り神であるという心象を抱き、信仰が集約化されていった結果とも言えるであろう。

また、江戸時代は疫病の流行という環境状態でありながら、医学的科学的治療法の確立は乏しく、「命」への不安が鬼子母神信仰の受容の一要因を生み出したのではなかろうか。徳川氏が全国統一を果たし、人々が自らの寿命、子供の命に対し希望をもって寿命と向き合えることが可能となった中で、時代背景

と、雑司ヶ谷鬼子母神の内包する性格とが一致し、「人々の願い」にあたる需要と、「教義や神そのものが与える印象」にあたる供給との均衡がとれ、その結果、鬼子母神が雑司が谷で人々に受け入れられ、定着していったことが推察される。

三

最後に、江戸時代の雑司ヶ谷鬼子母神を探り、雑司が谷における信心と宗教空間の確立について考察していきたい。特に、現代の人々との関わりを維持している行事が、御報恩会式であると思う。御会式とは、日蓮の忌日の法会のことである。現在も威光山法明寺では十月十三日の命日正当に報恩法要が、また雑司ヶ谷鬼子母神堂では、十月十六日から十八日の夜に、万灯練供養が行われており、寛政七年（一七九五）に成立したと思われる高井蘭山の「雑司谷詣」には、早期の御会式の様子が記されている。ただし、これには「…高田の馬場、七表の社、姿見の橋より雑司ヶ谷へ程近し威光山法明寺ハ慈覚大師の開基にて台宗たりしが、日源上人の時より法華の道場と成。日蓮上人の影像ハ鎌倉式部卿権僧都の作とかや。鬼子母神は塔頭大行院東陽坊の持にして宗祖の附弟六老僧の影有り。五老僧ハ真承院、日郎の弟子九老僧は同末の本納寺、十八老ハ蓮成寺にあり、寺坊の盛物、錺物《かざりもの》頗《すこぶる》華美《かび》にして、或ハ上人在世の危難、或ハ不測救助の体を模像して児女の眼を悦ばしむ…」[5]とあり、「江戸名所記」の記録を参考にしたもののように見受けられる。既存の情報に書き加えられた御会式の様子については、各寺の飾り物等が非常に派手であったこと、日蓮在世の頃の危難の様子を再現した出し物が、女性、子供の目を喜ばせていたということのみで、具体的な境内の様子について鮮明さに欠ける。

次に御会式について触れられている記録は、津田敬順の「遊歴雑記」である。

拾參　雑司ヶ谷村法妙寺會式

…同地中八ヶ寺共御命日講の間は、日蓮一生六十一年卑賤下劣の漁者が子たりし昔より、一宗を成立せんと思ひ込だる、器量其年月の間艱苦危難、又佛神加威力《かいりき》のありし事共を人形に仕立、山川家宅寺社國々の模様を作り、其日數の間本尊等をば取片付、堂内一面に錺り立、愚昧の男女へ日蓮生涯、弘法艱難の容易ならざりし事をしらしめて、發心の媒《なかだち》にせんが爲にとて、元來は拵へ初め來りし物也、去れ共山川渓谷樹木人形の動く容體《ようたい》、更に不細工の吹矢、からくりの仕掛に似たり、寺中八ヶ寺とも皆かくの如しといへども、取分大行院を頭取とす、是を雑司か谷の飾物と稱す、然るに近年追々新作を工夫し、南京操《あやつり》又は人形芝居等を學び、相圖の柏子木によりて、飾り物のからくり初り引道具廻り仕懸羅《せり》上ヶ羅《せり》おろし等有て、又柏子木を打先のかたは替り〳〵と呼はりて、群集の人を入替て終日見せしむ、其仕方は河原の見せ物等に替る事なし、元來は勸善懲惡《かんぜんちょうあく》の爲成べけれど、今は人形芝居の趣向に同じ、悲しい哉濁《じょく》世のしるし、日蓮の人形を翫《もてあそ》ひ物とし、かざり物の評判に寄りて、來集の貴錢を待請、僧坊を貸座敷とし財貨を貪る、又手すりにおされて見物する者は仕懸の善惡のみをさたして、題目一返唱る徒もなく、只ザワ〳〵と錺りものみんと押合群集するのみ、淺間しと云べし、十月八日より廿三日に至て終日、但此錺物によって鬼子母神を初め、茶屋〳〵會式中は群をなし、都鄙《とひ》遠近の飄客《ひょうかく》爰に浮れて逍遊し、又太神樂《たいかぐら》は幾人となく爰に集ひて人の所望を待、女太夫といへる非人は、三味線を鳴して茶屋の庭中に錢を乞、誠に其賑ひ人の山ともいわんか、就中此時節は家々に、作れる菊花は好酬を争ひ、木立の紅葉は夕陽を止めて人をして醉しむ、雑司ヶ谷より高田へ至る途中、又はみたけを過て護國寺へ至る道すがら一品にして甚よし、此地紙にて作る五色の風車と、栗の花にて拵へし木兎《みみずく》[6]と、角兵衛獅子等を名産とす。（「遊歴雑記」）[7]

この記録からは、御会式には大行院自ら、苦難多き日蓮の人生を主張している出し物で堂内を飾り立て、群集の目を引いている様子が見受けられる。宗門が主導する側面がある一方、祭事の雰囲気が強く醸し出されてしまっているせいか、群集間にも大行院の出し物を意識している様子は全くない。記録に見られる「賑わい」は、日蓮への信心とは必ずしも直結しない「賑わい」であるとの印象を受ける。

また、「半日閑話」には「(安永二年)十月　十七日より十一月朔日迄、雑子ヶ谷鬼子母神開帳、是ハ十五日に亜相公成せられ御拝有しゆへ也」[8]とあり、鬼子母神堂では御会式期間内でも開帳受付を行っていたことがわかる。

　文政十年（一八二七）に刊行された岡山鳥の「江戸名所遊覧花暦」には「雑司ヶ谷　鬼子母神の境内貨食屋の奥庭あるひハ茶店植木屋ハいふもさらなり。ミなよく菊を養ひ造りて、十月八日より会式なれハ、その参詣の群集をまつなり。六老僧の寺院にもおなし時境内またハ庭中へ菊を植、日覆障子をかけ渡して手際のほとをミするもあり、又日蓮上人の諸人を済度なし給ふところ、またハ上人御難のところなとを作り物とす。よりて詣し人々ハ堂前に充満して帰路をわする」[9]と記されており、鬼子母神堂境内が、菊と見せ物を楽しみに出向いた参詣の人々で帰り道がわからないほど混雑している様子がうかがえる。

　「江戸名所遊覧花暦」と同年代に制作された「江戸名所図会」には、「雑司谷の会式は毎歳十月八日より十三日まで修行す。参詣の輩は同じく六日の頃より二十三日の頃まで、群集して稲麻のごとし。寺中には各機関木偶《からくりにんぎょう》等の餝物を餝く。何れも宗祖上人一代の間の事を造りあらはしたるは、一宗興立の功労を宗門の徒に示さんとにや　菊鶏頭伐りつくしけり御命講　はせを」[10]という文が挿入されており、参詣する人々が稲穂のように密集している様子が見受けられる。このことからも、御会式には多くの人々が参詣し、鬼子母神境内が集いの宗教的空間として成立していたことが確認出来る。

　以上の記録から、一七〇〇年代後半の雑司ヶ谷鬼子母神は、信仰的要素と観光・行楽的要素の双方を持ち合わせていたと言える。当時の御会式は、威光山法明寺の抱える檀家や、日蓮宗を信仰する講が中心となって参詣が行われる一方で、その半数は、雑司ヶ谷鬼子母神の近隣及び日本各地から足を運んでいたと考えられる。

　このように、雑司ヶ谷鬼子母神における信仰は、種々多様な願掛けに対する利益を媒体として、江戸庶民の間に伝播、受容されていった。その結果、雑司が谷地元住民に信望されることによって、鬼子母神は子授け、安産、子安の神として、また不特定多数の護り神として、雑司が谷の地に根付いた。それ故に、雑司ヶ谷鬼子母神は、鬼子母神が一般庶民に貧富の差を超えて信仰される神としての地位を獲得するに比例して、人々が集う宗教的空間として定着したのである。すなわち、名所観光地としての確立である。

　また、江戸時代に刊行された「柳多留」（一七六五年初版発行）には次のような川柳が掲載されている。

　池よりも堀よりも谷のありがたさ[11]

　これは、池上本門寺、堀の内妙法寺よりも雑司ヶ谷鬼子母神の方が有り難き御利益があると詠まれたもので、雑司ヶ谷鬼子母神の霊力を確信している信心が見て取れる。

　大行院見残すと恥のよう[12]

「見残すと恥のよう」という言葉から、雑司ヶ谷鬼子母神が観光地として確立し、地元住民だけでなく、遠方から来た人々にとっても、観光すべき名所となっていた様子がうかがえる。

　鬼子母神やったら祈る子安ばは[13]

右記の川柳は、江戸時代の雑司ヶ谷鬼子母神イメージを最も体現しているもののひとつと言える。このように、雑司ヶ谷鬼子母神は多くの人々の日常生活に溶け込み、江戸庶民の信仰を獲得したのである。しかし、この信心は、江戸時代で途絶えることはなかった。

　昭和五十二年（一九七七）、豊島区史編纂委員会より『豊島区民俗資料調査報告書』が刊行された。これは、豊島区内における民俗調査による資料を集めた本で、豊島区が大正初期から、池袋を中心としてターミナル化し、それに伴い、急激に都市化することで失われていった旧村の土着風俗と習慣を調査したものである。聞き取り調査対象が明治・大正生まれの人々であることから、次の記録は、大正時代、昭和初期の御会式の記録だと推察出来る。

鬼子母神

鬼子母神では、以前は10月8日から23日まで法要が行われた。この期間は境内に見世物や露天商が出てにぎやかであった。特に12日から18日までの間は万燈供養といって、この期間には、万燈を持って太鼓をたたいて鬼子母神にお参りに来る人が多かった。最後の18日の夜には、万燈を持った人々が護国寺に集まって、夜の7時から椿山荘の前を通って鬼子母神まで行列をつくってお参りしたが、これは夜中の2時頃まで続いた。この際の万燈は多い時には120本ほどもあったという。現在は15日から18日までがお会式である。最後の18日には7～8本の万燈を立てて目白台あたりをねり歩いている。

（『豊島区民俗資料調査報告書』(14)）

この記録を見るかぎり、現在の御会式とほぼ変わらぬ形態が見受けられる。また、同報告書には次のような記録もある。

子宝神

雑司が谷の鬼子母神は、ひろく知られているとおり、子授け・安産・育児など産育に関わりあいの強い神である。明治末期、子を望んだある女性が、鬼子母神の境内にある「子持ち銀杏」と呼ばれる銀杏の木に抱きつくと子に恵まれるという話を実行し、男児を授かったと伝えられている。

その後、このようなことをしたものはないというが、子宝を授かろうとして願掛けのお百度詣りをした人は多かった。お百度詣りは子宝を願う女性が夜間、提灯も持たず暗がりの中で、拝殿と境内に置かれた百度石の間を百回往復するものであった。これにはあらかじめ竹の串や紙製のこより百本を用意し、それを用いて往復回数を数えたものという。

（『豊島区民俗資料調査報告書』(15)）

ここに出てくる「子持ち銀杏」とは、境内にある、樹齢七百年を超える大銀杏のことである。大銀杏は現在も「子授け銀杏」と呼ばれており、雄株であるため、まわりの雌株の銀杏はぎんなんをつける。その姿と、鬼子母神の土着的かつ母性的性格基づく利益にあやかりたいと、右記のようなことが行われていたと想像できる。

図1　第二次世界大戦以前の大銀杏

また、「初宮参り」の記録には、「男児は30日め、女児は33日めにその地区の氏神様に詣でる。鬼子母神に子授けの願掛けをしていたときには、当日、氏神様よりも先に鬼子母神へお礼参りに行った。その際、鬼子母神でオゾウリトリという祈願をすることもあった（以下略）」(16)ともあり、これらのことから、当初「江戸名所記」に記された、法華信者の外護神という教義上の鬼子母神の性格は薄れていた、ということと、同時に「雑司ヶ谷鬼子母神」という独創性高い性格と地位を獲得していた、ということが指摘できるであろう。それは、「氏神様よりも先に鬼子母神へお礼参りに行った」という一文からも、推察できる。このように、雑司ヶ谷鬼子母神は、建立以来「雑司が谷の鎮守」というゆるぎない立場を確保しながら、鬼子母神の信仰的機能をも保持していたのである。

以上のことをもっていま一度問いたい。江戸時代を生き抜いた人々と、現代を生きる人々との間に、信心の差異はあったのであろうか。第二次世界大戦、関東大震災を経て、鬼子母神堂が罹災しなかったにせよ、近郊農村の性格を失うに比例して年中行事の消滅は容易に想像でき、御会式が途絶えかけたこともまた、幾度となくあったはずである。行事が途絶えてしまった寺院もあったはずだ。しかし、雑司ヶ谷鬼子母神の場合、史料を見る限り、寺院側も、また雑司が谷地域の人々も、信仰者の人々も、御会式の復興と維持につとめた。また、現在でも、子授け、安産祈願に訪れる人があとをたたない。それはすなわち、雑司ヶ谷鬼子母神への「信心」を表すものでもあり、宗教空間を守り続けたこととも言えるであろう。このように、長期的に信心信仰を注がれた結果、建立三百五十年を迎えた平成二十六年（二〇一四）、鬼子母神堂を中心とする雑司が谷地区は、ユネスコ未来遺産として承認され、平成二十七年（二〇一五）三月には鬼子母神御会式大祭の万灯練供養が豊島区の無形民族文化財に指定された。さらに平成二十八年（二〇一六）には国の重要文化財として指定を受けた。

時に人は迷い、傷つき、傷つけ、憤り、怖じ気づき、喪失感や虚無感を抱え、日常の平穏な幸せを見失い、やりばのない感情に翻弄されながらも、明日へと希望を託す。唯一無二の生きる「命」を全うする、ということは、苦難の連続だ。日々、選択を迫られ、そこへ未来を投影する。真理を模るものに惑わされ、何かを得れば、何かを失うこともある。これらは「現代社会のストレス」とも称されるが、「江戸社会のストレス」もあったはずである。現在、私たちが心に抱く想いは、三百五十年前を生きる人々と何らかわりないものであり、それが、鬼子母神堂という宗教的空間を雑司が谷に根付かせた土着的要素ではなかろうか。その想いを意識しつつ、命のバトンを慈しみながら、これからも、雑司ヶ谷鬼子母神堂という宗教空間を守り、「信心」が「和顔の指針」になるよう、つとめなければならない。

（威光山法明寺）

注

（1）浅井了意著「江戸名所記」（『日本叢書巻の二』江戸叢書刊行會編、江戸叢書刊行會、大正五年）一三三—一三四頁。

（2）坂井忠昌著「南向茶話」（『日本随筆大成　第三期六巻』日本随筆大成編輯部編、吉川弘文館、昭和五十二年）四三四—四三五頁。

（3）『豊島区史　資料編三』に別当大行院十八世日慈が金子直徳にゆだね造らせたと言われているという指摘がなされている（豊島区史編纂委員会編、『豊島区史　資料編三』東京都豊島区、昭和五十四年、四四三頁）。

（4）馬場文耕著、「寶内密か秘とつ」（『未刊随筆百種第十』山田清作編、米山堂、昭和三年）四二一—四二三頁。

（5）金子直徳著、「雑司ヶ谷詣」（『豊島区史　資料編三』東京都豊島区豊島区史編纂委員会編、昭和五十四年）四五九—四六〇頁。

（6）ここでは「栗の花にて拵へし木兎と」となっているが、化政・天保期（一八〇四～一八四五）頃を中心に記された（著者不詳）「江戸風俗総まくり」には、

雑司が谷鬼子母神の盛衰

…物事改りて花麗をとかめらるゝ世の中となれバ、谷中瑞林寺も会式のかさりものわづかにありしさへ止るものから、往古より一ト年も経ざる飾物人形等を禁じ、自然と群集も薄く、只是江府の旧義霊場なれバ、渇仰のものハ嬰児を神の御草履取と誓ひ、又ハ産婦の乳をいのり、耳盥に絞る絵馬ハ御堂裏をはりつめ、桐屋飴ニ団子茶や、名物の風車に栗の花の虎、穂芒の木兎、溢羽の舞宝、麦ハらの草刈男、此頃のもてはやす篠竹の蝶迄も巻わらニ並ひ、末社の鷺明神ニも赤幟絶せすして、他国の旅客必杖を引所也。

とあり、すすきで木菟を作っていたことがわかる。

（7）津田大浄著、「遊歴雑記」（『江戸叢書巻の三』江戸叢書刊行會、江戸叢書刊行會編、大正五年）一六八頁。

（8）大田南畝著、「半日閑話」（『日本随筆大成　第四回』日本随筆大成編輯部編、吉川弘文館、昭和五十四年）四八一頁。

（9）岡山鳥著、「江戸名所遊覧花暦」（『豊島区史　資料編三』豊島区編纂委員会編、東京都豊島区、昭和五四年）二一三—二一四頁。

（10）斎藤長秋著・莞斎著・月岑著「江戸名所図会」（『日本名所風俗図会四　江戸の巻Ⅱ』朝倉治彦編、角川書店、昭和五十五年）一三三頁。

（11）岡田甫校訂『誹風　柳多留全集　新装版　五』（三省堂、平成十一年）五一頁。

（12）岡田甫校訂『誹風　柳多留全集　新装版　五』（三省堂、平成十一年）五一頁。

（13）岡田甫校訂『誹風　柳多留全集　新装版　二』（三省堂、平成十一年）五二頁。

（14）豊島区史編纂委員会編『豊島区　民俗資料調査報告書』（豊島区企画部広報課、昭和五十二年）一三八頁。

（15）豊島区史編纂委員会編『豊島区　民俗資料調査報告書』（豊島区企画部広報課、昭和五十二年）一一四頁。

（16）豊島区史編纂委員会編、『豊島区　民俗資料調査報告書』（豊島区企画部広報課、昭和五十二年）一一六頁。

鬼子母神堂と法華信仰

永村　眞

はじめに

雑司ヶ谷鬼子母神堂は、永禄四年（一五六一）の鬼子母神像の出現を端緒として、正保三年（一六四六）桑山貞久によりはじめてその「宮殿」が造営された。寛文六年（一六六六）に広島藩主浅野光晟の夫人である自昌院（英心日妙）の手で、「宮殿」を安置する同堂本殿が落慶し、さらに元禄十三年（一七〇〇）拝殿・弊殿が増建された後、幾度かの修理を重ねながら今日に堂宇を伝えている。(1)

さて「遊歴雑記」五編中によれば、寛文八年（一六六八）に鬼子母神堂の境内地二千百坪が「除地」となり、その寺域内の堂宇周辺には、新たな社や奉納の石塔などが林立することになった。また同書に、

除地に御免ましく〳〵てより、茶屋町追々に両側に立集ひ、霊験著明といひ触すほどに、都鄙の貴賤男女歩みをはこびし、日々群をなせば、法明寺寺中大行院を以て別当職とす、此の大行院むかしは東揚〔陽〕坊と号せしが、住持日性の代、鬼子母の像を掘出し、洗い清などせし由緒におよひて、別当職とはなりける、

とあるように、鬼子母神の霊験を知り、その利益を期待した江戸町の人々が盛んに鬼子母神堂を訪れ、参詣者を迎える茶屋が門前に並ぶようになった。(2) さらに「江戸名所図会」巻十二にも、「此地ハ遙に都下を離るゝといへとも、鬼子母神の霊験著明く、諸願あやまたす協給か故に、常に詣人絶えす、（中略）その頃雑司谷の鬼子母神ことに参詣多かりし頃なれは、この獅子を買ふ人夥しく〳〵」として、鬼子母神信仰の高まりとともに増加する参詣者に対応して、土産物の「麦わらの角兵衛獅子」をはじめ「風車」や「川口屋の飴」の土産物が生み出され、元禄年中には江戸の名所に相応しい景観が形作られたのである。

江戸の西北に生まれた新たな信仰空間には、人々が様々な思いをいだき集うことになる。将軍綱吉により創建された護国寺の境内から西に続く丘陵部には、法華宗（日蓮宗）の寺院が点在し、鬼子母神堂もその一画をなした。鬼子母神堂を含む空間には、その「本院」としての法明寺、その周辺に同寺の子院・末寺が並び、子院の大行院が別当職として同堂の経営をになった。

法華宗では、「法華経」を釈尊が説く至上の経典とし、その受持のため題目（経題名）を唱えることを専一とする。では法華宗を掲げる法明寺に属した鬼子母神堂が、如何なる「霊験」によって江戸の人々の信心を引きつけたのであろうか。法華宗という枠のなかで、鬼子母神が一定の立場を与えられていることは既知の通りであるが、鬼子母神への信心を、法明寺は如何にして自らの存続を支える法華信仰の体系の中に収めていったのか、本稿ではこの問題について検討を試みたい。

一　法華経守護神

法華宗の開祖日蓮にとって「法華経」は最上の経典であり、聖俗にわたる処世の拠り所であると主張した。まず建治二年（一二七六）二月十七日の「日蓮書状」（『日蓮聖人遺文』）に、

法華経第七巻薬王品云、衆星之中、月天子最為第一、此法華経亦復如是、於千万億種諸経法中、最為照明云云、（中略）無量無辺諸経は星の如し、法華経は月の如しと説かれて候経文也、此は龍樹菩薩・無着菩薩・天台大師・善無畏三蔵等の論師・人師の言にもあらす、教主釈尊の金言也、譬へは天子の一言の如し、

とあるように、「法華経」こそ、龍樹・無着以下の「論師・人師」の教説ではなく、「教主」釈尊の「金言」であり、一切経の「棟梁」（「下山抄」）と位置づけた。更に「本尊問答抄」において、

問云、末代悪世の凡夫は、何物を以て本尊と可定哉、答云、法花経の題目を以て本尊とすへし、問云、何の経文、何の人師の釈にか出たるや、（中略）問云、日本国に十宗あり、所謂倶舎・成実・律・法相・三論・花厳・真言・浄土・禅・法花宗也、此宗は皆本尊まち〳〵也、（中略）何天台宗《（法華宗）》に法花経を本尊とするや、答、彼等は仏を本尊とするに、是は経を本尊とす、（中略）法花経は釈尊の父母、諸仏の眼目也、釈尊・大日、惣十方諸仏は法花経より出生し給へり、故今能生を以て本尊とする也、

として、「法花経」は「釈尊の父母」・「諸仏の眼目」で、釈尊を始め「大日」以下の「諸十方諸仏」の「能生」（出生させる主体）としての「本尊」である。鎌倉時代に広まる「十宗」では、各々の本尊は一定しないが、法華宗では「法花経」自体を本尊とした。

そして「法花経の題目」こそ「末代悪世の凡夫」にとっての「本尊」であるとする教えであり、これは「観心本尊抄」の「釈尊因行・果徳二法、妙法蓮華経五字具足、我等受持此五字、自然譲与彼因果・功徳」との一文により説明される。つまり釈尊の「因行・果徳」は「妙法蓮華経」という「五字」の題目に「具足」され、「法華経」の功徳を集約した「五字の受持」、つまり題目を唱え続けることによって、釈尊の「因果の功徳」が与えられると説く。

なお先に掲げた「日蓮書状」には、

又法華経薬王品云、有能受持是経典者、亦復如是、於一切衆生中、亦為第一等云云、文の意は、法華経を持つ人は、男ならは何なる田夫にても候へ、三界の主たる大梵天王・釈提桓因・四大天王・転輪聖王、乃至漢土・日本の国主等にも勝れたり、何況や日本国の大臣・公卿、源平の侍、百姓等に勝たる事申に及はす、

とあり、衆生にとって「第一等」の「法華経を持つ人」、つまり法華経の行者は、たとえ「田夫」であって、「三界の主」たる「大梵天」・「転輪聖王」等をはじめ「漢土・日本の国主」に優越しており、況んや日本の公家・武家・百姓等にも勝っていると主張する。

すなわち日蓮は「法華経」の超越的な位置を強調し、「釈迦如来」をも生み出した正法としての「法華経」を拠り所に、自らの教えの優越性を掲げ、加えて同経を尊重しない他宗の排除を図ったわけである。

この「本尊」としての「法花経の題目」を可視的に示したものが曼荼羅本尊である。妙本寺所蔵の建治元年（一二七五）十二月日「日蓮聖人曼荼羅本尊」（大曼荼羅）には、

持国天王　（梵字）　　広目天王
阿修羅王
四輪王　仏滅後二千二百二十四年之
大日月天王　間、一閻浮提之内未有
南無無辺行菩薩　大梵天王　大漫荼羅也、

南無上行菩薩　南無舎利弗尊者　南無天台大師
南無善徳如来　南無弥勒菩薩　十羅刹女
南無多宝如来　南無文殊師利菩薩
南　無　妙　法　蓮　華　経　日蓮（花押）
南無釈迦牟尼仏　南無普賢菩薩　鬼子母神
南無十方分身諸仏　南無薬王菩薩　南無伝教大師
南無浄行菩薩　南無迦葉尊者等
南無安立行菩薩　釈提桓因王
龍神王
天照大神八幡等
建治元年大歳乙亥十二月日
毘沙門天王（梵字）　増長天王

とあり、「南無妙法蓮華経」の題目を中心において、「法華経」を「守護」する諸尊を階層的に配置した、まさに「本尊」としての曼荼羅が、勢いある筆遣いで一気に書き上げられている。[3] この「本尊」曼荼羅には、「二聖（薬王・勇施）・二天（持国天・毘沙門天）・十羅刹女は、受持の者を擁護し、諸天善神は天蓋を指し幡を上て、我等を守護して、たしかに寂光の宝刹へ送り給ふへし」として、諸仏・天・神は「法華経」を護るとともに、「法華経」を受持する行者を「擁護」し、さらに厳しい迫害を受けたとしても、その行者を「守護」し「霊山」の浄土に導くとする（「如説修行鈔」）。このような「本尊」の一画をなす諸「善神」の中に「鬼子母神」と「十羅刹女」が掲げられているのである。

さらに「下山抄」には、

法花経守護の釈迦・多宝・十方分身の諸仏、地涌千界・迹化他方・二聖・二天・十羅刹女・鬼子母神、他国の賢王の身に入代はりて、国主を罰し、国を亡さんとするを不知、真の天のせめにてたにもあるならは、（中略）法華経成敵、教主釈尊よりも大事なる行者を、法華経の以第五巻、日蓮之面を打て、十巻共に引散し散々踏たりし大禍は、現当二世に難免こそ候はんすらめ、

として、「法花経守護」の「諸仏」・天と神（十羅刹女・鬼子母神）が、「法花経の強敵」となる「国主」に対して、「他国の賢王」に代わりこれを「罸」するという。しかも「法華経」に敵するばかりか、「釈尊より大事なる行者」つまり「法華経」を受持する日蓮自身を迫害する者は、「現当二世」にわたる「大禍」を免れないと言い切る。このように、「法花経守護」の諸仏・天・神は、「法華経」を受持する行者を「守護」するのみならず、「法華経」に敵し行者を迫害する「国主」を罰するという認識は、国主諫暁にこだわる日蓮を支えたことであろう。そして教主釈尊を生んだ「法華経」を最上のものとして尊重するとともに、それを受持する行者を「釈尊より大事」とする日蓮の確固たる確信がここにも見られる。

また文永六年（一二六九）十一月二十八日の富木常忍宛の「金吾殿御返事」に、「震旦・高麗等すてに禅門・念仏になりて、守護善神の去かの間、彼蒙古に聳候ぬ、我朝又此邪法弘て、天台法花宗を忽緒のゆへに、山門安穏ならす」として、震旦・高麗が蒙古へ従属した原因を、両国で「禅門・念仏」が広まり、「法華経」の「守護善神」が国を捨て去ったことによるとし、日本においても「邪法」たる浄土宗の広まりと、天台宗の密教化による「天台法花宗」の動揺が、さらには国土への危機につながると強調する。

このように他宗であれば本尊による救済の対象とされる鬼子母神や十羅刹女に対し、日蓮は「法花経守護」の「善神」としての積極的な役割を配し、「法華経」のみならず、「法華経」受持の行者、更には「法華経」により治まる「国土」の守護を、他の諸仏・天と共に担わせるという独自の神祇観をもち、これが後世まで法華宗に継承されたのである。

では鬼子母神・十羅刹女を「護法善神」とする日蓮の意識は、如何に後世に継承されたのであろうか。「遊歴雑記」初編中に、「日蓮最初一宗開闢の節、法花経持者の守護神として、もろ〳〵の志願を納受すといひ伝ふ、天台宗ハ祖師の名にして、本宗の名目ハ法花宗なれども、かやうの沙汰なし、鬼子母を崇むるハ、日蓮宗に限れり」として、日蓮が自ら「一宗」を立てた時、「法花経持

者の守護神」として様々な「神」を「納受」したが、鬼子母神への尊崇については、日蓮宗に限られるとする。つまり日蓮の神祇観は、基本的に継承されるとともに、そこに新たな要素が付け加えられて、時代の信心を引きつけることになった。

さらに同書には、「されバ鬼子母神といふもの銅像にして、丈凡六寸ばかり、頭上の左右に瘤のごとき角弐ツ出たり、眼丸く口大きに、面貌容躰全く以て鬼女也、此鬼女あまたの鬼女を持たるを十羅刹女とよぶ、(中略)此鬼子母の銅像を堀出せし処ハ、今護国寺の西に本浄寺といへる日蓮徒の門前溝川の際より、土民耕作の鍬先に堀当し也、今その処鬼子母神出現所と高札を建たり、爰に依て、例年正月十六日ハ堀出せし日なれバとて、祭礼を営ミ、又二月八日ハ鬼子母の縁日なりとて、取分賑ハしく群集す」として、鬼子母神堂に安置される鬼子母神像の形状と、その出現の由緒が記される。つまり本浄寺門前の溝川際から掘り出された鬼子母神像は、角をもち目丸く口が大きい鬼面の「銅像」であるとし、掘り出された場所は「鬼子母神出現所」呼ばれ、この場では出現した正月十六日と鬼子母神の縁日の二月八日に祭礼が催された。「鬼女」の姿をもつ鬼子母神像は、そのもとに「十羅刹女」を従え、いずれもが「法花持経者の守護神」とされたのである。

ところでこの「鬼女」の形(鬼形)をとる鬼子母神像であるが、天野信景編「塩尻」巻五十七には、「日蓮党が寺に鬼子母の像を安置す、其形立て手に石榴を持せり、是俗伝の誤像、儀軌の像と違へり」として、儀軌に基づく図像集には「天女の貌」の母形が描かれていることから、「鬼女」の像様を「俗伝の誤像」と断じている。「天女の貌」をもつ像様(母形)であるが、「鬼子母は如意輪観音の等流身」(同巻六十二)との説に由来するものであろう。ただし「鬼女」・「天女」の鬼子母神像は、いずれも「石榴」(吉祥果)を手にするとされ、「鬼女」であっても最終的には釈尊の教えに従い護法神となるわけで、この帰結に至る過程で様々な挿話が生まれたことも納得できる。

なお「遊歴雑記」二編下に、「同境内坂下口の右に、鷺大明神といふあり、神号のめづらしさに立寄てさし覗くに、疱瘡の守護神なるよし、此堂守にたづねしに、鬼子母神の十羅刹女の内第九番目の何班女とかやいふ鬼女を祭るよし」として、鬼子母神の配下にある十羅刹女の一神が「疱瘡の守護神」となり、鷺大明神として祀られたという伝承は、鬼子母神への信心が広まり、より多彩な利益をもたらす諸「天」・「神」が信仰対象として登場するなかで生まれたものである。

鬼子母神・十羅刹女は、「法花経守護」と「法花経持者の守護神」としての役割を端緒に、時代とともに様々な機能を取り込み加えることにより、俗人の多様な願念に応える「神」として成長を遂げていったのである。

二　法明寺と法華宗

威光山法明寺の由緒を語る史料は極めて少ない。「新編武蔵国風土記稿」巻十六に、

法明寺威光山　法華宗、甲斐国身延久遠寺末、威光山と号す、弘仁元年の草創にて始は真言宗なり、或は天台宗にて慈覚大師開基とも云、(東鑑)治承四年十一月十五日の条に、武蔵国威光寺、依為源家数代の御祈祷所、院主僧増円相承之、

として、弘仁元年(八一〇)に草創され、治承四年(一一八〇)に「威光寺」が将軍家の「御祈祷所」となったとする記事が見られる。しかし草創の経緯や、「威光寺」を「威光山法明寺」と同一とする論拠は乏しく、いずれも直ちに史実とすることはできない。そこで江戸時代に生まれた地誌類に描かれる法明寺の由緒により、時代の認識をたどることにしたい。

浅井了意編にかかる「江戸名所記」巻六には、江戸前期における法華宗の法明寺をめぐる記事が見られる。

豊島郡曹司谷法明寺

威光山法明寺は開山日源聖人、もとは天台の宗風をつたへて、玉泉の法流をくみ、止観鑽仰の床の上には、三千一念の霜をこらし、無相般若の窓の

前には、一乗実相の月をもてあそひ、学行たかく智徳ひろうして、世にかくれなき名匠なり、ある時駿河の岩本といふ所にて、日蓮聖人に行合て法問あり、互に勝負にまかせて弟子となるへしと約束して問答ありけるに、詞の鋒は刃をみかき、弁舌に花火をちらし、妙理の剣はしのきをけつり、難破の鐔をわりて、つゐに日蓮聖人問答にかちたまへは、日源は弟子となれり、それより天台の流義をはなれて日蓮宗になり、寺を転して此経をひろめられたり、本堂は三間四めん也、これは飛騨の匠か作りし所、日蓮聖人の御影は鎌倉の大仏師式部卿権僧都、百日のあひた精進潔斎してつくり立たる所也、(中略)鬼子母神はこれ十羅刹の母として、法花経守護の神なり、これも名作の木像なり、そのかみ傍の村にありしを、日昭房といへる沙門、天正六年、此寺にうつして安置せらる、諸願あやまたすかなへ給ふとて、諸人参詣していのりをかく、

東照権現御在世の御時に、当寺に十石の仏餉を御寄附あり、それより代々の朱印を給はりけり、大猷院殿折々当寺に御成の事おはしましけるゆえに、御茶屋をたてをかれしと也、

右のように、法明寺は元来天台宗を掲げ、「開山日源上人」もまた天台の「名匠」と評価されていた。ただし本書には、「新編武蔵国風土記稿」の「弘仁元年」草創との記事は全く見られない。この日源が駿河国岩本実相院において日蓮と「法問」(問答)を交わし、その問答に敗れた日源は日蓮の弟子となり、法明寺もまた「天台の流儀をはなれて日蓮宗」となったとされる。この時より法明寺の本堂には鎌倉仏師の手になる「日蓮聖人の御影」とともに、「法花経守護の神」たる「名作の木像」の鬼子母神も安置されたという。[4] また将軍家康の時代に、「十石」の寺領を寄進する朱印状を受けており、これは後世まで継承されることになった。なお「江戸名所図会」巻十二に、「武州豊島郡雑司谷村法妙〔明〕寺日蓮ハ、鬼子母神の北壱町にありて本坊たり、寺領拾石、一致流にして、身延久遠寺の末寺とかや、表門に仁王尊を置て、裏門と覚しき路三筋ありてメりなし、寺中八ヶ寺、此内大行院ハ鬼子母神の別当となん」とあり、江戸後期には身延山久遠寺の末寺として、寺中に八ヶ院の子院を擁したが、その一院が鬼子母神堂別当職の大行院であった。

さて寛永七年(一六三〇)、法華宗内で不受不施派の池上本門寺日樹・中山法華経寺日賢・碑文谷法華寺日進と、受不施派の身延山日乾・日遠・日暹が江戸城内で対論して、受不施派が勝ち、日樹等は流罪・追放とされた(「万代亀鏡録」下)。これに先立つ慶長四年(一五九九)、大坂城内の徳川家康の面前で、不受不施派の妙覚寺日奥と受不施派の妙顕寺日紹・妙国寺日統が対論し、家康の裁許として受不施派を勝とし、日奥は流罪とされている。そして寛永七年の対論では、その教学上の論点は措いて、家康の日奥への裁許を論拠に再度不受不施義を否定し、日奥・日樹以下を処罰して、受不施義を公認した。この影響は時代をおいて、同じく不受不施派に属した法明寺にも及ぶことになる。[5]「厳有院殿御実紀」寛文五年(一六六五)十二月三日条に、

下総平賀本土寺日恵・甲州大野法連寺某は、伊達宮内少輔に預られ、駿河興津妙覚寺日堯・武州雑司谷法妙〔明〕寺日了ハ、京極百助高豊にあつけらる、不受不施の邪法を唱ふるによてなり、

とあり、幕府の不受不施派に対する処分により、法明寺日了は讃岐丸亀藩に預けとされた。この法明寺日了も巻き込まれた不受不施派に対する弾圧について、「宗義制法論」巻中に、

不顧王難弘正法、出世烈聖也、不忍国王難、何以号法華行者、(中略)依之高祖已来代代智者・聖人、及三百余年、雖国主厳命、未曾受謗法供養、或時貴命酷急、有及水火責、雖然堅忍其難、立宗義制法、是偏重不惜身命勅命故也、

として、日蓮以来「三百余年」にわたる国主諫暁の流れのなかで、「法華行者」は「王難」(国主の難)を敢えて甘受し、「謗法の供養」を拒否して「正法」教化の姿勢を持ち続けてきた。そして「水火責めに及ぶ」ような「国主の難」であっても、「喜悦」してこれに耐え、敢えて諫暁にこだわり続ける姿勢

は、宗祖日蓮以来のものといえる。

ここで「一谷入道御書」に、「娑婆世界は五百塵点劫より已来、教主釈尊の御所領也、大地・虚空・山海・草木、一分も他仏の有ならす」とあり、国土はすべて釈尊の「御所領」であるという日蓮の信念が明記される。そして「神国王御書」に、「仏と申は三界の国主、大梵王・第六天の魔王・諸王の師也、主也、親也、三界の諸王の皆は、此の釈迦仏より分ち給て、諸国の惣領・別領等の主となし給へり」とあるように、現世に諸国を支配する領主は、あくまで「娑婆世界」の主たる「仏」（教主釈尊）から「領」を分配されたに過ぎないとする。このような仏国土観をめぐる日蓮の認識は、明らかに為政者にとっては断じて受け容れがたいものであり、自ずから日蓮とその門葉への弾圧の原因となったことは言うまでもない。

しかし「縦頸をは鋸にてひき、胴をはひしほこを以てつゝき、足にはほだし(絆)を打て、錐を以てもむとも、命のかよはんきはゝ、南無妙法蓮華経々々々々々々と唱て、となへ死にしぬならは、釈迦・多宝・十方の諸仏、霊山会上にして御契約なれは、須臾の程に飛来て、手を取り肩へ引懸て、霊山へはしり参り給はゝ」（「如説修行鈔」）として、国主の厳しい弾圧にもかかわらず、王法を超越した仏法（「法華経」）により「法花経の行者」は守られるとの日蓮の確信があり、この認識は後世まで受け継がれたわけである。

しかし「釈尊」を「娑婆世界」の主、「法華経」を至上の「勅命」とする立場から、国主諌暁を「不惜身命」の心をもって行うことこそ、「法華行者」の「本懐」とする信念は、徳川家康をはじめ国主の統治思想と相容れぬ以上、不受不施の禁制と行者への弾圧は為政者としては当然の施策であった。すなわち「法華経」に基づく国土観のもとで国主への諌暁を正当化し、「法花経の行者」としての「大難」を甘受する日蓮の姿勢が、確実に後世の門葉に継承されるなかで、数多くの殉教者が生み出されたのである。このような「法華経」を尊重することのない国主とは断絶を図る日蓮の姿勢が、不受不施派の中に生き続けたと言える。

なお法華宗を掲げる法明寺は、日了が配流された後、不受不施派を離れ、身延山久遠寺末寺とされて今日に至っている。

三　鬼子母神堂と大行院

江戸後期に鬼子母神堂の別当職である大行院は、鬼子母神と同堂の由緒を記した「雑司谷鬼子母神略縁起」を版行した[6]（法明寺所蔵）。この版行にあたり、如何なる事情があったかは定かではないが、大行院による鬼子母神堂の経営とその由緒を再確認せねばならない事情があったことは推測できる。まず長文にわたるが本文を以下に引用する。

雑司谷鬼子母神略縁起

恭しく当社の来由を考るに、人皇百七代正親町院の永禄四年辛酉五月十六日、土人山本氏なる者ありて、田面の耘せる折から、尊神出現の旧跡ハ、今叢祠となして、清土町の側にあり、祠前の井戸を三角の井といひ、又ハ星跡とも云、是則出現の旧地也、塊の如き物ありて、鍬に掛りたるを怪しみて取揚見るに、木像なりければ、携へ帰りて東陽坊の今の大行院これなり、五世日性大徳に見せけるに、定めて仏像也とも見分かち難けれハ、まづ其侭に仏壇の側に安置し、等閑に十とせ余りを過けるが、天正の頃に至り、安房の国より来りて日性に奉仕せる僧あり、此僧彼像の霊仏ならんことを知りてや、竊に盗ミ取りて本国に立帰りぬ、然るに此僧何となく物狂しき、病発りて口走りけるハ、我は元武蔵国雑司谷の鬼子母神也、往昔名家に崇敬せられしが、事の縁ありて久しく泥土に埋れ隠れしかども、今彼地の機縁已に熟し、済度の期を得るを以て、再び出現せしを、此僧故なく誘ひ来ることそ安からね、速に彼地に送り還すへし、さらすハ此里人らにも祟あらんするそと有ければ、国民大ニ驚き恐れ、さらバ託宣の侭に尊像をバ送り還し奉るべしとて、急ぎ艤して房州を出帆し、当所東陽坊のもとに送り参らせ、云々のよしを述けるにぞ、初而尊神の霊像なることを知りて、随喜に堪へず、頓而祠をも造営せんと議しけるに、古より稲荷の社跡とて叢林の有ければ、今堂の巽に稲荷を勧請す、則当社の地主神なり、爰こそよかれと人々打寄て、荊棘を芟夷き、天正六年戊寅五月朔日、経営成就し、良辰を以て尊像を遷座し奉り、永く一郷の産神と仰き奉りぬ、其後寛文六年丙午の春の頃、安芸少将光晟卿の夫人加賀黄門利常卿の令女、法諱自昌院殿英心日妙大姉、御祈願の事有つて、新に宝殿を造立し、大に荘厳を加へたまふ、今の堂舎是なり、しかしよ〔り脱カ〕り以来、尊信の霊験今に著し、祭事ハ年に両度ありて、正月十六日を歩射の神事といひ、六月十五日を草薙の祭といふ、皆氏人の鎮守え賽し奉るになん、抑尊神の仏道に入り給ハざりし時ハ、邪悪の御心ましく〳〵て、人の子を多く取り食らひ給ふにより、諸人の悲哀に堪へざるを、釈尊深く憐み給ひ、尊神御子千人ましますが、中に最末の御子愛奴と申せしを取り隠し給ひぬ、尊神愛奴の見へ給ハぬを悲しミ給ひて、終にハ釈尊に歎き願ひ給ひ、今迄の邪悪を翻し、仏の仰を背くべからずと仰せけれハ、釈尊則隠し置給ひし御子を出し返させ給ふ、是より後、法華擁護の善神と成り給ひ、釈尊霊山の大会にして法花経を説給ふと き、其席に連り給ひ、仏の滅後、此妙法を持つ人あらば守護を加へ、安穏ならしめんと誓ひ給へるに、世尊是を印可し給ひ、法華の名を受持する者を擁護せんこと、福不可量と示し給へり、されバ尊神法花の行者を守り、渇仰信敬の輩に於てハ、病苦災難を免れしめ、安産福生一切所願悉く成就せしめんとなり、其霊験感応に至つてハ、信ずる者自これをまほらんと云、

武州豊島郡

雑司谷鬼子母神略縁起

別当

大行院

内容的には、既知の地誌類の記事に大きく変わるところはないが、前半に鬼子母神像が出現してから鬼子母神堂の造営とその神事が、後半に鬼子母神が邪神から「法華擁護の善神」となる経緯が記される。その大綱をたどるならば、永禄四年（一五六一）に清土町の側らから鬼子母神の「木像」が出現し、東陽坊（後の大行院）に安置されたが、放置され十余年が過ぎた。天正年間に安房国から東陽坊に止住した僧侶が、この像を「霊仏」と気づき、これを盗んで安房に持ち帰った。しかしこの僧侶は突然に「物狂」いして、鬼子母神の託宣を口走り、出現の事情と共に雑司ヶ谷へ戻さねば祟りをもたらすと語ったため、安房の里人は驚き直ちに尊像を東陽坊に持参した。雑司ヶ谷では改めて尊像が「霊像」であることを知り、天正六年（一五七八）鬼子母神像を安置する祠が造営されて、雑司ヶ谷の「産神」として祀られた。さらに寛文六年（一六六六）浅野光晟夫人の自昌院が願念あって「宝殿」を造営し、あわせて恒例祭事が定められ、その霊験は変わることなく続いている。ところで鬼子母神は元来「邪悪の御心」を以て他人の子供を取り食らっており、人々の悲哀を憐れんだ釈尊が、その最愛の末子を隠した。人々の歎きを思い知った鬼子母神は邪悪の心を翻し、「法華擁護の善神」となり釈尊の「法華経」説法を聴聞するとともに、「妙経」（法華経）の擁護、「法花の行者」の守護、「渇仰信敬」の人々の「病苦災難」を除き、「安産福生」・「一切所願」を成就させたという。鬼子母神堂が生まれる由緒とともに、祀られる鬼子母神の「法華経」信者に対する「霊験感応」が説かれ、人々に尊神の功徳が語られた。

かつての東陽坊であった大行院が版行した「雑司谷鬼子母神略縁起」は、多くの人々に鬼子母神の功徳を語るばかりでなく、別当職として同堂を守る大行院の存在を際立たせたことであろう。

さて大行院については、「江戸名所図会」巻十二に、

大行院　鬼子母神の別当なり、往古は東陽坊と云、天正年間、加州侯の始祖前田利家朝臣建立せられけるといへり、堂内に日蓮上人の徒弟六老僧の影像を安置す、日持、日照、日朗、日興、日向、日頂、以上六老僧なり、ある人云く、この像は始め谷中感応寺にありしが、かの寺改宗の頃、一体紛失しければ、残りを当寺へ収むとぞ、小畑勘兵衛尉景憲檀那寺なる故に、彫刻して納むとなり、又自らの肖像もあり、牌堂に安ず、当院に宗祖歴代の真筆ならひに上古の調度等を収蔵す、

とあり、大行院（東陽坊）は前田利家の建立との説がある。また堂内には、不受不施禁制により改宗した谷中感応寺に安置された「六老僧の影像」が並ぶ。また大行院の檀那である小幡勘兵衛は、「幼弱の時、台徳院（徳川秀忠）に近侍し奉り、一旦去って松平安芸守（浅野光晟）に倚頼す、世に甲州流軍学中興の祖と称する人なり」（「新編武蔵風土記稿」巻十六）とも言われ、秀忠のもとを経て広島藩主浅野光晟に仕えたことから、勘兵衛が光晟夫人自昌院と鬼子母神堂を結びつけた可能性も否定できない。この小幡勘兵衛は「甲州流軍学中興の祖」とされたが、寛文三年（一

六六三）に卒して大行院の境内に葬られ、その墓石は今も法明寺墓地に立つ[7]。

さて鬼子母神堂が繁昌を遂げるなかで、その別当職を相承する大行院（東陽坊）は、同堂の支配と収益をめぐり、雑司谷村の「氏子百姓」と連携して、本寺である法明寺と度々訴訟を繰り返している。「櫨楓」地の巻によれば、

> 鬼子母神別当職の事に付、往古より法明寺と氏子百姓と公訴におよびし事度々あり、元和の頃、法明寺十世日雄師、右社地の樹木を伐取りけるに寄、氏子より御老中本多佐渡守殿へ御願申上、取留ける由、しかれども其証拠書物等不詳、万治三子年、法明寺十四世蓮乗院日延師代、東陽坊八世日解をたばかり宮の鍵取上たりし頃、寺社奉行井上河内守殿・板倉阿波守殿へ訴へ出たりし古書物有、

として、元和・万治、さらに元禄・天保と訴訟が続く。元和年中の法明寺日雄による「社地」の樹木伐採を氏人が老中に訴えたが、以後の経緯は詳らかではない。

次いで万治三年（一六六〇）法明寺日延代による「宮の鍵取上」、つまり自ら鬼子母神堂を直接に支配しようとの動きに対し、東陽坊日解は「諸檀那」と共に寺社奉行へ訴えたが、その結果、

> 御裁許の覚
>
> 一当社鬼子母神別当の儀、先既より村中諸檀那の懇望に依る東陽坊支配仕来候、然に此度法明寺より宮の支配当仕度由、御公議様へ御訴訟申上、双方を対決御刻、則寺社御奉行所井上河内守様・板倉阿波守様にて、東陽坊儀は法明寺の支配、宮の儀は東陽坊支配に、先既の通り相違不可有之被仰付候、為後代証拠如此印置者也、
>
> 万治三年庚子六月廿日
>
> 東陽坊　印
>
> 柳下文左衛門　印
>
> 戸張作兵衛　印
>
> 村中諸檀那

として、法明寺が東陽坊を支配し、東陽坊が鬼子母神堂を支配するようにとの裁決がなされた。この内容を東陽坊と雑司谷村名主の柳下・戸張氏以下の「諸檀那」が確認し、右の「覚」を作成して法明寺に呈したものであろう。これに後れて延宝二年（一六七四）、法明寺十六世の日證が、「至後代迄、於本院別当職致間敷候」との「相定一札」を「雑司谷村両名主惣百姓中」に送っている。

ところが元禄十四年（一七〇一）身延山から法明寺に新住持の日寛が入寺し、東陽坊が支配していた鬼子母神堂の「社地・門前」の支配を主張して寺社奉行に訴えたのである。法明寺は東陽坊に対し、「先既の通、別当は東陽坊と被仰渡候得共、散銭等其方へ非取納儀に、散銭は本坊へ取納候様に」として、東陽坊の別当職は認めるものの、「散銭」（賽銭）とともに、堂の「免田」の年貢以下も「本院」（法明寺）に納めるよう命じた。そこで東陽坊と雑司谷村名主以下の「諸檀那」は、法明寺の訴訟に対して再々反論を企てたものの、最終的には「免田」の「穀物等」と「門前町地代幷出茶屋其外社地の地代」は、法明寺に納めることになり、東陽坊方の敗訴に終わった。

これ以降も東陽坊は鬼子母神堂の別当職を相承したものの、天保十年（一八三九）に「茶屋の事に付悪説風聞」として、茶屋普請をめぐる詐取容疑が取沙汰されるなかで、法明寺日持が寺社奉行に召し捕られたが、「風聞」を広めた大行院日良と隠居日美も各々お預け・揚り屋入りとなった。この事件の結末であるが、大行院の日良は追放、日美は追院との処罰を受けたものの、法明寺日持は「無構」しとされて、大行院は無住となった。この後法明寺日持は、大行院の「氏子檀徒へも無沙汰」のまま、弟子の真乗院を同院の住持に据えたため、同十二年に「氏子惣代」柳下三郎衛門以下が寺社奉行に訴えたが、「後寺院の事を俗家より彼是申出る事は心得違」いとして訴状は戻され、その要求が容れられることはなかった。

このように法明寺と大行院（東陽坊）とは、繁昌する鬼子母神堂の支配をめぐって訴訟を繰り返した。そのなかで鬼子母神堂は、雑司ヶ谷「一郷の産神」としての信心を集めており、鬼子母神像の出現から関わった東陽坊へは自ずから「雑司谷村両名主惣百姓」の信頼も篤く、連携して寺社奉行への訴訟を繰り返したわけである。しかし両者の争点は、鬼子母神堂の別当職と、堂に納めら

れる「散銭」、「免田」と門前からの「地代」等の収益をめぐるものであり、鬼子母神への信心の高まりと堂の繁昌により生まれた、至って世俗的な対立ということになる。

この一連の訴訟のなかで、大行院と鬼子母神堂が、法明寺を中心とした寺院組織のなかで如何なる位置をしめていたか、その構造の一端が明らかになる。すなわち護国寺等と同様に、法人格の「法明寺」があり、そのもとで寺院経営をになう「本院」、寺内の子院（大行院以下の八院）と寺辺の末寺（本納寺・本立寺等）、そして鬼子母神堂などの堂・社が配置されていた。つまり「法明寺」という法華宗寺院は、「本院」、子院・末寺、鬼子母神堂等という三層の組織から構成されていた。

この三層を包括する法人格としての「法明寺」の中心は、全体を支配する住職が止住した「本院」と呼ばれる狭義の法明寺であり、その境内には客殿・祖師堂・釈迦堂・鐘楼堂等等の堂宇が点在した。しかも釈迦堂に安置される釈迦像は、「井上氏御女孝養院殿妙隆日就大姉」を施主として造立され、鐘楼堂の梵鐘は「鈴木伝兵衛」が「小野頼母源信久」の菩提を弔うために鋳造したもので、現存する境内の墓石から見ても相応の身分をもつ武家を檀徒をもつ寺院であったことは確かである（「櫨楓」）。

また法明寺の子院である大行院も、小幡勘兵衛等を檀徒にもつ寺院ではあったが、鬼子母神出現の由緒に基づく雑司谷村の「諸檀那」の信心のもとで、鬼子母神堂の別当職を相承することにより、「散銭」を始め様々な収益を得る特別な子院ということになる。

そして鬼子母神堂は、江戸前期に社殿を造立した自昌院は措くとして、その前後一貫して雑司谷村の「産神」という底流のもとに、鬼子母神に参詣する人々の信心を引きつけて存続した。さらに寺域内に点在する石塔・石仏、堂内に奉納された絵馬・題目等を一見すると、例えば、元禄九年（一六九六）に「八日講中」の町人により造立された石造仁王像、元文三年（一七三八）に音羽から牛込・小日向・池袋・雑司谷等の町人・百姓により奉納された燈籠、嘉永三年（一八五〇）に歌舞伎役者板東しうかにより奉納された絵馬「大小の舞」(8)など、法明寺とは明らかに異なる奉納者の姿を見ることができる。

すなわち法明寺や大行院は檀徒によって支えられる法華宗寺院として維持され、大行院を別当職とする鬼子母神堂は、現世利益を鬼子母神にもとめ同堂に足を運ぶ信徒により支えられた。そして「法明寺」は全体として法華宗を掲げる寺院ではあるが、法明寺と鬼子母神堂との関係は、曼荼羅本尊の名号を中核として配置される釈尊と鬼子母神、つまり仏・神の関係に対応するようにも見える。そして「法明寺」は、法明寺・大行院の檀徒による法華信仰と、鬼子母神堂に参詣する信徒の鬼子母神信仰が重層的に組み合わされ、時代を越えその存続を実現したわけである。

おわりに

斎藤月岑編「東都歳時記」の十月八日条には、

> 雑司が谷法明寺　法会中開帳あり、音楽・煉供養等法会厳重なり、十一日のころより支院飾り物あり、大行院を首とす、年ごとに種々の機巧をなす、何れも宗祖御一代の記によりて其さまを造りなせり、境内見世もの、かるわさ等出て、廿三日迄諸人群集し繁昌大かたならず、

とあり、江戸後期における御会式の姿が描き出されている(9)。祖師の命日に合わせて「報恩講」（御命日講）が催され、供養法会の最中に御影の「開帳」が行われた。ここに「雑司が谷法明寺」とあるが、「見世もの」等がでる「境内」は言うまでもなく鬼子母神堂の寺域である。また「支院飾り物」とは、「江戸名所図会」巻十二によれば、「愚昧の男女へ日蓮生涯、弘法艱難の容易ならざり事をしらしめて、発心の媒ちにせんが為」に、大行院を先頭に「法明寺」の八子院がいずれも工夫を凝らし、日蓮の「艱難辛苦」の生涯を「人形」に仕立てて人々の信心を誘引したのである。しかしその工夫が昂じて、「雑司谷のかざりもの」と興味半分に呼ばれるようになり、これを見る人々も「仕懸の善悪のミを沙汰して、題目一返となふる徒もな」いということになり、また子院も「僧坊を貸座敷とし財貨を貪ぼ」り、「茶屋々々、会式中ハ群をなし」て

「女大夫」・「菊花」等が並ぶ有様は、篤信の法華門徒であった筆者をして「濁世のしるし」と言わしめたのである。

日蓮により唱えられた「法華経」の超越性、聖俗にわたる教説の有効性、これらを信じ切り、世俗・他宗からの批判・迫害に逡巡し怯えることのない「法花経の行者」の信念によって、法華宗は存続し発展をとげた。しかし御会式の有様に有様に窺われる様に、法華信仰を法華信仰をもつ法明寺の檀徒と鬼子母神信仰に傾斜した信徒を含みこんで、法華宗「法明寺」は存続した。しかし現世利益のみを期待しての鬼子母神への信心であったとしても、これらを含み込んだ間口の広い法華信仰の姿を「法明寺」に見ることができる。

（日本女子大学名誉教授）

注

（1） 鬼子母神堂の造営・発展と建築的特徴については、上野勝久氏「雑司ヶ谷鬼子母神堂の建築について」（本書所収）、國分眞史氏「鬼子母神堂の成立と発展」（同前）参照。

（2） 鬼子母神堂境内に散在する石塔等については、服部比呂美氏「鬼子母神堂の石造物」（『雑司ヶ谷鬼子母神御会式調査報告書』豊島区教育委員会刊）参照。

（3） 曼荼羅本尊の構成と意義については、渡邊寶陽氏「大曼荼羅本尊御図顕の意義」（『日蓮聖人門下歴代大曼荼羅集成』）参照。

（4） 「木像」の鬼子母神であるが、文脈からは法明寺に安置となるが、近隣で発見され天正六年（一五七八）に「此寺」に移されたとの由緒を考えるならば、鬼子母神堂の安置像と混乱しているようである。

（5） 不受不施派については、宮崎英修氏『不受不施派の源流と展開』参照。

（6） 「櫨楓」（『新編若葉の梢』（昭和三十三年刊）所収）には、「縁起一巻　武州豊島郡雑司谷鬼子母神縁起」が引用されており、本縁起は「大行院十八世日慈師、彼宗周《(金子直徳)》にゆだねてつくらしめたる縁起也」とされる。「略縁起」は本縁起を「略」した内容とも言えるが、両者の関係については未だ検討の余地がある。なお「櫨楓」の原本は、『新編若葉の梢』の編集時には存在したが、現在は所在不明である。

（7） 小幡勘兵衛像については、近江美佳氏「小幡勘兵衛と雑司ヶ谷鬼子母神」（『江戸時代に生まれた庶民信仰の空間』文京区・日本女子大学刊）参照。

（8） 山川久枝氏「絵馬の名題――「三人静白拍子」と「大小の舞」――」、同作品解説（『江戸時代に生まれた庶民信仰の空間』文京区・日本女子大学刊所収）参照。

（9） 御会式の実態については、『雑司ヶ谷鬼子母神御会式調査報告書』、その歴史的変遷については、安藤昌就氏「御会式と練供養」（本書所収）参照。

雑司ヶ谷鬼子母神堂の建築について

上野勝久

一　鬼子母神堂とその信仰

雑司ヶ谷鬼子母神堂は池袋駅の南方約一キロメートルの地にあって、日蓮宗の威光山法明寺に属している。南の参道には欅並木があり、鬼子母神堂は平坦な境内の北寄りにほぼ南東を正面として建つ。境内には稲荷社や鳥居などの諸建築が建ち、銀杏や楠などが鬱蒼と繁っている。かつて田園が広がっていた周辺環境は一変してしまったが、境内や参道の雰囲気は天保七年（一八三六）刊行の『江戸名所図会』に描かれた景観を今に伝えている。

鬼子母神は古くから児女を護る善神として信仰され、子宝や安産などが祈念されてきた。雑司ヶ谷鬼子母神堂の由来は、天明年間（一七八一〜一七八九）に大行院第十八世院主の日慈が板刻した「雑司谷鬼子母神略縁起」によると、永禄四年（一五六一）に鬼子母神像が出現したことに始まり、天正六年（一五七八）に雑司ヶ谷の村人の手で建てられた草堂に安置された。

天保年間末期に編纂された『櫨楓』より、寛永二年（一六二五）には旧領主の太田家による社殿の造営があり、正保三年（一六四六）には尾張の桑山修理亮貞久により宮殿が寄進されたとされる。國分眞史氏は「鬼子母神堂の成立と発展」で、『櫨楓』に掲載されている正徳三年（一七一三）の宮殿寄進棟札が、正保三年を誤写した可能性が高いことを指摘している（本書並びに参考文献『雑司ヶ谷鬼子母神』所収）。

『櫨楓』掲載の天正六年棟札には、法明寺塔頭の東陽坊が大願主として記されており、寛永二年、正徳三年の棟札にも東陽坊の名がある。宝永四年（一七〇七）の高欄擬宝珠刻銘には別当大行院、本殿内にある鷺大明神立像の正徳二年厨子銘に別当大行院とあるので、鬼子母神像が託された法明寺塔頭の東陽坊は後に大行院となり、江戸時代を通じて鬼子母神堂は大行院が別当として管理した。『江戸名所図会』巻十二には、「鬼子母神堂　雑司谷にあり法明寺の支院大行院の持なり」とある。

雑司ヶ谷鬼子母神堂には江戸時代前期より将軍の御成があり、『江戸名所記』巻六に「大猷院殿（家光）折々当時に御成の事おはしましけるゆへに、御茶屋をたてをかれしと也」とあり、これは『大猷院殿御実紀』から寛永十七年（一六四〇）か正保三年のことと思われる。また『櫨楓』によれば、元文二年（一七三七）に八代将軍吉宗、宝暦十三年（一七六三）に十代将軍家治、文化十四年（一八一七）に十一代将軍家斉の御成が知られる。鬼子母神の信仰は江戸時代を通じて武家から庶民に至るまで幅広く浸透し、大いに盛況を呈した。

また、元禄の年記がある境内の石造物、元禄十三年（一七〇〇）の銘がある鰐口・梵鐘・扁額・香炉、同十四年の銘がある懸仏・絵馬などから、幅広い寄進があったことがわかり、元禄期における鬼子母神信仰の高まりが知られる。また、拝殿高欄の擬宝珠刻銘からは宝永期に講中の存在が知られ、弘化三年（一八四六）には数多くの寄進者の名が見え、併せて鬼子母神信仰の段階的な広まりを示唆している。

二　建築年代と後世の履歴

鬼子母神堂は、本殿・相の間・拝殿が巧妙に連結した複合建築、いわゆる権現造で、屋根は総銅板葺である。本殿内の奥には禅宗様須弥壇を設けて宮殿を安置する。本殿背面には妙見宮が北西に面して建つ。

本殿は、小屋組の中央棟束の墨書から寛文四年（一六六四）十月二十日に上棟したものとわかり、広島藩二代藩主の浅野光晟の正室、満姫の寄進で建立された。満姫は金沢藩主前田利常の三女で、家光の養女となり、後に自昌院と称して不受不施派を支持し、鬼子母神信仰を信奉していた。ただし、満姫が雑司ヶ谷鬼子母神堂を造営するに至った経緯や契機は詳しくわからない。拝殿・相の間は、枯木吊金具に「神田塗師町　山田清兵衛／元禄拾三年辰ノ七月吉日」（／は改行）、「元禄十三庚辰七月　日　臼井庄左衛門」の刻銘があり、元禄十三年の建築と判明する。

後世の主な修理では、本殿は享保四年（一七一九）と延享二年（一七四五）に檜皮屋根が葺替えられたことが知られる。享保四年棟札は本殿右側の棟木下端にあり、延享二年棟札はそれに重ねて付けられている。小屋内の明治十七年棟札には「本社従来檜皮葺ナルヲ後世の為、更ニ銅板葺換並ニ内外惣修理（後略）」とあるので、明治修理では相の間とともに銅板葺に改められ、本殿内部に釘隠し以外の飾金具が追加された。

一方、拝殿がとち葺から桟瓦葺に改められたのは寛政年間と考えられる。寛政年間に金子尚徳がまとめた地誌『若葉の梢』には、「當社は上野・浅草など宮方御持の社頭にはあらず、凡僧の別當地に、四方高欄の御免許も當社に限りぬ。拝殿の屋根は柿椽葺とて、四百八十通の板拵ありと云、当社の外是なしと承りぬ。近来松杉覆茂り、屋根甚破易き故瓦葺に成ぬ。誠に日本国の手本を失へるがごとし。（後略）」とある。ここではこけら葺のようにみえるが、当初の屋根がとち葺であったことは、昭和修理で相の間右側の拝殿寄り屋根にとち葺の一部が残っていたことが確認されている。これらより、寛政年間頃にとち葺から桟瓦葺に改められたと考えられる。なお、昭和二年修理棟札から、関東大震災後の復旧で、桟瓦はすべて取り替えられたこと、併せて本殿内部の荘厳具もすべて塗り替えられたことがわかる。

弘化期に拝殿の縁廻りの修理があったことは拝殿の高欄擬宝珠刻銘から知られ、また本殿土台も弘化五年に取り替えられたことが部材墨書からわかる。文久元年（一八六一）に拝殿の屋根修理があったことは二枚の棟札から知られる。「家根屋金治郎」等の職人を列記した一枚は大棟中央に取り付けられており、もう一枚は法明寺で保管されている。

鬼子母神堂は、神仏分離令で背面にある妙見宮前の鳥居が撤去されたが、近代以降も境内構成を大きく変えることなく、関東大震災や戦災からも免れた。昭和三十五年二月十三日に東京都の有形文化財（昭和五十一年七月一日までは都重宝）に指定された。本殿内の厨子一基と、「社屋根惣修覆文久元辛酉年次霜月甲子吉日」の記がある棟札一枚が付指定になっているが、現在、この棟札の所在が不明である。

東京都の有形文化財として、昭和五十四年に半解体修理が完了した。この保存修理工事については、『都指定有形文化財法明寺鬼子母神堂修理工事報告書』（以下『修理工事報告書』と記す）が刊行されている。修理の概要は屋根葺替・部分修理であったが、調査で判明した後世の改変部分を、出来る限り当初の姿に復旧整備した。この際、拝殿は桟瓦の錣葺から銅板の平葺（とち葺型）へ変更し、全体が銅板葺屋根となって、現在に至っている。

三　建築形式と構造細部

本殿は、三間社流造で、身舎が桁行三間、梁間（側面）二間の規模であるが、海老虹梁で繋ぐ正面の庇も両側面を壁とし、身舎と庇の境に柱を立てず、内部は方三間の一室となる。畳敷の床に、折上格天井とし、両側は擬宝珠高欄付の切目縁を廻し、脇障子を付ける。軒は正面・背面とも二軒繁垂木で、庇の軒先は相の間の内側に入り込んで接続する。軸部は身舎が円柱、庇が面取角柱で、長押・貫で結ぶ。組物は身舎が実肘木付出三斗、庇が実肘木付三斗で、ともに内側へ肘木を出し、巻斗で天井桁を受ける。中備は身舎・庇ともに彫刻蟇股である。妻飾は二重虹梁大瓶束架構で、虹梁間の中央に雲文をあしらった大型の蟇股を入れ、破風拝みと桁隠に猪目懸魚をつける。内部はすべて黒漆塗、天井の廻縁や格天井板を金箔押とするが、外部は内法長押までが黒漆塗、頭貫より上は素木とし、中備の蟇股の彫物や手挟などには彩色を施す。

本殿と拝殿をつなぐ相の間は、桁行三間、梁間一間、両下造で、中央に階段三級、両側面に縁を設け、床は畳敷、天井は格天井である。軸部は面取角柱を貫で結び、組物はなく、一軒疎垂木とする。

拝殿は桁行五間、梁間四間、入母屋造、正面千鳥破風付で、正面には軒唐破風付の一間向拝が付き、背面中央で相の間と繋がる。正面と両側面に擬宝珠高欄付の切目縁を廻し、脇障子を付ける。内部は梁間の正面一間通りを吹放しの外陣、梁間奥三間を内陣とし、その境に格子戸と桟唐戸を入れて区画し、内陣の両側面と背面は舞良戸引違や横板壁とする。内陣は畳敷、外陣は板張とし、内陣中央の正面寄りには床に賽銭箱を組み入れる。天井は内陣と外陣の区分ではなく、構造的な身舎と庇で区分し、内陣中央の三間に二間は格天井とするが、その四周の庇は内側半間が鏡天井、外側半間が垂木を見せる化粧屋根裏になる。軸部は内部を円柱、側廻りを角柱として、長押・頭貫で結び、組物は実肘木付の三斗組であるが、側廻りの外側は舟肘木になり、中備は間斗束とする。向拝は几帳面取角柱を立てて虹梁で結び、連三斗で桁・手挟を受ける。軒は二軒疎垂木、妻飾は虹梁大瓶束架構で、虹梁中央を力士像で支える。拝殿の装飾は龍彫物、獅子鼻、象鼻、手挟などで向拝上部を派手に飾るが、内外陣境にも彫物欄間が入れられている。

四　宮殿と妙見宮

宮殿は、二重基壇に建つ。身舎は上の基壇にあり、桁行、梁間とも一間で、桁行が梁間の一・五倍になる長方形平面とし、正面に両折桟唐戸を設ける。正側面には逆蓮頭親柱の高欄付の縁を廻して脇障子をたてる。軸部は礎盤に上下粽付の円柱を立てて、地覆・足元長押・頭貫・台輪で固め、木鼻をつける。屋根は入母屋造、瓦棒板葺、二軒繁垂木（背面軒を省略）で、正面に一軒繁垂木の縋破風の庇を延ばし、中央に軒唐破風を付け、下の基壇の両脇に柱を立てて桁を受ける。軸部から尾垂木付三手先組物まで禅宗様を基調とし、要所の飾金具や彫物など華やかな意匠になり、頭貫や軒桁の金箔下には置上彩色が残っている。さらに、唐破風の大瓶束両側の小壁や両折桟唐戸の幕板には鬼子母神を象徴した柘榴の彫物を入れている。

宮殿は、正面庇が両側の縁を含めた幅で身舎柱間より広く、二重基壇を巧妙に駆使しているのが独特である。組物から軒廻りは金箔押であるが、頭貫、庇の頭貫虹梁、軒桁などには置上彩色が施されていた。庇の頭貫虹梁、手挟、尾垂木、唐破風の大瓶束の木鼻などの絵様細部は十七世紀中期頃とみてよく、正保三年に寄進されたのが現在の宮殿と考えられる。ただし、飾金具には後補材もあり、両側壁面の唐獅子の彩色画なども後補とみられ、おそらく元禄期に装飾が付加されたと思われるが、全体の構成は正保三年から大きく変更されていない。

これを置く禅宗様の須弥壇も同時期とみられる。つくられた年代は、明確な根拠を欠くが、下部猫足の絵様が宮殿の細部に類していること、規模的に宮殿と合うことから、宮殿と同時期と判断される。背面側の柱との取り合いに不自然なところがあることも、本殿と同時期や、後に入れられたものではないことを示唆している。

近世における日蓮宗では、北極星の精を北辰妙見大菩薩とし、厄難病苦や息災延命の守護として篤く信奉した。妙見宮は、こけら葺型銅板葺の一間社流造で、正面に両折桟唐戸を設け、正側面に刎高欄付の切目縁を廻して脇障子をたて、庇には浜縁を付ける。軒は二軒繁垂木、組物は実肘木付出組、妻飾は虹梁大瓶束とする。『修理工事報告書』には、「天明八戊申年／棟梁廣澤善四郎政次」の記がある棟札が掲載されている。現在、この棟札の所在が確認できないが、虹梁や木鼻の絵様細部、木鼻や中備の彫物など、天明八年（一七八八）の建築として時代相応のつくりになっている。

以上、鬼子母神堂、宮殿及び妙見宮の建築形式と構造細部を細かく見てきたが、そこでつぎに建築的な特色について述べていきたい。

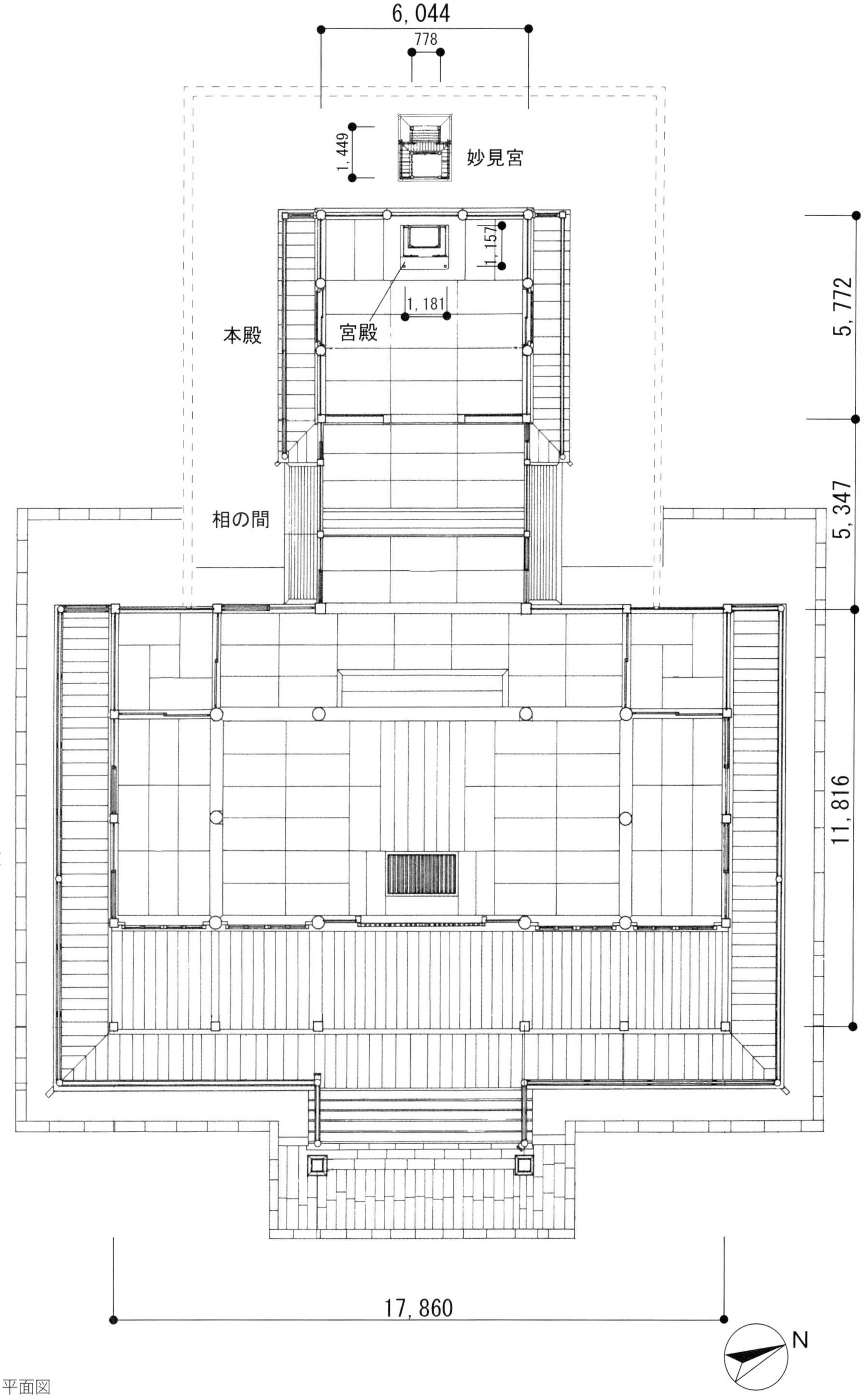
6, 044
778
1, 449
妙見宮
1, 157
1, 181
宮殿
本殿
5, 772
相の間
5, 347
11, 816
拝殿
17, 860
N

図1　平面図

五　本殿と拝殿にみる建築的な差異

第一は、本殿と拝殿にみる造形と意匠の差異である。まず、本殿小屋組の中央棟束にある墨書はつぎのとおりである（二面に記載）。

正面（東面）「當僧司谷鬼子母神御本社願主
加能越三州大守三位中納言利常卿之息女
藝備二州太守源光晟室建立之
別当　本行院　日解
奉行　吉田彦左衛門尉政忠」

側面（南面）「　棟梁　田中庄太夫宗朝
大工藝陽之住五拾八人
九月八日　釿初
寛文四年甲辰十月廿日　棟上ゲ　田中庄太夫□□
十一月廿六日　緡納」

このように、本殿の建築年代だけでなく、施主、奉行、工匠から工程までを知ることができる。中央棟束という部位を考えると、ちょうど棟札に相当するものと思われる。『新編武蔵風土記稿』などの記録はこれにより正確であったことが証明されたが、注目すべきは広島藩の奉行や工匠が造営に携わっていたことである。

本殿は庇を室内に取り込み、外観を神社本殿形式の流造としながら、内部を方三間仏堂の空間とするところに特色がある。『広島県の近世社寺建築』（広島県教育委員会、一九八二年）では、広島藩の神社建築で見られる「芸備造」と呼ばれる形式を「神社本殿において、その前面に拝殿機能を持った吹放の前室を有する本殿形式。屋根の形状は問わず、その平面形式を規定する。」と定義している。広島県の近世神社本殿建築ではこの芸備造が圧倒的に多く現存し、地方的特色のひとつとなっている。本殿のこうした内外の取り扱いは、芸備造との関係があるのかもしれない。

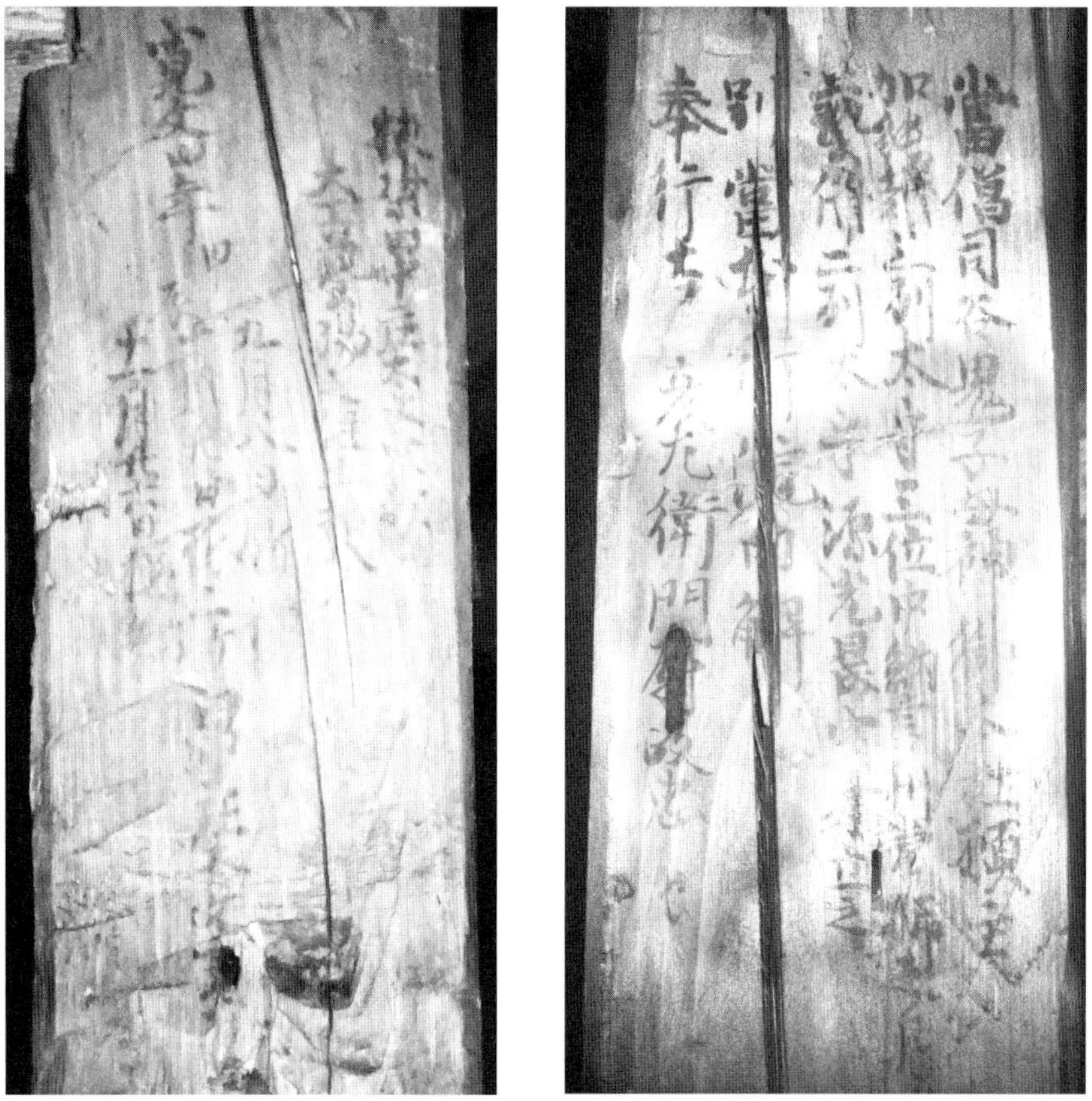

南面　東面

図2　棟束墨書（赤外線撮影）

妻飾の細部をみると、細い彫りながらやや楕円形に移行しつつある虹梁の絵様、渦巻と嘴状の端部を備えた頭貫木鼻などは、同時期の広島藩の寺社建築に類例がある。広島城下には寛文十一年（一六七一）に建てられた日蓮宗の國前寺本堂（広島市東区山根町、重要文化財）がある。その建立時の棟札には、願主が「加賀能登越中三州之大守松平中納言□□御息女安藝備後両國之太守松平少将源光晟公御簾中之自昌院英心日妙」、奉行が「吉田彦左衛門尉政忠」とあり、寛文四年の鬼子母神堂と同じ願主と奉行による造営であったことが明確である。棟札にある棟梁の「御大工　木本五左衛門良次」は広島藩の御大工家を務めた二家のうちのひとつであった。鬼子母神堂の本殿と國前寺本堂の細部を比べると、確かに頭貫木鼻や実肘木などの絵様繰形には類似したところが認められる。

つまり、鬼子母神堂は江戸にありながら広島藩による造営であって、広島藩在住の工匠が携わったから、本殿の意匠や造形には安芸地方の特長が反映されたと考えられる。

これに対して、元禄十三年の拝殿と相の間は、本殿の妻飾りにみる虹梁の絵様や蟇股の意匠などとかなり相違しており、三十六年の間隔以上の差異が認められ、元禄十年（一六九七）の護国寺本堂に近い。願主については『櫨楓』の記事から鬼子母神別当の東陽坊の可能性がある。現時点では拝殿造営の願主や携わった大工が判明していないが、元禄十三年の銘がある鰐口や梵鐘、さらに内外陣境の彫物欄間の刻銘などから察すると、実質的に願主は江戸庶民であったと思われる。

六　寺社建築の規制と拝殿の細部

第二は、拝殿における建築規制との関連である。『御触書寛保集成』に所収されている寛文八年（一六六八）の建築規制令は以下の通りである。

一　梁行京間三間を限へし、
　但、桁行は心次第たるへし、
一　佛檀つのや京間三間四方を限へし、
一　四方しころ庇京間一間半を限へし、
一　小棟作たるへし、
一　ひち木作より上の結構無用たるへし、
　右、堂舎客殿方丈庫裏其外何ニても、此定より梁間ひろく作へからす、若ひろく可作之子細於有之は、寺社奉行所え申伺之、可任差図候以上、

拝殿と建築規制との関連については『修理工事報告書』などでも触れているが、拝殿は梁間を京間三間とすること、側廻り組物を変更していること、屋根を錣葺としていたことなど、建築規制令への対処が明らかになっている。光井渉氏は「寺院建築に対する梁間の規制について」（『建築史学』一二号）で、各地の実例を検証した上で、寛文八年の建築規制令が様々なかたちで寺社建築の意匠と造形に影響していたことを指摘しており、鬼子母神堂についても詳しく述べている（光井渉『近世寺社境内とその建築』中央公論美術出版、二〇〇一年に収録）。

まず側廻り組物は、実肘木付の三斗組を、外側だけを削って板状の舟肘木に変更している。この舟肘木は通例のものと比例が大きく異なっており、明らかに無理のある形状である。扁額に隠れた位置のものは三斗組であり、また三斗組を削って舟肘木をとりつけるという工作のしかたなどから、この変更は全体を組み上げた後に行われたとされている。同様に中備の間斗束も内側のみで、外側が変更されている。

昭和修理前の屋根は、桟瓦の錣葺であった。『修理工事報告書』によると、修理中の調査により、仮設的に打たれていた野垂木の痕跡と野隅木の形状を根拠として、とち葺屋根を後世に改変した（十八世紀末の寛政頃）と判断され、その結果、とち葺型の銅板葺に変更されている。しかし、「仮設的」な野垂木で約百年間、屋根を保ったと考えるのは無理があり、また桟瓦葺としたときに屋根形状を段差のあるとち葺に変更したと見るのも疑問の余地がある。そうすると、修理前の屋根は葺材が板から桟瓦に変わっただけで、錣葺の形式は当初からであった可能性が高い。

つまり、拝殿の組物と屋根は元禄造営の最終段階で、寛文八年の建築規制令に適合するよう、寺社奉行所から変更を余儀なくされたと考えられる。それでも外側から見える範囲、特に組物は外側だけの修正で認められたのは、江戸庶民の厚い信仰という事情があったからかもしれない。

このように、鬼子母神堂では、寛文八年の建築規制令の影響は寛文四年の本殿にはなかったが、元禄十三年の拝殿には認められる。日蓮宗不受不施派に対して、幕府は寛文五年に禁止を発令し、法明寺の本寺の碑文谷法華寺は元禄四年に受派となる証文を出しながら、元禄十一年に不受不施派を布教しているとして、法華寺日附が流罪、法華寺は天台宗となり、末寺は身延末となった。こうした激動の渦中にあって、建築規制を受けつつも拝殿は再建されたが、元禄期造営は江戸庶民の厚い信仰という背景なしに成立しなかったかもしれない。

七　鬼子母神堂の権現造の形式

第三は、庶民信仰と建築のあり方である。本殿が寛文四年の建築と判明しているが、『艫楓』に掲載されている寛文六年の棟札を信頼すれば、本殿完成後も造営が引き続いていた可能性がある。元禄期の造営が厳しい宗教情勢と建築規制のもとで行われたことを考慮すると、この時に拝殿・相の間が新築されたとみるのも問題がある。同じ建物といえないまでも、寛文期には本殿前面に建物があったとみた方が自然である。このことは、開放的な本殿前面のつくりや、後世の改造が明確に確認されていないことと軌を一にしている。こうみると、元禄期に拝殿・相の間が再建されたのは、寛文期の建物自体が充実した形式でなかったか、信仰の高揚によって完成度の高い建築形式が求められたからとみられ、それが本殿・相の間・拝殿が一体化した権現造という形式にあったと思われる。

現存する神社建築で最も古い権現造は、慶長十二年（一六〇七）に再建された北野天満宮の社殿である。本殿、石の間、拝殿の三棟を連結した形式で、現在この形式を権現造と呼んでいる。本殿、拝殿より床を低く張る石の間は、元来が土間なのでこの名称になる。入母屋造の本殿と拝殿は両下造屋根を架けた石の間で繋がれ、本殿の軒が石の間に表われている。北野天満宮社殿では記録から平安時代末期には石の間が存在していたことが明らかで、すでにその頃には権現造の祖形が成立していたと考えられる。ただし、権現造または石の間造と称される社殿形式が広く全国で行われたのは、桃山時代以降からである。ちなみに権現造の形式は、江戸幕府の御大工棟梁平内家に伝えられた建築技術書の『匠明』に、「宮寺作リ」として記されている。

伊達政宗により造営された慶長十二年の大崎八幡宮社殿もそのひとつで、石の間に格天井を設けている点で化粧屋根裏としている北野天満宮社殿と違っているが、華麗な桃山時代の特色をよく備えている。元和二年（一六一六）に没した徳川家康の遺骸を最初に祀った久能山東照宮、その後に改葬された日光山東照宮の各社殿にも権現造が採用されたのはよく知られている。このような神廟に権現造を採用した先駆は、豊臣秀吉の死後ただちに着工されて、慶長四年（一五九九）に完成した豊国廟である。その建築群は北野天満宮社殿の形式にならってつくられた壮大な廟であった。以後、この形式は東照宮などの廟建築として、また近世社殿の建築形式として広く普及したのである。

しかし、権現造がすべて画一的でなかったことも事実である。例えば、霊廟建築の代表的存在である輪王寺大猷院霊廟は、三代将軍家光を祀る廟として承応二年（一六五三）に完成した。本殿は方三間の身舎の周囲に裳階を廻した禅宗様仏殿の形式とし、拝殿は入母屋造で、拝殿との間は同じ高さの床とした狭い相の間で結んでいる。本殿が三間社流造、拝殿が入母屋造という鬼子母神堂の形式は、確かに通例の権現造と少し異なっており、その要因の一つには、本殿と拝殿の造営に時間差があるからかもしれない。それでも、元禄期の造営は、本殿・相の間・拝殿を一体化した権現造として巧妙に纏めており、広まっていた庶民の信仰に対応した結果といえるのであろう。

八　鬼子母神堂にみる庶民信仰

鬼子母神堂は本殿の形式だけでなく、拝殿にも通例の権現造と異なるところがある。拝殿の正面一間通りを吹放しの外陣とするのは、北野天満宮社殿にもみられるが、東照宮などの類例にはみられない。そもそも東照宮などでは限られた人しか拝殿に上ることが許されなかったが、鬼子母神堂などでは広く庶民に開かれていたから、そのための吹放し外陣といえる。とくに鬼子母神堂では、賽銭箱を外陣と格子戸で隔たれた内陣中央床下に納められており、日常的な庶民参拝のあり方を窺うことができる。鬼子母神堂が属した日蓮宗寺院では、例えば中山にある法華経寺本堂のように、本堂外陣を吹放しとするものが少なくなく、それと共通した性質であったのかもしれない。それでも、観音信仰の霊場などで庶民の信仰を集めた清水寺本堂、石山寺本堂、長谷寺本堂や、さらに東大寺二月堂などでも正面に吹放しが設けられており、多くの参拝に応じるための近世建築の特性の一面ともいえるであろう。

鬼子母神堂と最もよく似た建築に、埼玉県熊谷市妻沼に所在する歓喜院聖天堂（国宝、平成二十四年七月九日指定）がある。歓喜院聖天堂は治承三年（一一七九）に斎藤実盛が当地の古社に彼の守り本尊である大聖歓喜天を合祀したことに始まると伝えられ、近世には江戸を含め各地からの多くの参詣で賑わい、現在は高野山真言宗に属している。聖天堂は奥殿、中殿・拝殿よりなる権現造であるが、一度の造営でつくられたのではなく、まず奥殿が延享元年（一七四四）に完成、経済的な事情等によって、拝殿が宝暦六年（一七五六）、中殿が宝暦十年（一七六〇）と少し遅れて完成した。造営当初に計画図が作成されていたから、年代差があっても権現造の形式は一貫性が保たれている。

奥殿は桁行三間、梁間三間、入母屋造で、両側面に軒唐破風、背面に千鳥破風及び軒唐破風を付け、随所に丸彫彫刻を飾って極彩色を施した華麗な建物である。関東地方北部の総体的に彫刻を飾る近世建築の中では早い例で、この種のものの中でも優品である。中殿は両下造、拝殿は桁行五間、梁間三間の入母屋造、三間向拝付で、拝殿正面一間通りを吹放しとする。細部を別にすれば、全体の意匠や造形だけでなく、庶民信仰の隆盛にともなう近世的特色など、鬼子母神堂との共通点が実に顕著である。

雑司ヶ谷鬼子母神堂は、寛文期の本殿と元禄期の拝殿からなり、異なる意匠と造形を具備した複合建築で、本殿に大名家による寺社造営状況、拝殿に幕府による建築規制への対応過程がみられ、江戸における寺社造営の実像を示すといえる。また、本殿が細部意匠に安芸地方の寺社建築の特長を備えているのに対し、大型の拝殿は正面の軒唐破風付向拝や千鳥破風、装飾的に扱った架構材など、江戸時代中期における華やかな意匠で構成された礼拝空間を創出しており、重層的な特性を備えた近世建築のひとつなのである。

（元東京藝術大学大学院教授）

参考文献

『都指定有形文化財法明寺鬼子母神堂修理工事報告書』（都指定有形文化財法明寺鬼子母神堂修理委員会、一九七九年）
『東京都近世社寺建築調査報告書』（東京都教育委員会、一九八九年）
『江戸時代に生まれた庶民信仰の空間　音羽と雑司ヶ谷』（日本女子大学、二〇一〇年）
『雑司ヶ谷鬼子母神堂』（日本女子大学総合研究所、二〇一六年）

鬼子母神堂の成立と発展

國分眞史

はじめに

江戸期雑司ヶ谷地域の美しい景観は、八箇所に句題を取り、彩色の絵を配した絵巻である「武蔵國雑司谷八景」(1)に謳われているが、絵に描かれている弦巻川に沿い、法華宗寺院が点在して、江戸の諸階層の人々が参詣する信仰空間を構成していた。永禄四年（一五六一）鬼子母神像が地中から掘り出されたと伝えられる清土の小社と三角井の脇を流れる弦巻川は、池袋にあった小池を水源として、法明寺の門前から流れ下り「江戸川」（神田川）に合流していた。江戸の町場としてはもっとも開発の時期が遅れ、武家屋敷と農村が混在していたこの地域が江戸の多くの人々を引きつけた要因の一つに法明寺・鬼子母神堂の存在があった。(2)

鬼子母神堂は、「鬼子母神の霊験」を信じる村民の鎮守として始まり、またその管理も法明寺塔頭東陽坊、後の大行院に委ねられた。当初の鬼子母神堂の姿は、神像を祀る草堂的なものと考えられる。このような地域の庶民信仰に支えられた鎮守に、寛文四年（一六六四）幕府や諸大名などを檀那に持つ社寺と同格の本殿が造営されたわけで、有力な施主による造営は一つの画期的な事業であり、鬼子母神堂が成立した。

「今江都において参詣群集の地は、浅草観音、東叡山元三大師と当所也」とは、浅草観音、東叡山元三大師とともに、江戸庶民が鬼子母神堂に群参したことを貞享四年（一六八七）の『江戸鹿子』(3)が伝えている。「都鄙の貴賤男女」が霊験を求めて群参し、元禄十三年（一七〇〇）江戸の諸階層の人々の寄進により拝殿・幣殿が造立された。(4)

その後の江戸庶民の鬼子母神堂への信仰は、すこぶる多様であり、新たな神々が生み出されてきた。鬼子母神堂境内にも、鷺大明神、妙見大菩薩が次々と勧請され、鬼子母神とあわせ独特の宗教的な空間が形成されていた。

近世を通じて多くの参詣者を集めた鬼子母神堂の成立と発展について紹介したい。

一　鬼子母神堂の成立

鬼子母神堂の江戸前期の史料がほとんど伝存しない中で、雑司ヶ谷の名主戸張平左衛門により編集された『櫨楓』(5)には、本稿末尾の添付資料I―Aの四枚の棟札模写図が記載されており、天保年間の時点でこれらの棟札は存在したわけで、造営を語る貴重な史料といえる。『櫨楓』では棟札模写図に次いで、以下の記述が続く。記号①②③④を附して、鬼子母神堂の創建から本殿造営までの「鬼子母神堂の成立」の歴史を考察したい。

> 愚按、如斯棟札あれば、①永禄四年、鬼子母神尊像現出より十八年を経て天正六戊寅年、里人内寄て假初の祠を営、②夫より四十七年を経て、寛永二年、太田采女正元資朝臣・同舎弟遠山氏も江城を守護したりし儀あれば、此神

の霊験を感じて社殿を造営せられしなるべし、夫れ③より又廿年の後、正徳(ママ)三丙戌年、桑山修理亮藤原朝臣、今の宮殿をば造立せられ、④夫後又廿年を経て加州侯の姫君自昌院殿、今の社殿を造立し給ひしなるべし、しかるに今世俗に只加州侯の姫君のみを傳へて、舊領主たる所の太田家等の造立ありし由緒を唱えざることは、無下に口おしき事なり。此札の内、碑文谷の名ある事は、夫頃迄、法明寺は碑文谷法華寺の末なればなり。後年、法華寺は谷中感応寺とともに悲田の一派をおこさん事を企、公裁によりて寺僧は東叡山に御預けとなりし時より、法明寺は身延山の末寺に転ぜしものなり。

（＊傍線筆者註）

① 天正六年（一五七八）の「草堂」造営

「雑司ヶ谷音羽絵図」[6]には、「鬼子母神出ケン井」と記される一画が見られる。「江戸名所図会」[7]によれば、「清土」とも「鬼子母神出現所」とも呼ばれるこの地は、「雑司谷鬼子母神の出現の地なり」とあるように、永禄四年（一五六一）流星に導かれた「此地山本氏・田口氏なる者」によって「異像」（霊像）の鬼子母神像が深田から掘り出されたと伝えられている。「雑司谷鬼子母神略縁起」[8]には、鬼子母神像の「霊像」出土と東陽坊での安置、天正年中に東陽坊より安房国に持ち出され、再び雑司ヶ谷に戻った「霊像」の奇瑞、天正六年（一五七八）に鬼子母神像を安置する「草堂」（最初の鬼子母神堂）の造営の由緒が記されている。

資料Ⅰ棟札模写図①に連記される「柳下三郎右門、田口新左エ門」は雑司ヶ谷の名主であり、裏書に「諸旦越奉合力者也」と記され、名主を中心とする寄捨により鎮守が造営された様子が窺える。

後北条氏支配下の雑司ヶ谷村において土豪層・小代官が、古来から鎮守としていた御嶽清立院境内の蔵王権現のかわりに、もともと稲荷社であった地に、鬼子母神像を安置する草堂を造営し、村の総鎮守とした。その背景として、この時期、生産性の低い農業経営を支えたのは、家内奴隷的労働力をも含んだ複合的大家族集団であり、地域の信仰を支えたのはわずかの開拓土豪であったことが指摘できる。[9]

② 寛永二年（一六二五）の「社殿」造立

『櫨楓』では、「舊領主たる所の太田家等の造立ありし由緒を、唱ざる事は無下に口おしき事なり」と記載しているが、雑司ヶ谷の名主で「舊領主」でもあった太田家が「社殿」を造立した由緒に注目したものと思われる。ただし、資料Ⅰ棟札模写図②の大きさ、[10]裏書に記された「走回衆」や「當地肝煎」などからも、①と同様に、名主が中心になって寄捨を集め造立した鎮守社であったと思われる。

つぎに、棟札に記される願主「太田采女正資宗」および「遠山平六郎資為」について検討する。まず、太田家（清和源氏、頼光流）略系図[11]を掲げる。

資長（道灌）――資康（源六郎）――康資（新六郎）――重正（新六郎）――資為（遠山平六郎）
　　　　　　　　　　　　　　　　　　　　　　　└英勝院（勝・梶）――資宗（新六郎采女正）

本棟札に記載される二人の願主について、『寛政重修諸家譜』によれば、太田元資は「初康資、新六郎、摂津守、采女正、備中守」、同資正は、「平六郎、左京、因幡守、遠山を稱す」とある。徳川家康の側室で、家光の信任の厚かった英勝院[12]の養子となった太田備中守資宗は、御小姓組頭であった元和八年（一六二二）から寛永九年（一六三二）までの史料には太田采女正とある。

また、『遊歴雑記』[13]に下記内容の記述がみられる。

此村御入国以前の領主は、北条の分限帳にも載て、永禄二己未年の筆記にて、太田左衛門大夫源の持資入道道灌翁より四代太田新六郎康資、五代太田新六郎重政まで界隈一円の領地なりし、

太田・遠山両家を願主とする棟札は、「此神の霊験を感じて社殿を造営」した雑司ヶ谷村の名主が、あえて旧領主である太田家等の存在を強調することで、鬼子母神堂を由緒正しいものとしようとの意図があったと思える。

江戸時代に入り、土豪層は、村役人に組み込まれたことを軸にして、村の秩

序体系ができあがっていったが、寛永二年（一六二五）旧領主である太田家等の存在を強調するために鬼子母神堂を新造した。村氏子のみの鎮守社から脱皮した信仰空間に深化していったといえる。その背景として、幕府による隷属農民による自立化、いわゆる小農自立の方針による農政の強化があげられる。「武州豊島郡雑司畑検地水帳」(14)によれば隷属農民たちの自立化の開始を確認できる。(15)

③　正保三年（一六四六）の「今の宮殿」造立

『新編若葉の梢』(16)と『法明寺鬼子母神堂修理工事報告書』(17)（以下『報告書』）は、『櫨楓』の本文を、各々「寛永二年（中略）夫より又廿年の後、正徳三丙戌年」（『新編若葉の梢』）、「寛永二年（中略）夫より又廿年の後、正穂三丙戌年」（『報告書』）と翻字する。両者ともに干支を「丙戌」としており、典拠とした『櫨楓』の本文にはそのように記されていたと思われる。寛永二乙丑年（一六二五）の「廿年の後」は、正保二乙酉（一六四五）、その翌年が正保三丙戌となる。『新編若葉の梢』では「正徳三丙戌年」の「正徳」は、編者が『櫨楓』の書き起こしを行った際に、「正」に続く一字を「徳」と読み間違ったのではなかろうか。『報告書』の編者も、同様に「正保年間」の「保」を「穂」と読み間違ったものと思われる。

ここで、『櫨楓』の資料Ⅰ棟札模写図③に記される法明寺當住・隠居、東陽坊（大行院）社僧の寂年であるが、

法明寺當住　日悟　延寶五丁巳年（一六七七）十二月十五日
法明寺隠居中興蓮成院　日延　寛文二壬酉年（一六六二）十一月十七日
東陽坊社僧日解　寶永元申年（一七〇四）十月二十六日

としており、棟札の作成時期は、日延が入滅した寛文二年（一六六二）より以前となるわけで、正徳三年（一七一三）ではありえないことになる。

以上から、『櫨楓』の棟札模写図の「正徳三戊戌歴」および本文の「正徳三丙戌年」は、その翻字にあたり、「保」を「徳」に誤読されたわけである。そこで、史実としては、正保三年九月十八日に、「桑山修理亮貞久朝臣、鬼子母神宮殿造立」したということになる。

ところで、正保三年に「桑山修理亮」により造立された「今の宮殿」は、御本尊を安置するための御厨子であり、しかも現存する鬼子母神堂本殿須弥壇に安置される御厨子と思われる。

上野勝久氏によれば、「鬼子母神堂の御厨子は入母屋造の一間厨子で、正面に縋破風の庇を延ばして軒唐破風を付け、屋根は本瓦形板葺である。正面の庇は身舎の柱間より広く、両側の縁を含めた広さとするのが独特で、また雲文の彫物とした基壇部も特徴的である。」とされている。(18)

この「今の宮殿」造営の時代背景について、雑司ヶ谷鬼子母神の初見史料とされる寛文二年（一六六二）刊行の『江戸名所記』(19)に下掲記述がみられる。(20)

鬼子母神はこれ十羅刹の母として、法花経守護の神なり、これも名作の木像なり、そのかみ傍の森にありしを、日昭坊といへる沙門、天正六年此寺にうつして安置せらる、諸願あやまたずかなへ玉ふとて、諸人参詣していのりをかく、東照権現御在世の御時に十石の仏餉を御寄付あり、それより代々の朱印を給はりけり、大猷院殿（徳川家光）折々当寺に御成の事おはしましけるゆへに、御茶屋をたてをかれしと也、

すなわち、将軍家光の御成(21)が重なり、鬼子母神像を安置する御厨子造営の声が高まり、日光東照宮を造営した家光にふさわしい宮殿を、多武峯造営や三十三間堂普請に携わった桑山家が、正保年間に造立し奉納したと思われる。この宮殿の造営により、鬼子母神堂はもはや村氏子のための鎮守社から脱皮し、「諸人参詣していのりをかく」日蓮宗の守護神の鬼子母神として参詣者が急増していった。

『豊島区史　年表編』(22)では、現存する本殿須弥壇上御厨子「今の宮殿」は、自昌院が寛文六年（一六六六）造営した「今の社殿」に正徳三年（一七一三）寄進されたとする。しかし、「今の宮殿」は「今の社殿」ではなく、②に記した寛永二年（一六二五）造営の「社殿」に安置されたものである。三代将軍家光

につづいて四代将軍家綱の御成[23]を迎えた鬼子母神堂は、「今の宮殿」にふさわしい「今の社殿」が造営され、相応の寺格がととのえられたのである。

④寛文六年（一六六六）の本殿（「今の社殿」）造立

『櫨楓』に掲げられる三尺一寸一分の棟札（資料Ⅰ棟札模写図④）は、将軍や有力大名を大檀那とする本殿の規模と寺格にふさわしいものである。

鬼子母神堂本殿（「今の社殿」）の造営時期は、幕府の日蓮宗不受不施派に対する弾圧の時期とほぼ一致している。寛永七年（一六三〇）身池対論に勝利して以降、身延方は不受派に対する圧迫と日蓮宗法度の基本となる本寺権の確立を幕府に繰り返し訴えている。前述した太田家の菩提寺である玉沢妙法華寺は、身延派を支持する養珠院の外護により寺勢を盛んにし、身延派の支配下に入った[24]。

しかしながら、碑文谷法華寺・平賀本土寺等の不受派は、三談所（松崎・野呂・山田）を拠点にして、池上・中山の諸末寺を傘下におさめ、受派を圧倒した。特に、碑文谷法華寺は、江戸・房総をつなぐ拠点となり、谷中感應寺、市谷自証寺、四谷本源寺、雑司谷法明寺等を末寺として不受派の一般信徒を拡張させたのである[25]。

その後、受派による不受派への執拗な訴訟が幕閣を動かし、寛文五年（一六六五）法明寺住持日了、寛文六年（一六六六）野呂妙興寺日講は自昌院の愁訴にもかかわらず配流され、碑文谷法華寺日禅はじめとする不受派は幕府の厳しい弾圧を受けていた。

前掲①～③の三枚の棟札には、工事における寺側代表として法明寺と東陽坊の住持名が記されるが、本棟札には法明寺住持の名ではなく、法明寺の本寺である不受派碑文谷法華寺十四世日禅の名と花押が記される。この不受派を外護する「芸州公簾中」自昌院の鬼子母神堂本殿の完成には、その外護への強い決意が窺われよう。寛文四年（一六六四）不受不施派を外護する「芸州公簾中」自昌院を大檀那として本殿が造立され、相応の寺格がととのえられた。

なお、『報告書』によれば、本殿小屋組の中央棟束にあった墨書銘はつぎのとおりである。

當僧司谷鬼子母神御本社願主
加能越三州太守三位中納言利常□之息女
藝備二州太守源光晟室建立之
別當　本行院　日解
奉行　吉田彦左衛門尉政忠
棟梁　田中庄太夫宗朝
大工藝陽之住五拾八人
九月八日　釿初
寛文四年甲辰十月廿日　棟上ゲ
田中庄太夫□□
十一月廿六日　槌納

本殿の施主、奉行、工匠から工程まで明確に記録しており、前述④の棟札記述年代の二年前の寛文四年（一六六四）に本殿が完成したことが判明している。また、昭和六十一年（一九八六）の東京都近世寺社建築緊急調査では下記諸点が確認されている[26]。

（1）平面：三間社の形式で流造の屋根の寺社建築は、東京都最古である。庇の部分まで内部に取り込んで、身舎正面の中2本の柱を立てず、大きな方三間の一室を造り、背面壁に沿って須弥壇を設けて厨子を置いている。
（2）組物：身舎組物の出組は、東京都寺社建築の初出である。
（3）身舎妻飾：東京都の三間社の形式では二重虹梁大瓶束の初出である。
（4）身舎・向拝の繫：繫梁と手挾の早期例であり、手挾はすでに籠彫となっている。
（5）木鼻：向拝の梁行方向にも木鼻がつく早い例である。

自昌院が藝州より招聘した五十八人の大工が、畿内主要匠家を組織した公儀普請とは異なる和様の優れた技術を江戸の地へはじめて移入したといえるだろう。

二　鬼子母神堂の発展

①　鬼子母神堂造営の継承――自昌院より東陽坊へ

執行海秀氏によれば、「夫人（自昌院）はこれより先き、上人（日講）に不惜身命の誓状を捧げて不退転を誓い、また老中に愁訴して上人の赦免運動も試みられたのである。そしてその赦免運動が許されざるや、芸州広島への預替を懇請し、寛文九年の暮れにはその預替が愈実現する運びにまで至っていたのである」[27]とされている。このように自昌院は、不受不施派赦免に尽力していたが、寛文九年（一六六九）になると、強義を憚って悲田一派との和融に応ぜざるをえなくなった。その報に接した日講上人は、自昌院へ八月二十五日付不通状を認め、九月には恒例の芸州屋敷への日待祈祷を停止している。

自昌院は、日講上人の誤解をとるために度々書簡を届けるとともに、日講上人芸州預替にそなえてか、普請奉行吉田彦左衛門尉政忠を江戸より芸州広島に帰国させ、寛文十一年（一六七一）国前寺本殿造営を行っている。[28]そのため、自昌院は鬼子母神堂拝・幣殿造立を鬼子母神堂別当東陽坊に引き継がざるをえなくなったと思われる。

鬼子母神堂拝殿造立は、自昌院より別当東陽坊に引き継がれたことが元禄十四年（一七〇一）に鬼子母神別当が奉行所へ宛てた訴訟文よりも明らかである。

一、鬼子母神本社三十八年以前辰の年松平安藝守様御奥様より御建立被遊候。此節も先の東陽坊安藝様御屋敷迄御禮に上り候。法明寺會て構不被申候。同拝殿去辰の年拙僧造営仕候。（略）

元禄十四年巳八月

鬼子母神別当東陽坊隠居　教光院[29]

（＊傍線筆者註）

②　自昌院の寺域拡大による庶民信仰空間の成立

『遊歴雑記』に下記記述がみられる。

此鬼子母の社を建立せしより、社頭今日の姿となり、寛文八戊申のとし境内弐千百坪、但し表間口三拾間、奥行七拾、除地に御免ましましてより、茶屋町追々兩側に立集ひ、霊験著名といひ觸すほどに、都鄙の貴賤男女歩みをはこびて日々群をなせば、法明寺地中大行院を以て別當職とす、此の大行院むかしは東陽坊と号けしが、住持日性の代鬼子母の像を掘出し洗ひ清などせし由緒によりて、別当とはなりける。

（＊傍線筆者註）

すなわち、自昌院が鬼子母神堂をあらたに建立した四年後の寛文八年（一六六八）には、境内二一〇〇坪、除地となり、鬼子母神の霊験が宣伝されて茶屋もできはじめ、「都鄙の貴賤男女歩みをはこびて日々群をな」すようになったので、東陽坊（大行院）が鬼子母神出現の由緒から別当職についたとしている。

また、『江都寺社帳』[30]は、雑司ヶ谷村について「御朱印拝領寺社帳　除地鬼子母神　表三拾間　裏え七十間　茶屋間口五拾五間但九間」とあり、上記傍線箇所と一致している。

『御府内場末沿革図書』[31]の「雑司ヶ谷村鬼子母神辺の部」によれば、「鬼子母神法明寺持境内同門前町屋三ヶ所」とあり、上記『遊歴雑記』『江都寺社帳』の記述を裏付けている。

このような寺域拡大により、村民の鎮守として始まった鬼子母神堂は、「都鄙の貴賤男女歩みをはこぶ」信仰空間へと改変していくことになる。

③　庶民信仰の隆盛に支えられた拝殿・幣殿の造立

上野勝久氏によれば、『櫨楓』に掲載されている寛文六年の棟札を信頼すれば、本殿完成後も造営が引き続いていた可能性がある。元禄期の造営が厳しい宗教情勢と建築規制のもとで行われたことを考慮すると、この時に拝殿・幣殿が新築されたとみるのも問題がある。むしろ、同じ建物と言えないまでも、寛文期にはほぼ同様の建物が本殿前面に建てられていたと考えた方が自然である。」とされている。[32]

また、『新編武蔵風土記稿』[33]によれば「寛文六年、松平安芸守光晟の室法名自昌院英心日妙の寄進にて、今の如く宮殿拝殿等新たに造営ありしより世に聞ふる霊地となれり。」とある。つまり、自昌院は寛文四年本殿完成後も、寺域を拡充し本殿前面に現在とほぼ同様の規模の拝殿等の造営を行っていたと解釈できる。

一方で、『武江年表』[34]の元禄年間記事「雑司が谷鬼子母神参詣群集する事始まる（江戸町人伊勢屋武兵衛という者社を再建す）。」を信頼すれば、寛文期の建物自体が江戸庶民の信仰の高揚に伴ってより完成度の高い建築形式への改変が求められていたと思われる。寛文期に本殿前面に建てられていた建物は、本殿と同様に地方色を備えていたと思われるが、その後、元禄期吹放し外陣と格子戸で隔たれた内陣中央に下に納められた賽銭箱等の形式にとらわれない多様な様式手法を駆使した江戸工匠により再建されたといえる。拝殿・幣殿建立年代についての確たる資料は管見の限りないが、桔木釣金具の「元禄十三年辰ノ七月吉日」銘が確認されている。

『報告書』は、「今回の修理において見出された拝殿における最も注目すべき点は、組物が当初は和様平三ツ斗組であったにもかかわらず、それがある時期に見え掛りだけを問題とした様な雑な仕事で、外側のみ舟肘木組に変えられていたことである。他の虹梁や内部と向拝部分の斗組と比べて、舟肘木の状態は非常に悪く、建物に異質な感じを与えている。」とし、形式的な格下げを示すこの改変を建立直後のものと推定し、その背景として元禄十一年（一六九八）の碑文谷法華寺日附上人流罪、天台宗改宗をはじめとする幕府の弾圧を指摘したうえで、「元禄年間の寄進物が多く残っている事などを考えると、その庶民信仰の隆盛によって拝・幣殿が建立されたことが思われ、そこにこの鬼子母神堂を守ろうとした人々の根強さと、また立場の弱さが感じられるのである。それがこの様な改造の形となって表れたのではないだろうか。」と述べている。[35]

また、「わかばのこつえ下巻」（『新編　若葉の梢』所収）によれば「拝殿の屋根は柿橡葺迚、四百八十通の板拵有と云。當社の外是なしと承りぬ。近来松杉茂り、屋根甚破易故瓦葺に成ぬ。誠に日本国の手本を失へるがごとし。（略）」とあるが、平山育男氏は、「修理で発見された当初の屋根材料であるとち葺材には喜捨をした善男善女の名と金額が一枚一枚に記されていたといい、権力による規制を受けながらも、庶民信仰によって支えられた鬼子母神堂のあり方を見ることができる。」としている。[36]

江戸在住の工匠が、江戸庶民を実質的な願主として拝殿の屋根をとち葺として完成したが、元禄十三年（一七〇〇）拝殿竣工直後に不受不施派の弾圧を契機とする幕府の検査が行われた可能性が高い。その際に、寛文八年（一六六八）の建築規制令「四方しころ庇京間一間半を限へし」に適合させるために、上記組物とともに改変を行ったと読み取ることができる。[37]

寛文五年（一六六五）の法明寺日了上人讃岐流罪から、元禄十一年（一六九八）碑文谷法華寺日附上人流罪までの不受不施義苦難の三十三年間は、鬼子母神堂拝・幣殿の造立期間とほぼ一致しているのである。元禄十三年（一七〇〇）鬼子母神堂拝殿・幣殿が完成したが、同年七月二十七日、不受不施義の外護者であった自昌院が逝去している。

拝殿・幣殿造立により、鬼子母神堂は本殿と一体化した権現造として巧妙に纏められ、広く庶民に開かれた信仰の空間となった。その背景として、寛文・延宝期において小農自立が進行し、多くの単婚家族小農経営が成立したことがあげられる。[38]鬼子母神堂別当東陽坊は、地域の周辺の民衆を組織化し、講中とか何講とか称し、着々と寺域を拡大し、発展させていったと思われる。

④　鬼子母神堂境内への新しい神々の勧請

鬼子母神堂の鬼子母神像は、鬼形ではなく、羽衣・瓔珞をつけ、吉祥果を持ち幼児を抱いた菩薩形の美しい姿をしていることで、安産、厄除けといった、江戸庶民の現世利益の対象として注目された。多くの参詣者を集めるようになると、寺社側の働きかけによって従来の鬼子母神に次いで、鷺大明神、妙見大菩薩と新しい神々が次々と世に出ていき、霊験を信じる江戸庶民の多様な要求にこたえていった。法華経の守護神としての純粋な鬼子母神信仰に行楽的要素が加味され、法明寺・鬼子母神堂の年中行事への群参現象となっていったことが『東都歳時記』[39]に記録されている。添付資料Ⅱ—Aに「年中行事」、Bに「毎月決まっている行事」を別記している。

◎鷺大明神社の造立――鷺大明神の勧請

『櫨楓』によれば、「一　鷺大明神社　南向。本社の東北に有。」とある。

鷺大明神は、疱瘡よけの守護神で、鬼子母神堂では毎年八月朔日に祭禮を行い、毎月朔日（一日）が縁日であった。鷺大明神社は、出雲國神戸郡鷺村の鷺の浦に鎮座する須佐之男命の妻女を祀る所であるが、正徳二年（一七一二）、松平出羽守宣維の嫡子萬千代が江戸で疱瘡に罹って危篤になった三歳の折、出雲より飛来して救ったといわれ、その後、鷺大明神の神託により、本国に帰らずに雑司ヶ谷鬼子母神の神籬の内に鎮座して衆人を衞護しよう、もし廣前の石を拾い取って護符とすれば決して疱瘡に悩まされることはあるまいと告げたといわれている。鷺大明神社は、江戸の諸階層の童男童女に疱瘡除けの護符として、玉に類する礫を神躰とした御守を配った。(40)

平成二十七年（二〇一五）鬼子母神堂悉皆調査で新しく発見された「銭箱」底部墨書銘は、正徳元年辛卯六月吉日、萬人講、鷺明神銭箱、恵眞とあり、正徳元年（一七一一）にはすでに鷺大明神社が建立されており、年中行事への群参行事になっていたことが確認される。

現在鬼子母神堂本殿に安置されている木像鷺大明神立像は、左手に巾着、右手に剣をお持ちになっている女形の立像であり、背部に妙法蓮華経、鷺大明神、令得安穏、離諸衰患、消衆毒薬とある。厨子見開墨書銘は、正徳二壬辰祀五月大吉祥日、南無妙法蓮華経　権律師日津、南無鷺大明神、是好良薬今留在此、別當大行院とあり、扉には福袋や槌や玉その他の寶物の絵が描かれている。(41)

◎妙見宮の造立――妙見大菩薩の勧請

妙見信仰はすでに古代からあり、特定の集団のみで信仰されるというものではなかったが、近世における日蓮宗の妙見信仰は、その霊験を厄難病苦、息災延命の家の守護神などに合信され、法華信者はいうにおよばず「百日法華」と呼称される他宗派の臨時信徒が、集団をなして参詣したといわれる。(42) 妙見菩薩は星の象徴である北極星を神格化したもので、妙見という漢字が、「妙（神秘）」を「見（あら）」わすということより、優れた眼力を有する仏像といわれている。

「わかばのこつえ下巻」（前掲『新編若葉の梢』所収）によれば、「妙見大菩薩内陣の後、玉墻の内に安置す。七佛所説大神呪經曰北辰星稱曰妙見菩薩を云。御内陣は皆檜皮葺也、由緒なくては葺事不能、関東には別て稀なるべし。」とある。すなわち、鬼子母神殿本殿内陣の真裏の玉垣内に本殿に背を向けて建ち、妙見大菩薩を安置してある。北辰妙見大菩薩は、北極星の精を菩薩としたもので、『七佛所説大神呪經』に「北辰星は稱して妙見菩薩と曰う」とある。北斗・南斗は天地の枢軸であるから、日月・星辰・五行・四季・汐潮も、南北極を中軸として旋回するのである。この由緒で内陣を関東では稀な総檜皮葺で造立したとしている。

『報告書』によれば、資料Ⅰ―B銘文の棟札が発見されている。天明八年（一七八八）に小石川傳通院白壁町の棟梁廣澤善四郎政次によって建立されたことが本棟札によって確認できている。(43)

⑤　現世利益の強調――将軍家御成跡開帳

江戸庶民による現世利益の強調は、種々の祈祷の盛行となるが、そのためには寺社秘蔵の仏像の霊験が世に喧伝されなければならなくなる。交通路が整備された元禄期にはいると、本殿・幣殿・拝殿が巧妙に纏められた鬼子母神堂には、寺檀制の檀家の枠を越えて、近在・遠国から信徒の群参で賑うことになった。

『櫨楓』によれば、「抑々當社鬼子母神尊像は秘佛にして、往古より開帳といふ事更になかりし所、元文二丁巳年三月廿五日、有徳尊廟鼠山御成の折から、御馬に召させられ、四ッ家町通り御乗切にて鬼子母神へ成らせられ、町々老若男女家前に平伏する事、當時にかはる事なし。時に御馬上にて、爺々婆々ども我今鬼子母神の開帳して汝等にも拜まするぞ、早く跡より來て拜めよと大音に上意ありしとぞ。是則東都の神社仏閣へ御成の節、御跡開帳仰付らるるの最初なりと、予が高祖父權左衛門治則よりの傳説なり。」とある。

すなわち、鬼子母神尊像は秘仏であるから、開帳ということはなかったが、八代将軍徳川吉宗が鬼子母神堂に御成の時、上意により元文二年（一七三七）四月十五日より七日間御成跡開帳が行われた。

その後、添付資料Ⅲの通り、代々の将軍家による法明寺への御成と、その威徳をしのんでの鬼子母神堂の「御成跡開帳」がおこなわれている。鬼子母神尊像の功徳を媒介として、江戸庶民が将軍のあとをしたうわけであるから、開帳出願の名目としては絶好のものであった。

　歴代将軍の手厚い外護を受ける寺格の高さを誇る鬼子母神堂には、その境内に「万屋・松屋・伊勢屋・常陸屋・大茗荷屋・福山・枡屋」などの屋号をもつ茶屋が軒を並べた。『宴遊日記』(44)の「雑司谷参詣、茗荷屋に休む、下屋敷に旗本らしき客、二階隣七十計隠居連四五人、向ひ茶や通ひ参詣、茶屋前に馬二つ繋き供数十人、名を問しむれハ、安倍世子の由」との記述より茶屋町の雰囲気を読み取ることができる。

　自昌院が鬼子母神堂を造立した寛文年間に成立した「本縁起」には霊験譚が紹介されていたが、この漢文体の縁起を底本として平易な和文体縁起が作成されている。妙見堂が造立された天明年間板刻されたという「略縁起」は、開帳参詣者に配布されたものである。

　両縁起の一部を比較すると下記の通りである。

本縁起

而至寛文丙午之春、加能越三州太守菅原黄門利常卿之女、安芸守源光晟卿之室、法諱自昌院殿英心日妙大姉為祈国家長久・子孫光栄、喜捨若干浄施弁壮宏観、今之廟社是也、当社祭祀春夏両度、春祭呼曰歩射、

略縁起

其後寛文六年の春に至て加能越の太守菅原黄門の御息女、安芸太守源光晟夫人（御法号自昌院殿英心日妙大姉）天下安全・子孫繁栄の御祈願として新に宝殿を造立し給へり（今の本社是なり）。しかしよりこのかた霊験日々新にして、参詣の男女道もさりあへず。当社の祭礼春夏両度有。春の祭を奉射と云。

（＊傍線筆者註）

　鬼子母神堂本殿内陣真裏の玉垣内に妙見堂を造立した天明八年（一七八八）は、雑司ヶ谷鬼子母神堂の発展期であり、その活況を踏まえ、漢文体「本縁起」になかった傍線で示した箇所が挿入されている。

⑥　拝殿高欄擬宝珠に見る江戸庶民信仰の空間

　宝永四年（一七〇七）、寛延二年（一七四九）の刻銘の擬宝珠に、添付資料Ⅳに別記の通り、喜捨を行った多くの江戸庶民の名前とともに「弘化三午正月再修造　當山日持　別當日廣」の銘が刻まれている。弘化三年（一八四六）拝殿縁回りのかなりの規模の改造工事が行われたことが明らかである。『報告書』によれば、この時に行われたと思われる改変部分について、「拝殿の縁束位置を変更し、縁は布木口敷きとした。拝殿は指鴨居仕様であったと思われるが、内外共に新たに内法長押を付した。拝殿正面中央間の両開格子戸と両脇・端間の諸折桟唐戸を、それまでの蔀戸構えに替えて取り付けた。拝殿両側面前より二・三の間に中敷居・腰長押を付けた。拝殿右控の間に床と床脇、火燈窓等を付け、格式のある部屋に改造した」としている(45)。

　当時の江戸庶民の趣向をよく示すものであり、多くの江戸庶民の名前が刻まれた拝殿高欄擬宝珠により、庶民信仰によって支えられた鬼子母神堂のあり方を見ることができる。

おわりに

　永村眞氏によれば「〝庶民信仰〟という表現であるが、これは上は将軍から、下は江戸の一般庶民におよぶ幅広い人々の分け隔てない信仰という意味で用いており、決して庶民に限られるというものではない。徳川家の菩提寺として生まれた増上寺や、将軍の祈祷を担う寛永寺という、専ら為政者との関わりによって存続する寺院とは異なり、幅広い江戸の人々の信仰によって支えられた寺院」と述べている(46)。

　鬼子母神堂造立は、信仰の歩みとともに段階的に深化したものであって、法華信仰の教義内容の平易化につとめ、幅広い地域と階層の人々の日常生活の中に恒常的に取り組まれた信仰と空間の関係性を雄弁に物語っている。

　江戸時代の雑司ヶ谷地域は、美しい弦巻川沿いに「江戸八大祖師巡り」(47)の威光山法明寺、「鬼子母神霊験」由緒の雑司ヶ谷鬼子母神堂を始めとする多くの法華宗寺院が林立し、非日常的な雰囲気の中で宗派、身分の差をこえた多くの

庶民が現世利益の祈りを捧げていた。そのような人間生活と自然との関わりが作り出した庶民信仰の空間であった。

現代の雑司ヶ谷地域は、弦巻川が暗渠となり美しい景観を失う一方で、威光山法明寺と地元有志により雑司が谷鬼子母神の御会式万灯練供養が復興し、江戸時代から伝わる年中行事として地域全体の人々が待ちわびる大祭となっている。この万灯練供養の復興は、雑司ヶ谷の地の人々により伝承されてきた「生活と歴史の記憶」によるものであろう。歴史的文化的景観の貴重な〝文化財〟としてその価値が評価されるようになったことは注目されるべきことである。(48)

（元日本女子大学総合研究所客員研究員）

注

（1）早稲田大学中央図書館所蔵。冒頭は安産・育児に霊験ある鬼子母神へ遊山がてら参詣する家族が描かれており、「満足」の題のもとに句が添えられ、それより「星跡清水」「威光山花」「池箇谷月」「鼠山木玉」「弦巻川蛍」「姿見橋鷺」「三嶋神籬」「御嶽夜雪」と雑司ヶ谷の伝説・説話に関した絵、風景や四季・風俗を詠った句が添えられている。

（2）永村眞氏「総論・江戸時代に生まれた庶民信仰の空間――音羽と雑司ヶ谷――」（『江戸時代に生まれた庶民信仰の空間――音羽と雑司ヶ谷』日本女子大学　二〇一〇年）七頁。

（3）藤田理兵衛著　貞享四年（一六八七）刊。江戸の名所旧跡、年中行事、寺社、江戸の諸商売について項目別に記す。元禄三年（一六九〇）に菱川師宣の挿画の入った「増補江戸惣鹿子名所大全」は人気を博し、広く流布した。

（4）冠賢一氏「近世江戸における鬼子母神信仰」（宮崎英修氏編『鬼子母神信仰』雄山閣出版、一九八五年）一四八頁。

（5）天保年間頃に雑司ヶ谷村名主戸張平左衛門苗堅が編述した雑司ヶ谷近在の地誌。本書の原本は法明寺に伝わっていたが、その内容は新編若葉之梢刊行會にて刊行された「江戸西北郊郷土誌資料」に採録され活字化されている。

（6）江戸の絵師戸松昌訓が描き、版元の金鱗堂尾張屋清七により安政四年（一八五七）に刊行された。この尾張屋版は、他の切絵図版と比較すると、使用色数が五段と色彩豊かで、鬼子母神等寺社の絵が丁寧に描き込まれている。

（7）江戸神田の町名主斎藤長秋（幸雄）、莞斎（幸孝）、月岑（幸成）三代にわたって完成した、江戸府内・近郊の実地踏査にもとづく名所案内記。七巻二十冊。挿絵は長谷川雪旦。

（8）鬼子母神堂の創建と本尊である鬼子母神の仏法帰依の経緯を記したもので、大行院により刊行された。本書の前半では清土で鬼子母神像が掘り出されてから東陽坊により鬼子母神堂が建立されるまでの経緯、氏子による正月十六日の歩射の神事、六月十五日の草薙の祭について触れる。後半では鬼子母神が仏法に帰依し、法華経守護の善神としてこれを信じるものを擁護した旨が記される。

（9）豊島区史編纂委員会編『豊島区史通史編一』豊島区　一九八一年。

（10）天正六年、寛永二年の棟札二枚は共に高さが一尺八寸程度であり、それに比べて寛文六年の棟札は三尺一寸一分である。『法明寺鬼子母神堂修理工事報告書』。

（11）高柳光寿氏『新訂　寛政重修諸家譜　第四』（続群書類従完成会、一九六四年）巻第二百五十三、三七〇～七頁。

（12）齋木一馬氏「柳営婦女伝系」（『徳川諸家系譜　第一』続群書類従完成会　一九八三年）。

（13）著者は津田大浄（敬順）で、五編十五巻十五冊からなる大著。江戸付近の名勝・旧跡を逍遥・探訪した紀行文。底本は内閣文庫蔵自筆本。『江戸叢書巻の三～七』に所収。

（14）柳下政衛家文書（豊島区史編纂委員会編『豊島区史　資料編二』豊島区　一九八一年）七頁。

（15）前掲『豊島区史　通史編一』三五五頁。

（16）太田南畝のすすめにより、金子直徳が現在の文京区・豊島区・新宿区界隈の名所・旧跡を寛政年間にまとめた地誌「若葉の梢」を底本にして、海老澤了之介が昭和三十三年に編纂した地誌。五〇〇部限定刊行された。

（17）法明寺鬼子母神堂修理委員会編集、一九七九年。

（18）上野勝久氏「法明寺鬼子母神堂の建築について」（『江戸時代に生まれた庶民信仰の空間――音羽と雑司ヶ谷――』日本女子大学　二〇一〇年）一六頁。

（19）江戸前期の名所記。「江戸名所物語」とも。七巻七冊。浅井了意著。友人と二人で江戸の名所を巡るという趣向で、各名所の由来から、これにちなむ古歌・俳諧などを79項にわたって記述したもの。江戸に関する最初の本格的案内記（『日本国語大辞典』小学館）。

（20）前掲冠賢一氏「近世江戸における鬼子母神信仰」一四八頁。

（21）『大猷院殿御實紀巻四十五』寛永十七年九月二十九日条に下記内容の記述がみられる。「二十九日中野邊御放鷹あり。雑司谷寺にて晝餉供し奉る。白鳫。白鵠。鴨を得給ふ。」『大猷院殿御實紀巻六十五』正保三年十月廿二日条に下記内容の記述がみられる。「廿二日王子邊狩りし給ふ。雑司谷法明寺にやすらはせ給ひければ。住僧　銀十枚たまふ。」

（22）豊島区史編纂委員会編、一九八二年。三二一頁。

（23）『厳有院殿御實紀巻二十五』『柳営日次記』寛文三年三月三十日条に下記

内容の記述がみられる。「晦日雑司谷邊に放鷹の御遊あり。雑司谷御殿にて御膳。高田の馬場にて御馬にめさる。」

(24) 宮崎英修氏『不受不施派の源流と展開』平楽寺書店 一九七六年。養珠院は、名を萬、家康に召されて紀伊頼宣、水戸頼房を生んだ。六老僧日昭の遺跡法華寺を玉沢に移し、妙法華寺として復興しているが、身延に与同する寺となった。

(25) 宮崎英修氏『禁制不受不施派の研究』平楽寺書店 一九七六年。

(26) 東京都教育庁『東京都の近世社寺建築』東京都 一九九二年。二三～七頁。

(27) 執行海秀氏「安国院日講上人の研究」(影山堯雄氏編『日蓮宗不受不施派の研究』平楽寺書店、一九七二年)一一八頁。

(28) 光井渉氏『近世寺社境内とその建築』中央公論美術出版 二〇〇一年。一七四頁。棟札は、財団法人文化財建築物保存技術協会が行った庫裏の修理時に、工事主任の東坂和弘氏によって発見されたものである。本堂棟札、墨書に「奉行 吉田彦左衛門尉政忠」とある。

(29) 「柳下敏恵家文書」(豊島区史編纂委員会編『豊島区史資料編一』豊島区 一九八〇年)三七八頁。

(30) 豊島区史編纂委員会編『豊島区史 資料編三』豊島区 一九八〇年。一八一頁。寺院・神社の境内面積とその朱印地・年貢地などの内訳を概観したもの。八巻八冊。編者・成立年次ともに不詳。写本が、内閣文庫に所蔵されている。

(31) 前掲『豊島区史 資料編三』二八七頁。御府内(江戸市中)とその場末(末端部)の道路・屋敷地その他の、延宝期(一六七三～八一)より幕末にかける変遷を、地形図と説明文とで示したもの。旧幕引継書所収写本が、国会図書館に所蔵されている。

(32) 前掲上野勝久氏「法明寺鬼子母神堂の建築について」一八頁。

(33) 林述斎・間宮士信等編『新編武蔵国風土記稿』文政十一年(一八二八)成立。文化・文政期に編まれた武蔵国の官撰地誌。

(34) 東洋文庫『増訂武江年表Ⅰ』平凡社 一九八二年。一〇四頁。神田の草創名主斎藤月岑が、江戸開府以来の市中の地理沿革・風俗・巷談異聞などを編年順にまとめた年表。嘉永年間成立。

(35) 前掲『法明寺鬼子母神堂修理工事報告書』一三頁。

(36) 平山育男氏「不受不施派に対する弾圧――法明寺鬼子母神堂」(文化庁歴史的建造物調査研究会編『建物の見方・しらべ方――江戸時代の寺院と神社』ぎょうせい 一九九四年)一八七頁。

(37) 前掲上野勝久氏「法明寺鬼子母神堂の建築について」一七頁。前掲光井渉氏『近世寺社境内とその建築』一五六頁。

(38) 前掲『豊島区史 通史編一』延宝二年三月の検地。

(39) 斎藤月岑編、長谷川雪旦・雪堤画、天保九年(一八三八)刊。全五冊。江戸市中及び郊外の年中行事を記したもので、「増補江戸年中行事」を元とするものとみられる。

(40) 前掲『新編 若葉の梢』四〇一頁。『櫨楓』には「則出雲國大社鎮守十羅刹女の第九皐諦也、云々。則其本地を爰に勧請奉安置もの也。神體は玉のごとく成礫也云々。此説は文政八酉年地誌調の節、林大学頭に別當より書上の趣也。」と記されている。

(41) 『豊島区仏像調査報告書 豊島区の仏像』東京都豊島区教育委員会、二〇〇〇年、一〇六頁。日津は大行院十世で延享元年十二月十一日寂。(前掲『櫨楓』所収)

(42) 坂本勝成氏「近世における妙見信仰」(『日蓮教団の諸問題』平楽寺書店 一九八三年)

(43) 前掲『法明寺鬼子母神堂修理工事報告書』四二頁。

(44) 柳澤文庫所蔵。柳澤信鴻が隠居後の安永二年から天明五年迄の日常生活を記録した日記。

(45) 前掲『法明寺鬼子母神堂修理工事報告書』一五頁。

(46) 前掲永村眞氏「総論・江戸時代に生まれた庶民信仰の空間――音羽と雑司ヶ谷――」七頁。

(47) 望月真澄氏「江戸の日蓮信仰」(『日蓮』平凡社 二〇一三年)威光山法明寺、池上本門寺、堀之内妙法寺、真間弘法寺、平賀本土寺、多古妙光寺、比企谷妙本寺、片瀬龍口寺を巡礼し、各寺に祀られた霊験ある祖師像を参拝した。

(48) 平成二十六年(二〇一四)十二月十八日、雑司ヶ谷地域が「ユネスコ未来遺産」に認定された。平成二十七年(二〇一五)三月三十一日、雑司ヶ谷鬼子母神御会式万灯練供養が「豊島区指定無形民俗文化財(風俗習慣)」として認定された。

平成二十八年(二〇一六)七月二十五日、文部科学大臣が雑司ヶ谷鬼子母神堂一棟を国重要文化財に指定した(本書「重要文化財指定書建第二六四六号」)。

添付資料Ⅰ　棟札表裏模写図

A、雑司ヶ谷鬼子母神堂（『櫨楓』所収）

模写図①

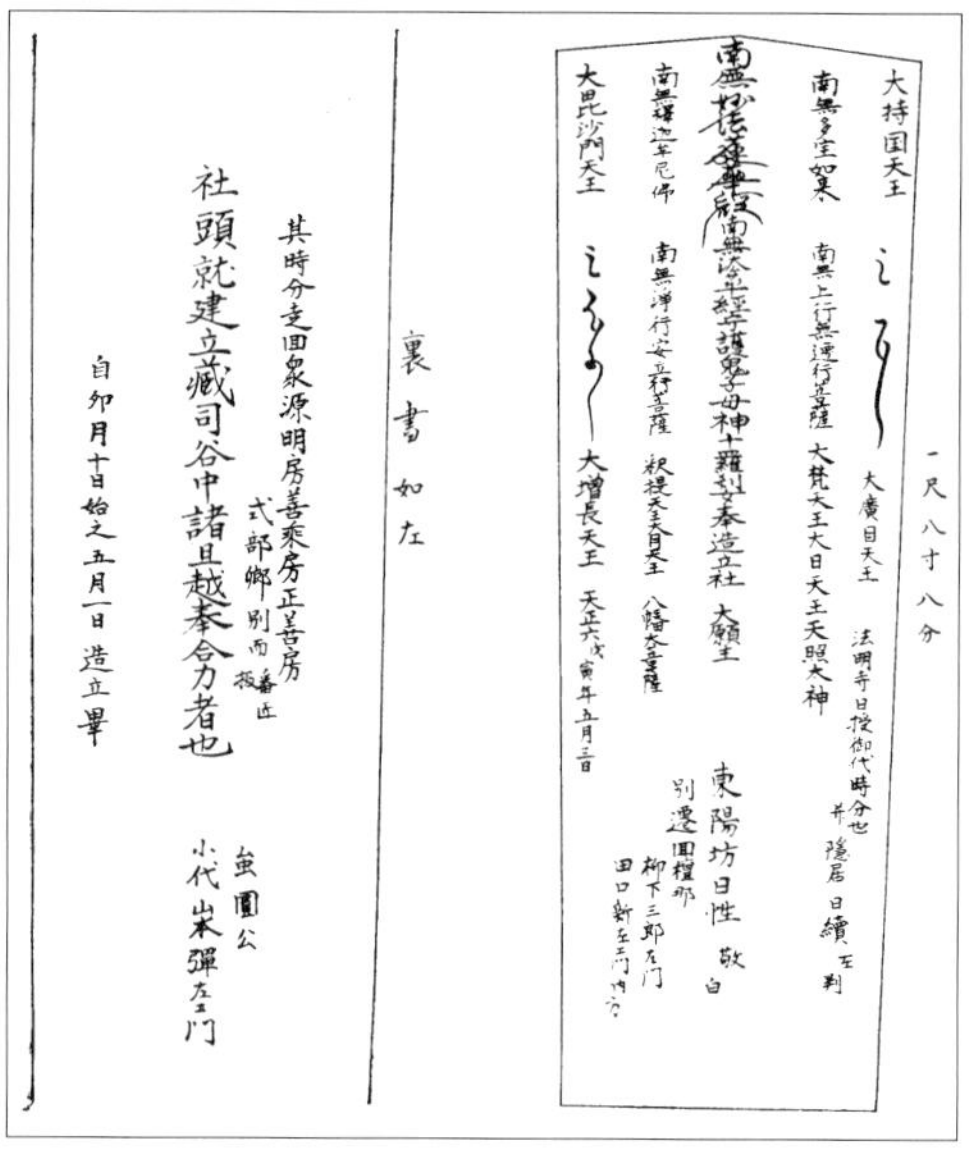

①表面翻字

大持国天王　（梵字）　大廣目天王　法明寺日授御代時分也、　弁隠居　日續　在判

南無多宝如来　南無上行無邉行菩薩　大梵天王大日天王天照太神

南無妙法蓮華經南無華經守護鬼子母神十羅刹女奉造立社　大願主　東陽坊日性　敬白

南無釈迦牟尼佛　南無浄行安立行菩薩　釈提天王大日天王　八幡大菩薩　別遷回檀那　柳下三郎左門　田口新左江門内方

大毘沙門天王　（梵字）　大増長天王　天正六戊寅年五月三日

①裏面翻字

其時分走回衆源明房・善乗房・正善房

式部卿別而番匠扱

社頭就建立藏司谷中諸旦越奉合力者也、　台圓公　小代　山本弾左ヱ門

自卯月十日始之、五月一日造立畢

模写図②

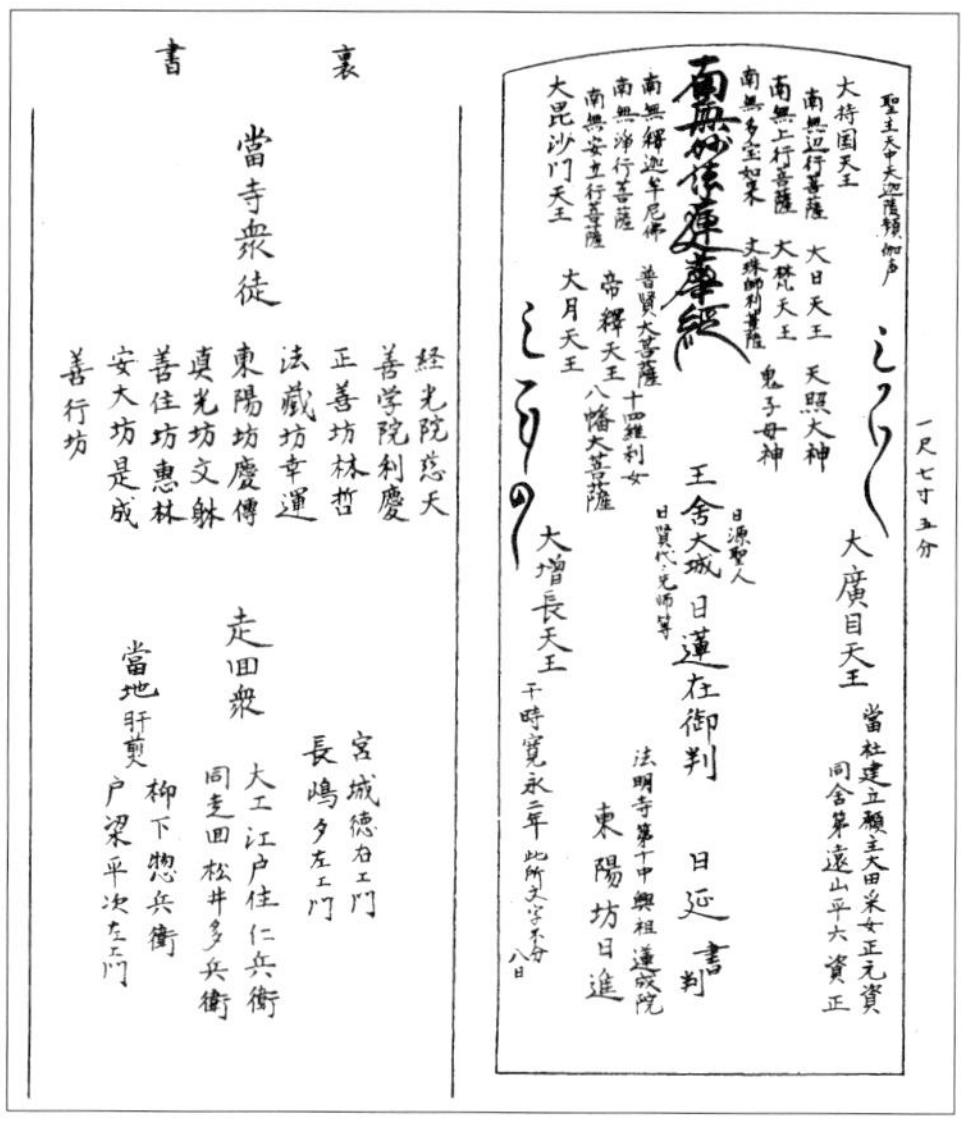

②表面翻字

聖主天中天迦陵頻伽声　（梵字）　當社建立願主太田采女正元資　同舎弟遠山平六資正

大持国天王　大廣目天王

南無辺行菩薩　大日天王　天照大神

南無上行菩薩　大梵天王　鬼子母神

南無多宝如来　文殊師利菩薩

南無妙法蓮華經　日源聖人　王舎大城　日賢代々先師等　日蓮在御判　日延　書判

南無釋迦牟尼佛　普賢菩薩

十羅刹女　法明寺第十中興祖　蓮成院　東陽坊日進

南無浄行菩薩　帝釋天王

南無安立行菩薩　八幡大菩薩

大毘沙門天王　大月天王　大増長天王

（梵字）　于時寛永二年此所文字不分　八日

②裏面翻字

経光院慈天
善学院利慶　宮城徳右ヱ門
裏　正善坊林哲　長嶋夕左ヱ門
法藏坊幸運
當寺衆徒　東陽坊慶傳　走回衆　大工　江戸住　仁兵衛
眞光坊文躰　同走回　松井多兵衛
書　善住坊恵林
安大坊是成　當地肝煎　柳下惣兵衛
善行坊　戸梁平次左ヱ門

模写図③

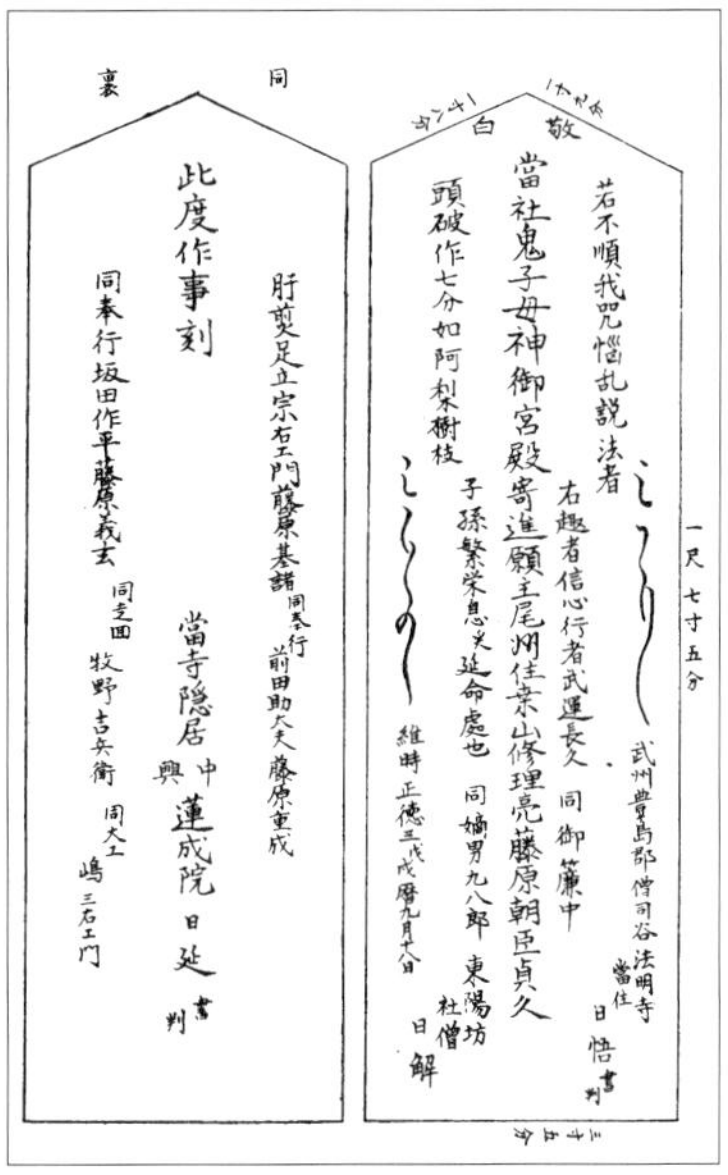

③表面翻字

敬
若不順我咒悩乱説法者、　（梵字）　武州豊島郡僧司谷法明寺
當住
日悟書判
右趣者、信心行者武運長久、同御簾中
當社鬼子母神御宮殿寄進願主尾州住桑山修理亮藤原朝臣貞久
子孫繁栄、息災延命處也　同嫡男九八郎　東陽坊
社僧
日解
白　頭破作七分如阿梨樹枝、
（梵字）　維時　正徳三戊戌歴九月十八日

③裏面翻字

同　肝煎足立宗右ヱ門藤原基諸同奉行前田助大夫藤原重成
裏　此度作事刻　當寺隠居　中興　蓮成院　日延書判
同奉行坂田作平藤原義玄同走回牧野吉兵衛同大工嶋三右ヱ門

模写図④

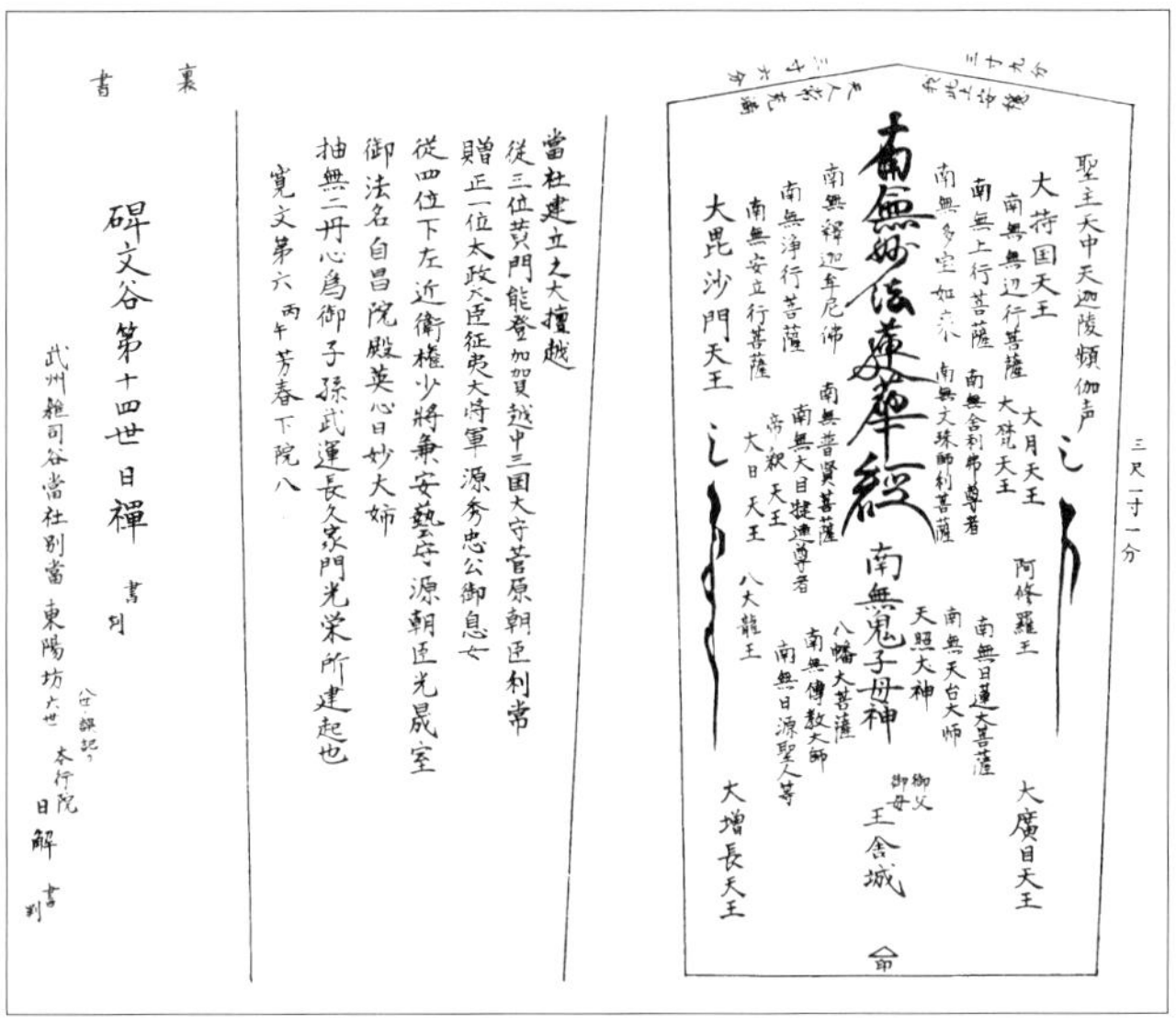

④表面翻字

聖主天中天迦陵頻伽声　（梵字）

穏　大持国天王　大月天王　阿修羅王　大廣目天王

安　南無無辺行菩薩　大梵天王　南無日蓮大菩薩

上　南無上行菩薩　南無舎利佛尊者　南無天台大師

此　南無多宝如来　南無文殊師利菩薩　天照大神　御父

我　御母

南無妙法蓮華經　南無鬼子母神　王舎城　△印

天　南無釋迦牟尼佛　南無普賢菩薩　八幡大菩薩

人　南無浄行菩薩　南無大目犍連尊者　南無傳教大師

常　南無安立行菩薩　帝釈天王　南無日源聖人等

充　大日天王　八大龍王　大増長天王

満　大毘沙門天王　（梵字）

④裏面翻字

當社建立之大檀越

従三位黄門能登加賀越中三國大守菅原朝臣利常

贈正一位太政大臣征夷大将軍源秀忠公御息女

従四位下左近衛権少将兼安藝守源朝臣光晟室

御法名自昌院殿英心日妙大姉、

抽無二丹心、為御子孫武運長久家門光栄、所建起也、

寛文第六丙午芳春下院八

裏　碑文谷第十四世日禅　書判　八世誤記カ

書　武州雑司谷當社別當　東陽坊六世　本行院　日解　書判

B．妙見堂（『報告書』所収）

表面翻字

天明八戊申年　中村唯七

棟梁　廣澤善四郎政次

田中與市

七月吉祥日　佐藤勘蔵

裏面翻字

小石川町傳通院前白壁町

添付資料II　『東都歳時記』に見られる雑司ヶ谷鬼子母神堂・法明寺江戸期行事

A．年中行事

月　日	雑司ヶ谷鬼子母神堂	威光山法明寺
正月十六日	祭礼、中古までは、今日奉射祭とて、厳重の式ありしが、近年此事絶てなし。今は法華経を読誦するばかり也。今日本尊更衣あり、萬巻陀羅尼修行あり。	閻魔参
四月　八日	鬼子母神更衣	
廿七日	常経講中の為に年一度の内拝あり	
五月十八日	千部、二十八日まで修行。今日萬巻陀羅尼修行あり。	
六月十五日	草薙の神事、近辺の農夫集りて、社辺の草を刈り払うの行事なり。近年此事なし。	
七月　七日		什寶虫払
十五日	更衣	相撲十八日迄興行
十六日		閻魔参、閻魔の斎日と云。
八月　一日	鷺明神祭礼、疱瘡の守護神なり。	
九月十八日	萬巻陀羅尼修行。	
十月　六日		会式の花市、八日迄市立つ。

七日		会式、経揃
八日	鬼子母神の境内には、茶店柏戸檐をつらね、行客を低停て酔をすすむ。川口屋の飴藁麦細工の角兵衛獅子風車等を土産とす。	法会中開帳あり。音楽練供養等法会厳重なり。十二日のころより支院飾り物あり。大行院を首とす。年ごとに種々の機巧をなす。何れも宗祖一代の記によりて其さまを造りなせり。境内見世ものかるわざ等出て、二十三日迄諸人群参し繁昌おおかたならず。

B．毎月決まっている行事

日	雑司ヶ谷鬼子母神堂	威光山法明寺
一日	妙見参、縁日なり	
八日	鬼子母神参、常に百度参あり。	
十三日		祖師参。
十五日	妙見参、縁日なり。	
十八日	鬼子母神参、	
二十八日	鬼子母神参、妙見参詣あり。	

添付資料III　将軍家法明寺御成・鬼子母神堂御成跡開帳年表（『櫨楓』）

和暦	西暦	月日	将軍家法明寺御成	鬼子母神堂御成跡開帳	典拠	記載内容
元文二年	一七三七	三月廿五日	八代将軍徳川吉宗	四月十五日～廿一日	『有徳院殿御實紀　巻四十五』元文二年三月廿五日条	「鼠山に猪狩し給ふ。」
宝暦三年	一七五三	十月廿七日	大納言徳川家治	十月廿八日～十一月九日	『惇徳院殿御實紀　巻十八』寶暦三年十月廿七日条	「大納言殿雑司谷に御鷹狩あり。」
宝暦十三年	一七六三	十一月二日	十代将軍徳川家治	十一月五日～十九日	『浚明院殿御實紀　巻八』寶暦十三年十一月二日条	「将軍家治、雑司谷鼠山のほとり、御放鷹あり、清水邸によぎり給ふ。」
安永二年	一七七三	十月十五日	大納言徳川家基	十月十七日～十一月朔日	『浚明院殿御實紀　巻廿八』安永二年十月十五日条	「大納言殿雑司が谷のほとり御遊あり。」
安永四年	一七七五	九月廿二日	大納言徳川家基	臺命なし	『浚明院殿御實紀　巻卌二』安永四年九月廿二日条	「大納言殿雑司が谷のほとりに御遊行あり。」
安永五年	一七七六	九月十九日	大納言徳川家基	臺命なし	『浚明院殿御實紀　巻卌五』安永五年九月十九日条	「大納言殿雑司が谷のほとりに御遊行あり。」
天明三年	一七八三	二月十一日	大納言徳川家斉	二月十五日～廿九日	『浚明院殿御實紀　巻四十八』天明三年二月十一日条	「大納言殿雑司が谷のほとりに御放鷹あり。」
享和元年	一八〇一	十月十三日	大納言徳川家慶	十月十七日～十一月朔日	『文恭院殿御實紀　巻卅一』享和元年十月十三日条	「大納言殿雑司ヶ谷の邊ならせらる。厨所は法妙寺なり。」
文化十四年	一八一七	九月　六日	十一代将軍徳川家斉	九月十八日～十月三日	『文恭院殿御實紀　巻五十二』文化十四年九月六日条	「小石川のほとりへ成らせらる。」
文政十年	一八二七	九月廿三日	内府徳川家慶	文政十一年（一八二八）二月二日～十六日	『文恭院殿御實紀　巻六十二』文政十年九月廿三日条	「内府雑司谷のほとり成らせられ。」
天保八年	一八三七	十一月二日	右大将徳川家祥	天保九年（一八三八）四月八日～廿三日	『愼徳院殿御實紀　巻一』天保八年十一月二日条	「雑司谷のほとりへ右大将殿成らせらる。」

添付資料IV　拝殿擬宝珠刻銘（『報告書』では下記の通りの刻銘としている。）

（一）万屋　重兵衛　加賀屋　長兵衛　一文字屋　久右衛　さからや　六左衛　三文字屋
勘兵衛　狩野や　治右衛門　松や　佐右衛門　遠州屋　半兵衛　同　おとよ　桐屋
九兵衛　西嶋伊賀守家　田村平右衛門作　弘化三午年正月　再修造　當山日持
別當日廣

（二）中村屋　八郎治　ひらたや　庄兵衛　大阪や　又兵衛　枡や　權右ヱ門　高砂や
七兵衛　花や　治左ヱ門　杯や　三左ヱ門　境や　太郎兵衛　江嶋屋　庄兵衛
弘化三午年正月　再修造　當山日持　別當日廣

（三）美濃屋　平右衛門　廣田や　治郎兵衛　四屋谷町　七兵衛　つたや　市右衛門
同　おなか　同　おさん　越前や　市兵衛　山形や　吉左衛門　藤岡や　三郎兵衛
西嶋伊賀守家　田村平右衛門作　弘化三午正月　再修造　當山日持　別當　日廣

（四）寛延二己巳年四月吉日　大行院　十四世日詮代　弘化三午年正月　再修造　當山日持
別當　日廣

（五）高田三郎兵衛　大こくや　徳左ヱ門　□ひや　市郎兵衛　ひしや　久右ヱ門
志なのや　市左ヱ門　三河屋　伊右ヱ門　江戸屋　又兵衛　江戸や　五郎兵衛
松阪や　甚五郎ヱ門　宗玄　西嶋伊賀守家　田村平右衛門作　弘化三午正月　再修造

（六）枡や　重兵衛　河内や　太兵衛　信濃や　又右ヱ門　紙や　市左ヱ門　蝶や
久右ヱ門　平野や　惣兵衛　信濃や　吉兵衛　扇や　重郎兵衛　大こくや
市太郎ヱ門　弘化三午年正月　再修造　當山日持　別當日廣　西嶋伊賀守家
田村平右ヱ門作

（七）宝永四丁亥祀　卯月廿八日　音羽町　寄進講中　都合六拾八人　別當　大行院　舟津
西嶋伊賀守家　田村平右衛門作　弘化三午年正月　再修造

自昌院の生涯にみる鬼子母神堂建立の意義

佐藤妙晃

はじめに

このたび、国の重要文化財に指定された雑司ヶ谷鬼子母神堂本殿は、寛文四年（一六六四）、自昌院英心日妙大師の寄進によって建立されている。

ここで、鬼子母神堂建立当初の由来を伝える資料として、本殿小屋組の中央棟束に存する墨書銘に注目すると、次の記載が確認される。

當僧司谷鬼子母神御本社願主
　加能越三州太守三位中納言利常□之息女
　藝備二州太守源光晟室建立之
　　別當　本行院日解
　　奉行　吉田彦左衛門尉政忠
　　棟梁　田中庄太夫宗朝
　　　大工藝陽之住五拾八人
　　　九月八日　釿始
寛文四年甲辰十月廿日　棟上ゲ　田中庄太夫□□
　　十一月廿六日　鎚納[1]

この墨書銘から鬼子母神堂本殿は、寛文四年に加賀藩第三代藩主前田利常の息女であり、芸州広島藩第二代藩主浅野光晟の正室である自昌院英心日妙の寄進であることが確認でき、さらに、この鬼子母神堂本殿の建立には、造営地である江戸の工匠ではなく、国許である広島藩の奉行並びに工匠が起用されていたことが知られるのである[2]。

ここで、なぜ自昌院が鬼子母神堂を寄進するにいたったのかを確認しようとするとき、現在の鬼子母神堂においては寄進の趣旨に直接的に言及している文献資料は存在せず、また、別当職であった大行院（東陽坊）も現在すでに廃寺、さらには、本坊・威光山法明寺においても、自昌院と直接関係する資料は一切残っていないのが現状である。

ところで、寺社仏閣の寄進においては、寄進者の「願い」もしくは「祈り」が必ず存在する。寄進者の「願い」や「祈り」を具現化し、神仏への奉納が行われることを前提に、鬼子母神堂本殿建立の意義を考えるとき、寄進者である自昌院の「願い」や「祈り」とは如何なるものであったのかが、改めて問われなければならないだろう。

そこで、小稿においては自昌院による雑司ヶ谷鬼子母神堂建立の意義について、寄進者である自昌院の生涯を概観することによって、少しく考察を加えたい。

一　自昌院の出自と系譜

自昌院英心日妙は、幼名を満姫といい、元和五年（一六一九）十二月十五日、父・加賀藩第三代藩主前田利常、母・将軍徳川秀忠の二女珠姫（天徳院）との間に三女として生をうけている。

実父利常は、加賀藩初代前田利家の四男として誕生するが、二代藩主を継いだ嫡男利長が慶長十年（一六〇五）に隠居したことにより、代わって利常が第三代藩主に襲封している。

前田家は当初、豊臣家の家臣として仕えていたが、関ヶ原の合戦を越えて、国内の政権は実質のところ徳川家に帰していた。二代藩主利長は反徳川の印象を払拭し、加賀藩及び前田家の保全をはかるため、在位中の慶長五年（一六〇〇）には、弟である利常に徳川秀忠の二女珠姫を正室としてむかえる取り決めを交わし、翌年慶長六年（一六〇一）には婚儀が成立している。

その後、慶長八年（一六〇三）徳川家康は征夷大将軍となり、同年、家康の孫である珠姫は十五歳で母となり、利常との間に長女亀鶴姫をもうけている。

珠姫は元和八年（一六二二）七月三日、二十四歳で病没するまでの八年間に、光高、利次、利治の三人の男子、亀鶴姫、次女（早逝）、満姫、富姫、夏姫の五女をもうけている。

ここで、自昌院の母・珠姫の系譜に注目してみると、姉は豊臣秀頼に嫁した千姫、母の小督（お江の方）の生母は、織田信長の妹であるお市の方、父は浅井長政である。

このように自昌院の系譜をたどると、織田、浅井、徳川、前田という戦国期における代表的な武門の血を継承していることが知られるのである。

自昌院は、生母珠姫逝去の後、祖母である寿福院に引き取られ養育される。この寿福院については、『日蓮宗事典』(3)にその出自を尋ねると、次のような記述が確認される。

> 寿福院夫人（一五七〇―一六三一）寿福院花岳日栄と号し、名をチヨという。加賀前田利家の側室で、三代利常の生母である。父は上木新兵衛、母は山崎右京の女で、後に小幡九兵衛に再嫁したため小幡氏ともいわれる。チヨは芳春院（利家の正室、まつ）の侍女だったが、二二歳の時、肥前名護屋に下って利家の侍女となった。(4)

さらに、寿福院の法華信仰を根底とした護法活動については次のように述べられている。

> 慶長八年（一六〇三）能登滝谷妙成寺を菩提所と定めるや、同一九年利常大坂に出陣の際、武運長久を祈り本堂を建立、番神堂・庫裏・方丈等もまた同年に竣工したと伝えられている。翌元和元年（一六一五）五重塔建立を発願し、同四年には発願主である寿福院も参詣している。更に元和二年の客殿建立を始め、三光堂・御影堂・仁王門・鐘楼堂を相次いで発願建立し、また同五年には利家菩提のため、身延山の五重塔及び奥の院祖師堂拝殿等を建立した。身延山では、この功を銘すべく、毎月六日の寿福院の命日には、宝蔵において、自我偈を読誦して回向したという。その他、京都妙顕寺・中山法華経寺・比企谷妙本寺・金沢経王寺等にも外護を加えている。（中略）宗門史上においては、かの身池対論前、寛永五―六年頃まで、寿福院が養珠院と共に身延方と池上方の間にたって相方を和融させようと積極的に運動し、努力した様子を、寛永六年三月長遠日樹が岡山蓮昌寺へ送った書状に見ることができる。かくして寿福院は寛永八年（一六三一）三月六日、六二歳で江戸神田の邸に没した。遺骸は池上本門寺にて火葬され、遺骨は妙成寺に、位牌は経王寺に納められた。なお池上本門寺には、利常が母のために建立した元和八年三月一三日の銘がある十一層逆修塔が現存する。(5)

この記述から、寿福院は宗門護持のため不受不施の問題についても、身延山久遠寺を中心とする受派と、池上本門寺を中心とする不受派の間に立ち、積極的に和融運動を行っていたことが知られるのである。

このように、熱烈な法華信仰を持する祖母に養育された自昌院が、祖母の手ほどきをうけて法華信仰を深めていったことは想像に難くなく、事実、広島国前寺に現存する自昌院四歳の手による「仮名書き一万遍題目」(6)の写経も、祖母寿福院に促されてのことであったと考えられるのである。

二　自昌院の法華信仰における環境

先述のとおり、自昌院の法華信仰の発端は、母天徳院（珠姫）逝去後に養育をうけた祖母寿福院の思想的な影響が強いと考えられる。

幼少の頃、亡き母にかわり養育に当たった寿福院が不受派の中心である池上本門寺十六世長遠院日樹に師事していることからも理解できるように、寿福院の法華信仰は不受不施の思想を享受したものであった。

ここで、不受不施義とは如何なる信仰形態であるかについて少しく述べてみたい。

「不受」とは文字通りに受けず、「不施」は施さずということである。「不受」はおおむね出家者の立場で、他宗の信者や未信者は謗法の人であるから、これらの人々からの供養や施物を受けない、という意思表明である。

次いで「不施」は在家信者の立場で、他宗の謗法の僧には布施や供養をしないという「止施」の表明である。謗法者への「不施」の態度は、自ずと「不受」の態度となる。謗法者を呵責し、さらに諸教団や未信者を折伏しながら、その者達から施物を受け取っていては、自らが謗法者となり、法華信仰の純潔は守れないのである。

さらに、法華宗門における「不受不施」の歴史に目を移したい。

この「不受不施」という考え方は、宗祖日蓮の「謗法禁断」という教義を根底に、法華正法を確立し、その思想の純潔性を遵守し、布教を行うための為行動規範である。このことは、教団内の「制法」として、為政者にも容認されている。事実、足利幕府は、明応元年（一四九二）以後、元亀三年（一五七二）にいたるまで、不受不施を公許しているのである。

しかし、安土桃山時代に入ると「不受不施」という考え方が大きく問題視されることとなる。

時の為政者である豊臣秀吉が、天正十四年（一五八六）五月より起工した京都東山大仏殿は、文禄四年（一五九五）に落成して「方広寺」と号し、同年九月より毎月、先祖供養のために八宗より千人の僧侶を集め、「千僧供養会」を厳修するとして、各宗に招請状が送られた。

この「千僧供養会」に出仕するか否かで宗門は二分化され、王侯除外の制をとり、教団存続の為に出仕を主張する本満寺日重を筆頭とした長老達と、宗義の純潔性を堅持する為に不出仕を主張する妙覚寺日奥は激しく対立することとなるが、この時は、長老方の意見がとおり、その大方が出仕を選んだ。これによって日奥は不受不施義を貫くため、住持していた妙覚寺を退出し流浪することとなる。

その後、慶長三年（一五九八）秀吉が没し、徳川家康が天下を治めることとなるが、慶長四年（一五九九）十一月二十日、家康は妙顕寺日紹・堺妙国寺日統と、妙覚寺前住日奥・本国寺前住日禛を大坂城に召喚し、大仏供養受不の問答を行わせている。いわゆる「大坂対論」である。

家康は、日奥が国主の行う法会に対し出仕することを拒み、供養を拒否したことを咎め、公命違背の罪として慶長六年（一六〇一）対馬への遠流を言い渡した。日奥は配流地においても自らの信仰を保ち、ついに慶長十七年（一六一二）に赦免、帰京を果たしている。その後、妙覚寺に再住した日奥は、豊臣家滅亡と共に大仏供養も自然に沙汰止みとなった為、元和二年（一六一六）京都諸本山と和睦を結び、元和九年（一六二三）十月十三日には、不受不施公許の折紙を得ている。この公許によって宗門は「王侯除外制」をすて、正統不受不施義に立ち返ることとなった。

このように、法華宗門においては不受不施義が大きな問題として取り上げられる中、自昌院は元和五年（一六一九）十二月十五日に金沢で誕生する。

生母である珠姫（天徳院）が元和八年（一六二二）に逝去し、後に、祖母寿福院が寛永八年（一六三一）に逝去するまでの九年間には、寿福院の側で、不受不施の信仰をひもとかれていたであろうし、さらには不受派の僧侶を外護しながらも、身延山久遠寺を中心とする受派と、池上本門寺を中心とする不受派の間にたち、積極的に和融を進めていこうとする祖母の姿を目のあたりにしていたであろうことも想像に難くない。

ここで、自昌院が寿福院と暮らした九年間におこった不受不施義をめぐる宗門内の動向を『日蓮宗年表』によって確認してみたい。

元和八年（一六二二）
日奥、『禁断謗施論』一巻を著す。
元和九年（一六二三）十月十三日
幕府、先規によって不受不施公許状を法華宗に下す。
同年
日乾、折紙を破らん為上京す。
元和十年（一六二四）
日奥、『門流清濁決疑集』一巻を著す。
寛永二年（一六二五）六月二十七日
身延山二十六世日暹、不受訴状を寺社奉行に提出す。
寛永三年十月二十二日
二十六日まで将軍秀忠、崇源院大夫人菩提の為、増上寺に於て諸宗に命じて諷経せしむ。池上日樹・中山日賢等諷経して供施を受けず。
寛永五年（一六二八）
日遠、『不受記』一巻を著す。
寛永六年（一六二九）二月二十六日
身延山日暹、不受不施禁止を寺社奉行に訴う。
同年十一月十五日
身延山日暹、不受の処分を寺社奉行に直訴す。
寛永七年（一六三〇）二月二十一日
○この日巳午の刻、江戸場内酒井雅楽頭邸にち身延日暹等六人池上日樹等六人と不受不施論対決あり。
○身延日暹は池上日樹に対する一問状を奉行に出す。
同年二月二十三日
池上日樹一答状をもって十二ヶ条を挙げ、身延の誤を糺し一問一答を乞う。
同年三月十日
妙覚寺日奥寂六十六歳。
同年三月二十一日
池上日樹、再問状を寺社奉行に提出、身延これに応ぜず。

同年四月二日
幕府問答を決裁、日樹・日奥その他五人を流罪に処す。
同年同日
不受八聖、自著花押の本尊を認め決意を示す。
同年四月十五日
身延日暹、受不施義（王侯除外制）を以て弘通すべき旨を諸山に通達す、妙満寺乾龍日乘は別派の故に身延の指図に依らざる旨を回答す。
寛永八年（一六三一）二月二十六日
身延山日暹、不受の処分を寺社奉行に直訴す。
同年三月六日
前田利家の室寿福院夫人逝去六十歳、能登滝谷妙成寺に葬す法号、寿福院殿花岳日英大姉。
同年五月十九日
池上十六世・中村六世長遠院日樹、信州飯田郷田中八郎右衛門謫所にて寂五十八歳。なお、日樹は三十七歳にて池上入山、在住十二年。

このように見てくると、元和九年（一六二三）十月十三日、不受不施公許状をもって、不受不施義は幕府に容認されてはいるものの、受派の寂照院日乾は、直ちに、その公許を反古にするべく、上京していることが知られる。

また、翌年に寂照院日乾ならびに心性院日遠の推挙によって身延山久遠寺第二十六世に晋山した智見院日暹は、受派の代表として寛永六年（一六二九）二月二十六日、不受不施禁止を寺社奉行に訴え、さらに同年十一月十五日には寺社奉行に直訴に及んでいる。

こうした受派の執拗なまでの訴えに、ついに幕府は寛永七年（一六三〇）、受派と不受派による不受不施義の対論を行うように指示、同年二月二十一日、江戸城内において公場対決が行われた。いわゆる「身池対論」である。

受派である身延側の出席者は身延山久遠寺前住日乾・同日遠・当住日暹・藻原妙光寺日東・玉沢妙法華寺日遵・貞松蓮永寺日長の六名、不受派である池上側は池上本門寺日樹・中山法華経寺日賢・平賀本土寺日弘・小西檀林能化日領・碑文谷法華寺日進・中村檀林能化日充の六名である。

対論の焦点は国主の供養に対する受・不受の問題と、寺領を「供養」とするか「仁恩」とするかであったが、同年四月二日、幕府は法義論からではなく、先年家康が日奥を流罪に処しているということを先例として、不受不施義を再度禁じ、一度は赦免された日奥（同年三月十日寂）、ならびに日樹・日賢・日弘・日領・日進・日充を流罪に処し、「受不施派」を公認するのである。

日頃から受派と不受派の間にたち、両者の和を取り持とうと尽力してきた寿福院は、池上日樹等が流罪に処された四年後、寛永八年（一六三一）三月六日に六十年の生涯をとじる。

さらに、寿福院の信仰の導き手であった池上日樹も、寿福院の逝去から二ヶ月後の五月十九日、五十八歳でその生涯を閉じている。このとき自昌院は十三歳であった。

身池対論後の日樹の動向については、『日蓮宗事典』では、次のように述べられている。

> 脇坂淡路守安元にお預けの身となり、同年四月五日には江戸を発ち脇坂氏の領地信州飯田に向った。岡山県の法泉寺に残る過去帳には信州伊那の田中八郎左衛門宅に預けられたと記されているが、この人物については明らかではない。謫居に移って間もなく中風病となり、翌寛永八年五月一九日、五九歳で流地に示寂した。(7)

さらに『日蓮宗年表』には次のような記載が確認できる。

> この夏大乗院日達、池上日樹を信濃飯田の配所に慰問し、その後さらに病を看る、日達時に五三歳（本尊添書）(8)

これらの記述から、日樹は流罪後すぐに中風病を患い、同年夏には、慰問に訪れた大乗院日達が看病につくほどに衰弱していたことが知られる。

ところで、先述のように晩年の池上日樹を配流地である信州飯田まで慰問に訪れた大乗院日達とは、いかなる人物であるかについて『日蓮宗事典』にたずねると次のように解説されている。

> 日達（一五八六—一六六二）大乗院と号す。備前の生れ。師を聞法院日会といい、父を大雄院常清という。その不受僧としての足跡を見ると、寛永七年（一六三〇）の身池対論後流罪となった中山日賢・平賀日弘・小西日領・中村日充・碑文谷日進・池上日樹の諸師をそれぞれ遠江、横須賀、伊豆戸田、奥州相馬・岩城、信州上田・伊奈に慰問し、日達は各師より夫々曼荼羅本尊を授けられ、当時不受派の統師者として知られた日遵はその下に裾書して日達の行為を讃している。(9)

この記述から、日達は不受派の僧侶であり、寛永七年（一六三〇）の身池対論によって流罪に処された不受派六人の僧侶をそれぞれに慰問し、その志を称賛され、各師より曼荼羅本尊を授与されていることが知られる。

さらに、日達の事歴においては次のように解説されている。

> 取分けて日達の功績を称えるならば、数所の精舎を建立したことであろう。江戸三田大乗寺・飯倉一乗寺・青山梅嶺寺・目黒大教寺・佐渡妙輪寺など新寺九ヵ寺を建立、鎌倉薬王寺・泉州堺経王寺など古跡三ヵ寺を再興している。(10)

このように、日達は新寺九ヶ寺を建立し、さらに実質上の廃寺となっていた旧跡三ヶ寺を再興していることが知られる。

なかでも注目できる事歴としては、堺の経王寺復興についてである。『日蓮宗事典』には次のように解説がつづいている。

> 今はその具体例として経王寺をみるに、当寺は永享元年（一四二九）京都妙覚寺九世大聖院日延の草創であるが、いわゆる大坂夏の陣の際、山内残らず類火に遭い以後三五年間、日達の来る慶安二年（一六四九）まで退転に及

んだのである。そこで日達は「古跡の破壊見聞に忍ず加程の霊場滅絶せんことを難き」これが再興を安芸守の簾中、不受派の同情者として知られた自昌院に講うたのである。夫人はその願を入れ同五年経王寺は新寺の如くに再建され、これがために日達は経王寺九世中興となっているのである。(11)

このように日達は、大坂夏の陣で灰燼と化した経王寺を慶安二年（一六四九）再興することを発願し、安芸守の簾中、すなわち自昌院の協力のもとに、慶安五年（一六五二）経王寺は新寺の如くに再建されていることが知られるのである。

この記述により、寿福院の師であった池上日樹、先師の徳を偲び配流地まで慰問に訪れた不受僧の大乗院日達、そして、最後まで不受派の僧侶を外護し続けた寿福院、孫として祖母の信仰を継承している自昌院が、今まさに日達の懇請に従って経王寺を再興するという、関係性が浮き彫りになってくるのである。

さらに、『日蓮宗事典』には、日達と自昌院との通用について次のように解説されている。

さて日達と自昌院との通用は、安芸国前寺の場合にも見ることができる。自昌院は明暦二年（一六五六）二〇世日勝の時に国前寺を菩提所に定めるのであるが、日達は当寺の一八世を歴任しており、夫人が国前寺を菩提所に定めるに際しては、その前駆的役割を果しているといえよう。『国前寺記』には日達のことを「縁由あって当山の歴代に列ぬ之に依て任官の口宣並びに法財世具の寄附多し」と記しており、国前寺の末寺の中、一乗寺・大教寺・法雲寺・薬王寺などその多くは日達の開山もしくは日達に関係ある寺であり、同寺における日達の占める地位が如何に大きいかを物語っている。(12)

つまりこれらの記述によるならば、自昌院が日達の懇請に従って、経王寺を再興した慶安二年（一六四九）以前より、自昌院と日達は通用があるとして、浅野家の菩提所であった広島の国前寺の存在に注目しているのである。(13)

国前寺は、明暦二年（一六五六）二十世日勝代に浅野家の菩提所と定められているが、大乗院日達は「縁由あって当山の歴代に列ぬ」として、国前寺十八世となっていることが知られる。

このことは、自昌院が国前寺を菩提所として定める以前に、日達が何らかの働きをしていたことが確認できるのである。

三　浅野家入輿

さて、自昌院が浅野家へ入輿したのは、祖母寿福院が逝去した四年後、寛永十二年（一六三五）、自昌院十七歳の時のことである。『広島県政史』近世の部資料より自昌院の入輿に関する記述を抜粋するとつぎの通りである。

寛永十二年七月二十七日
　松平安芸守光晟へ大猷公ノ御養女縁組仰セ出サル
同年九月十二日
　御城ヨリ桜田屋鋪御入輿アリ　先達テ春日局来ル　供奉ハ　酒井雅楽頭忠世　土井大炊頭利勝　其外　高力摂津守忠房　並ニ御番衆等ナリ
　御輿ハ浅野因幡守長治　御貝桶ハ浅野甲斐忠長コレヲ請取ル
同十六日安芸守光晟登城
　大猷院様ヨリ御杯頂戴　御脇差貞宗　御刀二字国俊ヲ拝領ス同日御老中招請祝儀ノ饗応アリ
大猷院様御代ハ安芸守妻　毎年正月登城(14)

この記述から、寛永十二年（一六三五）七月二十七日、将軍家光は自昌院を養女として、広島藩主浅野光晟との縁組を命じたことが知られる。次いで同年九月十二日には、将軍家の姫として、江戸城より発輿、公儀より酒井雅楽頭、土井大炊頭、高力摂津守、春日局が付添い、大番頭の警固のもと、芸州浅野家の桜田屋敷（広島藩上屋敷）へ入輿したことが知られる。さらに、自昌院入輿より四日目にあたる十六日には、光晟が江戸城に登城し、将軍家光より、祝儀の饗応を受けていることが確認できるのである。

その後、自昌院は九人の子女をもうけている。一覧にすると次の通りである。

長子　綱晟　寛永十四年（一六三七）　広島藩第三代藩主
長女　市姫　寛永十六年（一六三九）　戸沢上総介正誠室
二女　亀姫　寛永十九年（一六四二）　仙石兵部少輔忠俊室
二男　長尚　寛永二十一年（一六四四）　三次へ養子、後に急逝
三男　鶴松　正保　二年（一六四五）　早逝
　　　不明　正保　三年（一六四六）　早逝・性別・名不詳
三女　女　　慶安　三年（一六五〇）　早逝・名不詳
四男　長照　承応　三年（一六五四）　三次藩第二代藩主
四女　久姫　明暦　二年（一六五六）　小笠原右近将監忠雄室

このように自昌院は、子宝にも恵まれて、寛永十二年（一六三五）七月二十七日に浅野家に輿入れして以降、元禄十三年（一七〇〇）七月二十七日に八十二歳の生涯を終えるまで、広島藩第二代藩主浅野光晟の正室として、江戸に住するのである。

四　自昌院の信行

さて、寛永十二年（一六三五）の浅野家入輿以降、自昌院の生涯における法華信仰の信行形態として、特筆すべきはその厖大な巻数におよぶ「写経」の存在である。

管見ではあるが、自昌院筆として現存する写経の所蔵寺院名をあげると次の通りである。

（一）広島・国前寺
（二）三次・妙栄寺
（三）広島・日通寺
（四）広島・国泰寺
（五）東京・妙円寺
（六）東京・本妙寺

以下、これらの六ヵ寺の沿革と共に、現存する自昌院写経について確認してみたい。

（一）広島・国前寺

文政五年（一八二二）に編集された広島藩の地誌『知新集』巻ノ十六によれば、国前寺の沿革については次のように記載されている。

自昌山龍華樹院國前寺安藝郡廣島新開尾長村にあり、法華宗一本寺にて甲斐國身延山久遠寺触下なり、開山日像上人ハ日蓮聖人の直弟九老僧のうちにて暦応三年庚申三年草創なり（略）明暦二年丙申玄徳院殿自昌院殿御二方のおほしめしによって御菩提所に仰付られ御寺領貳百石御寄附あり、本堂ハ自昌院殿御建立なされ、番神堂客殿庫裡二王門なと玄徳院殿御建立にて、此時暁忍寺を改めはしめて國前寺と号す[15]

すなわち、国前寺は明暦三年（一六五七）に、浅野家の菩提所となり、それにあわせて、自昌院が本堂を寄進、浅野光晟が番神堂、客殿、庫裡二王門等を寄進している。その後の国前寺史を同書に確認してみたい。

廿二代日憲時江戸谷中感応寺日進悲田不受不施異流を企争論に及ひけるに、元禄四年辛未公の御裁許あり悲田不受不施御停止仰付られ、同時諸國無本寺の類受不施に定り、小笠原佐渡守戸田能登守本田紀伊守殿上意仰わたされ、甲斐国身延山久遠寺を天下一統受不施の本寺惣本寺に仰付られ、無本寺の類以来身延支配下になり後住なとも永々同寺より申つくへきよしおきてらる、されハ當寺もその時より身延支配下となり代々同寺弟子にて住職することとなりぬ[16]

このように、寛文六年（一六六六）に不受不施（恩田派）が停止された後も、かろうじて存続していた悲田不受不施派も、元禄四年（一六九一）の裁許によって遂に停止が命じられ、国前寺も受派となり、ついに身延山久遠寺末となる。

さらに、『知新集』の記述によれば、元禄五年（一六九二）十一月七日には自昌院の意向として、菩提所としての寺格、並びに寺領を召し上げる旨を申し渡されている。

その事由においては、『知新集』に付箋書きとして次のような記載が見られる。

此時國前寺ハ受不施ニ相成候處、自昌院様ニハ天台宗ニ御改宗被遊候付、國前寺暫時天台宗ニ相成候様仰付候處、其義違背仕候付御菩提所格御取上也[17]

すなわち、自昌院は元禄四年（一六九一）には、すでに自らの信仰を天台宗に改宗しており、菩提所国前寺にも自身と同様に天台宗へと改宗をするようにすすめているのである。

これら、一見すると法華信仰に違背したともみえる自昌院の行動の裏には、幕府の命令通り受派に転向した場合には、国前寺の住職は身延山から派遣される僧と交代するという条件に従わなければならない為、在山の僧侶たちを守るための命令であったとも考えられる。この時、表向きは天台宗として存続し、機をみて、法華に戻すという考えがあったであろうことは、自昌院晩年の遺言にも明らかであるが、このことについては後述する。

さて、国前寺に現存する自昌院写経は、以下の七種である。

①仮名書壱万遍題目　一巻
　寺伝によれば、自昌院四歳の書写とされる[18]
②細字法華経　一巻
　表紙見返しと本紙の継目に生知院日述の署名花押あり[19]
③妙法蓮華経　八巻　寛文四年五月廿七日
　寛文四年生知院日述開眼[20]
④妙法蓮華経　八巻　寛文八年七月十二日
　寛文九年安国院日講開眼[21]
⑤妙法蓮華経　八巻　奥付署名なし[22]
⑥妙経普門品　一帖
　桐箱蓋裏に「開眼日眼」とあり、国前寺第二十三代世勇院日眼と比定される。日眼は元禄十四年三月六日寂。元禄五年の菩提所返上までの間に開眼したと推定される。国泰寺より寄贈[23]
⑦法華経要品　一巻　元禄第八年初冬[24]

以上、全七種の自昌院写経が国前寺に現存する。前掲の自昌院筆写経においては自昌山国前寺様の全面協力のもと写真撮影を行った[25]。その図版は巻末に掲載するため、参照いただきたい。

（二）三次・妙栄寺

広島県三次市の寿正山妙栄寺は、寺伝によれば慶安三年（一六五〇）三月二十八日の創立で、開山は善学院日高、開基檀越は三次藩初代藩主浅野長治の生母、寿正院殿妙栄日信尊尼である。

なお、三次藩初代藩主浅野長治は、広島藩主浅野光晟の異母兄である。広島藩主浅野長晟と寿正院との間に、嫡男として長治は誕生するが、父長晟は後に徳川家康の娘である振姫を正室として迎え、弟光晟が誕生する。そのため長治は次男扱いとなり、光晟が広島藩を継いだ時に、三次五万石を分知され、初代三次藩主となった。

慶安三年（一六五〇）三月二十八日、浅野長治三十七歳の時、当時京都に住していた寿正院へ使者を派遣し「於三吉御母堂ノタメ日蓮宗寺院建立ヲ善学院日高へ仰セ付ケ寿正山妙永寺トス」として、生母寿正院に寺院建立の発願を知らせている。

また、自昌院にとって長治は夫である光晟の実兄であり、分家支藩の藩主である。さらには、自らの生母寿正院の為に日蓮宗寺院を建立するという志を信仰の面からも深く理解を示し、支援している。これらのことを物語るように、妙栄寺には自昌院筆の写経や、仏具、三十番神像等が奉納されている。

　さて、妙栄寺においては自昌院筆写経として、紺紙金泥法華経一部八巻が現存し宝物殿に格護されている。

　本写経は、承応三年（一六五四）五月二十八日の書写、自昌院三十六歳の筆である。自昌院の識語につづいて、某氏による跋文が存在するようであるが、写真資料が不明瞭であることと、全文掲載ではないため、願文の内容については不明である。(26)

（三）広島・日通寺

　日通寺の開創については、前述の『知新集』巻ノ十五によれば、次のような記載がみられる。

（前略）寛文三年癸丑天心院殿尊骸この山中に斂らせ給ひ、そのころ國前寺御菩提所なりければ同年より二十年の間同寺持分にて番僧つけおかれしを、不受不施争論の事起り、元禄四年辛未不受不施御停止仰付られ、同五年壬申國前寺領召上られ天台に御改宗されたき思召のところ御城下に御菩提所になさるへき天台寺なく、かの加茂郡の阿彌陀寺（中略）大破に及ひ本堂の形はかり残りたるをこの地へ御引移、自昌院殿の御法名と天心院殿の御謚の二つをとりて英心山日通寺と御改あり、國前寺にましく〳〵ける天心院殿御位牌も浄心院殿清涼院殿の御廟も當山へ御引なされ、同年より八年の間天台宗にて、松榮寺護持あり、新山了哲といふ番僧をつけおかる、同年十月十七日江戸隠田御書院の仏像大橋九右衛門支配にて御越あり、松榮寺玉勝院うけとり新山御藏へ納めおかる(27)


　すでに、国前寺の項でも確認しているが、自昌院は元禄四年（一六九一）自ら天台宗に転宗し、同じく菩提所国前寺にも天台宗に改宗するべき旨を伝えたが従わなかったため、元禄五年（一六九二）国前寺は寺格及び寺領を没収されている。

　その後自昌院は、天心院（自昌院長男・広島藩第三代藩主綱晟）の廟所がある新山の地へ、当時住僧もおらず、大破していた加茂郡の阿弥陀寺を引き移し、英心山日通寺と号し、浅野家の菩提所としている。

　また、国前寺の処置と平行して、元禄五年（一六九二）十月十七日には自昌院が江戸で住していた隠田屋敷の書院の仏像が、広島に到着している記述が確認されるが、実際には元禄七年（一六九四）までの間には、江戸隠田屋敷の大書院・内仏堂・観音堂・鐘楼までもが船積みされ、広島新山の地へと届けられている。これによって日通寺は元禄八年（一六九五）に、伽藍を整え完成している。

　なお、日通寺は、自昌院の遺言によって、元禄十二年（一六九九）には、江戸丸山本妙寺の仲介のもと、越後本成寺（法華宗陣門流）の末寺として法華宗に改宗する。(28)

　さて、日通寺における自昌院筆写経については現在一説には四十二巻が現存するという。未見ではあるが、中には開眼主として大乗院日達（正保二年筆）、平賀本土寺生知院日述（明暦三年筆）、玉造檀林化主明静院日浣（寛文四年筆）の名がみえるという。(29)

　さらに、『知新集』巻ノ十五の記録によれば、自昌院筆の奉納写経は次のごとく、確認されている。ここに、書名のみ書き出してみると、次の通りである。

御寶物并御寄附御納諸品(30)

番神宮ニ有之部
一妙法華経　一部八巻（山王大権現奉納経）
一妙法華経　一部八巻（番神宮奉納経）
一妙法華経　一部八巻 内 自昌院様　御筆二部

観音堂有之部
一文段経　全部拾巻
一大乗妙法蓮華経　全部七巻
一普門品　三拾三巻　内　七観音七品組折本
十一品折本

巻本拾五巻

一御臨終経　一部八巻
一妙経　一部八巻

五部之法華経　法之分長持
一薩曇分陀利経　一巻
一佛説法華三昧経　一巻
一妙法華経　一部八巻
一正法華経　拾巻
一添品法華経　八巻

報之分長持
一佛説法華三昧経　壹巻
一薩曇分陀利経　壹巻
一正法華経　拾巻
一添品法華経　八巻
一妙法華経　拾巻

應之分長持
一佛説法華三昧経　一巻
一薩曇分陀利経　一巻
一正法華経　拾巻
一妙法華経　八巻
一添品法華経　八巻
一妙法華経　全部八巻
一妙経要品　一巻
一妙経一部　一巻
一普門品
一妙経提婆勧持　倶一巻

このように日通寺では寛政十二年（一八〇〇）当時、自昌院筆の奉納写経は全一九一巻所蔵されていたことが知られる。この一九一巻の中に現存分が含まれているどうかは不明であるが厖大な奉納写経があったことが知られるのである。

（四）広島・国泰寺

国泰寺は鳳来山国泰寺と称し、曹洞宗の寺院である。本尊は聖観音で、開創は文禄三年（一五九四）、開基は安国寺恵瓊である。『日本名利大辞典』の記述によれば、次のようである。

文禄元年の豊臣秀吉朝鮮出兵に従軍した恵瓊は、朝鮮木をもちかえり、白神社の東隣に当寺を創建する。初めは新安国寺と号した。住持であった恵瓊が慶長五年（一六〇〇）の関ヶ原合戦後に処刑されると、新広島城主の福島正則は実弟で尾張雲興寺住持であった普照を当寺に入れ、寺号も豊臣秀吉の諡に因んで国泰寺に改め、普照を開山とした。宗旨も臨済宗から曹洞宗に変わった。（中略）寛永六年（一六二九）に本山永平寺から僧録に任命され、次いで広島城下五か寺の筆頭となった。[31]

このように、国泰寺は、安国寺恵瓊開基の後、福島正則の弟が住持を勤め、福島家改易の後は、浅野家の菩提所となり、城下五か寺の筆頭になっていることが知られる。

浅野家と国泰寺の関係に注目すると、国泰寺の寺域には広島藩初代浅野長晟以下一族の墓がおかれていたが、昭和二十三年に神田山墓地（日通寺の裏手、新山地区）の浅野家墓地に改葬されていることが知られる。

さて、国泰寺における自昌院筆写経は、一説には九巻であると指摘されている。[32]すでに、国前寺の項でも紹介しているが、⑥妙経普門品一帖が国泰寺から国前寺に寄贈された自昌院筆写経である。その一帖を足すと全十巻になることから、同様の折本であるならば、おそらく妙法蓮華経開結全十巻の写経と推定される。国前寺寄贈分一帖の箱裏に開眼主として「日眼」の名が見えることから、国前寺第二十三世の世勇院日眼と比定され、おそらくは、元禄五年の国前寺菩提所召上げ以前の書写にかかると考えられる。

(五) 東京・妙円寺

妙円寺は、蓮光山と号し、寛永四年（一六二七）の創立である。開山は円成院日光、もとは四谷千日谷にあり、宝永三年（一七〇六）第七世立正院日寛の代に境内地が狭く、湿地であったため、隠田村の百姓清水又兵衛の寄進を受け、隠田村（現在の渋谷区神宮前）に移転している。この隠田村には自昌院が晩年居住した通称隠田屋敷すなわち、松平安芸守抱屋敷がある。『新修渋谷区史』[33]の記述によれば、この隠田屋敷に隣接して、熊野権現社があり、自昌院は万治二年（一六五九）に法華経八巻を写経し寄進しているという。また寛文元年（一六六一）六月一日には、熊野権現社を自昌院が再建していることが知られる。

一説によれば当時、妙円寺が熊野権現社の別当であったこと、さらに、自昌院の祈祷所であった関係から、自昌院筆写経が同寺に奉納されたとしている。

(六) 東京・本妙寺

本妙寺は徳栄山本妙寺と号し、法華宗陣門流の寺院である。その沿革は、はじめ智存院日慶という僧が駿河に開創、天正十八年（一五九〇）江戸に引寺、移転を重ね本郷丸山に移った。明暦三年（一六五七）の大火、いわゆる振り袖火事の火元と伝えられている。

本妙寺は越後本成寺（法華宗陣門流の本山）の関東における本成寺末寺の筆頭、さらには勝劣派の触頭であり、江戸における浅野家の菩提所でもある。

なお、自昌院が自らの菩提寺とした天台宗日通寺は、元禄十二年（一六九九）本妙寺を通して、本山本成寺の末寺となっている。

さて、本妙寺に現存する自昌院筆写経は、文政九年（一八二六）に編纂されている『御府内備考続編巻之百三十一』[34]に収録される本妙寺書上には、二種の写経の存在が次のように記載されている。

○什物
一法華経　一部　十巻一箱
　天和元年辛酉暦十月十三日自昌院英心日妙謹写之
　奥書云
　　此開結共十巻之法華経者藝州大御前自昌院殿書
　　寫御納當山矣
　右大御前書
　　大猷院殿家光公御養女實菅原氏加州小松中納言
　　利家公御息女也法号自昌院英心日妙大姉元禄
　　拾三年庚辰七月廿七日入寂
　右當山靈寶弥以永々可為什物也
　　　　江府本郷丸山
　　　　　徳榮山本妙寺惣持院
寶暦十三年癸未年七月廿七日　十七世　日叡　在判
一同　一部折本七巻一箱
八月十五日
奥書云
　此法華経七巻藝州大御前自昌院殿御真蹟當
　山江二部御納之内也　右御前者
　大猷院殿家光公御養君實菅原氏小松中納言利
　家公御息女也法名号自昌院殿英心日妙大姉元録
　十三庚辰天七月廿七日寂
右有来當山靈寶弥以永々可為什物也
　　　　江府本郷丸山
　　　　　徳榮山本妙寺惣持院
寶暦十三年癸未年七月廿七日　十七世　日叡　在判

すなわち、文政九年（一八二六）の時点では、天和元年十月十三日書写の法華経十巻（巻子本）と同年八月十三日書写の法華経七巻（折本）の二種の写経が存在していたことが知られる。巻子本の調巻は法華経八巻に開結二巻とした全十巻本で、もう一種である折本の法華経七巻とは、調巻から考えると、添品法華経かもしくは七巻調巻の妙法蓮華経のどちらかであると考えられるが、未見のため不明である。

五　自昌院の遺書

元禄七年（一六九四）、自昌院は遺書を残している。[35] これは逝去六年前、自昌院七十五歳の時にあたる。遺書を託した相手は、自昌院の嫡孫、広島藩第四代藩主浅野綱長である。すでに前年には、夫である浅野光晟も逝去し、自昌院にとっては、新たに菩提所とした日通寺の完成が、自分に残された最後の勤めであると感じていたようである。

以下、自昌院の遺書の全文をここに紹介したい。

遺書之事

我聞し事有り、法華経は三世諸仏の出世の本懐一切衆生成仏の直道也、是を讃る者は福を安明に積み、是を謗る者は罪を無間に開くと云へり、我宿習の幸にや若年の昔より老年の今に至るまで法華経を受持し読誦し書写すること怠り無し、其上僧を養ひ学文修練の功を遂さしむる事年久し、是等の積善の余慶は遠く子孫の末までも幸あらんかし、世間の宝は現在一旦の栄花にして会終の後は益なし、仏法の善根功徳は現世には息災延命の所以となり後世には生々世々の楽み尽くる事なし、然者子孫の末々迄も法華清浄の信心を忘給べからず、されば世間仏法共に時々の興廃は世常なり、祖師清浄の法水濁り潔白の法義時にあはず成ぬ我此時悲といえども為方なし、上意違背の旨をおそれ家の為子孫の為を思ふが故に天台宗の名をかること是内心の信心清浄に修行せんが為なり、併我本意にあらず、乞願は子孫の末の世にても法水清浄の法義御赦免の時節到来候て早速に我来りし日蓮宗に立帰り英心山日通寺を本化弘道の靈地なり給へるにおいては何よりの孝行と満足は限りあるまじ、是我大願にて候也、扨又我臨終の後は、所は新山英心山日通寺に葬り少の人数にても扶持し置し出家有合にて執行し、他所の僧相交ゆべからず、以後の法事は時のよろしきにしたがい給うべし、後々永々までも小僧の一人にても取立法水の清く終すして寺院の相続を願う所にして他事なし、併に申す我方に養ひ置出家共他へ分散せざる様に哀情をなし給べし、右の意趣によって遺し置処の一筆如斯

元禄七甲戌年
卯月十五日
自昌院日妙
安芸守殿

以上が自昌院の遺書の全文である。

「我聞きし事有り」から始まる本文は、その一文においても、積年の思いが込められている。

自らの法華信仰を統括するのみではなく、法華経の功徳を明らかにし、子々孫々にいたるまで、法華清浄の信仰を保つことを勧奨している。

また、世間も仏法も興廃することは世の常であるとしながらも、清浄な仏法が時勢に合わないが為に、種々の弾圧を受けたことに対し、非常に悲しみを覚えたとしている。

自昌院の生涯を顧みると、法義を守るために幕府と宗門の間に立ち、さらには、宗門内においても、恩田派と悲田派の和融に尽力してきたことが理解できる。その並々ならぬ努力も功をなさず、不受不施はついに禁制となり、これ以上、幕府の沙汰に意見するならば、上意に違背したとして、広島藩も、また、実家である加賀藩までも改易の危機にさらされてしまう可能性がある。自昌院も自らの信仰を改めるしか方法はなくなっていた。

振り返ってみると、自昌院の祖母、寿福院も自昌院自身も熱烈な不受不施信仰を享受し、大坂対論の時は寿福院が、身池対論の時は自昌院が、幕府と宗門

との和融に積極的に尽力している。この二人の信仰を取り上げるかのように行われた不受不施派の弾圧に対し、自昌院は如何なる行動に出るのか、幕府は自昌院の動向を厳しく監視していたのではないかと推察される。

　そのように考えるとき、「自昌院は日蓮宗の信仰を捨てた」と見せかけなければならず、意を尽くして建立した菩提所国前寺に対しても、今後、身延末の受派の寺院として存続させ、自らも受派に転じるという方策は残っておらず、また、自らも受派に転じることは納得いかなかったと考えられる。これによって、自昌院が国前寺に対して天台宗への改宗を迫ったことも理解できるのである。このときの心情を「我此時悲といえども、いたしかたなし」と、自らに言い聞かせるように述べている。

　そして今、自身が天台宗に改宗したことについては、あくまでも表面上のことで、自分の本意ではないと断言している。

　一つには先に述べたように、お家存続のため、一つには表面は天台宗に改宗したと見せかけても、自分の信仰は日蓮宗の不受不施の教えにあり、内心における清浄な信仰を保つための修行としてとらえていることが述べられている。宗祖日蓮の「王地に生たれば身をば随られたてまつるやうなりとも、心をば随られたてまつるべからず」という一文に随順する境地である。

　そして、遺書の内容は子孫への遺言にうつる。

　まずは、この先いつになったとしても、不受不施義の禁制が解かれた時には、現在天台宗である菩提寺英心山日通寺を、法を広めるための霊地として、速やかに日蓮宗に改宗してほしいとの願いである。これが自昌院最大の願いで、子孫がこれを果たしてくれるならば、これ以上の孝行はない、と述べている。

　さらに、遺言は自昌院が臨終した後のことに言及する。

　まず、自昌院は自らを日通寺に葬ってほしいということ、次いで、葬儀は少ない人数で構わないので、自分が支援してきた出家僧のみで行い、他所の僧侶を呼ぶことがないように、というものである。ただし、その後の法事については、その時々の時勢にあわせてお任せする、とも述べられている。また、日通寺においては、たとえ小僧一人であっても正しく清い教えを継承してもらい、日通寺の存続を願うのみである、としている。

　最後に、自昌院が気にかけていたことは、自らの私邸において庇護していた僧侶達の身の上である。他へ分散しないように哀れみをもって、庇護してあげてほしいとして遺言を締めくくっている。

　このように遺書全文をみると、遺言というよりも、神仏に対する起請文、もしくは願文のような印象をうける。真実の法義を守る為に一生を捧げた、強い信仰者の姿である。

　この遺言に答えるように、自昌院の嫡孫、広島藩第四代藩主浅野綱長は、元禄十二年（一六九九）天台宗であった日通寺を、法華宗へと改宗の手続きをはじめる。

　その詳細については、『知新集』巻ノ十五に、一連の経緯が、次のように記載されている。(36)

本成寺舊記曰、

末寺藝州日通寺之事

一元禄十二己卯五月役僧圓珠院出府　宿坊丸山本妙寺
右者先達而安藝守殿ゟ日通寺当時末寺ニ被成度旨被仰越候、此度公儀江被成御願候ニ付當寺ゟ茂役僧可差出由、圓珠院出府申候、
一同六月二日丸山本妙寺圓珠院道松平安藝守様江参上本妙寺口上委細申上ル、此節御役人明石吉太夫江対面申、日通寺之事拙者江被申付候、依之御役僧江近付ニ成置候而已後之事を可申合懔挨拶ニ候、
一同六月廿四日安藝守殿ゟ本妙寺江御使者、明後廿六日寺社御奉行松平志摩守殿江明石吉太夫を以日通寺之事申入候、其節彌本妙寺並圓珠院茂可被出由候、
一同六月廿五日明石吉太夫本妙寺江入来、
安藝守殿御願所可致内見由ニ候、其外申合之事有之候、
一同六月廿六日本妙寺圓珠院松平志摩守殿江参上、明石吉太夫待合一同ニ出ル、

口上覺

拙者領分藝州之内日通寺与申天台宗今度日蓮宗ニ相改申度旨祖母願申候、只今迄日光御門跡之御末寺ニ御座候故承合候所何之御構茂無御座候、越後國本成寺末寺ニ仕候而日蓮宗ニ仕度候、尤本成寺茂同心ニ御座候ハ、被仰付被下候様ニ奉願候、以上

六月廿六日　　松平安藝守

明石吉太夫口上ニ而申

藝州日通寺今度日蓮宗ニ相改越後本成寺末寺仕度奉願候、尤本成寺茂同心ニ付使僧差越申候、

圓珠院本妙寺口上

安藝守殿願之通本成寺寺蔵一同奉願候、依之役僧圓珠院差越申候、

志摩守殿寺社役取次ニ而
奥津左太夫

同留守居役挨拶ニ出ル
金子杢左衛門

志摩守御返答

被仰越候檀得其意候、同役中江承合追而可申入候、本成寺役僧本妙寺茂其趣可被心得候、

一同七月九日松平志摩守殿ニ而願之通藝州日通寺本成寺末寺ニ被仰付候、本妙寺圓珠院寺社御同役中江不残参上、

井上大和守殿ニ而　　取次寺社役 板倉文右衛門
戸田能登守殿ニ而　　同 古江善太夫
永井伊賀守殿ニ而　　同 稲冨次郎右衛門

このように日通寺における改宗手続きは、元禄十二年（一六九九）六月、江戸丸山本妙寺をとおして、越後本成寺末寺として、認めてもらうように、幕府寺社奉行松平志摩守へ申し出ている。その時の藩主綱長の口上覚には、先述のように日蓮宗に改宗することは祖母の願いであるとして、六月二十六日に申上し、七月九日には許可がおりている。

許可が下る異例の早さからみると、『知新集』に記されるように、日通寺開創の折には、「形だけの天台宗であることを本寺である東叡山寛永寺に領解をえていた」[37]という記述の証左ともなる。

かくして、自昌院は菩提寺日通寺が日蓮宗に改宗したと同時に、自らも帰宗をはたしている。もちろん自昌院の信仰は不受不施にあるのだが、ひとまず、日蓮宗に帰宗することで、まずは良しとしたと考えられる。元禄十二年（一六九九）七月九日、帰宗を果たした自昌院の命は、あと一年になっていた。

自昌院が病を発症したのは、翌元禄十三年（一七〇〇）七月十七日とされる。この頃にはすでに、自昌院は私邸である隠田屋敷からほど近い、青山下屋敷に居を移していたのであるが、遂に元禄十三年七月二十七日、孫、綱長以下に見守られ、八十二年の生涯を閉じる。

自昌院逝去に関する記述は、広島市立図書館に保管される浅野本家の家史『済美録』及び三次浅野家の家史『三次分家済美録』に詳細な記述が存する。

元禄十三年庚辰

（前略）

○八月四日

自昌院様先月十七日ゟ御病気ニ付為御見廻御使者德永彦右衛門任信御先手者頭被遣於仰付同六日御病気次第ニ被為重御大切之旨申来候付尚又為御見

廻御使者稲垣半七某被遣同七日晩発足仕同八日御病気御養生不被為叶先月
廿七日御逝去被遊候旨ニ而江戸ゟ御使者鵜殿平助某到着右ニ付

（中略）

九月三日近日於広島自昌院様御葬礼有之御遺骨八月九日江戸御発途九月五
日御国御着日通寺へ入らせらりしなり
同六日より於日通寺二夜三日之御法事有之(38)

このように、浅野本家及び三次藩の家史において自昌院の訃報が記されている。三次藩の記録では八月四日に自昌院逝去の一報が、江戸藩邸よりの使者、鵜殿平助によって届いている。

また、九月三日前後には、自昌院の葬儀が厳修されるとの連絡も入っている。自昌院の遺骨はこの記録によれば江戸を八月五日に出立し、九月五日に英心山日通寺に到着している事が知られる。

そして、元禄十三年（一七〇〇）九月六日より、二夜三日にわたって自昌院の葬礼が執行された。

寛永十二年（一六三五）七月二十七日に浅野家へ入輿してから、元禄十三年（一七〇〇）七月二十七日に逝去するまでの六十五年間、一度も足を踏み入れたことのない国許への帰国である。

日通寺の整備された伽藍は、もと、自昌院自身が居住し、昼夜精進し、勤行していた穏田屋敷の諸仏堂である。また、遺言に述べられるとおり、日通寺は天台宗から日蓮宗へとつつがなく改宗し、自らも帰宗をはたしている。

さらに、九月六日より、二夜三日に執行された葬礼の導師は、日通寺中興開基、真正院日崇である。『知新集』の記述によれば、もとは国前寺日台の弟子であったが、本成寺の法義を信じて江戸に出府して、本妙寺日養に師事し、同寺に逗留していたところ、元禄七年（一六九四）に住職仰せ付けられ、同年十二月二十日広島へ帰り、日通寺に入寺したという。

この記述によれば、日崇はもともと国前寺第二十一世日台の弟子で、不受不施僧であった事が知られる。日崇の師僧である日台については『國前寺本堂保存修理工事報告書』に、日台の署名のある二種の棟札が収録されている。棟札の写真も収録されているが、判読に不適であるため、ここでは翻刻を掲出する（図1・2）。

この二種の棟札によれば、日台は自らのことを次のように記している。

十一箇寺建立之沙門備前生産大乗院僧都日達弟子當山之末下之総州苅毛村
実相寺檀林之能化躰量院日台欽書焉(39)

つまり、日崇の師僧である日台は不受不施派の傑僧大乗院日達の弟子であることが明らかである。となれば、日崇は日達の孫弟子にあたる訳であるが、『知新集』によれば、その孫弟子が不受不施義を捨て、本成寺の教えを享受し、

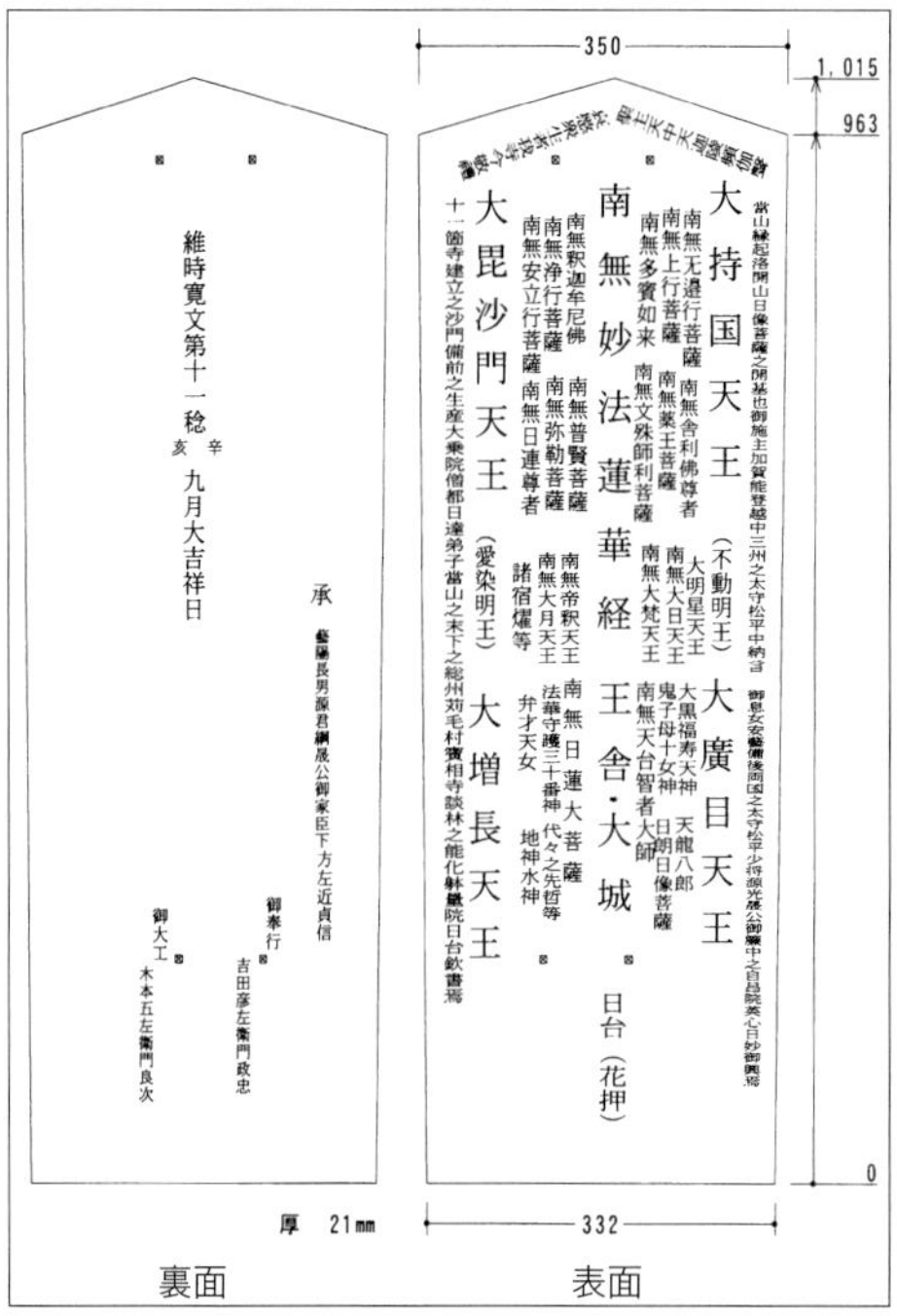

図1　國前寺本堂棟札

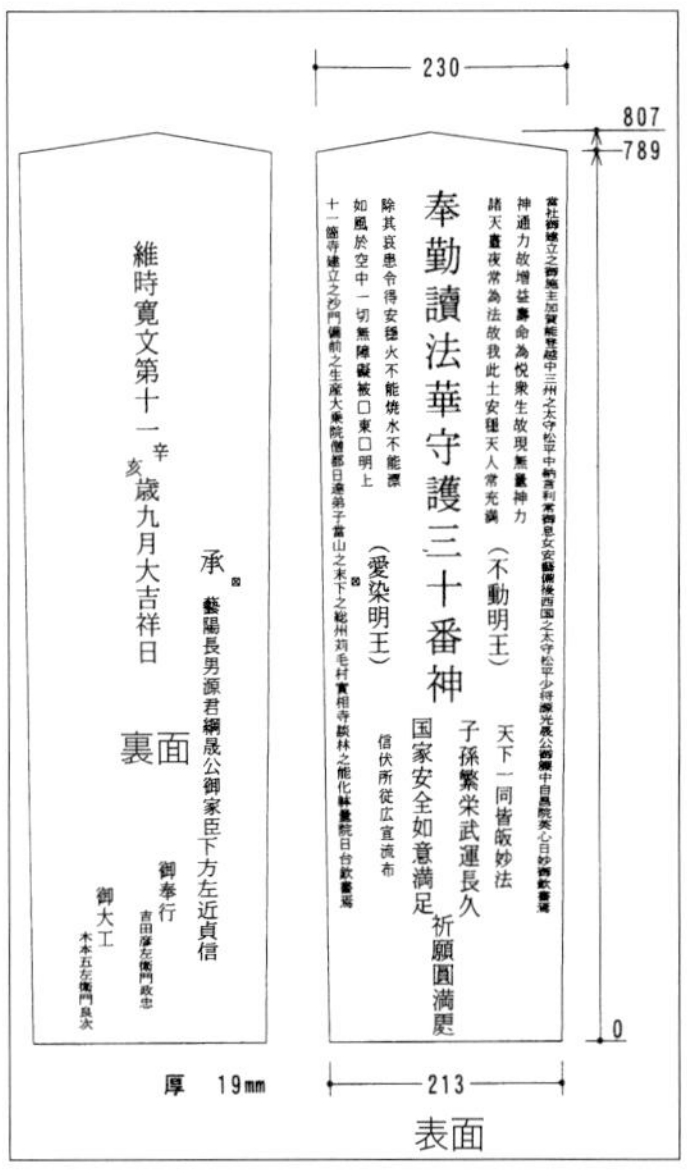

図2　番神堂棟札

江戸丸山本妙寺で修行していたところ、自昌院より日通寺の住職を仰せつかった、ということになる。

しかし、自昌院の今までの行状をみるに、この説は俄には信じがたい説である。何故ならば、菩提寺である国前寺の不受不施僧が、自ら不受不施義を捨て、同じ法華といえども教義の違う本成寺の教えに帰伏した僧侶を、晩年の力を全て注いだ日通寺の住職に任命する事などあり得ない話である。ましてや自らが師事していた大乗院日達の孫弟子ともあろうものが、不受不施義を捨てたとするならば、自昌院が日崇を登用することはあり得ない。

自昌院の信仰はあくまでも不受不施義にあり、遺言にもあるように自身が天台宗に改宗したことについては、あくまでも表面上のことで、家門存続のため、清浄な信仰を保つためであった。

この自昌院の本意を中心に仮説を立てるならば、元禄五年の寺格召し上げより以前に、不受不施義を受持する清僧として信頼のおける日崇を私邸である隠田屋敷にて庇護し、不受不施の弾圧から逃れさせ、さらには、時機をみて自昌院の江戸における祈祷所である丸山本妙寺に頼み、日養に師事させたと考えるのが妥当である。

さらに、元禄七年（一六九四）、日崇が住職を任命された時点での日通寺は、名ばかりとはいえ、天台宗である。

この時すでに、本妙寺に対しては、近い将来必ず、浅野家菩提所英心山日通寺を日蓮宗に改宗し本成寺末に加えるため、日崇を住職として迎えるために、本妙寺に預けたいとの密約があったと考えられるのである。

また、日崇に対しても、内心には不受不施義を保ちつつも、不受不施御禁制となった以上、表面にその信仰をあらわしてはならない旨と、たとえ、不受不施義を捨てて退転したと誹謗されようとも、内心の修行と思い精進することを、重々伝えていたのではないだろうか。自昌院と日崇、さらには穏田屋敷で庇護されていた僧侶達は、立場は違うけれども、正しい信仰を保ちつづけるという信仰の継承において、一致し、ある意味の内信者となっていたと考えられるのである。

さらに、自昌院遺書には、臨終時における葬儀では、自分が支援してきた出家僧のみで行い、他所の僧侶を呼ぶことがないようにとの記述がある。この言葉は、不受不施の信仰をもつ僧俗一致の願いであろう。そして、この願いは遺言にあるとおりに果たされている。

『顕妙公済美録』によれば、自昌院逝去の後、広島日通寺へは、遺骨と供に龍土屋敷及び隠田屋敷の住僧であった寂照院、知順、貞遠、残清、一音、長運、英元、恵順院の八人が同道している事が確認できる。[40] さらに日通寺住職日崇は、この八人と共に自昌院の葬礼を奉行している。まさしく、自昌院の遺言の通り、自昌院が庇護してきた僧侶のみで行われた葬礼であった。

また、遺書の最後には「後々永々までも小僧の一人にても取立法水の清く終すして寺院の相続を願う所にして他事なし、併に申す我方に養ひ置出家共他へ分散せざる様に哀情をなし給べし」という文言がある。この遺言においても、願いは叶えられている。

元禄十三年（一七〇〇）八月九日、自昌院の遺骨に同道し、同年九月九日に広島日通寺に到着した八名の僧侶は、自昌院の四十九日法要を厳修した五日後、広島を出立し江戸への帰路についている。そして、江戸では十一月三日をもって、自昌院付きの奉公人たちは任を解かれ、それぞれ転役するのであるが、この頃、自昌院が庇護していた僧侶達も、御屋敷からの暇を申し渡されている。暇と言っても、所払い的なものではなく、それぞれの身が立ちゆくように、藩主綱長からは、一樹院、寂照院の二人には金百両十人扶持、その他出家九人にも相応の金子が下賜されている。[41] このことからも、住僧達に対する温情が感じられるのである。

そして、元禄十三年十一月十八日には龍土屋敷持仏堂に安置されていた天心公（自昌院の嫡男）の位牌は丸山本妙寺へ、その他の位牌は日通寺へ移送し、同月二十六日には、ついに龍土屋敷からすべての住僧が引き上げている。

こうして、自昌院庇護の僧侶達は、自昌院の庇護によって守られてきた龍土屋敷（もと、青山梅嶺寺）を後にするのである。

このように見てくると、一見、自昌院の遺言に記される「我方に養ひ置出家共他へ分散せざる様に哀情をなし給べし」という言葉に違背しているかのような印象を受けがちであるが、実際はそうではない。『顕妙公済美録』元禄十四年（一七〇一）八月一日の記述では、もと龍土屋敷の住僧であった「知順」、「長雲」、「英雄」の三名が自昌院一周忌のために日通寺へ到着したことが知られる。この事を踏まえて、自昌院の菩提寺となった日通寺歴代譜に目を移すと、興味深い記述がある。

一当時歴代

中興開基日崇　眞正院　所化名存達
住職入院年月前にいへるか如し、寶永六年己丑八月十二日隠居享保十四年己酉正月六日遷化

一世日圓　寂照院
自昌院殿御帰依の老僧にて江戸隠田御屋敷に置れしかその後當寺に居住す、その跡今に寂照院寮跡と申し傳、歴代の僧にハあらねと位牌墓所の類すへて歴代とおなし事にいにしへよりとりあつかふ、

二世日乗　勸照院　所化名初知順後勸全
日崇弟子なり、寶永六年己丑住職仰付られ享保十九年甲寅三月八日遷化、

三世日全　本法院　所化名長運
日崇弟子なり、三澤檀林勧学玄講第五代目なり、住職ハいまた仰付られさりしかゆゑありて歴代に加ふ、享保十八年癸丑二月四日遷化(42)

『知新集』の記述によれば、歴代譜は十一世まで記載が確認されるが、ここには第三世までを掲出した。

ここで注目できる歴代として、一世寂照院日圓の存在があげられる。『知新集』の記述には自昌院帰依の老僧で、隠田屋敷に居住していた旨が記されている。この寂照院こそ、自昌院逝去の後、その遺骨とともに日通寺に同道した「寂照院」本人である。

また、日通寺第二世勧照院日乗は、所化名を「知順」といい、第三世本法院日全は所化名を「長運」という。この二人もまた、寂照院同様に、自昌院逝去時には抱屋敷住僧であり、『顕妙公済美録』に自昌院遺骨の同道者としてその名を確認することができる。

すなわち、自昌院の四十九日法要の後、寂照院、知順、長運は一度江戸に戻り、知順と長運は自昌院一周忌を迎えるに当たって、再び広島へ向かい、その後の経緯は不明であるが、それぞれ日通寺の歴代となっている事が確認できるのである。

また、「知順」と「長運」は、自昌院の葬礼時の導師日崇の弟子であることが『知新集』の記述から知られるが、没年からすれば日崇と同年代の僧侶として考えられる。日崇を師匠とするには少し年齢が近すぎる。あくまで推論ではあるが、この二人が日崇の弟子となったのは、自昌院自身から、自昌院逝去後には江戸からはなれて、広島の日通寺において法義を守っていく旨を言い含められ、日通寺住職となった日崇の弟子に、あらかじめなっていたとも考えられる。

つまり、自昌院自身、自分がこの世を去ったときに、今まで庇護してきた僧侶達が行く先を失い、清浄な法義を捨ててしまうことにならないように、抱屋敷内の僧侶達に常々言い含めていたと考えられるのである。さらには、孫であり広島藩主である綱長にも、自昌院遺書の記述同様に、抱屋敷内の僧侶に温情をかけてほしいと、伝えていたであろうことは、想像に難くない。

これらのことを鑑みるに、「我方に養ひ置出家共他へ分散せざる様に哀情をなし給べし」の遺言が、自昌院逝去後、確かに果たされていることが確認できるのである。

このように見てくると、自昌院の生涯は大名家の奥方としての役目を果たすのみでなく、正法を護持し、未来へ継承するという大義をもった人生であったと言えよう。また、仏法僧の三宝を深く敬い、自身にできる限りの信行をおこなった人物であることが理解できる。

自昌院の願いは、浅野家が子々孫々までも隆盛であることももちろんであるが、正しく清い法義が守られ、その信仰を享受することによって一切衆生が成仏する事を、自身の願いとしていたことが理解できるのである。

六　鬼子母神堂建立の背景

すでに述べたように鬼子母神堂の建立は、本殿小屋組の墨書によって、寛文四年（一六六四）の建立であることが明らかである。

では、いかなる理由によって、鬼子母神堂は自昌院によって寄進されるにいたったのか、まず、鬼子母神堂建立について言及している文献資料により確認してみたい。

鬼子母神堂に関する記述が見られる文献資料は、いずれも江戸中期以降の文献で、『若葉の梢』、『櫨楓』、『江戸名所図会』、『新編武蔵風土記稿』等が存在する。中でも鬼子母神堂に関する記述が多数みられる資料として『若葉の梢』、『櫨楓』の二書に注目することができる。(43)

まず、『若葉の梢』は寛政年間（一七八九～一八〇一）に、金子尚徳が高田馬場、雑司ヶ谷、池袋界隈の寺社仏閣における旧跡や故事、さらには縁起と実態を書き記したものである。

次いで『櫨楓』は、筆者不明であるが、文中に天保年間の末頃、名主戸張苗堅が編述との記述がある。雑司ヶ谷を中心とした地域の寺社二十七箇所の記述がある。文中には前掲の『若葉の梢』による記事が多数引用されているが、その記述の他、当時の見聞記録や著者の見解などが示されている。

ここでは、この代表的な二書によって、鬼子母神堂建立にかかわる情報の整理と検討を加えたい。

まず、建立年代においては『若葉の梢』には次のように記されている。

里人互に心を合せ棘を刈、土を運びて、天正六年戊寅四月十日、始て斧を下し、同五月朔日に経営成就せり。寛文六年の春に至て加能越の太守菅原黄門の御息女、安藝の太守源某の夫人（御法号自昌院英心日妙大姉）天下安全・子孫繁栄の御祈願として、新に宝殿を造立し給へり。（今の本社是也）云々(44)

この記述によれば、天正六年（一五七八）四月十日より、近郊の里人達が鬼子母神を祀る為の祠を建て、同年五月一日に尊像をお迎えした、ということが

①天正六年（一五七八）棟札

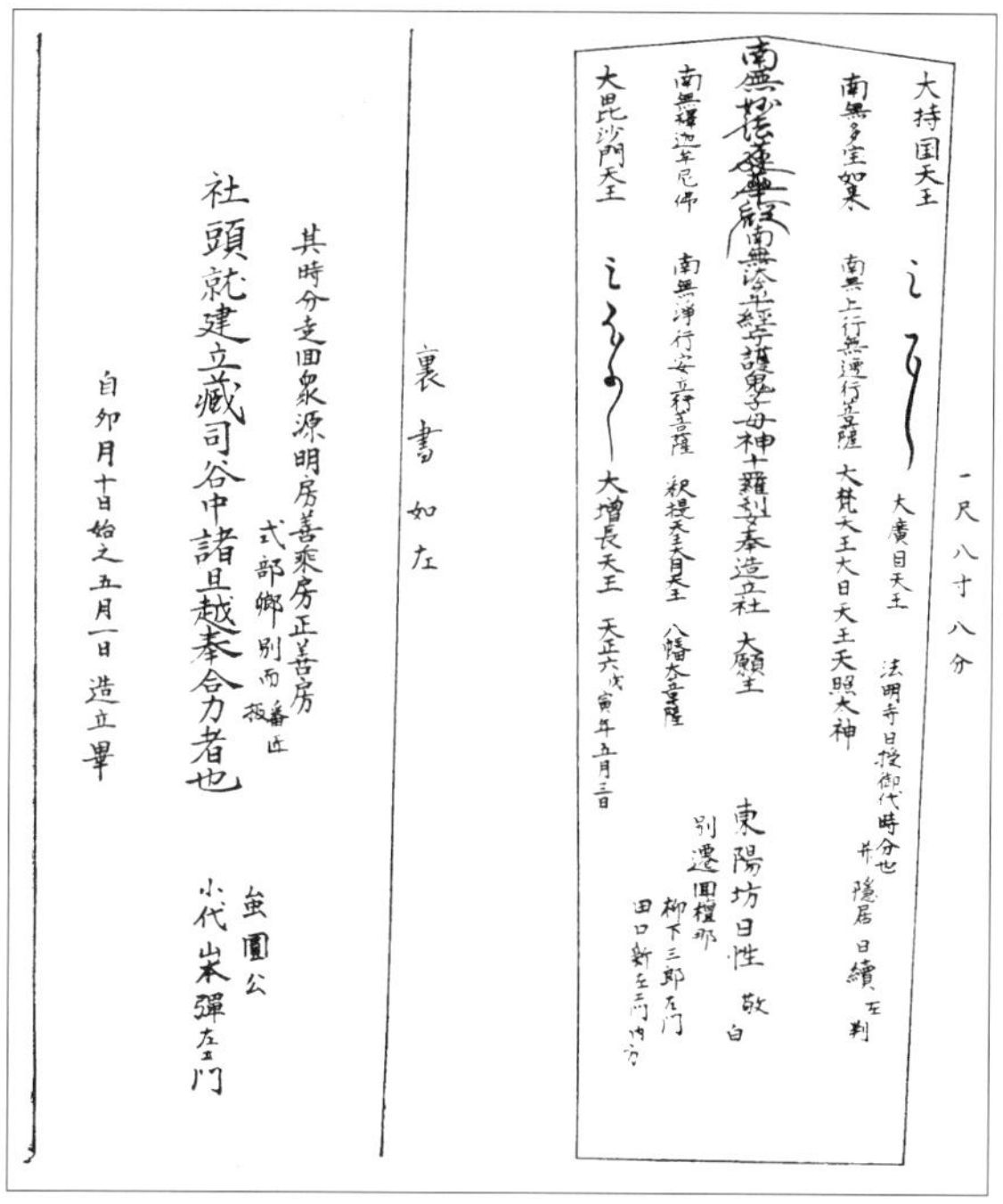

②寛永三年（一六二六）棟札

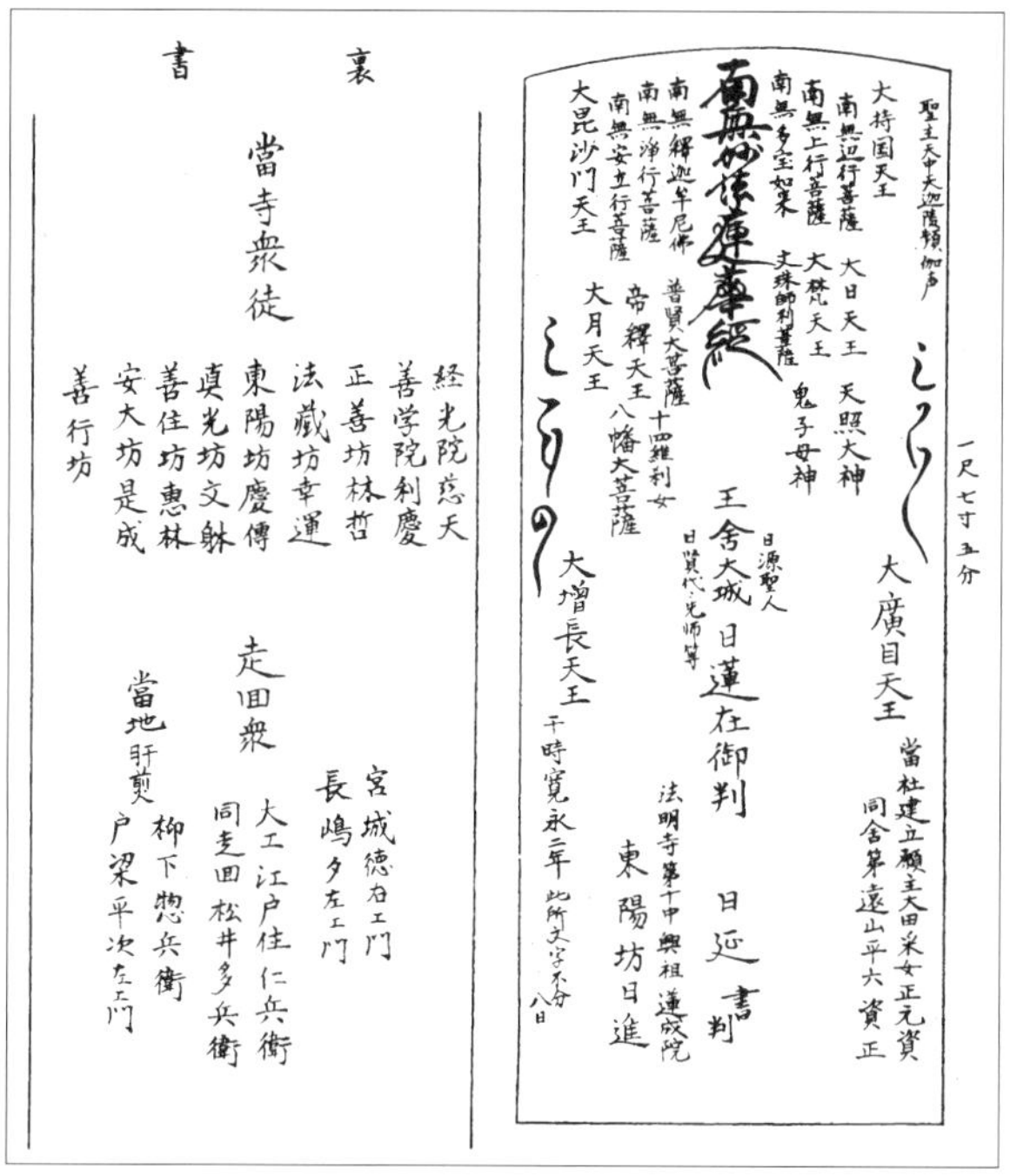

③正徳（保）三年（一六四六）棟札

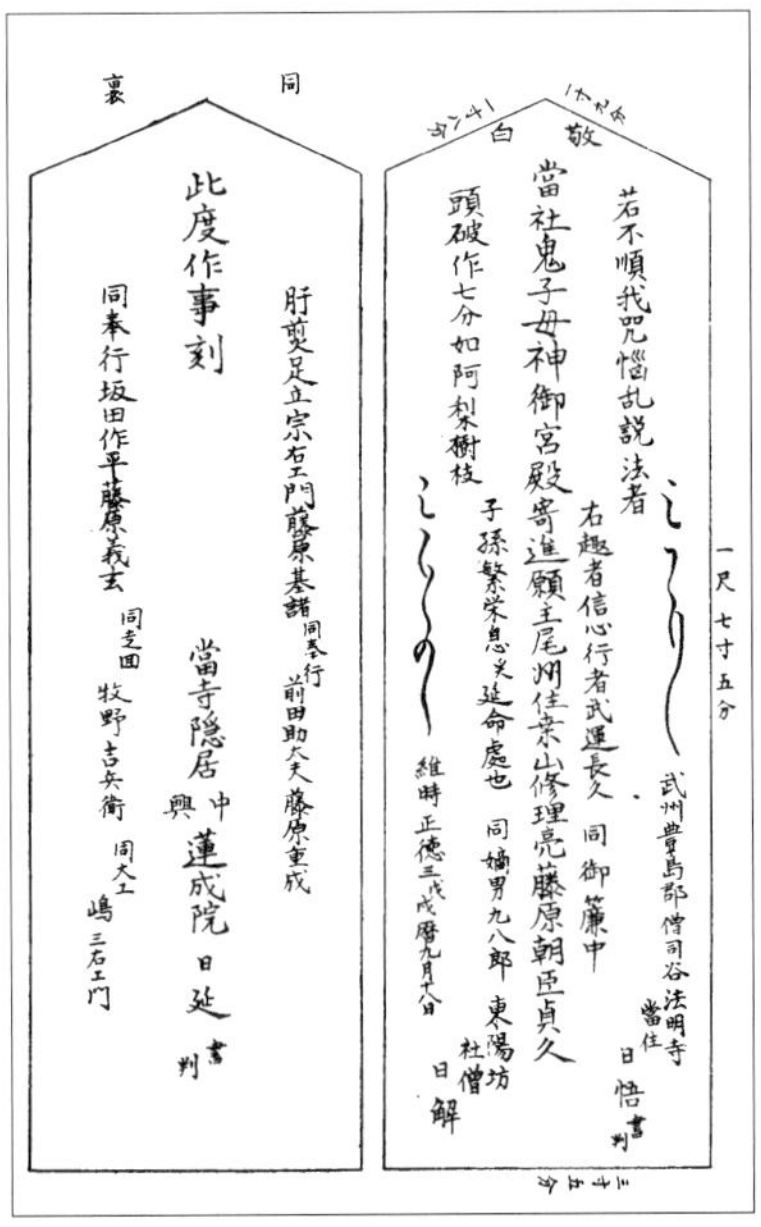

④-1寛文六年（一六六六）棟札　表

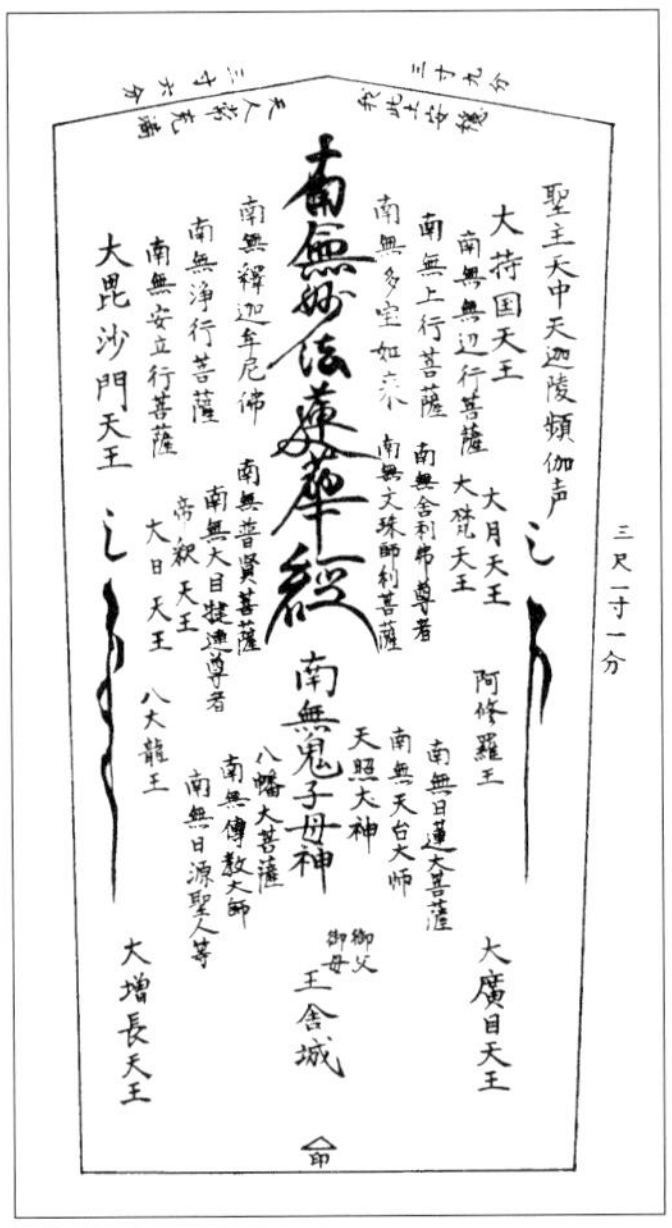

④-2寛文六年（一六六六）棟札　裏

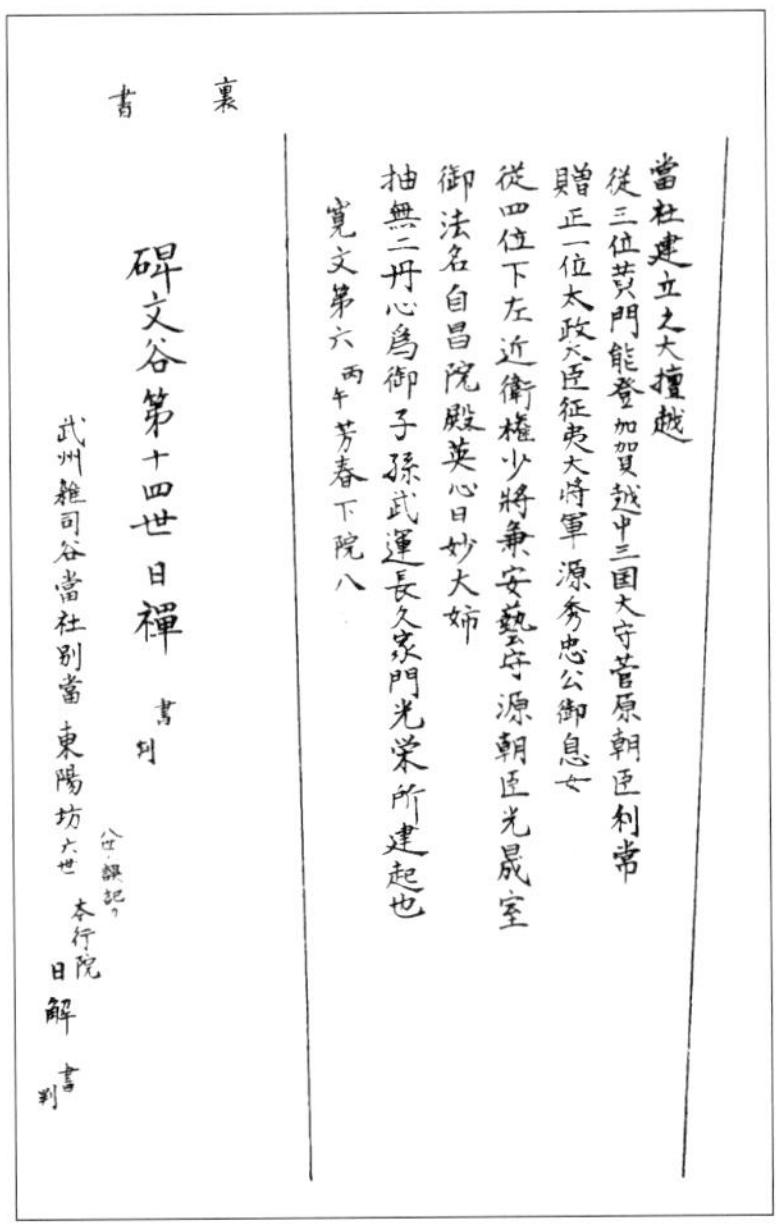

理解できる。そして、今の社殿は寛文六年（一六六六）に自昌院によって寄進された社殿である、との記述である。次いで『櫨楓』においては、前掲の『若葉の梢』の引用とともに、棟札四種の翻刻が掲載されている。なお、これらの棟札は現存していない。寛政年間までに確認できた棟札の記述ということで、ここに転載してみたい。(45)

このように『櫨楓』には棟札四種の翻刻が掲載されている。これら四種の棟札について筆者は、次のように述べている。

愚按、如斯棟札あれば、永禄四年鬼子母神像出現より、十八年を経て天正六戊寅年、里人打寄て仮初の祠を営、夫より四十七年を経て、寛永二年、太田采女正元資朝臣・同舎弟遠山平六資正主等社殿を造営したりしもの也。此元資朝臣は道灌翁の嫡男新六郎祐友主の孫にて、神尊君御入国以前当地の領主たりし因によりてなり、又舎弟遠山氏も江城を守護したりし儀あれば、此神霊験を感じて社殿を造営せられしなるべし。夫より又廿年の後、正徳三年丙戌年、桑山修理亮貞久朝臣、今の宮殿をば造立せられ、其の後又廿年を経て加州侯の姫君自昌院殿、今の社殿を造建し給ひしなるべし。しかるに今世俗に只此加州侯の造営のみを伝へて、旧領主たる所の太田家等の造立ありし由緒を唱ざることは無下に口おしき事なり。(46)

すなわち、『櫨楓』の筆者は、これらの棟札の記述を根拠として、鬼子母神堂建立は永禄四年（一五六一）に鬼子母神像が発見された後、十八年を経た天正六年（一五七八）に里の人々によって祠が立てられ、さらに四十七年後の寛永二年（一六二六）に太田道灌の曽孫にあたる太田元資と、その舎弟、遠山資正によって社殿が建立されたとしている。その二十年後、正徳（保）三年（一六四六）に桑山貞久が、今の宮殿を造立し、さらに、二十年を経て、寛文六年（一六六六）に自昌院が社殿を造立した、との見解である。

このように見てくると、『若葉の梢』では、鬼子母神堂の建立年代を、寛文六年（一六六六）年であるとし、先述の『櫨楓』では、本殿が正保三年（一六四六）に桑山修理亮貞久の造立とし、寛文六年（一六六六）に自昌院が幣・拝殿を造立したとされているが、このことについては、本殿小屋組中央棟束の墨書によって、寛文四年（一六六四）の造立であることが実証されている。

おそらく、『若葉の梢』に記される寛文六年説は、寛文六年（一六六六）に落成したという意味での記述と考えられる。

また、そのことを裏付けるように『櫨楓』に掲載される前掲の④-2寛文六年（一六六六）棟札裏には、「寛文第六丙午年芳春」の日付と、鬼子母神堂の別当である東陽坊（後の大行院）第六（八）世日解と、本院である法明寺の本寺、碑文谷法華寺第十四世日禅の署名が確認できる。

つまり、鬼子母神堂の本殿小屋組中央棟束から発見された墨書は、上棟日を示し、④寛文六年棟札は竣工日、儀礼的に表現すれば、開堂供養の日を示していると考えられるのである。

さて、鬼子母神堂本殿の建立の目的については、本殿小屋組中央棟束から発見された墨書、『若葉の梢』の記述、ならびに『櫨楓』に掲載される④の棟札にも記載があるように、施主である自昌院における天下安全・子孫繁栄・武運長久等の願いによって発願された事業であることは疑いのないことである。

では、施主ではなく、寺院側の願いとしては、いかなる事由が存在したのであろうか。換言するならば、施主の要望によって突然堂宇の寄進が決定するのではなく、むしろ寺院側の要請によって、自昌院が施主となることを承諾したのではないか、という視点である。

この事については、鬼子母神堂建立に関係する本坊法明寺、別当大行院の沿革と、建立当時の動向を中心に考察を加えたい。

現在、鬼子母神堂の本坊である法明寺は、もと威光寺と号し、寺伝によれば、弘仁元年（八一〇）の創立で、弘法大師空海によって創立された真言宗寺院であったという。

その後、中老僧厳誉院日源によって、日蓮宗に改宗、寺号も「威光山法明寺」と改称している。開基である日源の行状を『日蓮宗事典』に確認すると、次のような記載が見られる。

日源（―一三二五）字は智海、もと天台宗に属し播摩法印と称した。静岡県岩本山実相寺開山。実相寺はもと天台宗寺門派に属し、日源は第四代の貫主厳誉の時、その学才を嘱望され、若くして学頭職を務めた。正嘉二年（一二五八）日蓮聖人が一切経閲読のため来山の折、聖人の『摩訶止観』の講義を聞いて聖人に帰依の志をいだいたが学頭職の故にそれを果せず、弘安元年（一二七八）実相寺を去って身延入山中の聖人に帰伏して日蓮宗義を研鑽。その後、官の命により実相寺第五世貫主となり、宗を改めて日蓮宗の道場とした。日源を実相寺開山と仰ぐゆえんである。その後、各地を布教し武蔵雑司谷の真言宗法明寺を改宗、また武蔵碑文谷法華寺、駿河東光寺、正法寺等を創建して弘通の拠点とし、教線を拡大した。(47)

このように法明寺は、岩本の実相寺、碑文谷法華寺の開山である日源を開基とし、鬼子母神堂建立当時は、碑文谷法華寺末の不受不施派寺院であった。『櫨楓』には、

往古真言宗にて本寺不知。中頃日蓮宗碑文谷法華寺末、萬治年中より身延山久遠寺末に改。(48)

との記述が見られるが、次の行状によって、万治年中に身延末になったとの記述は否定される。同寺の第十五世智照院日了は、寛文五年（一六六五）十一月二十三日、小湊誕生寺・碑文谷法華寺・谷中感応寺・小松原鏡忍寺相州依智妙純寺・越後村田妙法寺等の六寺が悲田供養の手形を提出した際、興津妙覚寺日堯とともに、これを拒否している。(49)これによって、同年十二月三日幕府より裁定が下り、手形を提出しなかった平賀本土寺日述・大野法連寺日完は伊予吉田の伊達宮内少輔へ、興津妙覚寺日堯・雑司谷法明寺日了は讃岐丸亀の京極百助に預けられる。住職が流罪に処された法明寺は、幕府の命により、悲田派として手形を提出した碑文谷法華寺日禅の預かりとなる。つまり、法明寺は寛文五年（一六六五）十一月に住職が流罪に処されてより、しばらくの間、碑文谷日禅の預かり、いわゆる悲田不受不施派となったことが知られるのである。

すなわち、寛文六年（一六六六）の鬼子母神堂本殿落慶の際には、『櫨楓』に

収録される④棟札に記載が確認されるとおり、碑文谷法華寺第十四世日禅が日了のかわりに落慶法要を行ったと考えられる。本来ならば、本坊法明寺住職と、法明寺塔頭で鬼子母神別当の東陽坊が連名で棟札を認め、落慶法要を行うはずであったことは、『櫨楓』に掲載される①〜③の棟札、いずれにしても、法明寺と東陽坊が連名であることからも明らかであろう。

また、碑文谷法華寺第十四世日禅は、鬼子母神堂本殿落慶の翌年、寛文七年（一六六七）に佐渡流罪に処せられる。[50]

ところで、碑文谷法華寺・谷中感応寺・小湊誕生寺は、元禄四年（一六九一）五月三日受不施改宗の証文を幕府へ提出している。[51] これによって、かろうじて存続していた悲田不受不施派も停止になり、法明寺もこの時に受派へと転じている。

ただし、未だ碑文谷法華寺は一本寺の為、本末でいえば、法明寺が身延末になったのは、正式には元禄十一年（一六九八）、碑文谷法華寺日附をはじめ・谷中日遼・日繞等が再び不受不施派に改派した罪により、流罪となり、碑文谷法華寺・谷中感応寺が天台宗となったときである。本寺を失った法明寺はこの日を境に身延山久遠寺末となるのである。

寛文五年（一六六五）、法明寺第十五世日了が讃岐丸亀に流罪になり、翌年に鬼子母神堂の落慶を行った日禅も寛文七年（一六六七）に流罪、それ以後、法明寺は第十六世教行院日證と、第十七世一行院日寅の二代が住持をつとめ、元禄十四年（一七〇一）二月に身延より第十八代日寛を迎え、ここに完全に不受不施の法脈は途絶えることになった。

では、次に鬼子母神堂の別当東陽坊（後の大行院）の沿革と動向を確認してみると、『櫨楓』には、創立年代は記されていない。海老澤了之介編著『新編若葉の梢』によれば、大行院は、もと東陽坊といい、天正の末頃、前田利家が建立したという伝承が紹介されている。同書の「大行院と前田家」の項では次のような私見が述べられている。

> 太閤秀吉小田原征伐のとき、前田利家は背面攻撃を承り、八王子城主北条氏照の城を落として、その勢いで北条氏康の女婿である世田谷城主吉良頼泰を攻め落とした。前田利家の大軍も茫漠たる武蔵野原では軍を休むるところもない。この時、法明寺に引き上げて来て大いに厄介になった。これが因縁となって大行院を建築したのではなかろうか。小田原を征服したのが天正十八年であるから、前田利家の東陽坊建立は翌天正十九年頃であろう。[52]

このように、鬼子母神堂の別当である東陽坊は前田利家が天正十九年（一五九一）頃、建立の寺という伝承も、雑司ヶ谷界隈に伝わっていたことが知られる。

しかし、先に確認した『櫨楓』掲載の大行院歴代譜を確認すると、開山は東陽坊日進（文安二年乙丑年六月二十日寂）とあることから、文安二年（一四四五）年以前の創立であろう。さらに、第五世日性（天正八年庚辰年十一月五日）の代に、「鬼子母神別当始祖」と記されていること、『櫨楓』所収の①天正六年（一五七八）棟札に日性の名が記されていることなどから、雑司ヶ谷界隈の里人によって造営された祠の管理をするために、この頃初めて別当職が置かれたことが確認できる。さらに、②寛永三年（一六二六）棟札を確認すると、本坊法明寺の住職は「法明寺第十中興祖蓮成院日延」と記されている。その隣に東陽坊日進との署名がみられるが、歴代には開山以外、日進の名は確認できない。つぎの③正徳（保）三年（一六四六）棟札において、第八世日解の名が確認されることから、②寛永三年（一六二六）棟札に記されていたのは、第七世中興日信（寛永二十子年九月七日没）の可能性が高い。そうであるならば、法明寺中興日延、東陽坊（大行院）中興日信というように、本坊法明寺と塔頭東陽坊、両住職がともに中興となっていることになる。この時に、法明寺と東陽坊の両住職が中興となる事績は何であったのか、それらを検証できる文献は現在確認できない。しかし、鬼子母神堂の建立にかかわることであれば、あくまでも仮説に過ぎないが、江戸に徳川家が入府する以前の領主である太田家の寄進により、この度鬼子母神堂が造営されたことを誉れとしているのか、もしくは、太田家が鬼子母神堂を造営するに先立って、法明寺も太田家の寄進によってすでに伽藍を整備していた可能性を示唆しているのではないだろうか。今後の検討課題としておきたい。

さて、鬼子母神堂建立時における東陽坊の住職は、本殿小屋組中央棟束から発見された墨書銘、③正徳（保）三年（一六四六）棟札、④寛文六年（一六六六）棟札の裏書から、第八世本行院日解であることが知られる。日解の行状については、これらの銘文から大行院住職としての在住期間は、少なくとも正保三年（一六四六）より寛文六年（一六六六）までの二十年間は在職していたことになるが、詳細は不明である。

七　鬼子母神堂建立の意義

以上のように、鬼子母神堂建立における背景を、法明寺ならびに東陽坊の歴史を中心に概観してみると、鬼子母神堂建立には、寺院側の目的として、本坊法明寺の開山日源上人の三五〇年遠忌にあわせて、鬼子母神堂建立を発願したのではないかと考えられる。

年代的に見ていくと、鬼子母神堂が落慶された寛文六年（一六六六）は、開山日源滅後、三五一年目にあたる。もし、不受不施問題が勃発せずに、平穏な状態であったなら、寛文五年（一六六五）の落慶になっていた可能性がある。それは、法明寺第十五世日了が前年の十一月に讃岐丸亀に流罪になったわずか二ヶ月程度しか間をあけず、年明け早々に落慶していることからも推測できる。

もとは、寛文五年（一六六五）中の落慶を目指していたが、発願時の本坊住職が流罪に処されるという凶事があったことで、年明けに持ち越すことで慶事へと転換する意味合いがもたされたという面、さらに、手形提出を拒否して流罪に処された日了の住職寺と、いくら本寺の住職とはいえ、悲田供養の手形を幕府に提出して事なきを得ている日禅の間には溝があり、若干の時間が必要であったとも考えられる。しかし、日禅にとっても鬼子母神堂の落慶は、自らが住持する碑文谷法華寺開山日源の三五〇年遠忌である。本寺の住職として、早々に遠忌法要とともに落慶しなければならないという責務もあったであろう。

また、自昌院に鬼子母神堂建立を懇請したのは誰であるか、という問いを設けたとき、当時、鬼子母神堂の別当である日解のみの発願では少々不足があるように思われる。たとえ、自昌院が当時天下に聞こえた不受不施派の大檀越であったとしても、さらには、東陽坊が自昌院の祖父前田利家建立の寺院であったとしても、末寺の塔頭住職が切り出せる規模の話ではなく、さらに、東陽坊の沿革において鬼子母神堂建立発願の大義となる事由も見当たらないのである。

となれば、やはり本坊法明寺、本寺碑文谷法華寺の開山日源の三五〇遠忌という名目のもと、鬼子母神堂上棟年である寛文四年（一六六四）以前に、本寺・本坊・別当寺の住職がうち揃って、自昌院に施主となることを懇請したと考えることが妥当であろう。

また、自昌院がこれらの懇請を承諾する背景には、これらの寺院側の大義である「開山日源三五〇年遠忌」のみではなく、自昌院側においても寄進する大願があったと考えられる。

ここで、鬼子母神堂造営の後、同じ工匠によって建立された広島、國前寺の例を挙げるのであれば、國前寺の建立は、自らの菩提寺と定めての寄進建立ではあるが、この年は自昌院の慈父、前田利常の十三回忌にあたっている。

そして、このことを基準として、あらためて鬼子母神堂の建立発願の理由について考えるとき、鬼子母神堂建立は丁度、自昌院の実父前田利常の七回忌に当たるのである。あくまで仮説ではあるが、自昌院個人の思いとしては、父・利常の追善の意味もあったと推察される。

さらに、自昌院の熱烈な法華信仰に基づく事由においては、鬼子母神の縁起や御神徳を鑑みての受諾であったとも推察される。現在の鬼子母神堂における鬼子母神信仰は、一般的に安産・子授け・発育増進等の子安鬼子母神信仰であるが、鬼子母神そのものの神徳においては、別の一面もある。

いわゆる法華経の守護神としての一面である。

「法華経」巻八第二十六の陀羅尼品において、「爾の時に羅刹女等あり、一を藍婆と名け、二を毘藍婆と名け、三を曲歯と名け、四を華歯と名け、五を黒歯と名け、六を多髪と名け、七を無厭足と名け、八を持瓔珞と名け、九を皐諦と名け、十を奪一切衆生精気と名く。この十羅刹女、鬼子母并に其の子及び眷属と倶に仏所に詣で、同声に仏に白して言さく、世尊、我等亦法華経を読誦し受持せん者を擁護して、其の衰患を除かんと欲す。若し法師の短を伺い求むる者ありとも、便りを得ざらしめん」との一言がある。このあと十羅刹と鬼子母神は陀羅尼呪を唱えて、法華経受持者を擁護してその衰患を除くことを誓っている。更に「若し我が呪に順ぜずして、説法者を悩乱せば、頭破れて七分に作ること、阿梨樹の枝の如くならん」として、法華経の行者を悩ます者への罪と罰を明言するのである。仏はこの呪を聞いて、「受持法華名者、福不可量（法華を受持する者の福は、はかりしれない）」と応え、十羅刹女及び鬼子母神に法華経の行者擁護を命じたのである。

すなわち、法華経を深く信奉する自昌院にとっては、経典に示される言葉は仏の実語で過りはなく、不受不施の法義が滅尽しようとする今において、鬼子母神の神徳を頼りに法華経の守護神としての神威を願っていたとも推察される。

つまり、自昌院にとって鬼子母神堂本殿の建立の意義とは、子安の面では子孫長久、家門繁栄、そして法華信仰の面では、護法と行者擁護という二つの願いを集約している鬼子母神の御神徳を頼り、寄進に至ったと考えられるのである。

（立正大学日蓮教学研究所研究員）

注

（1）『都指定有形文化財　法明寺鬼子母神堂修理報告書』（昭和五十四年十月）

（2）東京大学史料編纂所架蔵写真帳『玄徳公済美録』寛文四年の項においては、「御前様（自昌院）御入用」として鬼子母神堂建立にまつわる広島藩の金銭出納記録が収録されている。さらに、この記録では鬼子母神堂造営の奉行ならびに工匠は、同時に広島藩の青山屋敷の造営にも携わっていたことが確認できる。

（3）日蓮宗事典刊行委員会編『日蓮宗事典』（日蓮宗新聞社、平成十一年）

（4）右同書　五二三頁

（5）右同書　五二四頁

（6）広島・國前寺所蔵「自昌院筆仮名書一万遍題目」。二〇〇三年一月十五日～二月二十三日開催『大日蓮展』解説による。

（7）『日蓮宗事典』六〇七頁

（8）右同書　六〇八頁

（9）右同書　六七四頁

（10）右同書　六七四頁

（11）右同書　六七四頁

（12）右同書　六七四頁

（13）広島市役所編『新修広島市史』（広島市　昭和三十三～七年発行）第六巻所収『知新集』

（14）『広島県政史』近世の部資料

（15）『知新集』七三五頁

（16）右同書　七三六頁

（17）右同書　七三六～七三七頁

（18）広島國前寺所蔵「仮名書壱万遍題目」一巻

（19）広島國前寺所蔵「細字法華経」一巻。表紙見返しと本紙継目に生知院日述の署名・花押あり。

（20）広島國前寺所蔵「妙法蓮華経」八巻。天女経箱入。奥付生知院日述。紺紙金泥。

（21）広島國前寺所蔵「妙法蓮華経」八巻。奥付安國院日講。紺紙金泥。

（22）広島國前寺所蔵「妙法蓮華経」八巻。奥付・書名なし。桐箱入り。

（23）広島國前寺所蔵「妙経普門品」一帖。広島国泰寺より奉納、「日眼」開眼。

（24）広島國前寺所蔵「法華経要品」一巻。奥付あり「元禄第八初冬」。自昌院の夫玄徳公追善写経。

（25）平成二十七年十一月広島市尾長の自昌山國前寺において自昌院写経の調査を行った。國前寺御山主疋田英親上人をはじめ御寺族の皆様方には、ご多忙にもかかわらず快く調査を受諾いただき、さらには、全面の協力をいただき、深く御礼を申し上げる次第である。

（26）中尾壮一著『新山風土記』

（27）『知新集』六八八頁

（28）右同書　六八八～六九〇頁

（29）『新山風土記』

（30）『知新集』六八八頁

（31）圭室文雄編『日本名刹大辞典』（雄山閣、平成四年八月二十日）二三五頁

（32）『新山風土記』

（33）『新修渋谷区史』上巻七〇六頁

（34）国立国会図書館蔵『御府内備考』続編巻之百三十一所収、「本妙寺書上」

（35）東京大学史料編纂所架蔵写真帳『顕妙公済美録』元禄七年の項

（36）『知新集』六八八～六九〇頁

（37）右同書　六八八頁

（38）広島県双三郡三次市史料総覧編集委員会編『三次分家済美録』（広島県双三郡三次市史料総覧刊行会、昭和五十五年発行）五八五～五八七頁

（39）財団法人文化財建造物保存技術協会編『重要文化財　國前寺本堂保存修理工事報告書』（國前寺、平成十八年発行）一五六頁

(40)『顕妙公済美録』元禄十三年八月九日の項
(41) 右同書　元禄十三年十一月の項
(42)『知新集』七一九～七二〇頁
(43) 海老澤了之介編著『新編若葉の梢』
(44) 右同書　附録五十五頁
(45) 右同書　附録九十五～九十七頁
(46) 右同書　附録九十七頁
(47)『日蓮宗事典』五九六頁
(48)『新編若葉の梢』所収『櫨楓』
(49)『日蓮宗事典』六四〇頁
(50) 影山堯雄編『不受不施年表』
(51) 右同書
(52)『新編若葉の梢』四二七頁

自昌院関連年表

和暦	西暦	月日	年齢	自昌院（満姫）事績	出典
元和五年	一六一九	一二月一五日	〇	満姫、金沢にて誕生。	『壬子集録』、『三壺記』
元和八年	一六二二	七月三日	三	満姫の母、珠姫（天徳院・徳川秀忠とお江の方の娘）逝去。	『日蓮宗事典』
元和九年	一六二三	この年	四	満姫筆、仮名書き一万遍題目書写。	國前寺宝物
寛永七年	一六三〇	二月二一日	一一	受派と不受派の対論が江戸城内において行われる。（身池対論）	『日蓮宗年表』
寛永八年	一六三一	三月六日	一二	満姫の祖母、寿福院（前田利家側室・加賀藩主前田利常の生母）逝去。	『日蓮宗事典』
		五月一九日	一二	寿福院師事の池上日樹、配流地・信州飯田で示寂。	『日蓮宗事典』
寛永九年	一六三二	一〇月二九日	一三	浅野光晟、広島藩第二代藩主となる。	『玄徳公済美録』
寛永一二年	一六三五	七月二七日	一六	満姫、安芸広島藩主、浅野光晟と縁組を申し付けられる。将軍家光の養女となる。	『玄徳公済美録』
		九月一二日	一六	満姫、江戸城より、広島藩上屋敷（桜田屋敷）に入輿。（『前田家雑録』・『徳川実記』・『天寛日記』・『寛永日記』・『新山田畔書』では九月二二日と記載）	『玄徳公済美録』
寛永一四年	一六三七	四月二九日	一八	長男出産。幼名岩松。後の綱晟。	『玄徳公済美録』
		八月二八日	一八	江戸城天守台の修築成る。光晟、将軍より恩賞を賜る。	『玄徳公済美録』
		一二月	一八	島原の乱。光晟、征伐のため出兵。	『玄徳公済美録』
寛永一六年	一六三九	一一月二三日	二〇	長女出産。市姫。	『玄徳公済美録』
寛永一九年	一六四二	三月一五日	二三	二女出産。亀姫。	『玄徳公済美録』
正保元年	一六四四	一月二二日	二五	次男出産。幼名松千代。三次藩主・浅野長治（光晟の兄）が名付け親となる。	『玄徳公済美録』
正保二年	一六四五	二月八日	二六	三男出産。幼名鶴松。	『玄徳公済美録』
		一一月二七日	二六	三男鶴松逝去。青松寺に葬る。法名「本體院殿空也玄性禅公子」	『玄徳公済美録』
		この年	二六	自昌院写経（大乗院日達開眼）。「自昌院」との自署が確認できる最古。（以下、本文中、自昌院と記載）	日通寺宝物
正保三年	一六四六	一月二二日	二七	自昌院、来月産月のため、宮島の厳島神社へ祈祷を仰せつける。	『玄徳公済美録』
		三月二三日	二七	出産。（ただし男女の記述なく、その後の記録にもでで来ないため、早世したものと思われる）	『玄徳公済美録』
		六月七日	二七	自昌院（満姫）病気につき、伊勢・厳島・明星院にて祈祷。	『玄徳公済美録』
正保四年	一六四七	四月一九日	二八	次男・松千代、三次藩主浅野長治の養子となる。後の長尚。	『玄徳公済美録』
慶安三年	一六五〇	四月一九日	三一	第三代将軍、家光逝去。（自昌院の養父）	『玄徳公済美録』
		八月二一日	三一	出産。（男女不詳との註あり。）一説には女子とも。	『玄徳公済美録』
慶安五年	一六五二	この頃	三三	自昌院、大乗院日達の懇請により大阪経王寺再建。	『日蓮宗事典』
承応元年	一六五二	一月一七日	三三	四男出産。幼名長蔵。後の長照。	『玄徳公済美録』
承応三年	一六五四	五月二八日	三五	自昌院写経（紺紙金泥妙法蓮華経）。	妙栄寺宝物

明暦元年	一六五五	一一月二八日	三六	長女・市姫、松平摂津守定良に入輿。	『玄徳公済美録』
明暦二年	一六五六	一一月九日	三七	三女出産。久姫。（永姫とする文献もあり）	『玄徳公済美録』
		この年	三七	光晟と自昌院の意向によって、尾長村國前寺（当時は暁忍寺）を菩提所に定め寺領二百石を寄進。寺内の整備を始める。	『知新集』
明暦三年	一六五七	一月一九日	三八	江戸大火（明暦の大火）。上屋敷（桜田屋敷）類焼につき、自昌院は子供達と共に赤坂下屋敷へと移る。	『玄徳公済美録』、『天心公済美録』
		この年	三八	自昌院写経（生知院日述開眼）。	日通寺宝物
万治元年	一六五八	四月二七日	三九	二女亀姫、仙石兵部少輔忠俊に入輿。	『玄徳公済美録』、『天心公済美録』
		一〇月一二日	三九	自昌院の父、加賀藩第三代藩主前田利常逝去。	『玄徳公済美録』、『天心公済美録』
万治二年	一六五九	五月三一日	四〇	嫡孫誕生。幼名岩松。後の綱長。赤坂屋敷にて誕生。	『玄徳公済美録』、『天心公済美録』
		この年	四〇	自昌院写経（妙法蓮華経八巻）。	妙円寺宝物
		六月一一日	四〇	綱長の生母寵君（逸姫・芳雲院と号す。九条道房の二女）逝去。	『玄徳公済美録』、『天心公済美録』
		六月二五日	四〇	綱長（自昌院孫）、赤坂屋敷より上屋敷に引越。生母逝去により、光晟及び自昌院が養育にあたる。	『顕妙公済美録』
		一〇月一一日	四〇	前田利常一周忌。下谷広徳寺にて法事。	『玄徳公済美録』、『天心公済美録』
万治三年	一六六〇	九月二三日	四一	前田利常三回忌。龍土梅嶺寺にて法事。	『玄徳公済美録』、『天心公済美録』
寛文元年	一六六一	二月一五日	四二	龍土梅嶺寺隠居、大乗院日達僧都死去。香典を下賜。	『玄徳公済美録』、『天心公済美録』
		二月二七日	四二	長女・市姫、初め松平摂津守定良に嫁す。摂津守卒去の後に戸澤能登守正誠へと再嫁す。	『玄徳公済美録』、『天心公済美録』
		六月一日	四二	自昌院、隠田村（現在の渋谷区神宮前）熊野権現社再建。	『渋谷区史』
		一一月一四日	四二	満姫、久姫の水痘平癒祈願を梅嶺寺に申し付ける。	『玄徳公済美録』、『天心公済美録』
寛文二年	一六六二	六月二三日	四三	綱晟の継室として、九条道房五女八代姫が入輿。（寵君の妹）	『玄徳公済美録』、『天心公済美録』
寛文三年	一六六三	三月四日	四四	広島の圓隆寺、妙法寺は京都妙覚寺の末寺であるため、妙覚寺に従うという誓状を寺社奉行に提出するよう命が下る。	『玄徳公済美録』、『天心公済美録』
寛文四年	一六六四	三月二九日	四五	長女・市姫病気につき、龍土梅嶺寺にて祈祷。	『玄徳公済美録』、『天心公済美録』
		四月三日	四五	長女・市姫逝去。（出羽新庄藩第二代藩主・戸澤能登守正誠の室）	『玄徳公済美録』、『天心公済美録』
		五月二七日	四五	自昌院写経（紺紙金泥妙法蓮華経八巻）。生知院日述（平賀本土寺）開眼。	國前寺宝物
		この頃	四五	自昌院写経（明静院日浣開眼）。	日通寺宝物
		一〇月二〇日	四五	雑司ヶ谷鬼子母神堂本殿上棟。	鬼子母神堂棟束墨書銘
寛文五年	一六六五	四月三日	四六	高岳院（自昌院長女・市姫）一周忌。龍土梅嶺寺に法事を命ず。国許においては圓隆寺隠居、日勝に法事を命ず。	『玄徳公済美録』、『天心公済美録』
		月日欠けり	四六	この年圓隆寺隠居日勝、この時尾長村暁忍寺住職のところ、光晟、満姫の命として暁忍寺を菩提寺と定め、この時に山号を自昌山、寺号を國前寺と改称する。（明暦二年説もあり）	『玄徳公済美録』、『天心公済美録』

和暦	西暦	月日		事項	出典
寛文六年	一六六六	一月	四七	雑司ヶ谷鬼子母神堂本殿落慶。	『櫨楓』所収 寛文六年棟札
		四月三日	四七	高岳院三回忌。梅嶺寺及び國前寺に法事を命ず。	『玄徳公済美録』、『天心公済美録』
		五月七日	四七	江戸龍土町梅嶺寺、不受不施停止につき破却を仰せ付けられる。その後、浅野家が買い上げ、これより龍土屋敷と称す。梅嶺寺の建物仏具はすべてそのままに自昌院の持仏堂となる。	『玄徳公済美録』、『天心公済美録』
		六月二六日	四七	安国院日講、日向国佐土原へ流罪。この日江戸を出立、七月二〇日到着。	『説黙日課』
		七月二八日	四七	二男・長尚逝去。同日國前寺において葬儀。法号「浄心院殿顔哲日容大居士」。	『玄徳公済美録』、『天心公済美録』
		九月一日	四七	安国院日講のもとへ自昌院の二男長尚逝去の訃報が届く。	『説黙日課』
寛文七年	一六六七	七月二八日	四八	二男・長尚(浄心院)の一周忌。國前寺にて一夜越しの法事。	『玄徳公済美録』、『天心公済美録』
寛文八年	一六六八	二月四日	四九	自昌院、安国院日講の配所屋敷に文庫を造営する。三月一七日完成。	『説黙日課』
		二月一四日	四九	三女・久姫、小笠原遠江守長真に入輿。	『玄徳公済美録』、『天心公済美録』
		七月一二日	四九	自昌院写経(紺紙金泥妙法蓮華経八巻)。寛文九年安国院日講開眼。	國前寺宝物
		七月二八日	四九	二男・長尚(浄心院)の三回忌。國前寺にて一夜越しの法事。	『玄徳公済美録』、『天心公済美録』
		一二月二六日	四九	安国院日講、もと、梅嶺寺(この頃自昌院の抱屋敷)に嘉運等の僧侶が移住したことを便りにて知る。	『説黙日課』
寛文九年	一六六九	二月一八日	五〇	安国院日講のもとへ、自昌院より紺紙金泥写経が届く。開眼写題奥書等の事を懇望。	『説黙日課』
		五月一三日	五〇	安国院日講、自昌院より懇望されていた写経の外題・奥書・開眼成る。	『説黙日課』
		六月一一日	五〇	安国院日講、自昌院の為に『発心即到記』をしたため、江戸に送る。	『説黙日課』
		七月二八日	五〇	安国院日講のもとへ江戸より便りが届く。自昌院抱屋敷(龍土屋敷)の番神社において、小湊日明、日純等が改悔の作法を行い、自昌院ならびに龍土屋敷に住していた慧源院、友源、観也、存道、英然等の僧達もが悲田派と和融したことを知る。	『説黙日課』
		七月一七日	五〇	安国院日講、自昌院と絶縁する旨の文案を作成する。	『説黙日課』
		七月二五日	五〇	安国院日講、自昌院へ絶縁状を送る。	『説黙日課』
		九月一日	五〇	安国院日講、自昌院と絶縁したことにより、浅野家の為に執行してきた三日恒例の読経と写経を停止する。	『説黙日課』
		一一月一五日	五〇	自らの逆修供養塔を國前寺に建立することを発願。(翌一〇年に完成・元禄四年新山へ引き移す)	『玄徳公済美録』、『天心公済美録』
		一一月二三日	五〇	安国院日講、自昌院と悲田派の和融は世間の目を欺くための方便であるとの話を聞く。また、自昌院が老中方へ働きかけ、日講を広島へ預け替えする手筈を整えている旨を聞く。	『説黙日課』
寛文一〇年	一六七〇	三月五日	五一	安国院日講、自らと同心である生知院日述、明静院日浣も自昌院と絶縁した旨を聞く。	『説黙日課』
		五月一〇日	五一	安国院日講、自昌院からの書状や懇志を返納し、さらに今生の暇乞いをする。また、広島預け替えの義についても固辞する。	『説黙日課』
		一〇月一〇日	五一	國前寺本堂完成(自昌院寄進)。番神堂、客殿、庫裏、二王門は光晟寄進。(翌年七月一日の条に記述あり)	『玄徳公済美録』、『天心公済美録』
		一〇月一二日	五一	自昌院、國前寺において前田利常三回忌を厳修。	國前寺所蔵華曼銘
寛文一一年	一六七一	五月二七日	五二	龍土屋敷の住僧、躰量院日躰(台)國前寺の後住となるため、挨拶。六月二日江戸を出立。広島へ下向する。	『玄徳公済美録』、『天心公済美録』
		六月一四日	五二	自昌院、隠田村に抱屋敷を持つ。(隠田屋敷)	『玄徳公済美録』
		七月三日	五二	天徳院(満姫の母・徳川秀忠の娘)五〇回忌を龍土屋敷にて行う。	『玄徳公済美録』、『天心公済美録』

寛文一二年	一六七二	四月一八日	五三	浅野光晟隠居。長男綱晟が第三代広島藩主となる。	『玄徳公済美録』、『天心公済美録』
		七月二八日	五三	二男・長尚(浄心院)の三回忌。國前寺にて法事。	『玄徳公済美録』、『天心公済美録』
		一二月一七日	五三	第三代広島藩主浅野綱晟(満姫長男)、疱瘡となる。	『玄徳公済美録』、『天心公済美録』
寛文一三年	一六七三	一月二日	五四	第三代広島藩主綱晟逝去。	『玄徳公済美録』、『天心公済美録』
		一月八日	五四	天心院(綱晟)の尊骸、船にて江戸を出立。同月二八日國前寺に直接安置、その後新山に埋葬。國前寺にて七日間法事あり。	『玄徳公済美録』、『天心公済美録』
延宝元年	一六七三	七月五日	五四	天心院(綱晟)の長女萬姫逝去。八日、龍土屋敷持仏堂において法事。同月二六日より國前寺において二夜三日法事。	『玄徳公済美録』、『顕妙公済美録』
		一二月二日	五四	天心院(綱晟)一周忌法要、この日より正月二日まで國前寺にて執り行う。	『玄徳公済美録』、『顕妙公済美録』
延宝二年	一六七四	七月五日	五五	清涼院(綱晟長女萬姫・自昌院の孫)一周忌。國前寺にて法事。	『玄徳公済美録』、『顕妙公済美録』
		七月一七日	五五	安国院日講、自昌院より再び通用したい旨の連絡が届くが固辞する。	『説黙日課』
		九月二六日	五五	三男・長照に広幡大納言忠幸の娘、園姫入輿。	『玄徳公済美録』、『顕妙公済美録』
		一二月二日	五五	天心院(綱晟)三回忌法要、この日より正月二日まで國前寺にて執り行う。	『玄徳公済美録』、『顕妙公済美録』
延宝三年	一六七五	一月二六日	五六	三次藩主浅野長治逝去。	『玄徳公済美録』、『顕妙公済美録』
延宝四年	一六七六	一一月四日	五七	浅野長治の娘阿久利姫(後の赤穂藩主浅野内匠頭長矩室・瑤泉院)幼少のため、江戸赤坂中屋敷に引き取る。	『玄徳公済美録』、『顕妙公済美録』
		一一月八日	五七	浅野綱長に尾張徳川綱誠の娘貴姫が入輿。	『玄徳公済美録』、『顕妙公済美録』
延宝五年	一六七七	七月一一日	五八	龍土屋敷の僧、覚雲院日憲、國前寺後住となるため広島に派遣される。	『玄徳公済美録』、『顕妙公済美録』
延宝六年	一六七八	五月	五九	自昌院、三次妙栄寺に番神社・山王権現社を寄進。	番神像銘文
延宝七年	一六七九	七月二八日	六〇	二男・長尚(浄心院)の十三回忌。國前寺にて法事。	『玄徳公済美録』、『顕妙公済美録』
		一二月二日	六〇	天心院(綱晟)七周忌法要、この日より正月二日まで國前寺にて執り行う。	『玄徳公済美録』、『顕妙公済美録』
延宝八年	一六八〇	七月五日	六一	龍土屋敷において、清涼院(綱晟長女万姫・自昌院の孫)七回忌。	『玄徳公済美録』、『顕妙公済美録』
		九月一日	六一	生知院日述寂。	『説黙日課』
天和元年	一六八一		六二	曽孫、吉長誕生。(父綱長・母貴姫)。光晟と自昌院は同日早速に上屋敷へ赴き、誕生を祝う。	『玄徳公済美録』、『顕妙公済美録』
天和二年	一六八二		六三	自昌院、下総野呂妙興寺に経蔵を建立。	『日蓮宗年表』
		一〇月一三日	六三	自昌院写経(妙法蓮華経一〇巻)。	本妙寺宝物・『御府内備考続編』
	一六八三		六四	三男長照が、三次藩第二代藩主となる。	『玄徳公済美録』、『顕妙公済美録』
		八月二九日	六四	自昌院、江戸隠田屋敷にて、龍土屋敷の僧、受陽を召して法談。綱長も聴聞する。	『顕妙公済美録』
		九月八日	六四	自昌院、上屋敷において法談。綱長も聴聞する。	『顕妙公済美録』
天和三年	一六八四	一月	六八	三次初代藩主浅野長治の娘阿久利、赤穂藩主浅野内匠頭長矩に入輿。	『玄徳公済美録』、『玄徳公済美録頭書』
貞享二年	一六八五	九月二八日	六九	自昌院、穏田屋敷において僧と談義。	『玄徳公済美録』

元禄元年	一六八八	八月二日	六九	綱長、青山屋敷に龍土屋敷の僧をよぶ。	『顕妙公済美録』
元禄三年	一六九〇	九月二日	七一	綱長、龍土屋敷の住僧恵眼院と妙源寺の僧に供養をする。	『顕妙公済美録』
元禄四年	一六九一	四月	七二	幕府より悲田派の禁止令が出される。	『日蓮宗年表』
		五月二日	七二	綱長、龍土屋敷の持仏堂を参詣。	『顕妙公済美録』
		五月	七二	國前寺、藩に不受不施派であることを禁じられる。	『知新集』
		この頃	七二	不受不施停止により、國前寺身延山久遠寺末となる。	『知新集』
元禄五年	一六九二	この頃	七三	自昌院、天台宗への改宗を望むが、広島城下に菩提所となるべき天台宗寺院がなく、無住であった加茂郡の天台宗阿弥陀寺を新山へ引き移す。	『知新集』
		この頃	七三	自昌院、天台宗へ改宗。	『知新集』
		この頃	七三	自昌院、菩提寺である國前寺にも天台宗への改宗をせまるが従わず。	『知新集』
		一一月七日	七三	國前寺、菩提寺としての寺格・寺領を召し上げられる。	『玄徳公済美録』、『玄徳公済美録頭書』
		この頃	七三	天心院(長男綱晟)・浄心院(二男・長尚)・清涼院(長男綱晟の娘・自昌院の孫)の位牌及び御廟も新山墓所へ引き移す。了哲という番僧を付け置く。	『知新集』
		この頃	七三	自昌院抱屋敷(隠田屋敷)の書院に安置されていた仏像を大橋久右衛門が広島に運び、天台宗松栄寺玉勝院が受け取り、新山の御蔵へと収蔵する。(後、元禄七年に日通寺で入仏供養が厳修される)	『知新集』
元禄六年	一六九三	四月二三日	七四	光晟逝去。国泰寺にて葬儀。	『玄徳公済美録』、『玄徳公済美録頭書』
		五月一日	七四	自昌院落飾。	『玄徳公済美録』、『玄徳公済美録頭書』
元禄七年	一六九四	四月一五日	七五	自昌院、遺書をしたためる。綱長(藩主・自昌院嫡孫)宛。	『顕妙公済美録』
		四月二三日	七五	玄徳院(光晟)一周忌。国許では国泰寺、江戸では龍土屋敷にて法事。綱長も参詣。	『顕妙公済美録』
		七月頃	七五	日通寺普請始まる。	『顕妙公済美録』
		一二月二〇日	七五	江戸丸山本妙寺の僧、真正院日崇、自昌院より英心山日通寺の住職に任じられ、広島下向、同日入寺。	『顕妙公済美録』
元禄八年	一六九五	四月三日	七六	日通寺入仏供養。(この仏像は自昌院抱屋敷(隠田屋敷)の書院に安置されていた仏像である。)	『知新集』
		四月二三日	七六	玄徳院(光晟)一周忌。国許では国泰寺、江戸では龍土屋敷にて法事。綱長と長子も参詣。	『顕妙公済美録』
		初冬	七六	自昌院写経(法華経要品一巻)。	国前寺宝物
		一二月	七六	英心山日通寺、寺領に二百石を与えられる。	『知新集』
元禄九年	一六九六	三月二日	七七	綱長日通寺参詣。真正院日崇及び玉応院(元・龍土屋敷の住僧)が迎える。	『顕妙公済美録』
		一二月二日	七七	同日より正月二日まで天心院二十五回忌、広島日通寺及び江戸龍土屋敷持仏堂において厳修。	『顕妙公済美録』
元禄一一年	一六九八	三月二日	七九	綱長、日通寺参詣。観音堂において講釈を聴聞する。	『顕妙公済美録』
		三月一〇日	七九	安国院日講寂。	『説黙日課　書写奥書』

元禄一二年	一六九九	一月二一日	八〇	青山屋敷において自昌院八十歳のお祝い。	『顕妙公済美録』
		四月二三日	八〇	玄徳院(光晟)七回忌。国許では国泰寺、江戸では龍土屋敷にて法事。綱長も参詣。	『顕妙公済美録』
		五月	八〇	綱長の懇請に従い、日通寺を天台宗から法華宗へ改宗する手続きのため、圓受院の役僧、本妙寺に到着。	『顕妙公済美録』、『知新集』
		六月二日	八〇	圓受院及び本妙寺の役僧、日通寺改宗手続きのために上屋敷(桜田屋敷)へ参上。綱長へ挨拶。この時、綱長より日通寺改宗の担当役人として明石吉太夫が紹介される。	『顕妙公済美録』、『知新集』
		六月二四日	八〇	綱長から本妙寺へ使者。二六日に明石吉太夫を寺社奉行に遣わして日通寺改宗の件を申し入れるため、圓受院並本妙寺も同道するようにとの達し。	『顕妙公済美録』、『知新集』
		六月二五日	八〇	翌日に向けての打ち合わせのため、明石吉太夫、本妙寺を訪ねる。	『顕妙公済美録』、『知新集』
		六月二六日	八〇	綱長の日通寺改宗の意を寺社奉行松平志摩守へ申し入れる。口上、明石吉太夫。	『顕妙公済美録』、『知新集』
		七月九日	八〇	日通寺、天台宗から法華宗に改宗。江戸丸山本妙寺末(現在の法華宗陣門流)となる。	『顕妙公済美録』
元禄一三年	一七〇〇	六月六日	八一	自昌院二女亀姫(仙寿院)逝去。	『顕妙公済美録』
		六月九日	八一	綱長、禅宗を法華宗に改宗することを国泰寺・日通寺に申し渡す。	『顕妙公済美録』
		七月一七日	八一	自昌院体調を崩す。	『顕妙公済美録』
		七月一八日	八一	加賀藩主・前田綱紀に自昌院の容体を知らせる。	『顕妙公済美録』
		七月一九日	八一	自昌院、抱屋敷(龍土屋敷か隠田屋敷かは不明)より、青山下屋敷へと移る。	『顕妙公済美録』
		七月二二日	八一	この日より、藩主綱長自昌院の容体を案じて青山下屋敷に泊まり込む。	『顕妙公済美録』
		七月二五日	八一	綱長、龍土屋敷持仏堂に参詣、住僧、一樹院に祈祷を命ず。	『顕妙公済美録』
		七月二七日	八一	自昌院逝去。	『顕妙公済美録』、『鳳源君済美録』、『前田家譜』
元禄一三年	一七〇〇	七月二八日		自昌院逝去を公儀に届出。	『顕妙公済美録』、『三次分家済美録』
		八月二日		青山屋敷にて火葬。	『顕妙公済美録』、『三次分家済美録』
		八月四日		綱長、祖母自昌院の遺骨を広島日通寺に届けるにあたり、提婆品一巻を追善のために書写。遺骨に添える。	日通寺宝物
		八月九日		自昌院遺骨、英心山日通寺へ向けて出立。自昌院の抱屋敷住僧、寂照院、知順、貞遠、残清、一音、長運、英元、恵順院も同道。	『顕妙公済美録』、『三次分家済美録』
		この間		遺骨一行は、九日夜は上尾に宿泊、木曽路を通り、八月二一日には大阪に到着している。	『顕妙公済美録』
		九月五日		日通寺に到着。	『顕妙公済美録』、『三次分家済美録』
		九月六日		同日より二夜三日、日通寺において葬礼。	『顕妙公済美録』、『三次分家済美録』
		九月二七日		自昌院四十九日、広島日通寺、江戸本妙寺でそれぞれ法事あり。	『顕妙公済美録』
		一〇月二日		自昌院遺骨と同道してきた抱屋敷住僧、寂照院、知順、貞遠、残清、一音、長運、英元、恵順院江戸へ戻る。	『顕妙公済美録』
		一一月三日		自昌院奉公人(お側仕え)、任を解かれ、それぞれ転役。	『顕妙公済美録』
		この頃		自昌院抱屋敷の住僧、一樹院、寂照院それぞれ金百両十人扶持を与えられ、その他の出家九人にも、それぞれ金子が与えられる。これによって御屋敷からの暇を言い渡される。	『顕妙公済美録』

元禄一三年　一七〇〇	一一月一八日	龍土屋敷持仏堂安置の天心公(自昌院の嫡男綱晟)位牌、丸山本妙寺へ。そのほかの位牌は日通寺へ移送する。	『顕妙公済美録』
	一一月二六日	龍土屋敷から、すべての住僧が引き上げる。	『顕妙公済美録』
元禄一四年　一七〇一	七月二七日	日通寺にて自昌院一周忌。江戸では丸山本妙寺が厳修。	『顕妙公済美録』
	八月一日	龍土屋敷の住僧であった知順・長雲(運)・英雄の三名、自昌院一周忌のため江戸より日通寺に到着。	『顕妙公済美録』

國前寺所蔵 自昌院写経

1 仮名書壱万遍題目 一巻 元和九年（一六二三）頃書写 自昌院 四歳

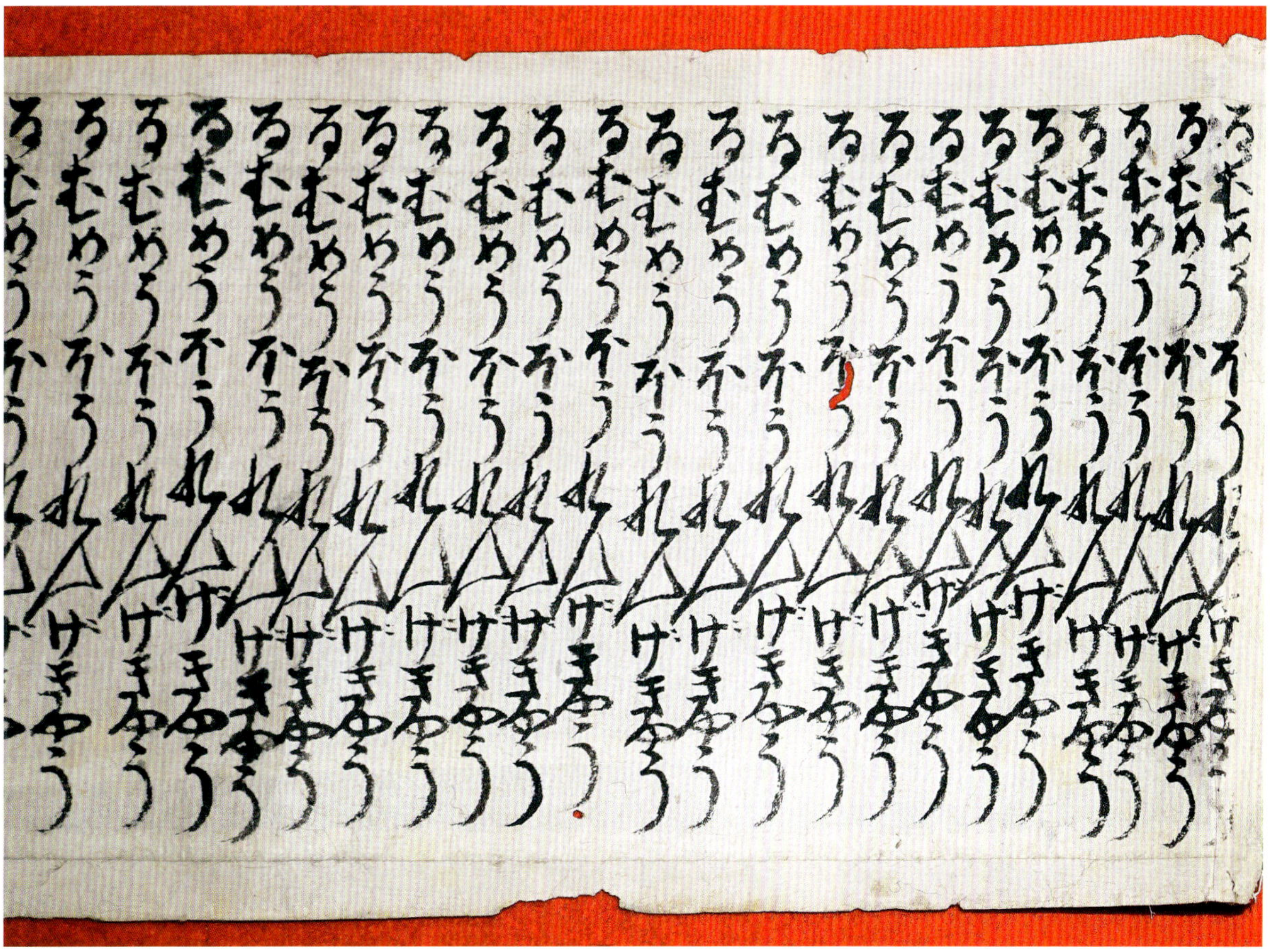

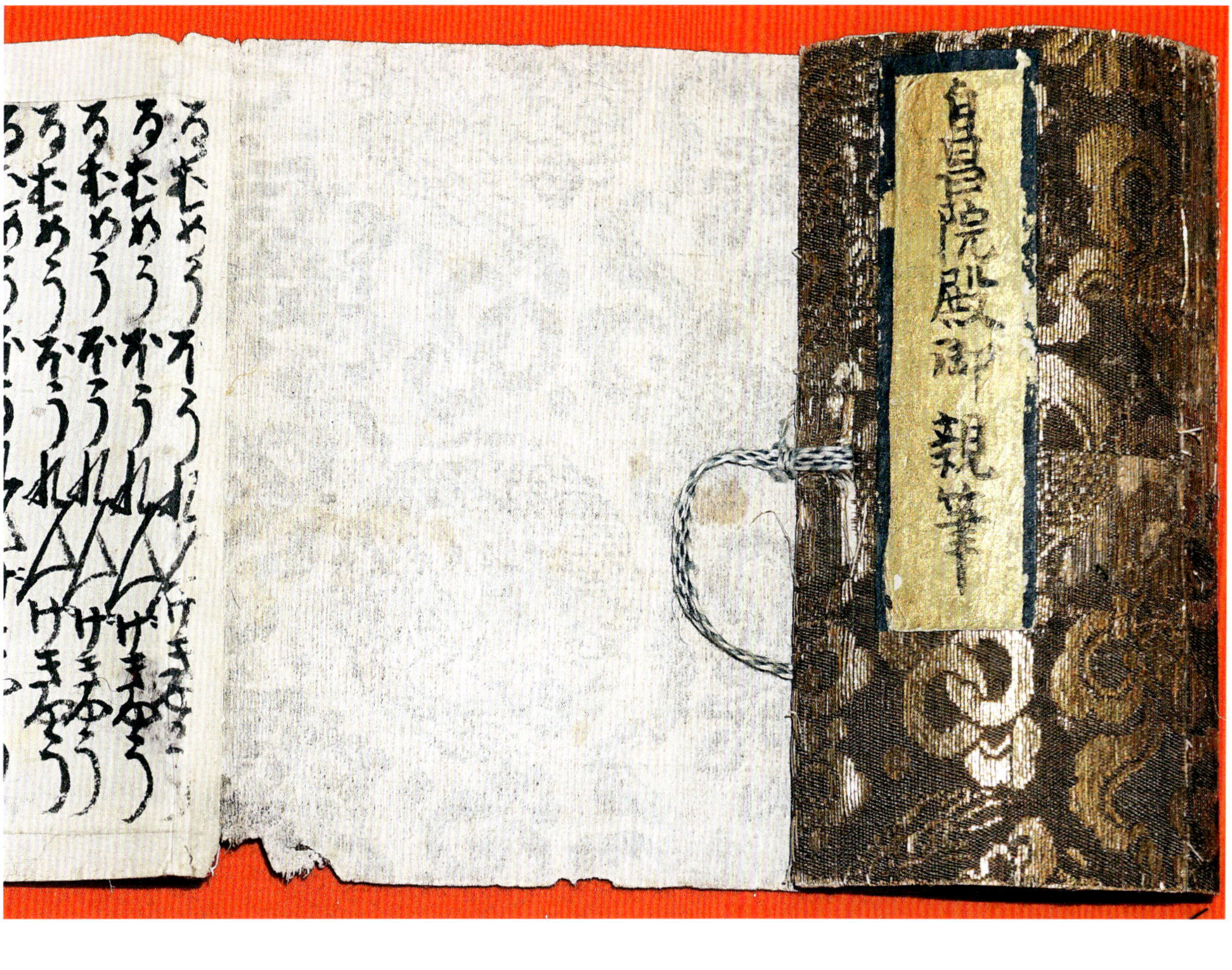

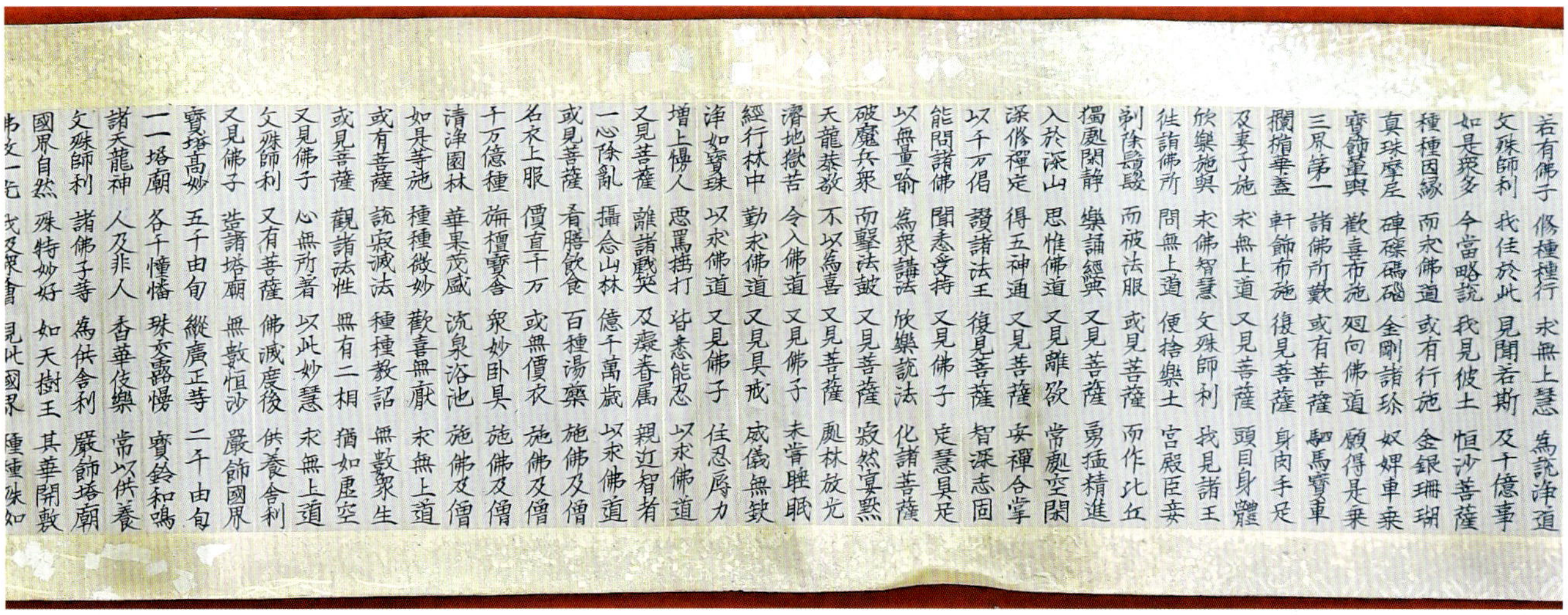

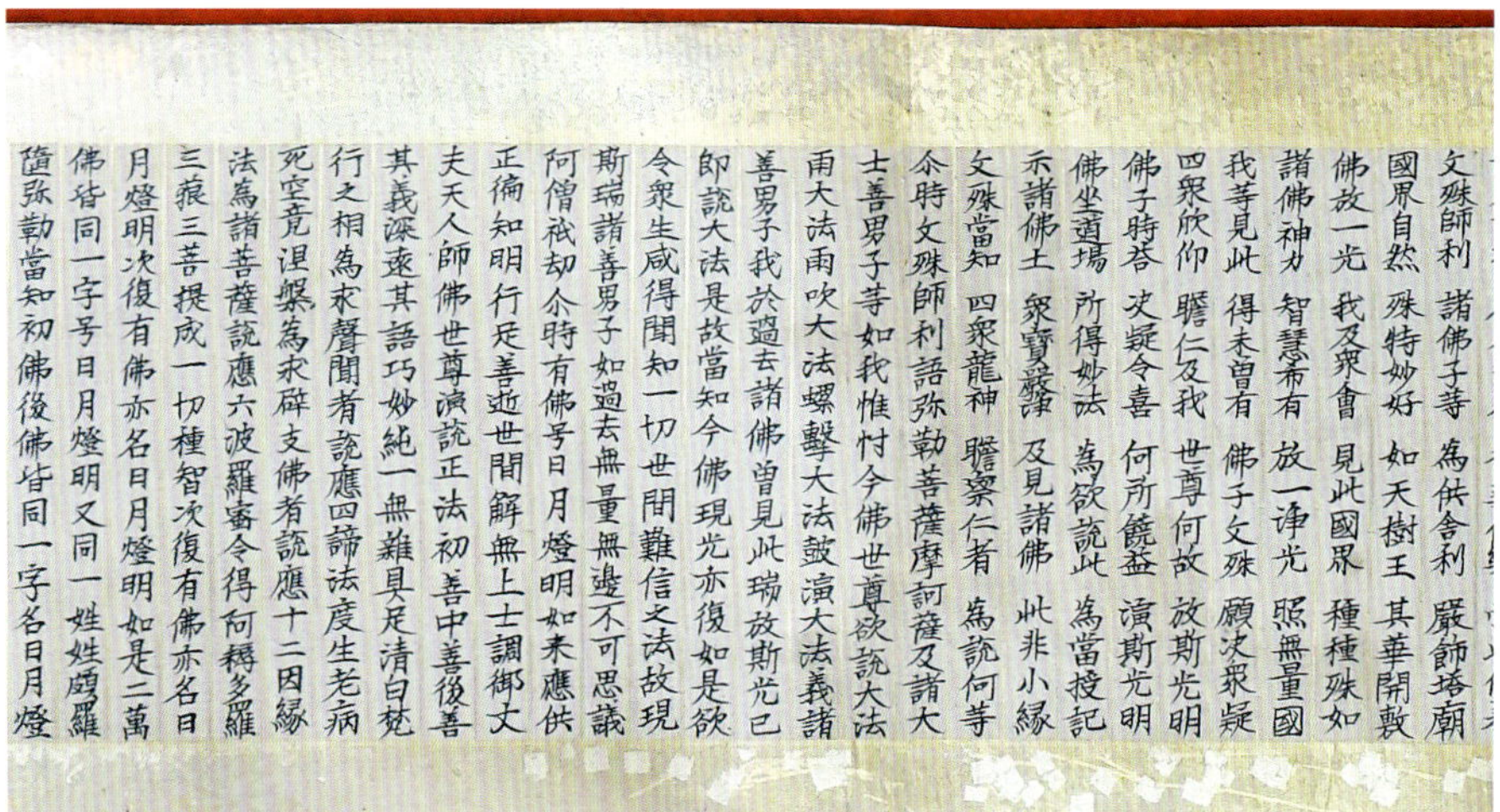

2　細字法華経　一巻　書写年代不明（表紙見返しと本紙の継目に生知院日述の署名花押あり）

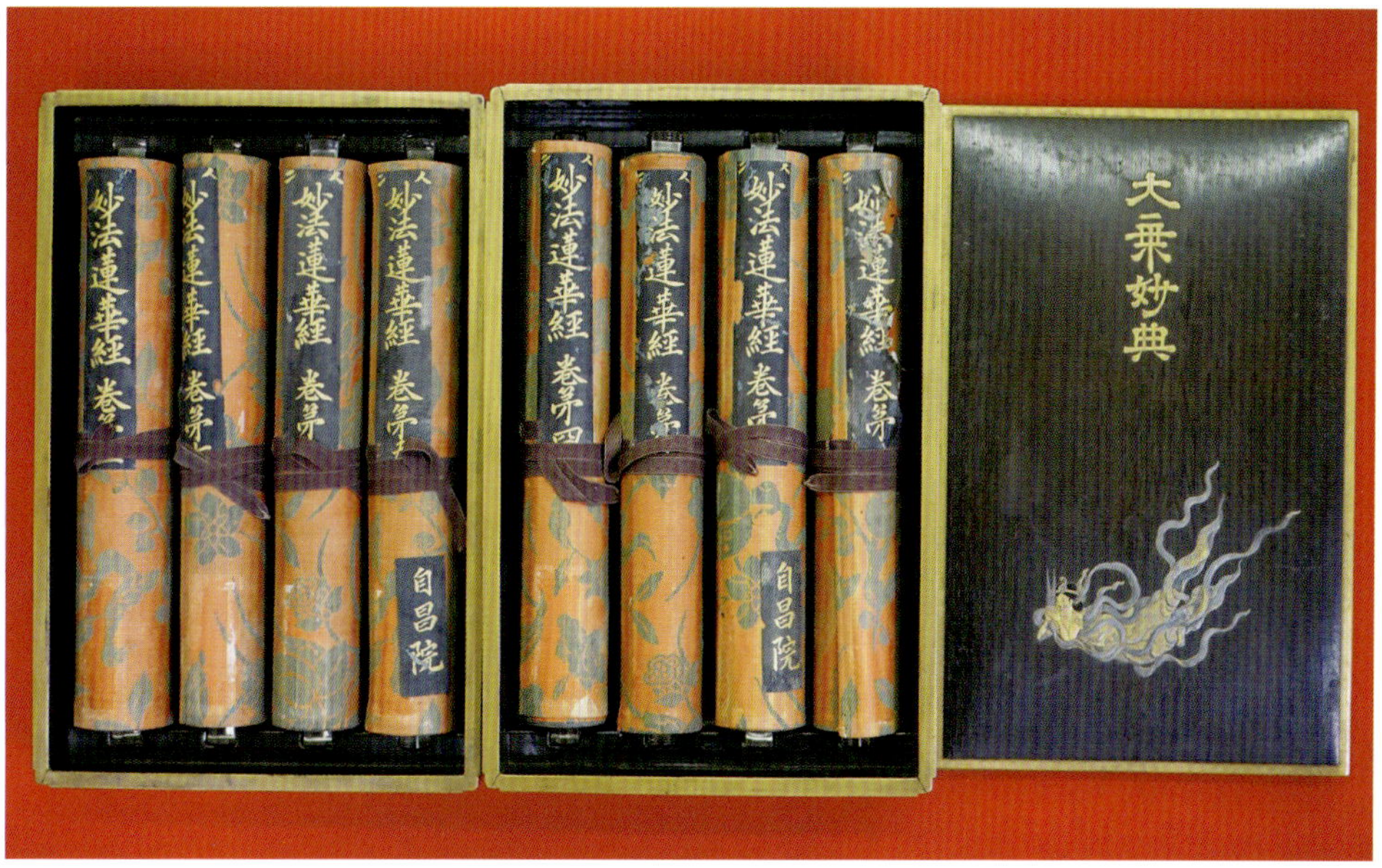

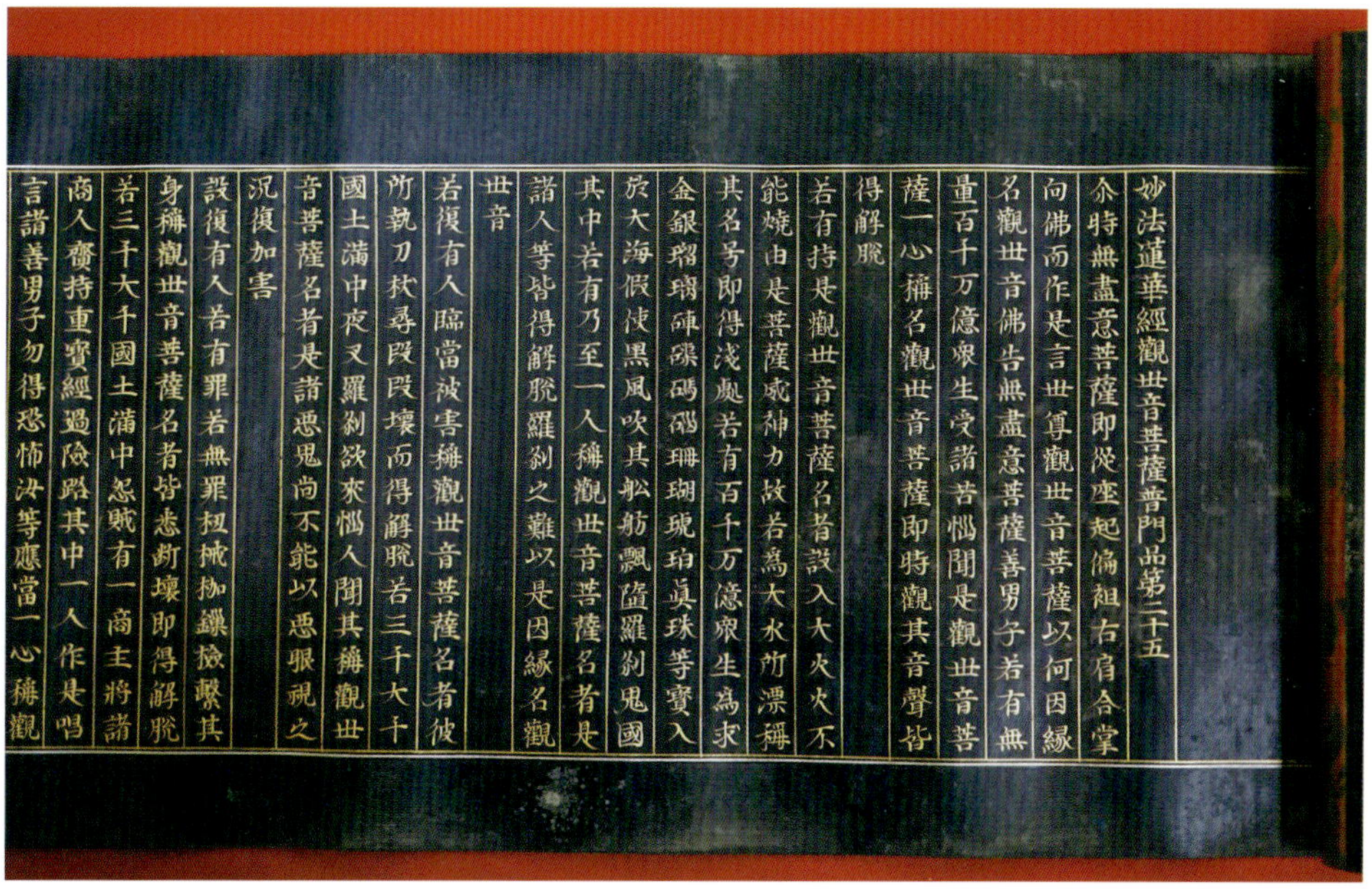

3
妙法蓮華経　八巻　寛文四年（一六六四）五月廿七日書写　自昌院　四十六歳

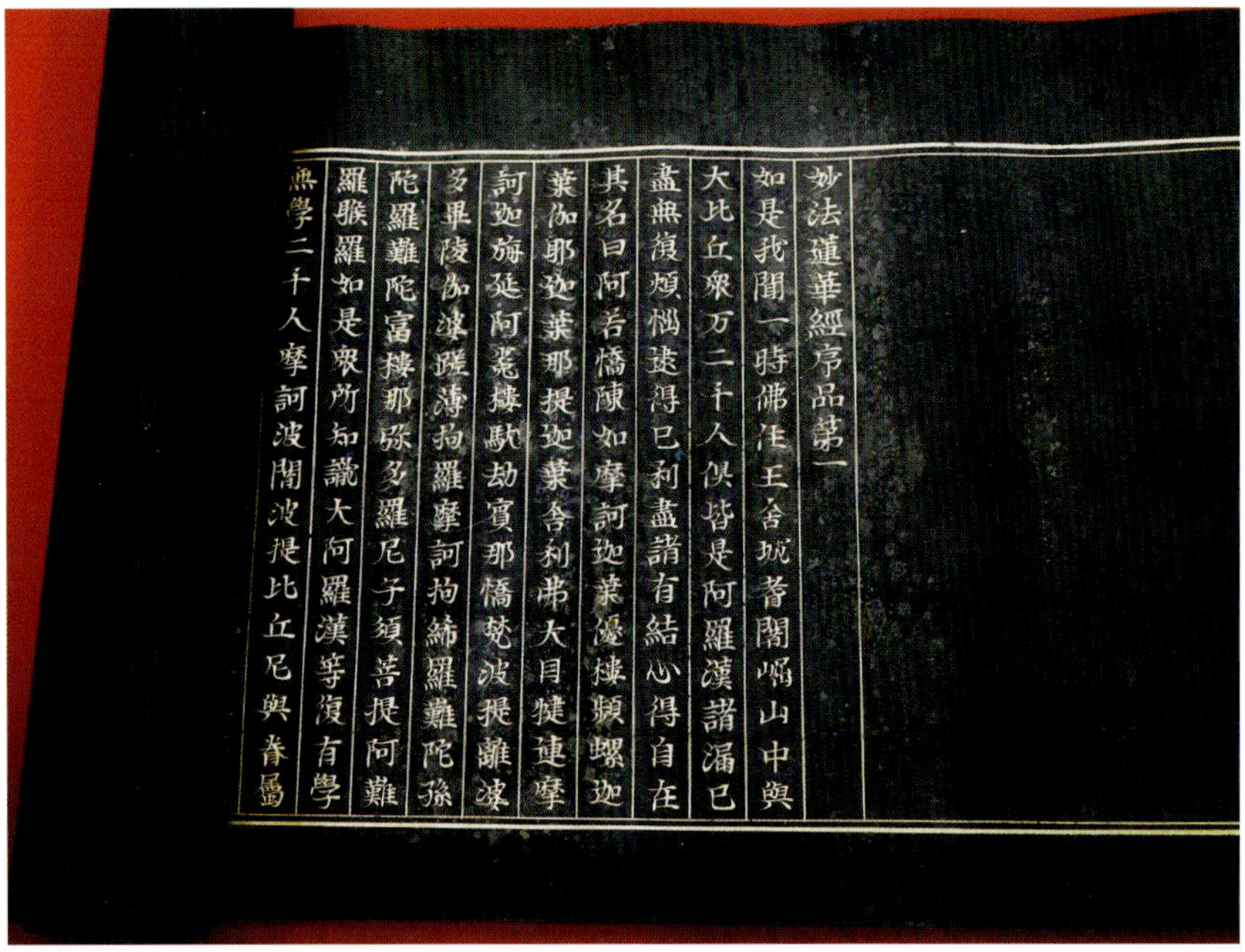

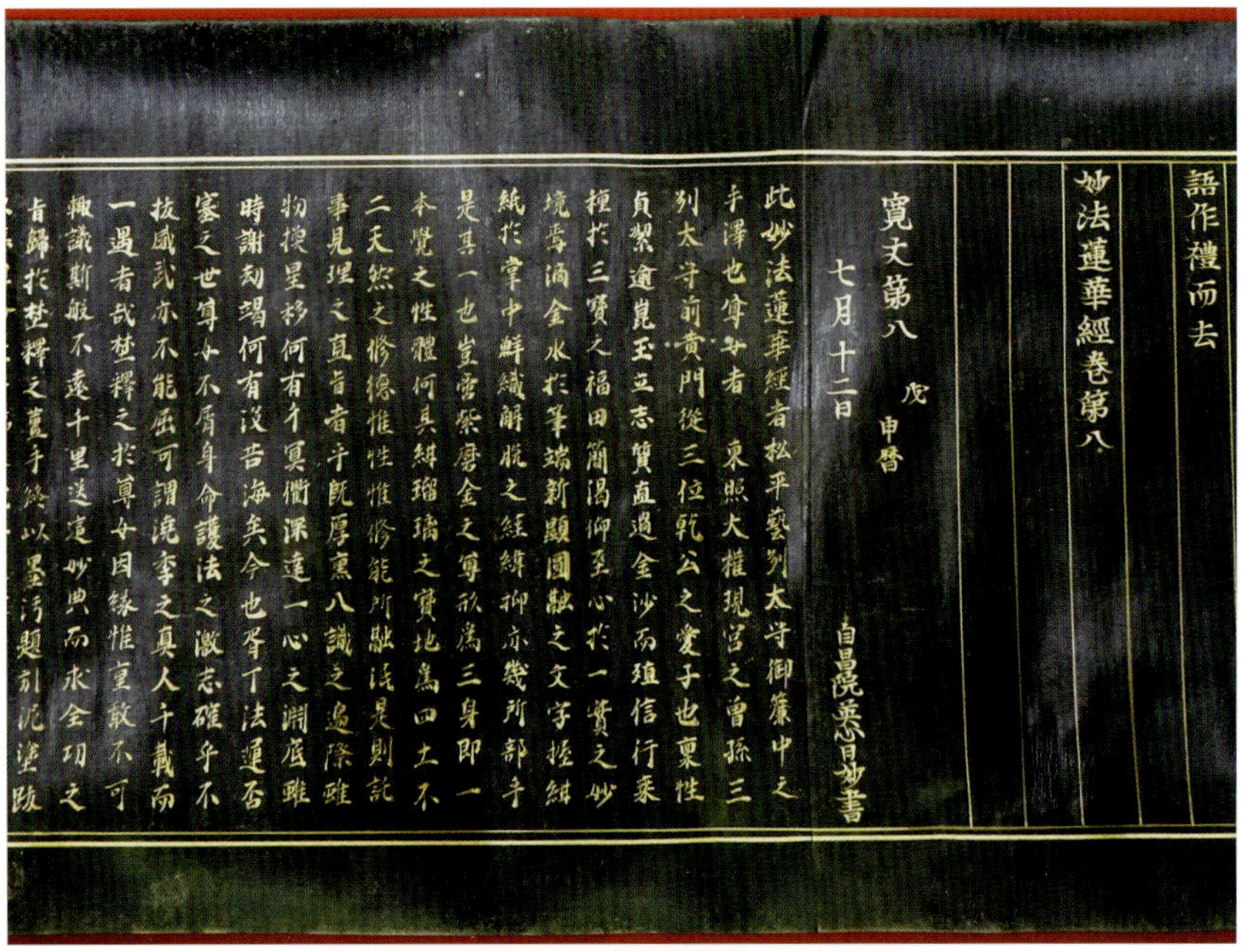

4
妙法蓮華経　八巻　寛文八年（一六六八）七月十二日書写　自昌院　四十九歳

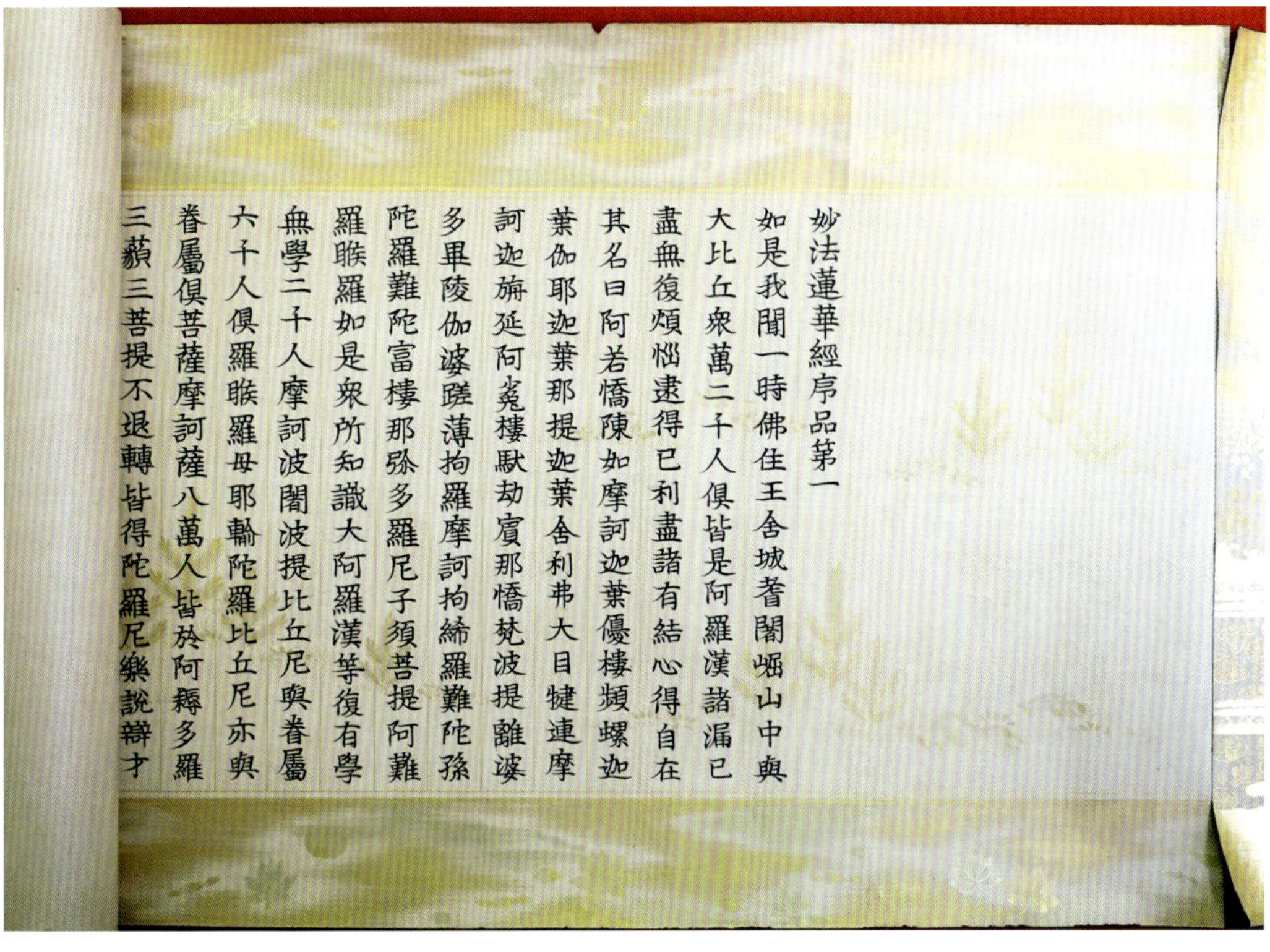
妙法蓮華經序品第一
如是我聞一時佛住王舎城耆闍崛山中與
大比丘衆萬二千人倶皆是阿羅漢諸漏已
盡無復煩惱逮得已利盡諸有結心得自在
其名曰阿若憍陳如摩訶迦葉優樓頻螺迦
葉伽耶迦葉那提迦葉舎利弗大目犍連摩
訶迦旃延阿㝹樓馱劫賓那憍梵波提離婆
多畢陵伽婆蹉薄拘羅摩訶拘絺羅難陀孫
陀羅難陀富樓那彌多羅尼子須菩提阿難
羅睺羅如是衆所知識大阿羅漢等復有學
無學二千人摩訶波闍波提比丘尼與眷屬
六千人倶羅睺羅母耶輸陀羅比丘尼亦與
眷屬倶菩薩摩訶薩八萬人皆於阿耨多羅
三藐三菩提不退轉皆得陀羅尼樂説辯才

5　妙法蓮華経　八巻　書写年代不明

6
妙経普門品　一帖　書写年代不明

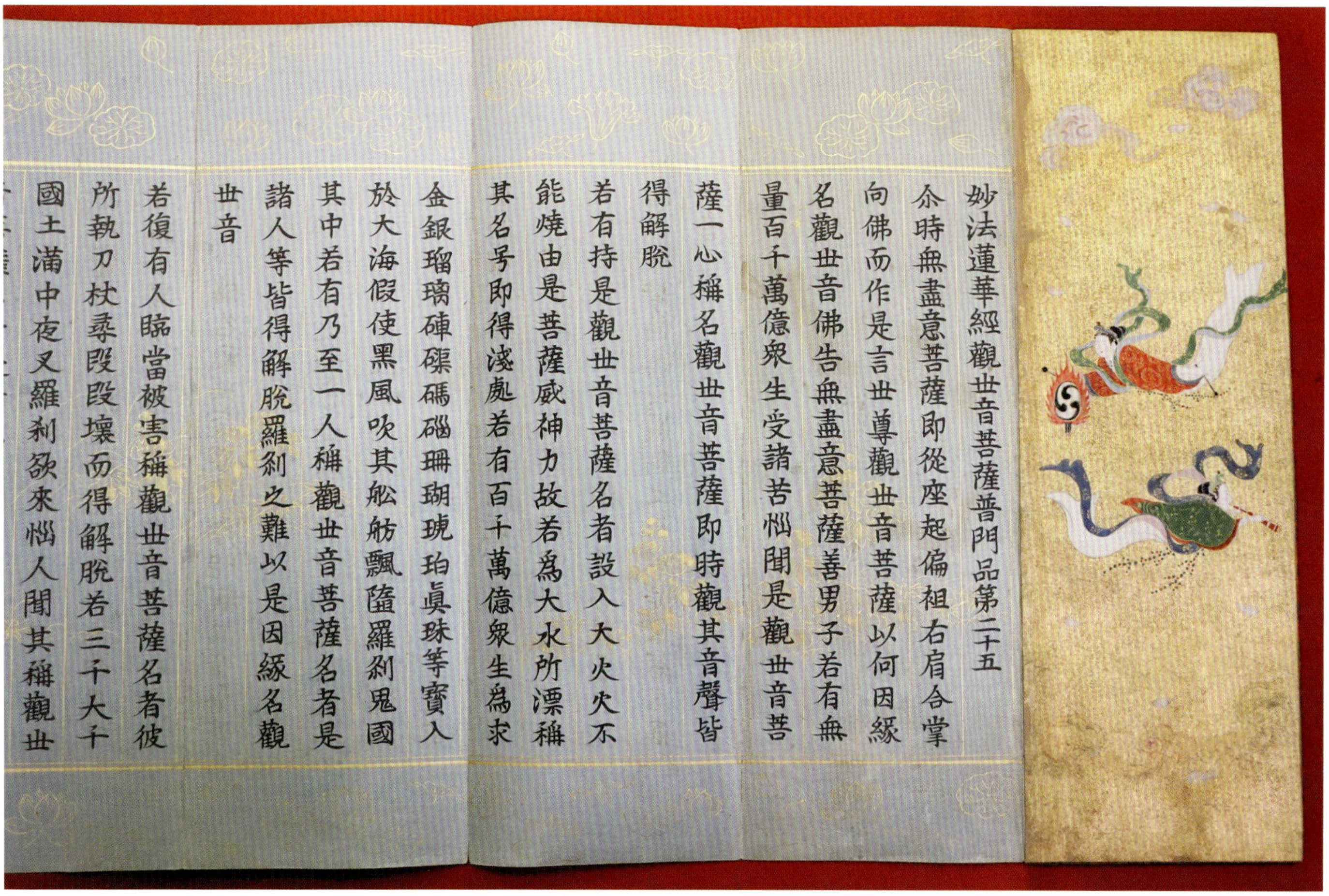
妙法蓮華經觀世音菩薩普門品第二十五
尒時無盡意菩薩即從座起偏袒右肩合掌
向佛而作是言世尊觀世音菩薩以何因緣
名觀世音佛告無盡意菩薩善男子若有無
量百千萬億衆生受諸苦惱聞是觀世音菩
薩一心稱名觀世音菩薩即時觀其音聲皆
得解脱
若有持是觀世音菩薩名者設入大火火不
能燒由是菩薩威神力故若爲大水所漂稱
其名号即得淺處若有百千萬億衆生爲求
金銀瑠璃硨磲碼碯珊瑚琥珀眞珠等寶入
於大海假使黒風吹其船舫飄墮羅刹鬼國
其中若有乃至一人稱觀世音菩薩名者是
諸人等皆得解脱羅刹之難以是因緣名觀
世音
若復有人臨當被害稱觀世音菩薩名者彼
所執刀杖尋段段壞而得解脱若三千大千
國土滿中夜叉羅刹欲來惱人聞其稱觀世

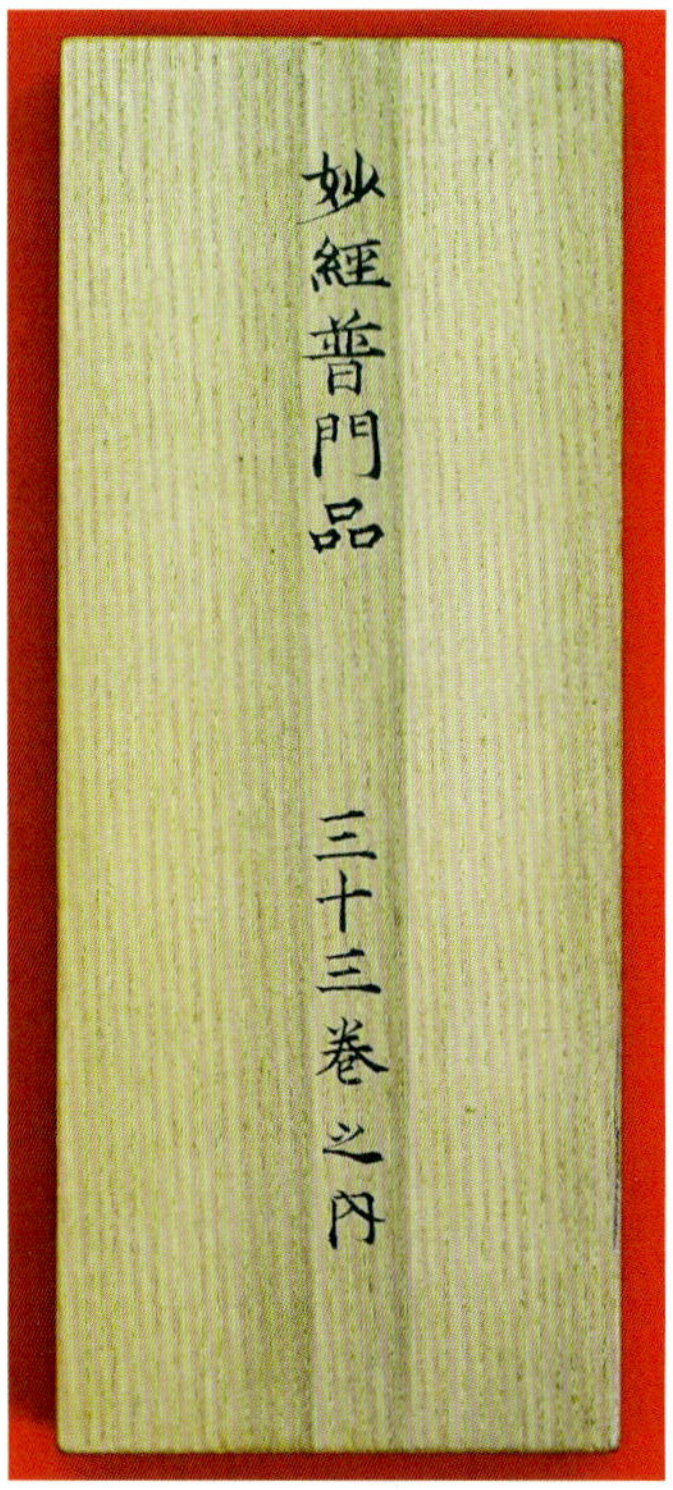
妙經普門品
三十三巻之内

妙經普門品

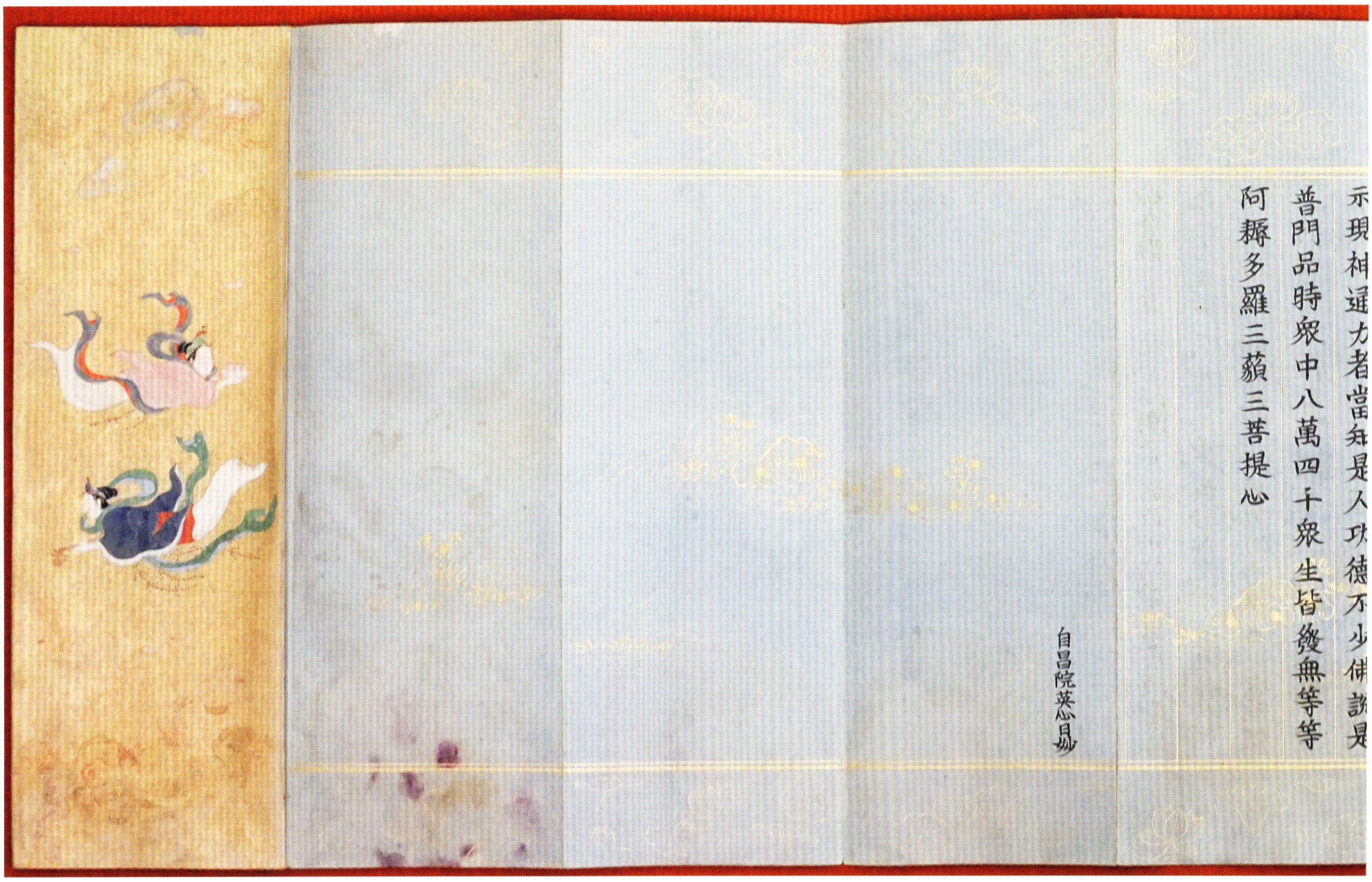
示現神通力者當知是人功徳不少佛説是
普門品時衆中八萬四千衆生皆發無等等
阿耨多羅三藐三菩提心
自昌院英心

外
開眼
日眼

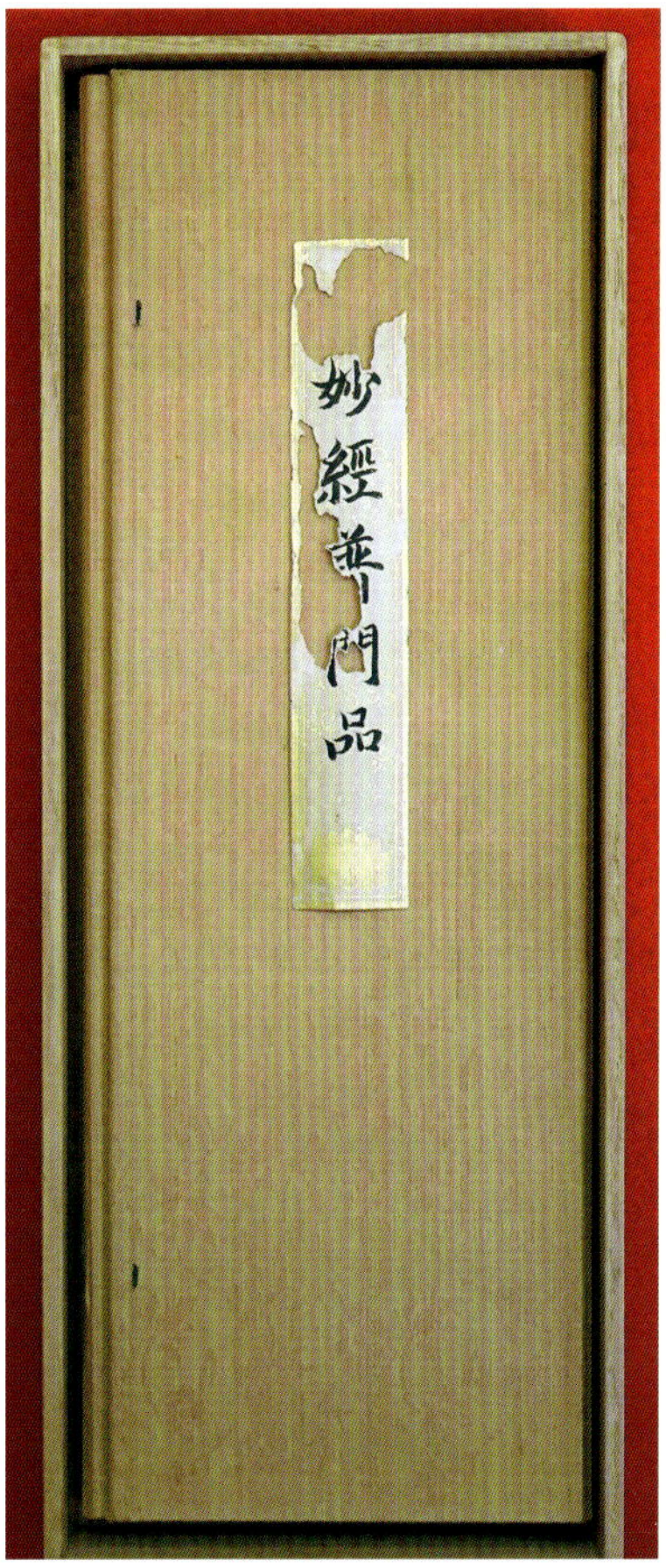
妙經普門品

7
法華経要品　一巻　元禄第八年（一六九五）書写初冬　自昌院　七十六歳

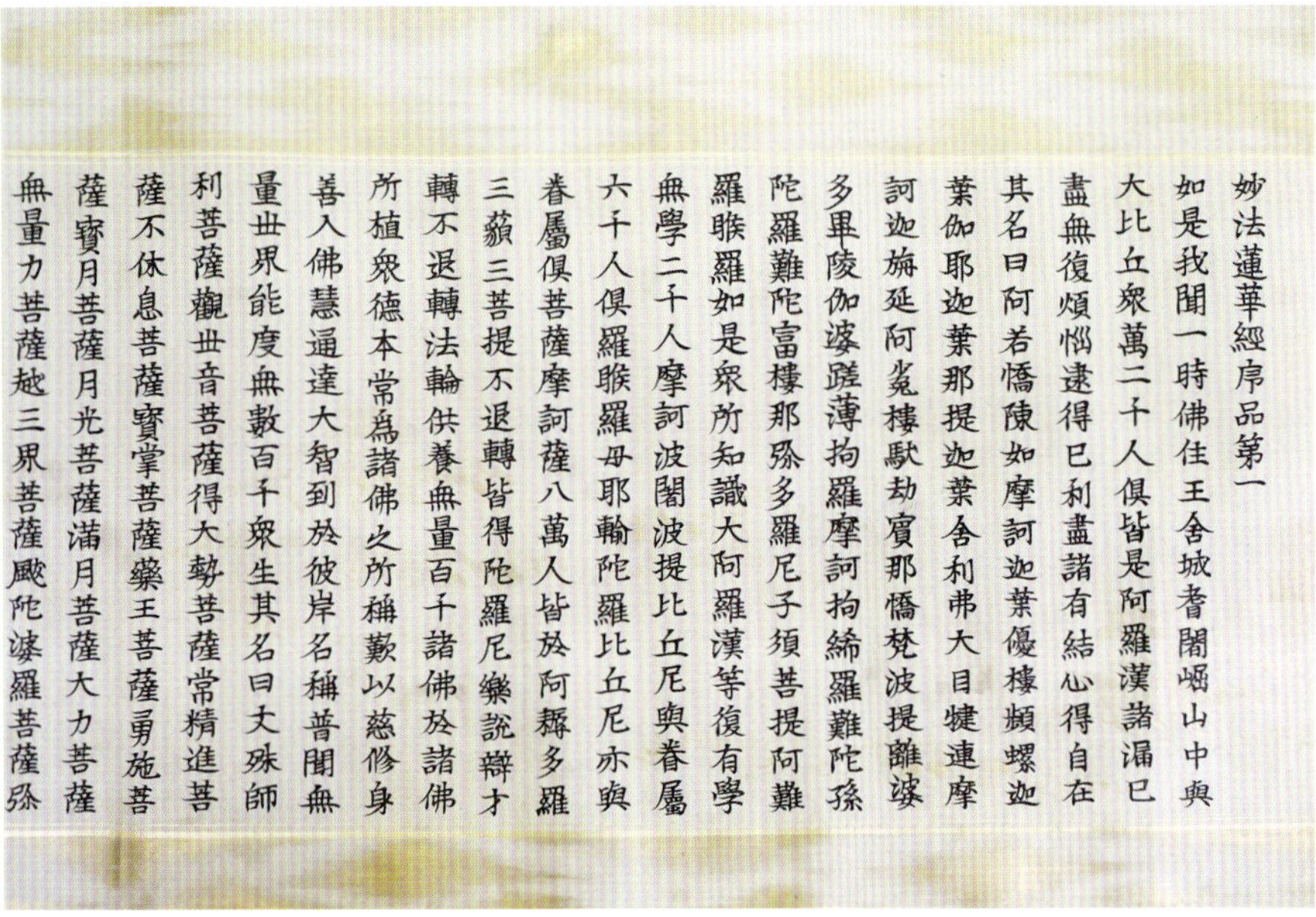
妙法蓮華經序品第一
如是我聞一時佛住王舍城耆闍崛山中與
大比丘衆萬二千人倶皆是阿羅漢諸漏已
盡無復煩惱逮得已利盡諸有結心得自在
其名曰阿若憍陳如摩訶迦葉優樓頻螺迦
葉伽耶迦葉那提迦葉舎利弗大目犍連摩
訶迦旃延阿㝹樓駄劫賓那憍梵波提離婆
多畢陵伽婆蹉薄拘羅摩訶拘絺羅難陀孫
陀羅難陀富樓那彌多羅尼子須菩提阿難
羅睺羅如是衆所知識大阿羅漢等復有學
無學二千人摩訶波闍波提比丘尼與眷屬
六千人倶羅睺羅母耶輸陀羅比丘尼亦與
眷屬倶菩薩摩訶薩八萬人皆於阿耨多羅
三藐三菩提不退轉皆得陀羅尼樂説辯才
轉不退轉法輪供養無量百千諸佛於諸佛
所植衆徳本常為諸佛之所稱歎以慈修身
善入佛慧通達大智到於彼岸名稱普聞無
量世界能度無數百千衆生其名曰文殊師
利菩薩觀世音菩薩得大勢菩薩常精進菩
薩不休息菩薩寶掌菩薩藥王菩薩勇施菩
薩寶月菩薩月光菩薩滿月菩薩大力菩薩
無量力菩薩越三界菩薩颰陀婆羅菩薩彌

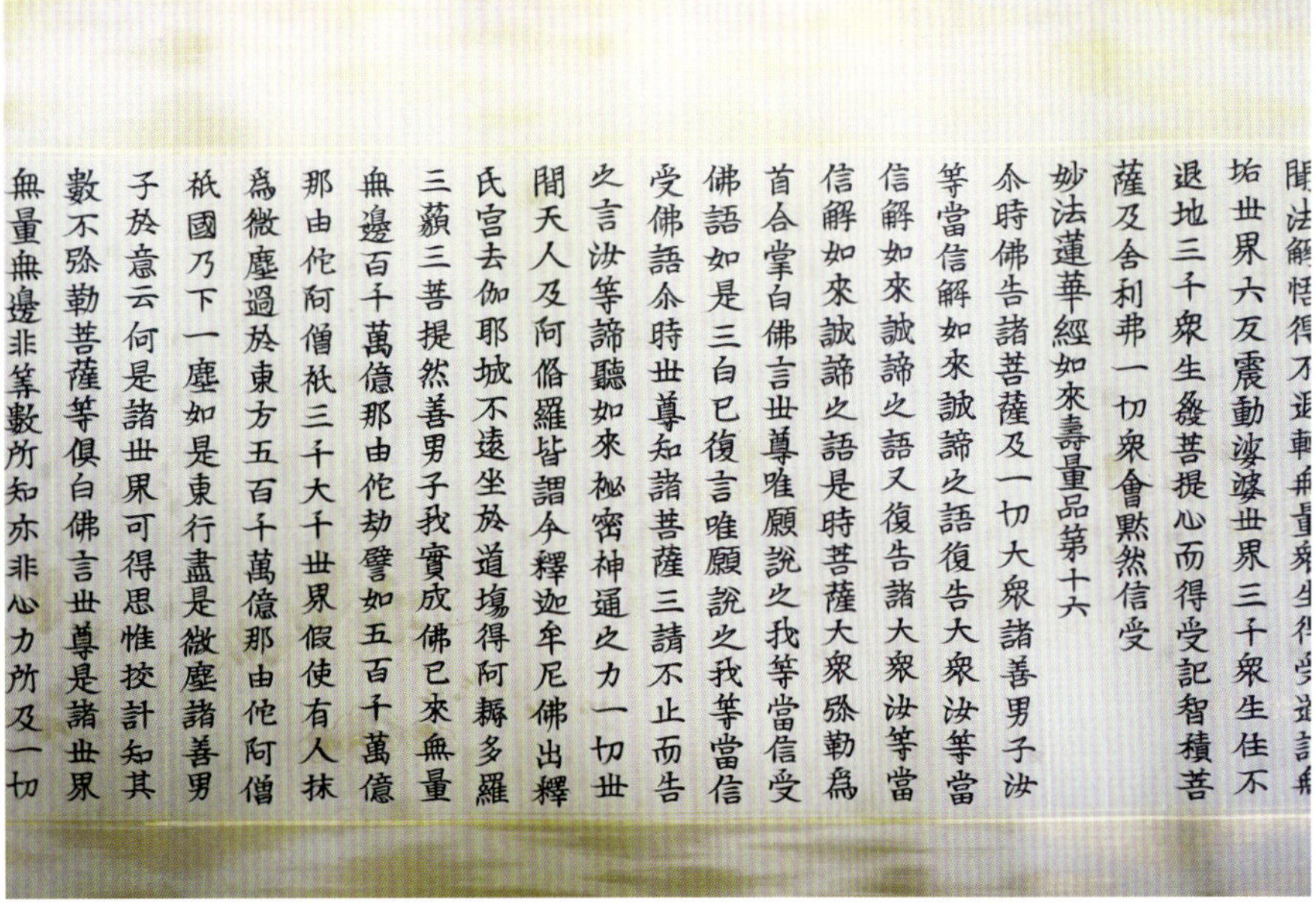
聞法解悟得不退轉無量衆生得受道記
垢世界六反震動娑婆世界三千衆生住不
退地三千衆生發菩提心而得受記智積菩
薩及舎利弗一切衆會黙然信受
妙法蓮華經如來壽量品第十六
爾時佛告諸菩薩及一切大衆諸善男子汝
等當信解如來誠諦之語復告大衆汝等當
信解如來誠諦之語又復告諸大衆汝等當
信解如來誠諦之語是時菩薩大衆彌勒為
首合掌白佛言世尊唯願説之我等當信受
佛語如是三白已復言唯願説之我等當信
受佛語爾時世尊知諸菩薩三請不止而告
之言汝等諦聽如來祕密神通之力一切世
間天人及阿脩羅皆謂今釋迦牟尼佛出釋
氏宮去伽耶城不遠坐於道場得阿耨多羅
三藐三菩提然善男子我實成佛已來無量
無邊百千萬億那由他劫譬如五百千萬億
那由他阿僧祇三千大千世界假使有人抹
為微塵過於東方五百千萬億那由他阿僧
祇國乃下一塵如是東行盡是微塵諸善男
子於意云何是諸世界可得思惟挍計知其
數不彌勒菩薩等倶白佛言世尊是諸世界
無量無邊非筭數所知亦非心力所及一切

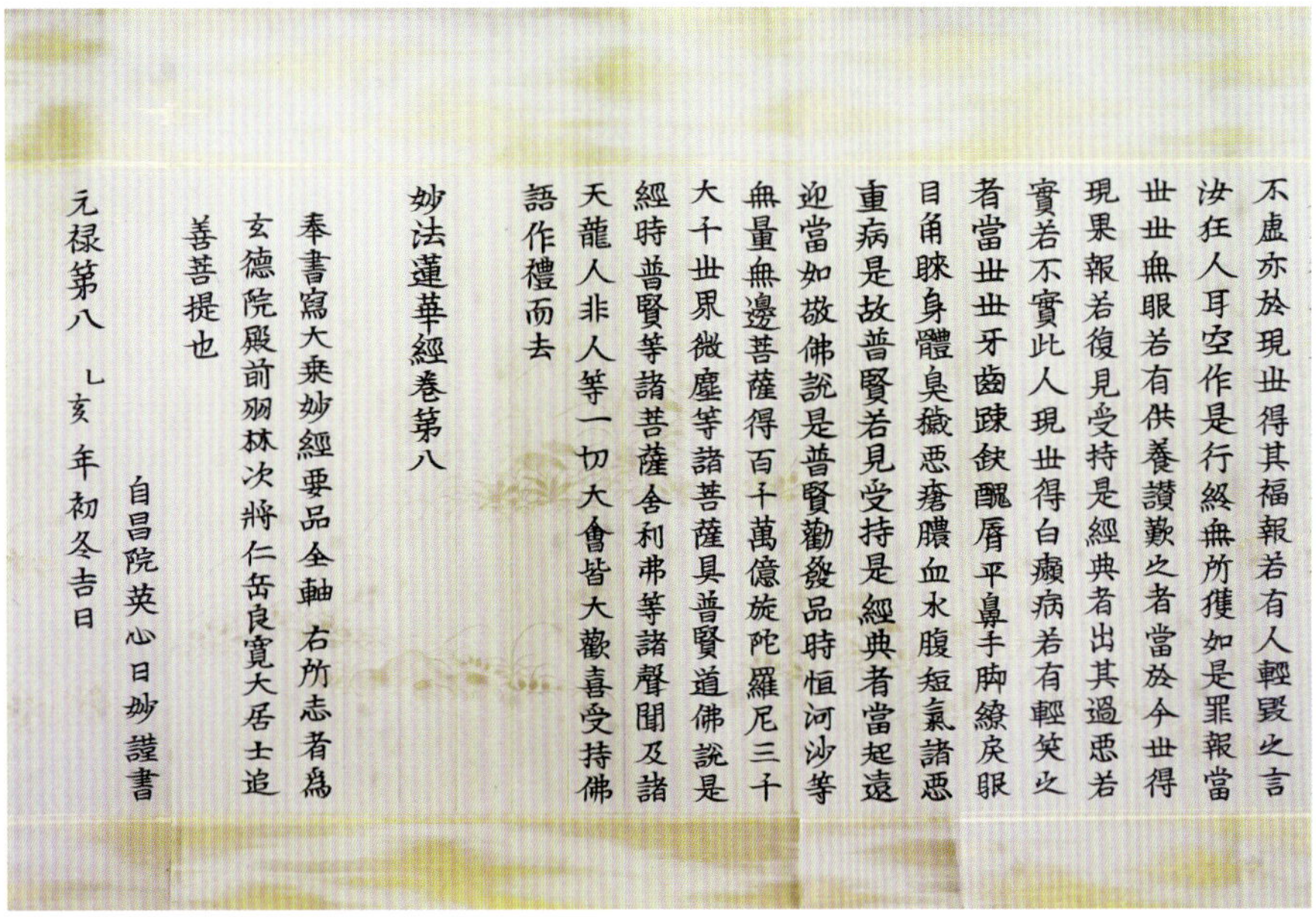
不虚亦於現世得其福報若有人輕毀之言
汝狂人耳空作是行終無所獲如是罪報當
世世無眼若有供養讃歎之者當於今世得
現果報若復見受持是經典者出其過悪若
實若不實此人現世得白癩病若有輕笑之
者當世世牙齒踈缺醜脣平鼻手脚繚戻眼
目角睞身體臭穢悪瘡膿血水腹短氣諸悪
重病是故普賢若見受持是經典者當起遠
迎當如敬佛説是普賢勸發品時恒河沙等
無量無邊菩薩得百千萬億旋陀羅尼三千
大千世界微塵等諸菩薩具普賢道佛説是
經時普賢等諸菩薩舎利弗等諸聲聞及諸
天龍人非人等一切大會皆大歡喜受持佛
語作禮而去

妙法蓮華經巻第八

奉書寫大乘妙經要品全軸　右所志者為
玄徳院殿前羽林次將仁岳良寛大居士追
善菩提也
自昌院英心日妙謹書
元禄第八乙亥年初冬吉日

地誌に見る鬼子母神堂参詣

小谷量子

天保五年（一八三四）に出版された『江戸名所図会』に描かれた鬼子母神堂と現在の鬼子母神堂を比べながら、歩いてみましょう。『江戸名所図会』では、南から北に向かって参道が伸びています。これは現在も変わりません。参道に並ぶ欅の木は、地主の長嶋内匠助が寄進したと『江戸名所図会』に記されています。欅並木が終わるあたりに、一の鳥居がありました。一の鳥居を潜ると、参道は直角に西に曲がります。その角に、石灯籠が描かれ、「大門」とあります。参道の両脇は、茶屋が多く描かれています。鳥居の東側に、蝶屋、参道が曲がる角の東には、武蔵屋という料亭が在りました（『新編若葉の梢』）。

文政九年（一八二六）に「鬼子母神門前」の名主が幕府に提出した『地誌御調書上』は、天正六年（一五七八）の頃に百姓家が二・三軒あったが、田を持っていない者は水茶屋を商うようになり、宝永七年（一七一〇）に幕府の役人による見分が行われ、商家として正式に認められたとしています。そして、町内の総家数は南北両側十一軒とあります。一の鳥居で「雑司ヶ谷町大門」と「鬼子母神門前」に分かれていました（『若葉の梢』）。

『遊歴雑記』（津田大浄著　小日向水道端　廓然寺四世）には、文政三年（一八二〇）九月に、鬼子母神堂に遊んだ記録があります。当夏鬼子母神別当大行院が焼失し、普請の最中で、御会式が近いので急いでいるようだとしています。そして、小茗荷仲（沖）右衛門の酒楼で飲食しました。津田大浄が壮年の頃は、鳥居の前に「大茗荷」という有名な酒楼があったが、今は衰微して小茗荷が繁昌しているとしています。歌川広重が描いた『江戸高名会亭尽　雑司ヶ谷之図』（豊島区立郷土資料館蔵、天保年間刊）に茗荷屋が描かれています。これは、小茗荷屋と思われます。津田大浄が昼過ぎから夜まで酒宴をしたとしている二階の軒先に「茗荷屋」の提灯が並んでいます。小茗荷屋は、欅並木入り口西側にありました（『新編若葉の梢』）。また、欅並木にあった橘屋の蕎麦と、社地を離れた東方藪の中にある戸張喜惣次の藪蕎麦も名物でした。現在東京に多くある「藪蕎麦」は喜惣次の蕎麦が始めではないかとされています（『新編若葉の梢』）。

『江戸名所図会』には、松尾芭蕉の門弟宝井其角の「雑司ヶ谷にて　山里は人をあられの花見かな」の句が載っています。『江戸名所図会』に、「当山は、花の名所なり。近年境内に桜数多植えて、往古に復せしめんとす。」とあり、参道や稲荷社近辺、本堂北側に桜が描かれています。大久保善左衛門という与力が、二百本の桜を鬼子母神門前に植えたと言われています（『若葉抄』）。

境内に入るところに、青銅製の二の鳥居があり額がありました。額は本阿弥光悦の門人日光（日元或は日亭の説有）上人の筆で、市ヶ谷講中が奉納しました（『江戸名所図会』『若葉抄』）。

鳥居のそばに石灯籠が描かれています。これは現在もあり、灯籠には、次のように刻まれています。

南側灯籠　寛政十年（一七九八）戊午九月吉日　外桜田願主篠原氏

北側灯籠　戊午寛政十年九月吉祥日　呉服橋御門外石方六兵衛

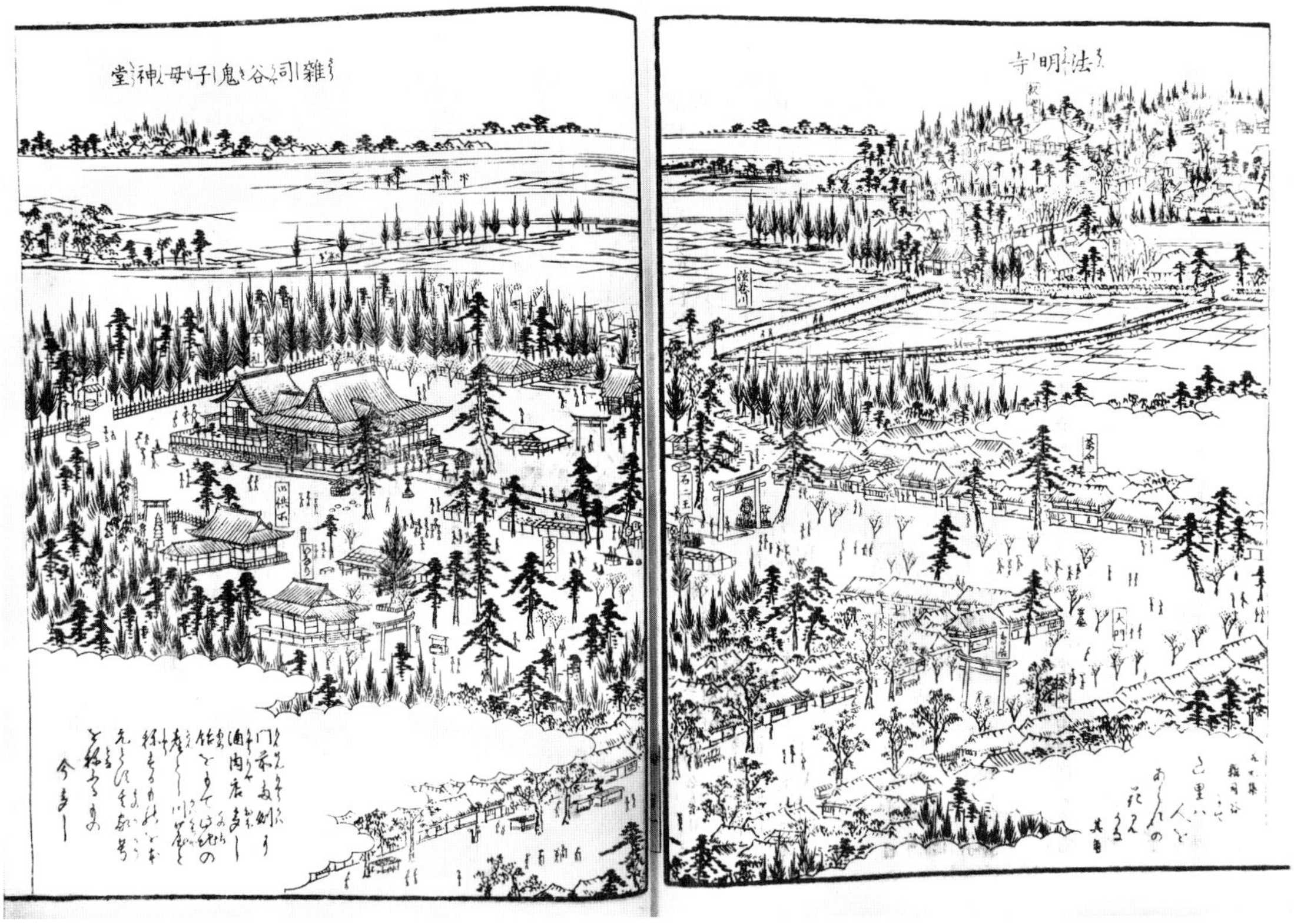

図1　鬼子母神堂（『江戸名所図会』斎藤長秋／編；長谷川雪旦／画　須原屋伊八、天保7年、日本女子大学蔵）

外桜田は、江戸城桜田門外の一帯で、井伊掃部家の屋敷、三宅坂の由来となった三宅土佐守家（三河田原藩主）などが立ち並ぶ武家屋敷地でした。呉服橋門外は町人地です。二つの灯籠は形が異なっています。

『江戸名所図会』には描かれていませんが、石灯籠のそばに**百度石**があります。

　三代目　花友　印　たゝたのめちかひに立る百度石　世にもうこかぬし
　るしとそなれ

と刻まれています。台石に「維弘稔孟」の字が刻まれています。地中に埋もれた部分にも文字があると思われます。三代目藤川花友は幕末の女形歌舞伎役者で、役者絵が早稲田演劇博物館にあります。

　この歌は、一条兼良『藤河の記』にある「さはぎたつ世にもうごかぬいし山は　げにあひがたきちかひなりけり」を本歌取りしています。『藤河の記』は、一条兼良が、応仁・文明の乱を避けて奈良に避難していた文明五年（一四七三）、美濃の守護代斉藤妙椿の求めに応じて下向した時の紀行記です。一条兼良は関白となり、随一の博学をもって知られていましたが、応仁・文明の乱で蔵書をほとんど失い、息子の興福寺大乗院尋尊の許に身を寄せていました。所領も武士に横領され困窮し、美濃への下向も「身の代衣《しろころも》（身を売った代金で買った衣）」と序文にあり、金銭援助を引き出すための屈辱的な旅でもありました。この歌は途中石山寺で詠んだ歌で、「騒ぎたつ世」は応仁・文明の乱をさしています。

　藤川花友は、名字と同名である「藤河（関ケ原町藤古川、関の藤河）」からこの歌を選んだのでしょう。また、花友の時代は、幕末維新の動乱期でした。大阪から江戸に下り、市村座に出ていた頃建立したのではないかと思われます。花友にとっても江戸下向は金銭を得るためだったのかもしれません。鬼子母神を石山観音に見立てたものではないでしょうか。

　百度石の東に、**仁王像**があります。これは、『江戸名所図会』にも「石二王」と描かれています。鬼子母神堂本殿を造立した自昌院（満姫、前田利常（加賀前田家三代藩主）の娘、安芸二代藩主浅野光晟室）が、戸山盛南寺から移したと『江戸名所図会』にあります。仁王像台石に「元禄九年丙子七月二十八日」と刻まれています。鬼子母神堂本殿が寛文四年（一六六四）、拝殿・幣殿が元禄十三年（一七〇〇）建立ですので（上野勝久「法明寺鬼子母神堂の建築について」）、ほぼ同じ頃この地に建てられたと思われます。

仁王像の南に**大銀杏**があります。案内板に「鬼子母神の公孫樹、樹齢六百年以上」とあります。『江戸名所図会』は、稲荷明神の社前に「子授け銀杏」があるとし、稲荷社前に柵で囲まれた大木を描いています。

大銀杏を囲むように、**武芳稲荷社**の鳥居が並んでいます。『雑司谷鬼子母神略縁起』（法明寺蔵）によれば、古よりあった稲荷の社跡という林に天正六年（一五七八）、鬼子母神の祠を建てたとしています。『江戸名所図会』は、稲荷社は地主の神であるとし、東面した稲荷社と鳥居、灯籠、手水鉢が描かれています。現在は三十五本の鳥居があり、社殿は北面しています。手水鉢もありませんが、大正十四年に建てられた稲荷防火用貯水池碑があります。

『江戸名所図会』は、**川口屋の飴**をこの地の名産とし、「あめや」と書き込みがあります。正徳（一七一一～一七一五）の頃から売り初めました。弦巻川に因み「川口屋」の屋号を着け、鶴丸の紋を付けた袋で売りました。「川口屋」は数軒ありましたが、「川口屋忠治」が有名で、将軍御成などの御用は、忠治に限られていました（『地誌御調書上』）。

『江戸名所図会』には、参道に一対の石灯籠が描かれています。現在参道には、**三対の石灯籠**が並んでいます。建立年と奉納者が刻まれています。参道の手前から順に、見ていきましょう。

灯籠（四角）　北側　元文三年（一七三八）戊午歳十月吉辰　別当大行
院権律師　日詠　本願主音羽町　上州屋喜兵衛　鹿
野屋喜兵衛　上州屋平左衛門　上州屋喜平治　小日
向水道町　上総屋新助　社地門前　碇屋権兵衛　万
屋伴助　川口屋伊兵衛　川口屋忠治郎

南側　享保八年（一七二三）癸卯歳八月大吉祥日　別当大行
院権律師　日英　日本橋万町講中　雑司谷門前講中

灯籠（小型）　北側　元禄四年（一六九一）辛未稔七月二十八日　本願
主牛込講中
宝暦六年（一七五六）丙子五月十八日再興之　雑
司谷講中

南側　元禄四年（一六九一）辛未歳七月二十八日　本願主
小石川指谷町講中
宝暦六年（一七五六）丙子五月十八日再興之　雑
司谷講中

灯籠
昭和五十五年（一九七八）四月

灯籠の北に**大黒堂**があります。大黒堂の場所に、『江戸名所図会』では**鷺明神**があり、鳥居もありました。疱瘡の守護神としています。正徳二年（一七一二）に、千歳橋付近にあった松平出羽守（松江藩主松平宣維）の下屋敷で、嫡子万千代（三歳）が疱瘡を罹った時、出雲から勧請したと伝え、神社前庭の小石を拾いお守りとしました（『若葉抄』『江戸名所図会』）。

「鷺明神」脇の道が二手に分かれ、**大行院**と**法明寺**へ続いていました（『新編若葉の梢』）。大行院は前田利家創建と伝えられ、鬼子母神堂別当を勤めていましたが、後に法明寺と合併しました（『新編若葉の梢』）。道の両脇は田畑で、法明寺には仁王門があり、門前には**弦巻川**が流れていました。弦巻川は現在の元池袋史跡公園付近にあった丸池を水源とする川でした。この池から亀が袋を背負って出たので、池袋村と名付けたと言われます（『新編若葉の梢』）。明和九年（一七七二）、雑司ヶ谷村名主勘右衛門が代官所に提出した絵図には、丸池から流れ出る弦巻川と川に沿って田が広がる様子が描かれています。しかし、明治四十二年発行の国土地理院測図では、丸池は既に見えず、鬼子母神堂西の田から川が始まっています。丸池があった辺りは、袋状の谷になっています。法明寺仁王門より上は布引川とも称したと伝えられます。

鬼子母神堂拝殿前に**狛犬**、**水鉢**、**天水炉槽**があります。水鉢には次の様な文字が見えます。

元禄八年（一六九五）乙亥十月吉日　願主武州江戸福知氏

拝殿前天水炉槽は、文化元年（一八〇四）に建造されましたが、太平洋戦争末期金属回収により供出し、昭和四十年再興されました。『江戸名所図会』にも天水炉槽が描かれています。

拝殿の南東に**法不動**があります。昭和三十一年に「鬼子母神境内茶屋を偲ぶ会」が制作した明治大正頃を復元した地図では、参道に沿った場所に法不動があります（『新編若葉の梢』）。『江戸名所図会』では現在の法不動の位置に、**御供所**（御供え物等を用意する所）があり、柵で囲まれた一角でした。御供所は戦後法明寺に移築され、祖師堂（安国堂）になりました（『新編若葉の梢』）。鬼子母神堂は戦災を免れましたが、法明寺は全山焼失しました。昭和二十二年の航空写真では、鬼子母神堂以北は、ほぼ全て焼けていますが、鬼子母神堂以南は、被害を受けていません。鬼子母神堂の森が火を食い止めたのでしょうか。

御供所西側に鳥居と石塔、灯籠が描かれています。鳥居や灯籠は現在ありませんが、**一字一石妙経塔**があります。南面に以下の字が刻まれています。

浮図不知何人起□年久壊圮極　矣寛政辛亥夏　重修之　旦取手書妙経一枚
一字石□六万九千三百八十四　以蔵諸下其修（功）□徳者為誰　居士不白也
（居）□士者南紀人姓川上号孤峰蓋喫茶家之聞人也　別当日慈

川上不白は、紀州藩家老水野家茶頭として、表千家流を江戸に広めた茶人で、不白流の開祖です。壊れていた仏塔を寛政三年（一七九一）に修復し、六万九千三百八十四の石に、一字ずつ法華経の文字を書いて納めたとあります。徳川夢声（一八九四～一九七一）や長崎抜天（一九〇四～一九八一）らが、野立の茶会をするために、一字一石妙経塔を東方に数メートル移動させたと伝えられます（三吉朋十『雑司谷　鬼子母神』）。現在は、近くに表千家都流三世家元荒木草栄が奉納した茶釜があります。

近くの木の根元に、**力石**が八個あります。「江戸名所図会」では拝殿と御供所の間に丸い物が五つ描かれています。これは、力石ではないでしょうか。長唄「近江のお兼（別名晒女）」では、へ色気白歯の団十郎娘　へ力だめしの曲持ちは　石でもござんせ　五十五貫はなんのその　と謡います。

御神木石榴の碑が力石の西にあります。六角形で、宝永五年（一七〇八）に建てられたものです。『江戸名所図会』には、このあたりに高い柱のようなものが描かれています。現在鬼子母神堂では、柘榴の絵馬が売られ、拝殿にも石榴の装飾が多くあります。

内陣の裏に**妙見大菩薩**があり、「北辰妙顕大菩薩」の石碑があります。北辰星（北斗七星）は、妙顕菩薩であるとされます（『若葉抄』）。七つ星のついた土鈴が社前に奉納されています。『江戸名所図会』にも妙見大菩薩の**鳥居**が描かれています。西から直接妙見堂へ入る口があるのは現在も変わりませんが、手水鉢は現在ありません。妙見堂灯籠に建立年と奉納者が刻まれています。

妙見堂石灯籠　元文四（一七三九）未年九月八日　造立之　　浅草講中
宝暦九（一七五九）卯年五月二十八日再興

妙顕堂の南西に、**帝釈天王搭**があります。『江戸名所図会』にも同形の搭が描かれています。搭には多くの文字が刻まれています。その中で特定できる人物・年を拾うと次のようになります。

願主　豊竹越前少掾　豊竹文字太夫
元禄十二己卯歳五月十六日造立
宝暦八戊寅歳四月十五日再興

明和二年乙酉歳　　改主　　若竹東工郎
俗名豊竹肥前掾　春応院丸蛙井居士
俗名豊竹越前掾　一音院真覚龍信日重居士
別当大行院十五世日圭代　于時宝暦八戊寅正月五日

豊竹肥前掾は、人形浄瑠璃の大阪豊竹座を退座し、元文三年（一七三八）に江戸肥前座を開場し、江戸義太夫節の流れを築いた人物で、宝暦八年（一七五八）正月五日に亡くなっています（祐田善雄「豊竹肥前掾論」『浄瑠璃史論考』）。帝釈天王搭には豊竹肥前掾の命日が刻まれています。越前少掾が建てた天王搭を、宝暦八年、豊竹肥前掾の百ヵ日に再建したことが分ります。

豊竹越前掾は、大阪道頓堀に、人形浄瑠璃豊竹座を創設した太夫です。明和元年（一七六四）九月十三日に八十四歳で亡くなっています。明和元年に、豊竹座の此太夫が人形遣いの若竹藤九郎（東工郎）と共に江戸へ下り、明和三年に帰阪しています。明和二年、豊竹座は歌舞伎芝居小屋となり、人形浄瑠璃豊竹座は途絶えました（桜井弘「豊竹座の動向と管専助」『岩波講座歌舞伎・文楽』九）。江戸にいる間、此太夫は江戸肥前座で活動しています。明和三年に此太夫は大阪に帰ると、大阪北堀江に豊竹座を再興しました。石碑に刻まれた明和二年は、人形浄瑠璃豊竹座が、歌舞伎小屋になった年であり、豊竹座創設者越前掾が亡くなった翌年にあたります。肥前座の座員は帝釈天王搭に月参していました。江戸に来ていた若竹東工郎が、この帝釈天王搭に、名前を刻んだものと思われます。また、帝釈天王搭の石瓶の水で眼病・痘瘡が平癒するというので、頂戴する者が多くいました（『若葉抄』）。

『江戸名所図会』にはありませんが、本堂の北に**山岡鉄舟の碑**があります。

衆生心水清　　菩提影現中
正四位　　山岡鉄太郎書

山岡鉄舟は、勝海舟・高橋泥舟と共に幕末の三舟と称される人物で、江戸無血開城に功績があった人物です。維新後は、県知事、天皇の侍従などを務めました。

『江戸名所図会』鬼子母神の茶屋の図では、土産物に、風車・薄で作った「みみずく」「角兵衛獅子」が、さんだわらに差し込まれて売られています。**風車**を皆買っていくので、この風車を持っていないと、鬼子母神詣ではないようになるまでに流行しました（『新編若葉の梢』）。現在**みみずく**は、法明寺みみずく会館で、「雑司ヶ谷すすきみみずく保存会」が講習会を開き、年配者から子どもまで多くの人が、みみずく作りを楽しんでいます。

角兵衛獅子の藁人形は、「くめ」という貧しい娘が作り始めたとされています。角兵衛獅子は越後の獅子舞で、十歳前後の子供が逆立ちなどの曲芸を舞い、親方が鼓を打って、詞を言います。「しちやかたばち、小桶でもてこい。スッテンテレツク庄助さん。なんばんくっても辛くもねえ。」と唄いました（『近世風俗志』）。鳥の羽がついた獅子頭を被り、腹に小鼓を付けた少年が逆立ちし、親方が太鼓を打つ絵が「江戸職人歌合」にあります。現在は新潟県新潟市南区月潟地区（旧月潟村）に保存会ができ、市の無形民俗文化財に指定されています（「市報にいがた」二〇一三年四月、二四〇九号）。

鬼子母神堂から護国寺方面に向かうと、**清土鬼子母神出現所**があります。法明寺蔵『雑司谷鬼子母神略縁起』によれば、永禄四年（一五六一）五月十六日に、当地の山本氏が草切の折、木像を見つけ東陽坊（大行院）日性に納めました。天正の頃（一五七三〜一五九二）、大行院日性に仕えていた僧が鬼子母神像を盗みますが、病に侵され鬼子母神像を送り返しました。

『新編江戸志』（近藤義休撰、寛政年間（一七八九〜一八〇一））には、四ッ谷村聖道の百姓十左衛門、善左衛門が、この地で木像を掘り出し、しばらく自宅の持仏としていましたが、不思議なことが多いので、法明寺の東陽坊に納めたとしています。

『南向茶話付追考』（酒井忠昌著、寛延四年（一七五一））は、巣鴨本村にある瑠璃山福蔵寺に盗人が入り、鬼子母神像やその他雑物を盗みましたが、清土の畠で盗んだ物を分け、鬼子母神像はここに捨てました。それを、村人の重右衛門・善右衛門らが見つけ、東陽坊（大行院）に納めたとしています。

鬼子母神出現所には、『江戸名所図会』に描かれた**星の清水三角井戸・釣瓶の滑車**が復元されています。また、『江戸名所図会』では杉の神木があり、柵に囲まれ、注連縄を張り、「**七本杉**」と立札がありました。文政三年（一八二〇）に、二株三又の古杉が井戸の前にあり、「鬼子母神出現地　寛保二壬戌九月　別当大行院」という石碑があると記録されています（『新編若葉の梢』）。『江戸名所図会』ができたときには、既に七本杉ではなくなっていました。絵には、三本の枝が伸びている様子が描かれています。現在七本杉はありませんが、大正十五年に建てられた「鬼子母神出現所」の石碑が入口の外に立っています。

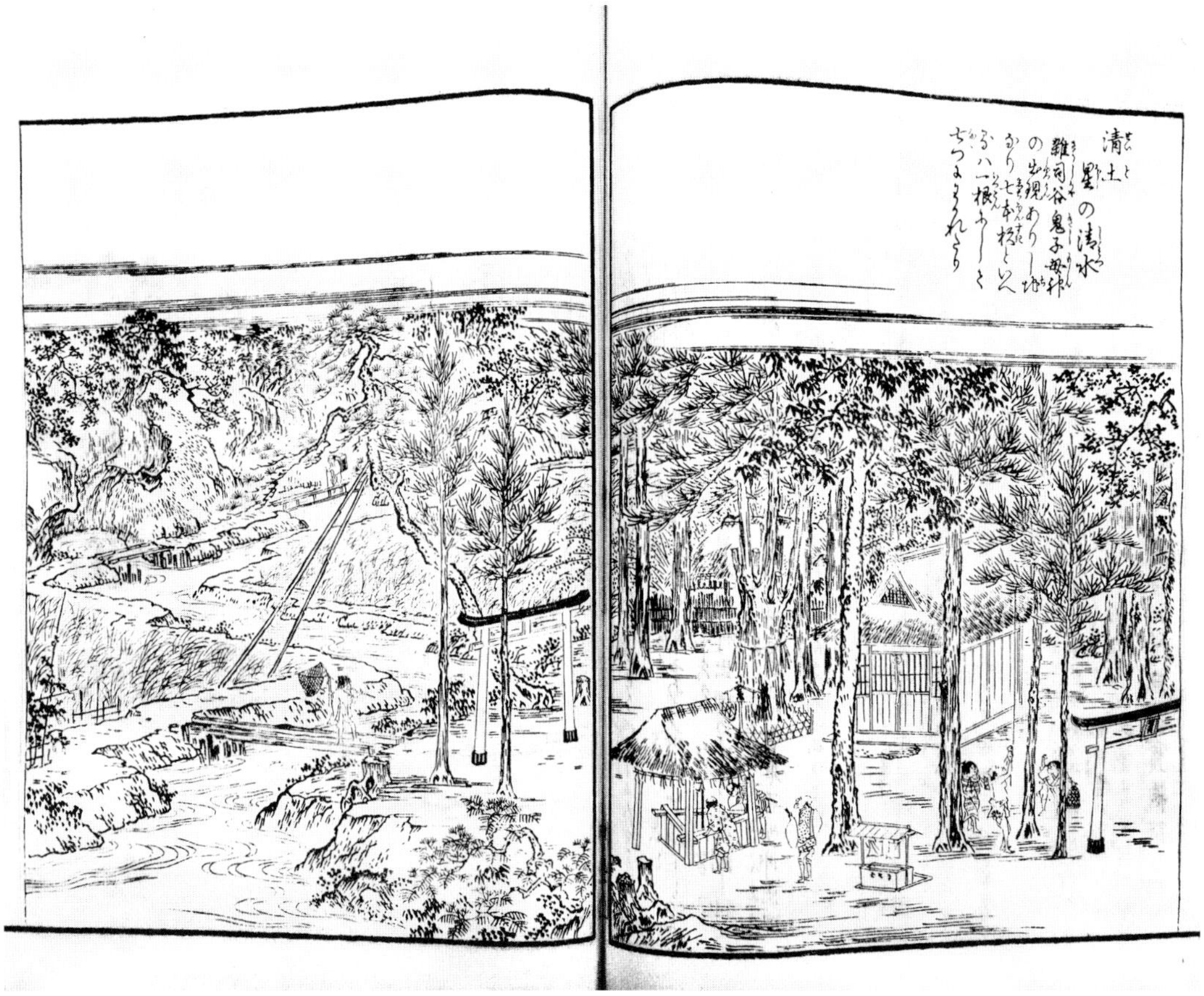

図2　清土（『江戸名所図会』日本女子大学蔵）

『江戸名所図会』では、鳥居のそばで、鳥もち棒で鳥を獲る親子の様子が描かれています。「櫨楓」に掲載された地図と比べると、この鳥居が現在の正面入り口と思われます。西から流れてきた弦巻川がこの地で北にカーブし、現在の吉祥天像の脇の入り口付近に『江戸名所図会』では橋が描かれ、橋上に魚獲りの網を担いだ人物が描かれています。

現在は、境内入口に、百度石と、石の道標があります。

百度石　清土　出現　昭和五年

道標　是ノ右　ミのぶ山　ひながた七面宮　きしも神出現所　道
当村清土講中再建之　文政六年（一八二三）
癸未正月吉辰

七面宮は、日蓮宗総本山身延山久遠寺守護神の七面大明神で、法華経を守護する女神です。吉祥天とも弁財天とも言われています。ひながた七面宮は、日脱上人が紫衣を天皇に許された時、功績のあった大野氏に与えたものという説があり、本山の七面大明神に対し、身延雛形の尊像と呼ばれました（『若葉抄』）。明和九年の雑司谷村絵図には、本浄寺に七面堂が描かれています。

現在、清土鬼子母神出現所境内には**吉祥天像**、**弁財天像**があります。弁財天像のそばに石の**手水鉢**があり、「貞享」「五月」という文字が見えます。「櫨楓」には、「貞享五年（一六八八）五月　能生院妙安尼」と刻んだ石の手水鉢があると記載されています。江戸名所図会に描かれた手水鉢は、この手水鉢かもしれません。

吉祥天像の前に、**芭蕉庵桃青**（松尾芭蕉）の「此道に出て涼しさよ松の月」の涼月塚があります。文化九年（一八一二）に、金子直徳が建てました（『新編若葉の梢』）。

江戸時代の風景を思い浮かべながらの鬼子母神堂参詣は、いかがでしたでしょうか。

（日本女子大学大学院）

参考文献

『江戸名所図会』天保七年刊、日本女子大学蔵。

海老沢了之介『新編若葉の梢』（含む「櫨楓」）新編若葉の梢刊行会、一九五八年。

三吉朋十『雑司谷　鬼子母神』仏教民俗学会、一九七八年。

『豊島区史　資料編』三、豊島区史編纂委員会、一九七九年。

喜田川守貞『近世風俗志』一、岩波書店、一九九六年。

『岩波講座歌舞伎・文楽』九、一九九八年。

『ぞうしがや――鬼子母神門前とその周辺』豊島区立郷土資料館編、二〇〇六年。

『江戸時代に生まれた庶民信仰の空間――音羽と雑司ヶ谷――』日本女子大学、二〇一〇年。

豊島区地域地図第4集、豊島区立郷土資料館、二〇一一年。

豊島区地域地図第5集、豊島区立郷土資料館、一九九二年。

西園寺由利『長唄を読む』江戸時代（前期〜中期）編、小学館スクウェア、二〇一四年。

法明寺鬼子母神堂の彫刻と工芸品

副島弘道

一　彫刻

雑司ヶ谷鬼子母神堂に安置される諸像については、平成三～七年度に実施された豊島区仏像調査にもとづく報告が、『豊島区仏像彫刻調査報告書　豊島区の仏像』（平成十二年、豊島区教育委員会、調査団代表清水真澄氏）として公刊されている。そこには十六件の作品のモノクローム図版一葉ずつと一〇〇～二〇〇字の解説、および銘文が紹介される。今回の調査は豊島区報告書には収録されなかった作品を含めて、鬼子母神堂と境内諸堂に現在する仏像の全作品六十五件を対象とし、あわせてカラー撮影を実施した。各作品の概要と銘文については本書図版篇、および久保田綾氏による「鬼子母神堂彫刻目録」を参照されたい。

従前の報告に付け加えた主な点は、明治時代以後の近代の作品もとりあげたことである。また、いくつかの作品については赤外線写真を参考にして、銘文をあらためて翻刻した。本稿では、そのなかの主な作品を紹介したい。

鬼子母神堂の仏像は本尊鬼子母神像とその眷属である十羅刹女像、および日蓮宗の寺院で祀られることの多い日蓮聖人像と大黒天像などが中心であり、そのほかの仏、菩薩像は少なく、尊像の種類は多くない。

本尊の秘仏**木造鬼子母神像**（彫刻作品番号1　＊以下彫刻を略す）は胸に子供を抱いた唐装の女神倚像であり、像高一二センチの小像である。本尊の厨子内に置かれた**木造十羅刹女立像一〇躯**（作品番号2）は鬼子母神像よりも一回り小さく、両者はともに江戸時代作の彩色像である。鬼子母神像と十羅刹女像では仕上げ方法に多少の違いがみられるが、基本的な作風と技法は共通し、一具同時の作とみられる。両像には銘文は記されていないが、鬼子母神堂創建の寛文四年（一六六四）から、堂に相の間が付け加えられた元禄十三年（一七〇〇）までの間に作られたものであろう。

この鬼子母神堂の創建期には、本尊像以外にもいくつかの仏像が造立、あるいは寄進された。すなわち、貞享三年（一六八六）には**木造鬼子母神立像**（作品番号5）が当村の大塚氏によって作られている。また、本堂に相の間が付け加えられる前年の元禄九年（一六九六）には、境内入り口に立つ等身大の**石造金剛力士像**（作品番号6）が造立された。阿吽一対の像は均斉がよくとれ、細部まで丁寧に彫られていて、この時代の石仏としてすぐれた技術を示す作品である。石造の台座に彫られた銘文には摩損して読めない部分もあるが、江戸市谷田町の講中など多くの寄進者名が刻まれている。

宝永三年（一七〇六）には江戸鋳物師善兵衛作の**銅造灯明台童子坐像一対**（作品番号7）が、江戸の喜左衛門町、丸屋町、本石町、京橋伝馬町、木引町などの講中によって寄進された。波と龍をあらわした岩座の上にすわる童子像が灯明を捧げる形をとった珍しい作品である。作者である鋳物師善兵衛は当時知られた鋳物師宇田川善兵衛重勝のことであり、彼の作品にはこのほかに、墨田区東向島法泉寺の享保二年（一七一七）作の銅造地蔵菩薩立像、台東区浅草寺の元禄十五年（一七〇二）作の銅造観音および勢至菩薩像（勢至菩薩像台座だけが、享保五年にあらためて作られた銅造観音菩薩坐像の台座として現存する）などがある。

鬼子母神堂の灯明台童子像の奇抜ともいえる意匠には、元禄頃の鋳物師たちの旧軌にとらわれない新鮮な造形意欲と活発な活動ぶりがうかがえる。銅板を貼った基台は丸屋町飾り屋五良兵衛の作である。丸屋町は現在のＪＲ新橋駅近くにあたる。

正徳二年（一七一二）には**厨子入り木造鷺大明神立像**（作品番号8）が作られた。女性の天部形像であり、左手に袋をのせ右手に宝剣を執る。鷺明神はもとは鬼子母神堂境内にあったが、明治初年の神仏分離時にわかれて境外に出て、大鳥神社と改称して今日にいたっている。この神像はその際に鬼子母神堂に残されたものであろう。造立当初の彩色を残した保存状態のよいていねいな作である。

鬼子母神堂が建てられた十七世紀末から十八世紀初めの元禄年間には、江戸では巣鴨眞性寺の丈六銅造地蔵菩薩像などのいわゆる東都六地蔵が膨大な数の人々の寄進によって造立され、また等身大の羅漢像五百体を短期間に彫りあげて羅漢寺を建てた仏師松雲元慶の活躍がみられ、勧進とそれにこたえた諸人の寄進活動による仏像の造立が盛んだった。この時代の鬼子母神堂の仏像の造立にも同じような背景があったことがうかがえよう。

江戸時代後期の作品には文化十二年（一八一五）銘の**木造愛染明王坐像**（作品番号9）がある。獅子冠をいただく六臂像で宝瓶座に座る通形の像である。日蓮宗の曼荼羅本尊には愛染明王の梵字種子が書かれ、当宗の寺院には祀られることが多い尊像である。銘にみえる作者伊藤光雲は寛政から文政年間（一七八九〜一八三〇）にかけて活動した江戸の仏師であり、本像以外にも足立区真国寺の寛政十二年（一八〇〇）作の木造普賢菩薩立像など、東京、千葉、神奈川の日蓮宗寺院を中心に七例ほど作品が伝わっている（長谷洋一氏「近世仏師事蹟データーベース」ＷＥＢ版）。鬼子母神堂の愛染明王像は小像であるが、その彫技は堅実である。

境内に建つ大黒堂の本尊**木造大黒天立像**（作品番号15）、および武芳稲荷堂の**稲荷神坐像**（作品番号16）は、ともに銘文はないがこの江戸時代後半頃の作である。

鬼子母神堂には本尊以外にもおそらく信者から寄進された鬼子母神像が何体も伝わる。その姿には子供を抱く女神形の像と、日蓮宗独特の総髪で角があり合掌する鬼形の像とがある。そのなかの、天正三年（一五七五）に大乗山第十三世日等によって開眼されたとの銘文をもつ**木造鬼子母神立像**（作品番号4）は、豊島区の調査報告書でも、室町時代末の制作時の明らかな基準作例として紹介されている。そうであれば鬼子母神堂の最古の仏像となる。法明寺所蔵「雑司ヶ谷鬼子母神堂略縁起」には、鬼子母神堂の本尊像は永禄四年（一五六一）に当地の近くで掘り出され、安房の某所を経て、天正六年（一五七八）に当所に遷座したと記される。その後、寛文四年（一六六四）に自昌院殿英心日妙大姉によって鬼子母神堂が建てられ、元禄十三年（一七〇〇）に相の間が付け加えられて、堂は今日みられる形の建物となった。本像が天正三年の作だとすれば、永禄四年に掘り出されたという像にはあたらず、それとは別にある時、他所から移されてきたものということになろう。ちなみに、現在の本尊像と十羅刹女像も永禄四年に遡る作とは見られず、その後、江戸時代になってから新たに作られた像とみられる。

ただ、天正三年の銘をもつ本像は、細部を省略した大まかな作りが目立ち、表面の曖昧な色合いを示す彩色仕上げにも、室町時代末から桃山時代の仏像としての特徴は必ずしも顕著ではない。管見の範囲では、寛永十一年（一六三四）の銘をもつ千葉県流山市本行寺の木造鬼子母神立像などが桃山から江戸時代前期の鬼子母神像としての基準作例であるが、天正三年銘の本像の作風は本行寺像の抑揚にとんだ表現とはかなりの差がある。なお、本像の背部に記された「開眼師」までの部分の墨書銘はそれより下方の銘の書風とは異なり、別筆かと見られる。下半部の銘文に書かれた日等という僧については、富山県魚津に生まれ京都妙覚寺に学び、中山法華経寺で大荒修行に入り、現魚津市真成寺を開いた慈光院日等が知られるが、天文四年（一五三五）に没していて該当せず、どのような人物かは未詳である。このような点からは、本像の制作状況については銘文の内容も含めて、今後も検討の余地があるかもしれない。

鬼子母神堂に伝わる明治時代以後の多くの仏像のなかに、明治三十二年（一八九九）の**木造鬼子母神及び両脇侍立像**（作品番号17）など、中山仏工を名乗る浅子周慶による作品が七躯ある。中山は千葉県市川市の中山法華経寺のことである。浅子周慶は同市行徳に江戸時代以来続く神輿師であり、代々の者がこの名を名乗ったことが知られる。明治時代以後には仏師としても活動したが、平成になって後継者がいないために廃業した。鬼子母神堂の周慶銘の仏像がそれぞれ何代目の作であるかは不詳だが、どの作品も仏像でありながら近代彫刻らしい明快な彫法によって作られている。

鬼子母神堂にはこのように、江戸時代以後のさまざまな仏像が伝わる。そのなかには江戸の造仏界が活況を呈した元禄年間前後の作例が複数あるとともに、寄進、奉納の状況がわかる仏像も多い。そこには鬼子母神堂に対する江戸、そして近代東京の市民の信仰が具体的に示されている。

二　工芸品

鬼子母神堂には荘厳具、供養具などの多くの工芸品が伝わる。今回はその全体にわたって調査と撮影を実施した。そのうちの主な作品を簡単に紹介したい。

本尊の厨子の前に置かれた**花瓶**一対（工芸作品番号2　＊以下工芸を略す）と**香炉**（作品番号3）は元禄十三年（一七〇〇）の作である。銘文から、花瓶は富沢町講中による寄進であり、香炉の作者は粉河屋久左衛門であることがわかる。現在堂内に懸けられている**梵鐘**（作品番号4）は、同じ年に小林利寿という人物から奉納されたものであり、銘文から鋳物師羽鳥半兵衛の作であることがわかる。また、鬼子母神堂の正面に懸けられた大型の**鰐口**（作品番号1）も、これと同じ年に江戸牛込の払方講中によって奉納され、鋳物師は奥田出羽大掾であることが銘文からわかる。

元禄十三年は鬼子母神堂に相の間が付け加えられて、今日見られる建物の形ができあがった時である。堂の整備にあわせて、江戸の諸講中から鬼子母神堂にこれらの品が奉納されたことがわかり、そこには盛んな信仰のようすが示される。ただ、これらを作った鋳物師などについては、今のところそのほかの事蹟は不詳である。

正徳元年（一七一一）には鷺明神の**木製銭箱**（作品番号5）が作られた。賽銭を保管する箱であろうか。今、伝わる厨子入り木造鷺大明神立像は、その翌年の正徳二年に作られたことが銘文から知られている。

正徳四年（一七一四）の**棟札**（作品番号6）は、境内の稲荷堂が千住小塚原から移して造営されたときのものである。

鬼子母神堂に置かれる径一〇〇センチに近い大型の**銅鏡**（作品番号7）は、享保二年（一七一七）に江戸市中赤坂町などの諸人から奉納された品である。その銘文に記された鬼子母神と十羅刹女は、おそらく、現在の鬼子母神堂本尊である鬼子母神像と十羅刹女像を指しているのであろう。鏡の作者である人見石見守藤原吉次は、同名の者に天下一藤原吉次など複数の人物が知られるが、当時の鏡作りにはよくある名であり、作者の特定がむずかしい。

このほかに銘文から制作事情がわかるものとして、享保十八年（一七三三）奉納の**仏器膳**（作品番号8）、寛延二年（一七四九）鬼子母神御宝前に奉納された**銅製灯籠**一対（作品番号9）、文政八年（一八二五）に松本幸四郎、市川高麗蔵、市川団十郎などが奉納した**銅製灯籠**一対（作品番号10）などがある。五世松本幸四郎、七世市川団十郎らは当時の有名な歌舞伎役者である。

これ以外にも鬼子母神堂には江戸時代の作とみられる経箱、礼盤、前机、見台、磬及び磬架などがあり、また、明治時代以後の近代の銘文をもつ多くの工芸品が伝えられる。

創建以来の鬼子母神に対する篤い信仰のようすを示したこれら工芸品の概要と銘文については、本書所収の図版篇、および久保田綾、菱沼沙織両氏による「鬼子母神堂工芸品（法具など）目録」を参照願いたい。

（大正大学文学部教授）

◉コラム◉

天正三年銘鬼子母神立像について

向坂卓也

雑司ヶ谷鬼子母神堂には、平成三年度から七年度にかけて行われた豊島区仏像彫刻調査事業により、多数の鬼子母神像が伝来することが知られている。その中で天正三年(*)銘を持つ鬼子母神立像（以下本像と略称する）は、像高が二六・六cm、一木造りで彫眼の木造彩色像で、中世末期にさかのぼる貴重な在銘の作例として紹介されている（図版篇仏像4）。

平成二十七年十月三日、筆者は雑司ヶ谷鬼子母神堂で行われた調査の際、限られた時間の中で写真撮影を行うにあたり、撮影の優先順位を付ける作業を分担した。その作業を進めていく中で、仏壇から降ろされた小像群のうち、目鼻立ちに中世の神像と通じるものがあり、他の像とは異なる雰囲気を持つ本像に目がとまった。

本像は、両手先と髪の一部を欠損している他は現存していたが、各部の彩色が下地層から剥落していた。特に面部は黒く変色し、損傷が大きかったが、この面部の状態を確認しているとき、側頭部から頭頂部にかけて連続する亀裂に気がついた。本像は既に報告されているとおり、両手先を別材とする一木造の像で、頭体だけでなく台座まで一材で彫られていたが、この亀裂によって、耳のあたりより前で面部を割り矧いでいるものと推測された。そしてさらに確認を進めると、面部材と頭部後方材との木目の連続性から見て、面部材は補修等で後補されたものではなく、頭体と同材であると判断された。

一木造りにもかかわらず面部を割り矧いでいるということは、頭部に何らかの工作がなされている可能性が高かった。他の作例から勘案すると、玉眼が嵌入されている可能性がまず考えられたが、本像は、先の調査では彫眼とされていたため、頭部に納入品などを収めるための工作である可能性も考えられた。しかしよく見ると目の部分は埃や汚れが詰まった状態となっているが、その下には、瞳を墨で描き、その周りを茶色でくくって虹彩を表した水晶製の玉眼が確認された。面部の亀裂は、やはり玉眼を嵌めるために割り矧いだ痕だったのである。埃を除くと、眼窩や頬の膨らみもより明確になり、口角を上げた口の内部に朱が塗られていたことも改めて確認された。

この結果本像は、目を細め、口を開けて穏やかにほほえむ、柔和な表情を浮かべた像であったことが明確となった。雑司ヶ谷鬼子母神堂には、先の調査事業で、本像の他に口を開けてほほえむ面貌の鬼子母神像が二軀確認されているが、このうち貞享三年（一六八六）に製作されたものは、本像と口の開け方が近い。また江戸時代に製作されたもう一軀の像は、玉眼が施されており、それらよりも古い本像は、これら二軀の祖型と言えるような特徴を備えていることになる。

雑司ヶ谷鬼子母神堂が現在地に移ったのは、天正六年（一五七八）のこととされるため、本像はそれにさかのぼる像である。そして本像の伝来をはじめ、銘文に見える日芳上人がどのような僧侶であったのかなど、まだまだ不明な点は多い。

本像は、そのつややかな瞳で、草創期からの雑司ヶ谷鬼子母神堂を見つめてきたことになるが、今なお多くの謎に包まれたまま、静かにほほえみ続けているのである。

（*）豊島区仏像彫刻調査報告書では天正二年と報告されているが、今回の調査の際、他の文字とのバランスや筆勢などから三年の可能性があるのではないかとの見解が出されたため、三年とした。

（神奈川県立金沢文庫主任学芸員）

法明寺鬼子母神堂の奉納絵馬

梅沢　恵

永禄四年（一五六一）、地中より感得された金色の鬼子母神像を武芳稲荷社の近くに堂宇を建立して祀ったのが、法明寺鬼子母神堂のはじまりという。江戸時代、鬼子母神堂は徳川将軍家から一般の町人に至るまで広く庶民に信仰された。徳川吉宗から家斉の頃には、徳川将軍家の参詣も頻繁に行われ、各層からの信仰が篤かったことは鬼子母神堂に伝来した夥しい数の奉納額が物語っている。

鬼子母神堂に伝来する絵馬の主題や技法は実に多種多様である。絵馬の中には、落款などから作者がわかる作品も多く、鳥山石燕や狩野愛信、鳥居清満（二代）など、画家の流派も様々である。また、未詳の画家の作品も含まれており、幕末から近代にかけての知られざる画家の制作活動の痕跡もみてとれる。ここでは、鬼子母神堂に奉納された額のうち、絵馬の概要について述べたい。なお、本書では、奉納額のうち、絵を主体とするものを「絵馬」、鬼子母神の神号や奉納者名を書き連ねたものなど、文字を主体とする額を「書額」、古銭を用いて図や文字を表すものを「銭額」と分類する。

一　絵馬の歴史

絵馬の始まりには諸説あるが、神仏に捧げる神馬の代わりに奉納された土製、木製、石製の馬形が原初的な形態であったといわれている。[1] 元禄十五年（一七〇二）に刊行された神道事典である『神道名目類聚抄』の絵馬の項目には、「造リ馬モ及バザルモノ、馬ヲ画テ奉ルナリ、今世俗、馬ニアラデ、種々ノ絵ヲ図シテ献上事ニナリヌ」とある。かつて、代用の馬形さえも作れない場合に、馬を板に描いて奉納したのが絵馬のはじまりであったが、江戸時代には本来の主題を離れて様々な画題で制作されていたことがわかる。そして、鬼子母神堂伝来の絵馬群もこのような江戸時代における多様な絵馬制作の実態を伝えている。

鎌倉時代以前に制作された絵馬の作例はほとんど知られていない。そのため、奈良・当麻寺曼荼羅堂の解体修理の際に発見された板絵馬は鎌倉時代に遡る貴重な遺例である。この絵馬は縦六糎、横七～八糎程度の小型の薄板に墨で馬を略画したものである。『年中行事絵巻』巻十一第三段の今宮社祭礼の場面では、鏡とともにこのような小型の絵馬が社殿に掛けられる様子が描かれている。

各地の寺社に奉納された絵馬のうち、室町時代の遺例として知られるのは、興福寺東金堂に奉納された絵馬である。東金堂に奉納された絵馬群は、安置される文殊菩薩像に対する信仰に関連して、騎獅文殊像、馭者として獅子を引く優塡王を描く図様が多い。また、裏面の銘文から、興福寺の学僧が東金堂で行われる竪義に登壇する際に奉納された経緯がわかるものがある。個人の祈願のために奉納された絵馬は、現代の我々が、合格祈願や病気平癒を願い絵馬を奉納することにも通じる習俗である。

大型の絵馬が出現するのは室町時代以降になってからのことであるといわれる。そして、大絵馬制作の創始には、狩野派の繁栄の基礎を築いた狩野元信の伝承がついてまわる。狩野元信が描いた絵馬の現存作例としては兵庫・室津賀茂神社所蔵の神馬図絵馬（重要文化財）がある。また、狩野永納『本朝画史』

（延宝六年刊）によれば、京都・鞍馬寺に祀られる僧正坊（魔王尊）の姿を初めて描いたのが狩野元信であると伝えられる。大岡春卜『画本手鑑』（享保五年刊）には、元信が夢で感得したという山伏装束の鼻高天狗の姿の僧正坊の図が載せられている。鬼子母神堂にも、鞍馬僧正坊が源義経に兵法を授ける画題の大絵馬（№46）が奉納されているように、元信が描いた僧正坊図は江戸時代に人気のあった画題「鞍馬天狗」の図像の源流といえるであろう。

このように、江戸時代には、浮世絵と同じく武者絵が絵馬の画題として人気を博した。鬼子母神堂の奉納絵馬にも鬼子母神信仰と直接関わらない武者絵を主題とする絵馬が含まれる。現在、拝殿の正面に掲げられている鳥山石燕筆大森彦七図はその一例である。大胆な構図と鬼女としての正体を現した女の凄みのある怪異さが際立ち、鬼子母神堂の絵馬群の中でもひときわ目を引く優品である（本書245頁梅沢論考参照）。

二　文献にみえる奉納絵馬

歌舞伎役者が奉納した絵馬として、中村座の寿狂言「大小舞」を描いた絵馬（№2）がある。大小舞は寛永年間に中村勘三郎（初代）により、初期歌舞伎の舞踊を元に初演されて以後、中村座の秘曲として伝えられた。

本図は、松樹の下に金色の立烏帽子に狩衣を着し白拍子に扮した女方を描く。役者は坂東しうか（一八一三～五五）を中心に、養子の坂東玉三郎（？～一八七二）と実子の坂東吉弥（一八二九～七三）である。それまで他の座に出仕していた坂東しうかは嘉永三年（一八五〇）に中村座に加わっており、そのことが絵馬奉納の契機とみられる。(2) 筆者は文政十二年（一八二九）に二世清満を襲名した鳥居清満（二代）である。

斎藤月岑（一八〇四～七八）が幕末に江戸市中の絵馬を写した『武江扁額縮図』(3)によれば、現在、鬼子母神堂所蔵の絵馬群に所在が確認できない鳥居派の絵馬が他にもあったようである。例えば、歌舞伎役者の中村吉兵衛（一六八四～一七六五）が正徳六年（一七一六）に奉納した絵馬の縮図（図1）が収録されている。この絵馬は境内に隣接する武芳稲荷社に掛けられていたらしい。縮図には二人のお供を連れた中村吉兵衛扮する人物が刀に手を掛けて見得を切る姿が描かれている。注記には「雑司谷稲荷社　鬼子母神境内　横四尺余　嘉永五子初冬縮図」とある。また、注記に「俳優中村吉兵衛、諱名二朱判ガ納タル処ナリ。今ヲ去ル事百年ノ昔ナレド、其質朴オモフベシ、彩色剥落シタルトコロ多シ、絵師ノ名剥落シタレド鳥居何某ナルベシ。此額近キコロ迄、稲荷社ニ掛テアリシガ、万延中普請ノ後見ヘズ」とある。斎藤月岑が鬼子母神堂の絵馬を写した嘉永五年（一八五二）の後、万延年間の江戸城普請頃までの十年ほどの間に、武芳稲荷社に掛けられていた額が外されたらしい。

また、戯作者・式亭三馬の日記『式亭雑記』(4) 文化八年（一八一一）四月一日条には、「雑司谷鬼子母神に詣、本堂右の方に奥村政信筆の草摺曳額あり、めづらし。本堂左の方なる稲荷の社〈地主神のよし〉正面より右の方に、中村吉兵衛が奉納したりし丹前狂言の額あり、絵師は元祖鳥居清信の筆」とあり、先にみた中村吉兵衛が奉納した絵馬が縮図とともに載せられている。さらに、「さて彼雑司谷の稲荷の左傍なる板はめには、種々の古き額あまたあり。いづれも元禄正徳の頃の年号多し。その中に相撲人の奉納したりし額、雨に洒落てなかばは朽たるが、僅に姓名は残れり。正徳二年辰五月、相撲大関、願主松風瀬兵衛能忠、判者木村喜平次助正とあり、相模の図はあごつきにて押出すかたなり、右の傍に相模行司団扇をささげ居る図。」とあり、力士の奉納絵馬があったこともわかる。これらの記述から、鬼子母神堂のほか、境内には武芳稲荷の傍らに古い奉納額がたくさん掛け

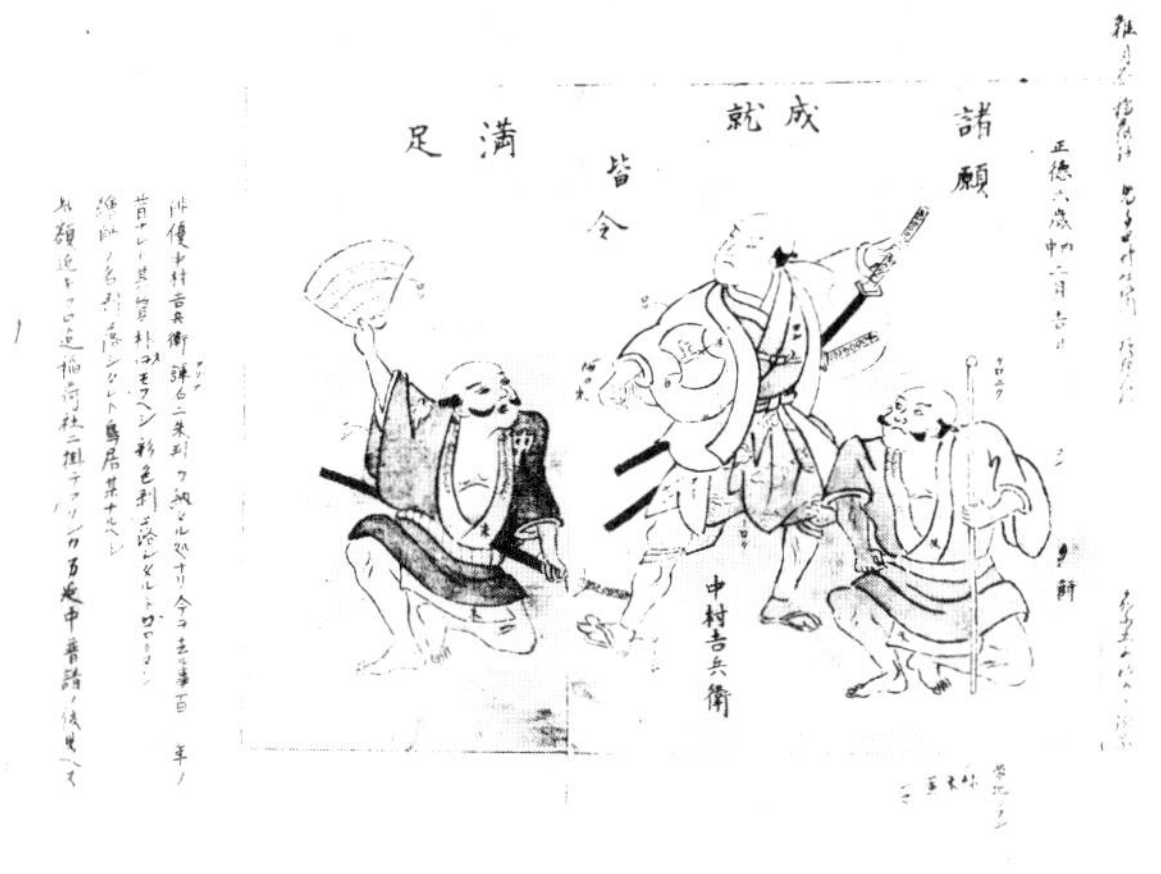

図1　中村吉兵衛奉納絵馬縮図
（『武江扁額集』国立国会図書館デジタルコレクションより）

図2　梅絲来筆牛若弁慶図縮図（『武江扁額集』）

図3　英一蜂筆趙雲図縮図（『武江扁額集』）

られた「板はめ」が設置されていたことがわかる。このほか、『武江扁額集』には、近隣の鷺明神社所蔵の梅絲来筆「牛若弁慶図」（図2）と英一蝶の門人である英一蜂筆「趙雲図」（図3）が縮図とともに収録されているが、現在、鬼子母神堂伝来の絵馬群には該当するものがない。

三　鬼子母神信仰に関わる主題

鬼子母神堂の奉納額で最も多いのは、本尊である鬼子母神に関わる主題である。鬼子母神（訶梨帝母、ハーリーティー）は、もとはインドの夜叉であったが、仏教に取り込まれて仏教守護の尊格となった。鬼子母神は夫であるパーンチカとの間に多くの子供がおり、ガンダーラ地方に遺る並坐の石造彫像では、財宝神であるパーンチカとともに豊穣多産の女神として造形化されている。日本では、平安時代に『訶梨帝母真言経』や『大薬叉女歓喜母并愛子成就法』などの所縁の経典とともに、図像が請来された。中世の鬼子母神像の遺例としては、坐像（東大寺所蔵、平安時代）や倚像（園城寺所蔵、鎌倉時代）、絵像（醍醐寺所蔵、平安～鎌倉時代）があり、これらは主に安産祈願のために修された訶梨帝母法の本尊であったと考えられる。

法華宗における鬼子母神には、『法華経』守護の尊格としての性格と、安産、子安に利益のある福神としての性格がある。鬼子母神堂の奉納額を概観すると、後者に対する信仰、つまり安産や子供の成長を祈願して制作、奉納された絵馬が多くみられる。その中で鬼子母神堂の拝殿正面に掲げられている「鬼子母神解脱図」と称される大絵馬（№3、4）二面は両者の性格を兼ね備えた主題である。インドの鬼神であった鬼子母神は人の子供をさらって食べてしまうため、人々に恐れられていた。あるとき、一計を案じた釈迦が弟子に命じて鬼子母神がかわいがっていた末子ピンカラを隠した。鬼子母神は必死に自分の子供を探したが見つからず、釈迦ところに助けを求めに来た。子供を失う悲しさを初めて知った鬼子母神は改心し、受戒して以後仏法の守護神となったという。この大絵馬は、鬼子母神が悟り、仏法守護の尊格となる説話を描いている。また同時に、恐ろしい鬼子母神であっても、我が子を失うと取り乱してしまう物語は、子供を持つ参詣者の共感を集めたことであろう。そして、大型の絵馬は、奉納された後も、鬼子母神の説話を参詣者に絵説く機能も果たしていたと考えられる。

№3には、画中に正徳元年（一七一一）の奉納銘がある。右上に日輪を配した自然景観に、岩座上の草座に結跏趺坐する釈迦を中心に大きく配置し、両脇に二尊の菩薩形を描く。法華宗では一般的に、釈迦の脇侍として四大士といわれる上行、無辺行、浄行、安立行の四菩薩を配することが多い。しかし、№4でも通規の釈迦三尊が描かれることから、№3の菩薩形もまた文殊菩薩、普賢菩薩である可能性が高い。その手前には着甲の神将形が二尊、僧形が一尊描かれている。最下部には、戻されたピンカラを抱く鬼子母神が描かれている。本図の鬼子母神は頭に二本の大きな角を持ち、口が耳まで裂けた鬼形に表わされている。鬼子母神の隣には剥落しているために確認できない部分があるものの、頭上に角があることから鬼子母神の一族である羅刹女とみられる。着甲の神将形のうち、鬼子母神に向かい合うように描かれるのは鬼子母神の夫であるパーンチカであろう。№4は岩座に坐す釈迦を中心に左右に獅子座、象座に坐す文殊菩薩、普賢菩薩を配し、それを囲繞するように十六羅漢を描く。十六羅漢のうち、一尊が釈迦を背にして赤い衣の子供を抱いており、それを受け取るために両手を差し出しているのが鬼子母神である。また、釈迦の左に描かれる羅漢は鉢を持っている。羅漢の持物としては一般的ではあるが、鬼子母神の子ピンカラを隠した鉢を暗示しているのであろう。鬼子母神は長い髪を後ろで束ね、耳まで口が裂け、頭に二本の角をもつ鬼形に表される。その後方には夫であるパーンチカが着甲有髭の姿で描かれる。本図は、一同が見守るなか、まさに鬼子母神に子供が戻される瞬間を描いた図である。

　このほか、鬼子母神の持物である石榴を描いた絵馬も多く含まれている。石榴を鬼子母神の持物とする造形は、ガンダーラやインドにはみられず、中国で成立した図像と考えられている。古来、石榴は西アジアや中央アジアでは豊穣のシンボルとされた。ソグディアナには葡萄やチューリップなどとともに石榴を持ち、子供を連れた豊穣の女神の図像があり、これが子供を連れた鬼子母神と同一視されて習合した図像であるとの指摘がある[5]。そして、この図像がシルクロードを通じて、唐にもたらされ、中国経由で日本に移入されて以来、石榴は鬼子母神の持物として受容された。鬼子母神堂の奉納額には、鬼子母神の神号額や銭額のほか、石榴の実や枝を描くもの、富貴の象徴である牡丹や動物の親子と組み合わされた図様（№15）がある。

　また、小絵馬に分類される絵馬群には、奉納者の肖像を画中に描く、いわゆる「拝み図」と呼ばれる図様が多く含まれている。この図様をさらに細かくみてみると、鬼子母神が雲に乗りに影向する図（№27～32）と、鬼子母神堂内を描く図様（№37～44）に分類できる。これらは大絵馬に比べて図様が定型化しており、個々の奉納者の肖像を挿入すればよいだけになった図案が用意されていたと考えられる。画中の肖像に子供が描かれている図が多い。これらは、子安信仰で知られた鬼子母神堂に子供の健やかな成長を願い奉納されたものであろう。

四　法華宗に関わる主題

鬼子母神堂の奉納額には、先にみた鬼子母神を主題とするもの以外にも、広く法華宗に関わる主題が含まれている。法華宗の根本教典である『法華経』八巻の立体模型が貼付けられた奉納額（№50）をはじめ、「南無妙法蓮華経」の題目を陰刻した書額（№87～89）や古銭で題目を表した銭額（№52）などがある。

　その中で注目されるのは、七面大明神応現図（№12）で、身延山における日蓮聖人の奇瑞を描いた説話画である。茨城・妙光寺には同主題の葛飾北斎の肉筆画が所蔵されている。日蓮聖人が身延山で法華経を講じた際、聴衆の中に妙齢の女が一人いて、説法を聞き終わると龍の姿に変じ『法華経』を守護することを誓って去った。実は、この龍は身延山の霊峰七面山の地主神であったという。北斎の絵では龍はその名の通り、七つの頭を持つ姿で描かれているが、本図は絵具の剥落により龍の像容は不明瞭である。赤衣の日蓮聖人を中心に画面の左に鱗の一部が確認できるため、龍の正体を現した七面大明神が描かれていたものと考えられる。画面の右側には龍の出現に驚き逃げ惑う聴衆が描かれている。この七面大明神の説話は、『法華経』「提婆達多品」に説かれる「龍女成仏」が踏まえられている。「龍女成仏」は龍女のような「三毒」（畜類・女・幼児）である存在でさえ成仏できることを説いており、女性の信仰心に訴えるテーマである。

　『法華経』が説く女人成仏は法華宗でも重視されており、題目を中心に勧請諸尊を図示する法華宗特有の絵曼荼羅では、題目を載せた蓮台の直下に宝珠を捧げ持つ龍女が描かれる作例がある。江戸時代になっても、徳川家康の側室お万の方をはじめ、法華宗が女性の外護者を獲得したのもそのためであろう。そして、熱心な法華信者であり、鬼子母神堂を寄進した自昌院もまた、徳川秀忠の次女を母、加賀・前田利常を父とする有力な女性外護者の一人であった。

　鬼子母神堂の奉納額全体を概観してみると、上品な作風が目を引く絵馬がある（№5）。金地の画面に鶴のつがいと、三羽の幼鳥を描く狩野愛信の絵馬で、狩野派の粉本を用いて手堅く、気品ある作品に仕上げられている。愛信は狩野洞雲益信を祖とする駿河台狩野家の五代目当主となった表絵師である。柏﨑が指摘するように、本図に入れられた落款は正式な名乗りで記されていることが注目される（本書253頁柏崎コラム参照）。そのため、たびたび鬼子母神堂に参詣している徳川将軍家や大名家のような有力な外護の依頼により制作された可能性もあろう。なお、浅草寺には、愛信が描いた神馬図が所蔵されている(6)。

そして、もう一つの可能性として考えなければならないのは、画家自身の奉納である。法華宗は江戸時代の絵画制作の主流であり続けた狩野派との関わりが深い。狩野派の地位を揺るぎないものとした狩野探幽は本法寺の「日蓮聖人龍口法難図」を手がけているほか、元信の息子で乗信と名乗った秀頼は、久遠寺の障壁画などの画事を務めた画家と目されている。そして、狩野家の活動の拠点が江戸に移されるとともに、幕府奥絵師四家の菩提寺が池上本門寺に定められる。本門寺南之院は狩野家の寄進により建立され、堂内には狩野家代々の位牌が安置されている。駿河台狩野家の菩提寺が上野の天台宗の護国院であることは注意されるが、愛信自身の叙任や、子供の成長祈願のために奉納されたものであれば、画中に正式な名乗りの落款が丁寧に入れられていることも納得されよう。

おわりに

近世以降の絵馬は、専門の画家の手になる大型の絵馬と安価な絵具で描かれた素朴な画風の小絵馬に大別される。大絵馬を手がける画家は狩野派、土佐派、琳派など諸派にわたり、江戸時代後期には浮世絵諸派の作例が多くみられるようになる。一方、多様な民間信仰の諸相を示す小絵馬については民俗学の研究の蓄積がある。ただし、各寺社に奉納された絵馬を網羅的に収録する刊行物は地方自治体が行う悉皆調査報告書や、浅草寺、成田山新勝寺、金刀比羅宮など絵馬を大量に所蔵する寺社の図録など、ごく一部に限られている。本書には、鬼子母神堂に現存する奉納額を全て掲載した。先にみたように、『武江扁額縮図』には現在所在が確認できない絵馬が収録されている。また、戦災により失われた絵馬も他にあったとみられる。それでもなお、江戸時代の宗教空間の原型をとどめる鬼子母神堂とともに一〇〇面を超える奉納額が今日まで伝来したことは、稀有な事例であり、一部の優品はいうまでもなく、総体としての資料的価値もまた極めて高いといえよう。

本書には、現在鬼子母神堂に所蔵されている絵馬の写真を調査により得られた基礎データとともに全点収録したが、個々の作品の検討については未詳の画家が多く、筆者の力不足により十分な検討ができなかった。しかし、今回の調査の過程で、江戸時代に活躍した画家のうち、画人伝などで略歴といくつかの作品が知られるものの、未だ十分な研究が進められていない絵師の作品が再発見された。英一蝶の系譜に連なる観嵩月の作品や、鶴沢探山に学んだ山崎如流と門人である為笑の合作など、狩野派に学び市井で活躍した画家の作品が多く含まれることは特に注目される。これまで研究の俎上にあげられてこなかった鬼子母神堂の絵馬群が、今後の江戸絵画史研究をより豊かで重層的なものにすることは間違いないだろう。

（神奈川県立金沢文庫主任学芸員）

注

(1) 絵馬の歴史については、次の参考文献を主に参照した。岩井宏實『絵馬』（ものと人間の文化史12）法政大学出版局、一九七四年。河田貞「絵馬」『日本の美術』九二、至文堂、一九七四年。

(2) 『歌舞伎絵馬展図録』早稲田大学坪内博士記念演劇博物館、一九八六年。

(3) 文久二年（一八六二）自序。原本は関東大震災で焼失したとみられるが、斎藤月岑自筆本を大正八年（一九一九）に栄山堂が出版したコロタイプ印刷による複製『武江扁額集』がある。本稿の挿図は国会図書館デジタルコレクションの栄山堂版を転載した。小澤弘「斎藤月岑の『武江扁額縮図』をめぐって――東北大学附属図書館狩野亨吉文庫『大江戸絵馬集』を中心に」『東京都江戸東京博物館紀要』第三号、二〇一三年。

(4) 式亭三馬の文化七、八年の日記。『続燕石十種』第一、国書刊行会、一九〇八年。

(5) 田辺勝美「鬼子母神と石榴：研究の新視点」『大和文華』一〇一号、一九九九年。

(6) 『金龍山浅草寺　絵馬図録』金龍山浅草寺、一九七八年。

鬼子母神堂所蔵鳥山石燕筆大森彦七図絵馬

梅沢　恵

はじめに

鬼子母神堂に、多種多様な絵馬が奉納されたことは本書の概説で述べたとおりである。その中で、鬼子母神堂拝殿正面に掲げられる鳥山石燕（一七一二〜八八）の大森彦七図絵馬は大胆な構図と怪異な主題の武者絵としてひときわ目を引く作品である。本図を描いた鳥山石燕は、狩野派に学んだ江戸時代後期の画家である。これまで浮世絵師の喜多川歌麿の師として美術史上に重要な位置を占めるものの、石燕自身の画業についてはあまり知られていない。近年では、『画図百鬼夜行』などの絵本により「妖怪画家」としてのイメージが定着している。それには、現在知られる肉筆画が数例を数えるのみであることにも原因があるだろう。本絵馬は数少ない肉筆の作例であり、石燕の卓越した技量をよく伝えている。また、裏面の修理銘には石燕の門人の名前が連なっており、門人を多く抱える教育者としての一面もうかがうことができる。

本小稿では、画面の表現を中心に本絵馬の特質とその意義について述べたい。

絵馬の主題

大きな刀を腰に差した武士が気味の悪い緑色の顔をした女を背負って歩く図が描かれている。この主題は『太平記』巻二十三所収の「伊予国より霊剣注進の事」に取材している。物語のあらすじは次のとおりである。

物語は南北朝時代、後醍醐天皇による建武政権樹立からまもなくして政権は混乱し、足利尊氏が離叛して新天皇を擁立した。建武三年（一三三六）、後醍醐天皇に重用された楠木正成は、九州から京都に攻め入ろうとする足利軍を討つよう新田義貞に命じられ、湊川で敗死した。このとき、楠木正成を自害に追い込んだ大森彦七はその功績により伊予国に所領を得ていた。彦七はそれを祝うために催された猿楽の見物に向かう途上、一人の美女に出会った。女が川を前に行き悩んでいたため、彦七は女を負ぶって歩き始めた。薄暗くなったところで急に女はその正体を現し恐ろしい鬼に変じた。身の丈八尺、両眼は朱を溶いて鏡面に流したように濁っており、上下の歯が食い違い、口が耳まで裂けていた。眉は漆を塗り重ねたように額を隠し、振り分けた髪から鱗のある牛の角がのぞく。そして、女の体は大岩のように重くなった。

鬼女は彦七をつかんで飛び上がろうしたが、力が強い彦七はなんとか難を逃れることができた。この怪異な事件は非業の死を遂げた楠木正成が怨霊となり、先帝（後醍醐天皇）の命により、彦七が得ていた天下を覆す力がある霊剣を奪おうとしたのであった。彦七はその後もたびたび正成の怨霊に脅かされ、ついに物狂いとなった。ある夜、彦七は目に見えない何者かと格闘する。翌朝、庭には剣のささった髑髏が転がっていたという。禅僧のすすめで大般若経を講読し、その功徳によってようやく怨霊は鎮められ、件の霊剣は尊氏の弟である足利直義に献上されたという。

画面の観察

本図は屋形型の絵馬で、縁を含む法量（最大値）は縦一四五・一糎、横二〇七・一糎、本紙の法量（最大値）は縦一三三・九糎、一六四・五糎の大絵馬である。常に外気に触れる状態で保存されてきたため、画面は経年による損傷が激しい。

金地の大画面に鬼女を背負う大森彦七を大きく描く。背景には、柳とみられる樹木が描かれ、枝が風に吹かれて大きくしなる様子は怪異な主題を不気味に演出している。彦七の

図1　鳥山石燕筆大森彦七図絵馬（部分）　鬼女

左袖の衣文線に顕著にみられるが、打ち込みが強い太く勢いのある墨線が用いられている。また、画面のところどころには波状の墨線があり、画面に不安な雰囲気を与えている。

大森彦七は素襖を着け、下に赤と緑の地に金の七宝繋文を交互に配した華やかな小袖を着す。袴を腿までたくし上げ、大股に歩を進める。濃い口ひげや、胸毛、足の甲まで及ぶ臑毛の毛深さは彦七の無骨さ、雄壮さを象徴する。露出した筋骨隆々とした脚には力がみなぎる。ふくらはぎの筋肉は盛り上がり、足の指先まで力を込めて必死に踏ん張っているようにみえる。この絵馬は、おそらく華奢な美女の体が突然大岩のように重くなり、彦七にのしかかった瞬間を描いているのであろう。彦七は丸く大きな鼻をふくらませ、大きな目と眉をつり上げ、口元をへの字に結ぶ。その表情はとても険しく、鋭く前方の地を睨んでいる。視線の先には水紋が見えており、水面に映る女の正体に気がついた緊張の瞬間を捉えているのであろう。女は緋袴に柳裏の五衣を着ける。白地に雷文繋の地模様に紅白の菊花文を散らした袿を頭から被る。下には緑地に金の斜格子花菱文の衣もみえる。緋袴の赤が暗い画面全体を引き締めている。先に見たような太い衣文線とは対照的に、衣の地模様、刀の拵など細部の文様や装飾はきわめて精緻に描かれている。

女はすでに美女から鬼形に姿を変じており、緑色の肌をして、大きな目を剥き、口は耳まで裂けている（図1）。眼球は肌と同じく緑色に彩色され、瞳は金泥の中に墨を点じて表す。大きな口から金泥で彩色された鋭い牙をのぞかせてニタリと笑う表情が実に不気味である。大きな鼻孔からはみだした鼻毛は金泥線と墨線で描かれる。鬼女の毛髪は極細の墨線で毛描きされている。高貴な女性の美しい衣から緑色の毛深い腕をのぞかせる様子は実にグロテスクであり、また、美女の象徴である繊細で美しい毛髪がより一層、画面の怪異さを際立たせている。

図像の解釈

鬼女の左手は彦七の肩を掴み、右手を頭越しに伸ばして彦七が腰に差す刀を狙っている。鬼女が彦七から奪おうとしている刀は、仏法で三毒とされる「貪欲」、「瞋恚」、「愚痴」を表す三振の霊剣の一つという。彦七との合戦で非業の死を遂げ、怨霊と化した楠木正成は、天下転覆のためにこの霊剣を全て揃えようとしていた。三振のうち日吉大宮と高氏の元からすでに二振を入手しており、残る一振が彦七の所持する霊剣であった。これは、かつて平家が壇浦で滅亡した際、悪七兵衛景清が海に落としたものを海豚が飲み込み、讃岐国宇多津沖で、漁師の網にかかったものだという。本図では、彦七は腰に二振の刀を差している。小刀は頭と鐺に金属製の飾りがあり、拵は朱漆塗、柄には鮫皮が貼られ、目貫には流水に菊の飾りがある（図2）。ボツボツとした鮫皮の質感を表すために、丁寧に胡粉で盛り上げて彩色を施している。もう一方の大刀にも飾りがみえるが、柄巻に隠れて目貫の意匠は判別しがたい。鬼女の右手は小刀を狙っているようであるため、小刀が霊剣であると考えられる。目貫の飾りは菊水の意匠である。これは、菊水が天皇に使用を許された楠木家の家紋であることと関わるだろう。そして、鬼女がまとう衣の意匠も菊花文であり、女の正体が楠木正成の怨霊であることを暗示するとともに、この怪異な騒動の黒幕が後

醍醐天皇であることも示唆している。鳥山石燕画『絵事比肩』[1]巻中には「楠木正成」が収録され、楠木正成の傍らの家臣が菊水の幟を携えている。このような例をあげるまでもないが、女の正体が楠木正成の怨霊であることを暗示するため、本図の刀や着物の細部の意匠を丁寧に描いていることがわかる。

以上、『太平記』のテキストから絵の主題を読み解いてきた。しかし、本図には『太平記』の記述にみられない表現もある。それは彦七が腿まで衣をたくし上げている表現や、水面に映った姿で美女の正体を知るという表現である。明和二年(一七六五)には、近松半二らによって作られた浄瑠璃『蘭奢待新田系図』が初演されている。これらの江戸時代以降に派生した物語では、鬼女は楠木正成の息女である千早姫が父の敵を討ち、彦七に奪われた霊剣「菊水」を奪い返すために鬼と化したという設定に変更されている。本絵馬の図様の直接の典拠としては、むしろこのような謡曲や浄瑠璃、それを題材とした浮世絵など同時代の解釈を考慮するべきであろう。

図2　鳥山石燕筆大森彦七図絵馬(部分)　小刀　菊水の目貫飾り

絵馬というメディアと石燕画の細密表現

現在、絵馬は鬼子母神堂の長押に掲げられている。奉納当初は、絵馬堂や境内に設置されていた可能性もあるが、いずれにせよ、肉眼ではこのような細部の意匠まで確認することはできなかったであろう。筆者も本調査にあたり、長押から降ろして作品を間近にするまでは、細部の表現がこれほど繊細であることに気がつかなかった。鬼女の頭髪にみえる極細の毛描きや彦七の足の臑毛、刀の意匠に至るまで、隙のない執拗な細密表現からは石燕の卓越した技量と制作への意気込みが感じられる。

斎藤月岑(一八〇四~七八)は、江戸近郊の絵馬を写した『武江扁額縮図』の序文に「凡扁額は、軸物屏風の類と等しからす。筆勢を専らにして微細をこのます。」と述べている。[2]寺社の堂宇に掛けられるという絵馬の設置環境の制約上、微細な表現よりも遠目にも見えるような明快さや豪快さが求められていたことがわかる。ただし一方で、装束や器物が有職故実に基づき正確に描かれることも求められていたことが斎藤月岑編『武江年表』[3](嘉永三年)からうかがえる。天明七年(一七八七)には、浅草寺の絵馬について興味深い記事がある。

> 五月、屠竜翁高嵩谷、浅草寺観音堂へ頼政猪早太鵺退治の図を描きたる額を納む。横二間、縦九尺もあるべし。此の額に付きて、色々の評判あり。甲冑その外、故実を失いたる由いふ人あれど、古画を潤色せる所にして、人物の活動、普通の画匠の及ぶ所にあらず。

作者の高嵩谷は鬼子母神堂の「末広がり図絵馬」(No.7)を描いた観嵩月の師にあたる英一蝶の門人である。この絵馬は現在も浅草寺に所蔵される高嵩谷筆「鵺退治絵馬」であるが、描かれた甲冑が有職故実を踏まえていないという批判があったという。この記事からは、絵馬が江戸の人々の批評の対象であり、画家の評判を左右するメディアとして機能していたことがうかがえる。

なお、『武江扁額縮図』には、鳥山石燕の作品としては唯一、湯島天満宮にあったという「草摺曳図扁額」が収録されている。縮図(図3)には「鳥山石燕豊房画」とあるが、「天明ノ頃也。文久癸亥ノ災ニ罹リテ今ナシ」と記されるように、惜しくも文久三年の火災で失われている。『武江扁額縮図』には、鬼子母神堂境内稲荷社(武芳稲荷社か)と鷺明神社の絵馬三面が収録されている(絵画・奉納額解説参照)。『斎藤月岑日記』文久三年(一八六三)十月十三日条によれば、斎藤月岑は家族で鬼子母神堂に参詣しており、その際に鬼子母神堂の絵馬を模写したとされる。[4]斎藤月岑補記『増補浮世絵類考』(弘化元年)の鳥山石燕の項目には、「小石川氷川社に樊会門破、湯島に草摺引、雑司谷鬼子母神に

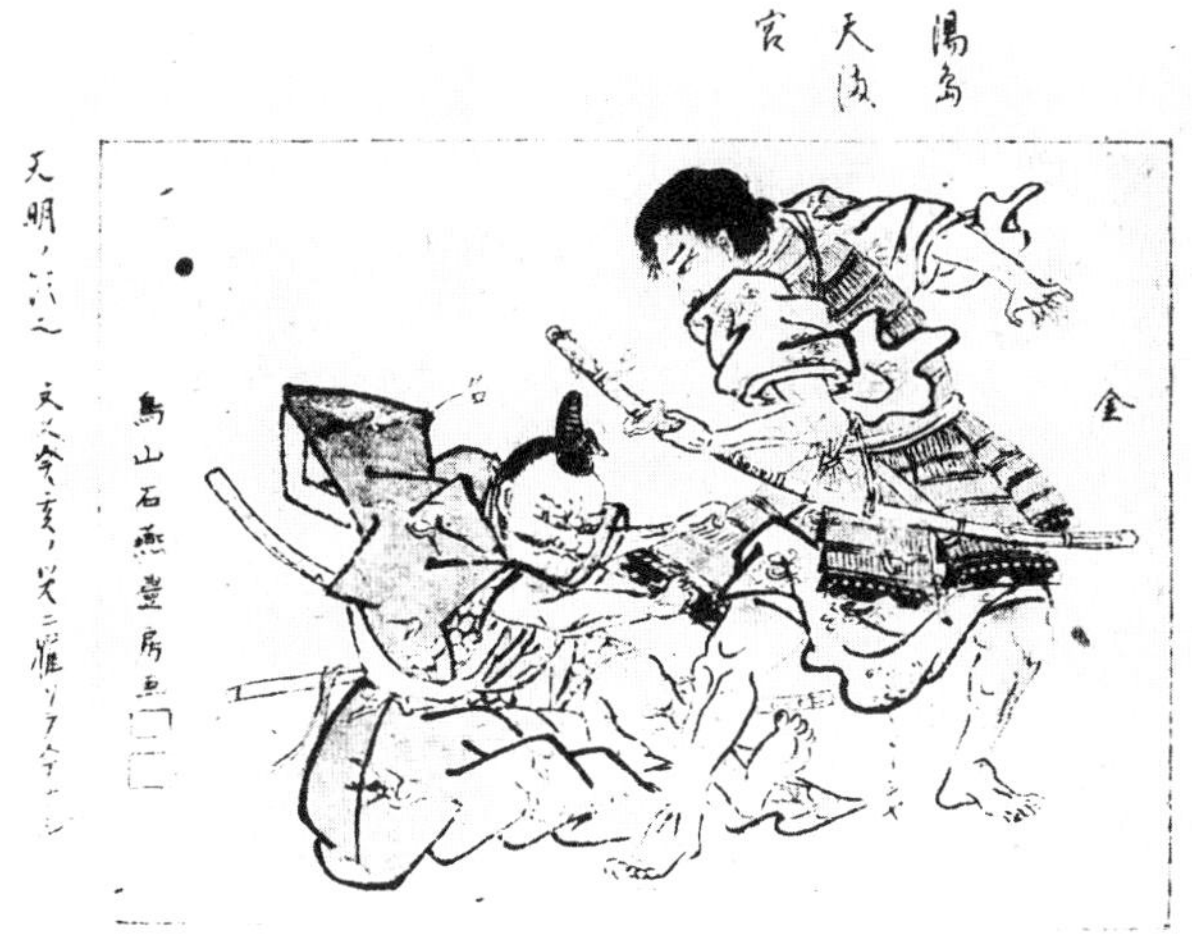

図3 「湯島天満宮　草摺曳図扁額」縮図
（『武江扁額集』国立国会図書館デジタルコレクションより）

大森彦七等の額あり」とあるため、斎藤月岑は石燕の「大森彦七図絵馬」を知っていたはずであるが、『武江扁額縮図』には収録されていない。

鳥山石燕について

本図の作者である鳥山石燕は、江戸時代中期に活躍した画家である。姓を佐野、名を豊房と称し、佐野家は代々幕府の御坊主を勤める家であったという。[5]『増補浮世絵類考』では、「狩野〈玉燕〉周信の門人なれど、浮世絵に等しき絵也」とし、朝岡興禎編『古画備考』[6]では「浮世絵、喜多川歌麿ノ師ナリ」とあることから、狩野派の画家というよりも浮世絵師に近い画家として評価されていたことがうかがえる。小川顕道『塵塚談』[7]では、石燕は「歌舞伎役者写真」を創始した画家として紹介されている。これは、白木の額に女形中村喜代三郎の似顔絵を描いて浅草寺の柱に掛けて評判になったものといい、役者絵の濫觴とされる。

また、喜多川歌麿（?～一八〇六）は、石燕の門人で、歌麿が浮世絵師として大成してからも相模国藤沢の麦生子という狂歌師のために刊行された私家版『麦生子』に共に挿図を寄せるなど晩年まで交流が続いている。『麦生子』には挿図が三点あり、石燕の「朝比奈と鬼の腕相撲」、歌麿の「丁子屋雛鶴と福禄寿の掛軸を見る禿」、石燕の弟子と考えられる石柳女の「梅に鶴」が収録されている。また、東柳窓燕志は石燕の俳諧の師であったといわれており、燕志が編んだ絵入歳旦俳書は石燕や門人が挿絵を手がけている。天明六年（一七八六）刊行の『松の旦』には、歌麿の挿図が六点あり、石燕との師弟関係を明確に示す「鳥山豊章画」、「鳥豊章画」の署名がある。これらの挿図には石燕の行年書きがあり、『松の旦』では「七十六翁」と記されるため、石燕の生没年の根拠とされている。

本図の落款「行年□□／鳥山石燕豊房図」にも行年書きがある。楢崎氏によれば、これは天明二年の修理の際の行年書きで、「七十一歳」と読めたというが、現在は画面の損傷のため判読できない。[8]

また、本絵馬の裏面には次のような銘がある。

□《元カ》文戊午
再興
寶暦十□《一カ》
□度再□　子興
天明壬寅年　石子
九月十八日　石□
石栄
燕□
三河屋新□
□屋□
世話人　三州屋□
□屋□
□屋□
梅屋藤兵衛
河□屋□衛門

墨が薄く判読しがたいが、「戊午」の干支から元文三年（一七三八）の制作年

図4 鳥山石燕筆大森彦七図絵馬（部分） 印章「鳥山」

図5 同 印章「鳥山石燕之印」

図6 同 印章跡

とみられる年記がある。さらに、宝暦十一年（一七六一）と天明二年（一七八二）の修理銘があり、本絵馬は奉納された後も、たびたび修理がなされていたことがわかる。表の印章の付近には、別に円印の跡（図6）もあり、楢崎氏が指摘されるように、落款や印章などにも修理の際に手が加えられた可能性がある。なお、修理に参加した門人の中には、東柳窓燕志の絵入俳諧書の挿絵に名前がみられる人物も含まれている。

石燕と門人

このほか、現在石燕筆の絵馬とされるものに、長野県上田市塩田平の北向観音堂に安永五年（一七七六）に奉納された「六歌仙絵馬」と「踊り念仏絵馬」の絵馬二面がある。(9)

図7 鳥山石燕筆景清の牢破り図絵馬 円融寺

また、秩父二十六番札所の円融寺（埼玉県秩父市）には石燕の「景清の牢破り絵馬」（図7）が一面伝えられる。この絵馬は、明和元年（一七六四）八月に江戸の護国寺で行われた秩父札所出開帳の際に小石川宮下町の田辺久作、五軒町の野島権左衛門により奉納されたことが画中の奉納銘からわかる。(10) 出開帳が行われた護国寺は、鬼子母神堂の近隣であり、この絵馬が奉納された頃には裏面の年記から鬼子母神堂に修理後の大森彦七図絵馬が掛けられていたことは間違いない。鬼子母神堂の絵馬の評判により、石燕に発注された可能性もあろう。本絵馬は荒々しく牢を破る景清の元に来迎する白衣観音の放光を鉄線で表すなど技法の面でも面白い作品である。牢を破る景清の躍動感ある力強い人物表現は大森彦七図にも通じる。同寺には門人の石中女が十三歳で描いた「石山寺秋月の図絵馬」も伝来している。こちらは安永四年（一七七五）の奉納であり、石燕の奉納から約十年後に門人が絵馬を奉納していることになる。これもまた、奉納後に絵馬の修理を依頼された際に、新たに発注された絵馬であろうか。

天明六年（一七八六）の摺物「唐獅子図」（図8）には、石燕筆の唐獅子の衝立が画中画として描かれている。(11) 水墨で描かれた唐獅子は、牡丹の花を口にくわえ、堂々と歩く。狩野探幽以降の狩野派の唐獅子は、猫のように、愛嬌のある表現が主流となる。石燕の作品として画中に描かれている衝立の獅子は、唐獅子とは本来このように気高く威厳ある霊獣として描かれるべきである、とでもいわんばかりの威容である。この摺物は石燕と鳥山石仲女、喜多川歌麿の合

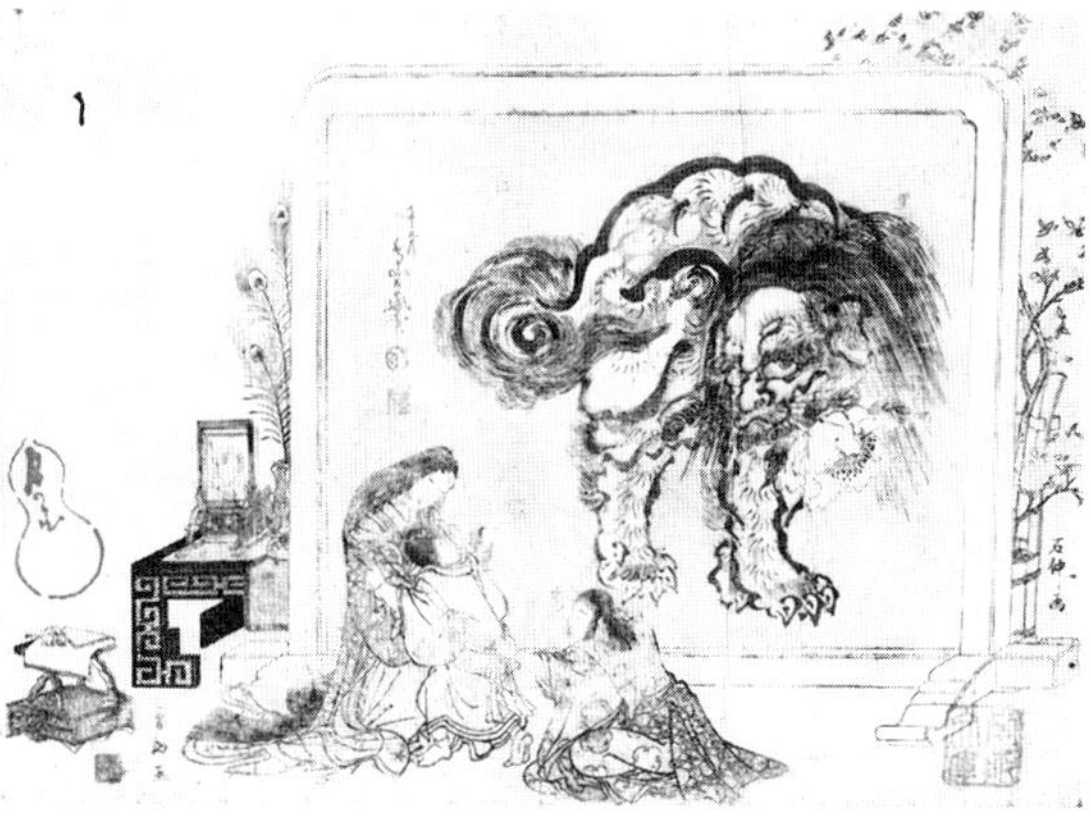

図8　鳥山石燕、鳥山石仲女、喜多川歌麿画　摺物「唐獅子図」

図9　狩野玉燕筆　神馬図絵馬　赤坂氷川神社旧蔵（焼失）

作である。石仲女は「唐獅子図」の制作から約十年前、円融寺に奉納された「石山寺秋月の図絵馬」を十三歳で描いた石中女と同一人物とみられ、石燕門人の主要な画家として成長していることがうかがえる。

そして、鬼子母神堂に奉納された大森彦七図絵馬の裏面の修理銘もまた、絵馬の制作、修理における画家と門人の共同作業の実態を伝える貴重な資料であるといえよう。

石燕は狩野派の誰に学んだか

今回、重要文化財に指定された鬼子母神堂の調査において、本殿奉安の宮殿背面の横板の隙間から厨子内壁画の下部に「狩野玉燕」の落款（本書67頁）が発見された。狩野玉燕季信（一六八三～一七四三）は、狩野休碩の養子で、享保六年（一七二一）に家督を継ぎ、表絵師十五家のうち、御徒町狩野家の第四代当主となった画家である。狩野玉燕は、一説に石燕の師とされており、そうであれば鬼子母神堂は両者を具体的に結ぶ場として注目される。

ただし、壁画と絵馬という形態、主題ともに異なる作品を比較してもあまり意味があることとは思われない。かつて、狩野玉燕筆の絵馬が赤坂氷川神社に所蔵されていたらしい。[12] この神馬図絵馬は、戦災により惜しくも焼失したが、幸い写真が遺されている（図9）。勢いよく前足を蹴り上げて暴れる神馬を白い装束の神人が二人がかりで手綱を引き懸命に押さえ込もうとするダイナミックな図様である。神馬の尾や胸や尻に付けられた飾りの房が勢いよく揺れ、スピードや重量を感じさせる表現や、神人の黒々とした毛深い臑や足の甲の毛を執拗に描く点など、石燕画にみられる躍動的でアクの強い人物表現にも通じる。

しかし、石燕の師については諸説ある。石燕の画譜『鳥山彦』[13]の安永二年（一七七三）の序文には、「鳥山豊房、性善丹青、未見其人、見絵矣、初受業於狩野周信、往年研精、上達称世益」とあり、ここでは石燕は木挽町狩野家三代当主である狩野周信[14]（一六六〇～一七二七）に学んだとされている。『古画備考』でも、「周信の門人なりと云云」と記述され、狩野玉燕の名は出てこない。しかし、『増補浮世絵類考』、『新増補浮世絵類考』では「狩野国〈玉カ〉燕、周信の門人なれど、浮世絵に等しき画なり」とし、記述が曖昧となる。明治十一年（一八七八）に出版された斎藤月岑『百戯述略』では、「ふきぼかし板木の事は、狩野玉燕門人鳥山石燕豊房と申すもの」と記され、狩野玉燕説をとる。その後も両者から学んだとするなど狩野周信、玉燕の両説が混在し、併存しながら今日に至っている。

筆者は、永田生慈氏が指摘されるように、[15] 石燕の在世期である安永二年（一七七三）に出版された画譜『鳥山彦』序文の記述から石燕は狩野周信に学んだとするのが妥当であると考えている。これまで、石燕が壮年期までどのような人的ネットワークにあったのかは明らかにされていない。石燕の出自とされる佐野家は代々御坊主として江戸城に出仕していたという。石燕の古典、古画に精通する博学な知識はそのような環境で養われたものであろうか。狩野周信は正徳三年（一七一三）に狩野常信が没し、奥絵師のうち最も格式のある木挽町狩野家の家督を継いでいる。江戸城の御坊主衆を勤める家であれば、奥絵師に入門することも可能であったとみられる。[16]

一方で、石燕の没後に狩野玉燕説が浮上した事象もまた興味深い。混乱の原因は、石燕の「燕」ではなかろうか。歳旦絵入俳書の編者である東柳窓燕志は石燕の俳諧の師であったと考えられ、天明二年の歳旦帖に石燕は「悟柳菴石燕」という号で俳諧を寄せている。「悟柳菴」の「柳」は燕志から戴いた号と考えられ、石燕の「燕」もまた、燕志から戴いた可能性がある。(17) しかし、石燕没後、石燕が狩野周信に学んだことは次第に忘れられて情報が錯綜し、同じ「燕」がつく狩野玉燕に学んだという伝承が生じたのではないだろうか。先にみた赤坂氷川神社の神馬図絵馬のように、狩野玉燕が筆勢のある絵を描く絵師であったことも狩野玉燕説に信憑性をもたせた一因であったかもしれない。

石燕と鳥山石仲女、喜多川歌麿の合作である摺物「唐獅子図」や『鳥山彦』の序文などからは、狩野派の正系に学んだという石燕の自負を見て取ることができる。しかし、残念なことに、石燕の没後間もなく木挽町狩野家当主に学んだ経歴は忘却され、皮肉にも、『画図百鬼夜行』などの絵本の人気により、「妖怪画家」という偏重したイメージが定着してしまった。本絵馬は石燕の狩野派に学んだ確かな画技と古典や古画に関する知識と教養を裏付ける作例である。そして、浮世絵や妖怪画の枠にとどまらない、石燕の画業を再考するための最重要作品の一つであるといえよう。

おわりに

なぜ、鬼子母神堂に大森彦七を題材とする武者絵が奉納されたのであろうか。法明寺の墓地には天保九年（一八三八）に建立された「姫塚」と呼ばれる楠木正成の息女の墓（図10）がある。また、斎藤長秋編『江戸名所図会』（天保五、七年刊）によれば、楠木正行の息女は妙典入道某の室で、夫婦で法明寺の檀越となり、応永十二年に当寺の日蓮聖人像（戦災により亡失）を彩色修理したと伝えられる。楠木正行は正成の息子で室町幕府との戦いで非業の死を遂げた人物である。このほか、法明寺境内の雌木の銀杏には楠木正成の息女が植えたという伝承もある。(18) このように、江戸時代中期の法明寺は、楠公ゆかりの史跡として知られていたようである。つまり、大森彦七図は、当時人気のあった武者絵であったというだけでなく、楠公伝承ゆかりの法明寺にふさわしい主題として描かれた可能性がある。千早姫は父の敵を討つために鬼女となった。本絵馬が仏教の救いによって角がとれた鬼子母神を祀る鬼子母神堂へ奉納されたことを考えると、千早姫や楠公一族の鎮魂という絵馬奉納の新たな趣向もみえてくる。

図10　楠木正成の息女の墓とされる「姫塚」

妖怪画を得意とした鳥山石燕の怪異な絵馬は、江戸時代の人々が享受していた雑司谷界隈の豊かな信仰世界までも覗かせてくれるのである。

（神奈川県立金沢文庫主任学芸員）

注

（1）鳥山石燕画『絵事比肩』は、中国、日本の神話や歴史上の人物に因んだ逸話や物語を描いた故事山水画集。安永七年（一七七八）刊。
（2）『武江扁額縮図』文久二年（一八六二）自序。自筆原本は焼失したが、栄山堂版のコロタイプ印刷の複製『武江扁額集』（大正八年）がある。
（3）『武江年表』は斎藤月岑が著した江戸、東京の地誌（引用は東洋文庫本による）。
（4）小澤弘「斎藤月岑の『武江扁額縮図』をめぐって——東北大学附属図書館狩野亨吉文庫『大江戸絵馬集』を中心に——」（『東京都江戸東京博物館紀要』三、二〇一三年）。
（5）澤田章『日本画家辞典　人名篇』（復刻版）（思文閣、一九八七年）。
（6）朝岡興禎編『増訂古画備考』（復刻版）（思文閣、一九八三年）。
（7）小川顕道『塵塚談』（『燕石十種』所収、東出版、一九七六年）。
（8）楢崎宗重「鳥山石燕の扁額——没年のことなど——」（『浮世絵芸術』四—十、一九三六年）。楢崎宗重「石燕挿絵歳旦集無題」（『浮世絵界』一—一、一九三六年）。また、石燕の生没年、師や門人については諸説ある。永田生慈「鳥山石燕とその一

門について」(『宗教社会史研究Ⅲ』立正大学史学会、二〇〇五年)。浅野秀剛「喜多川歌麿の伝記的事項と画業の概要」(『喜多川歌麿』千葉市美術館、一九九五年)。浅野秀剛「天明期の歌麿」(『國華』一二二九、一九九八年)。

(9) 常楽寺(長野県上田市)所蔵の「六歌仙図」と「踊念仏図(万歳図)」の絵馬(上田市指定文化財)二面は、画中に落款「石燕藤原興虎」とあることから、これまで鳥山石燕の作品とされてきた。しかし、画風は鳥山石燕のものとは隔たりがある。本図は安永五年(一七七六)に上州高崎本町の福田好道夫妻により奉納されていることから、高橋道斎、井上金峨に学んだ儒者で、狩野派に学び人物画を善くした山崎石燕興虎(一七〇九~八五)の作と考えられる。河田貞「絵馬」(『日本の美術』九二、至文堂、一九七四年)。『郷土の絵馬』(上田市立博物館、一九七五年)。『常楽寺総攬』(常楽寺美術館、一九九〇年)。

(10) 田島凡海「鳥山石燕の納額」(『埼玉の文化財』二、一九六一年)。

(11) 前掲注8浅野氏論文。ジュリー・ネルソン・デイヴィス「浮世絵の共同作業と師弟――鳥山石燕と喜多川歌麿――」(国際浮世絵学会五〇周年記念・江戸東京博物館二〇周年記念「大浮世絵展国際シンポジウム」講演録)(『浮世絵芸術』一六八、二〇一四年)。

(12) 明治時代に東京近郊の絵馬を写した山内天真の『東都絵馬鑑』(国会図書館所蔵)には「赤坂氷川神社額堂。幅壱間計、板地」、「狩野玉燕季信筆」とする縮図が収録されている。前掲注4小澤氏論文。

(13) 安永三年(一七七四)に刊行され、のちに『石燕画譜』として再版された。

(14) 周信の作例はほとんど知られていないが、雪舟の筆法に倣った「山水図屏風」(栃木県立博物館)や「唐子琴棋書画図屏風」(個人蔵)、「花鳥養蚕図巻」(板橋区立美術館蔵)からは、狩野家粉本を用いて手がたく家法を伝える画家像が浮かぶ。安村敏信「狩野常信・周信の伝記と画業」『池上本門寺奥絵師狩野家墓所の調査』(池上本門寺、二〇〇四年)。

(15) 前掲注8永田氏論文参照。

(16) 橋本雅邦によれば、木挽町狩野家では、年齢に関わらず町家の子弟以外(武士)であれば入学できたという。大抵は十四、五歳で入門し、狩野家の弟子続きの者が多く、新規の場合は藩主の紹介が必要だった。周信が没する享保十三年(一七二八)に、石燕は十五歳であるため、周信の晩年に入門したものと推測される。橋本雅邦「木挽町画所」(『國華』四、一八八九年)。安村敏信「狩野画塾の教育法」(『狩野派決定版』別冊太陽一三一、平凡社、二〇〇四年)。

(17) 石燕の門人には「石」を継ぐ号が多いが、本絵馬の裏面には「燕」を戴く号もみえる。

(18) 海老澤了之介『新編若葉の梢』(新編若葉の梢刊行會、一九五八年)。『豊島風土記』(豊島区、一九七一年)。

挿図の一部は以下の刊行物から転載した。

図7・9 河田貞「絵馬」(『日本の美術』九二、至文堂、一九七四年)

図8 『浮世絵芸術』一六八(二〇一四年)

●コラム●

狩野洞白愛信筆鶴図絵馬について

柏﨑　諒

江戸時代最大の画派であった狩野派の絵師は絵馬を多く手がけている。室町時代後期の狩野元信筆「神馬図」（京都・加茂神社）、江戸時代初期の狩野探幽・尚信・安信共作の「三十六歌仙額」（香川・金刀比羅宮）等が知られ、その草創期である室町時代後期から江戸時代に至るまで、狩野派の絵馬の作例を確認出来る。

狩野洞白愛信（安永元年～文政四年（一七七二～一八二一））も多くの絵馬を手掛けた事がわかる狩野派絵師の一人である。「愛信」は『古画備考』には「なかのぶ」、『東洋美術大観』(1)には「ながのぶ」の読みが振られるが、在世中どのように呼称されていたかは定かではない。愛信の孫も「洞白」と号したため、本稿では「愛信」と記す事とする。

狩野派研究の中で、絵馬は銘文が取り上げられたり、個々の作品研究が行われたりすることはあったが、狩野派の活動における絵馬制作の位置付けについて触れられることは少なかった。また、愛信もこれまで注目されることのなかった絵師である。しかし、今後の狩野派研究においてはこれまで注目されていなかった絵師や画業にも目を向けていく必要がある。そこで、「鶴図」（絵馬No.5）と併せて愛信がいかなる絵師であったかを紹介することで、今後の絵馬研究、狩野派研究の一助としたい。

「鶴図」は縦長の家型絵馬で、五角形の板に枠を回らし、上部二辺は軒状に突き出している。板地に金箔を押した上から丹頂鶴の番《つがい》と三羽の雛を着彩で描く。画面に向かって右後方の親鳥は下を向く。左前方の親鳥は嘴を上に向け、天を仰ぎ見る。三羽の雛鳥はそれぞれ羽を開き、右の雛鳥は下方に、左の二羽は親鳥の方に顔を向ける。

この画題の典拠を特定することは出来なかった。「鶴は千年、亀は万年」と言われるように、古来瑞鳥とされる鶴の親子が描かれる事から、子の成長や長寿を願って奉納されたものであろうか。本作の典拠がいずれにあるにせよ、安産・子安の神とされる鬼子母神を祀る鬼子母神堂に奉納される絵馬としてふさわしい画題と言えよう。

画面右上に「狩野式部卿法眼洞白藤原愛信謹書」と落款し、その下に書き印で朱文方印「狩野氏」（図1）を施す。「鶴図」は何度か修復を受けており、当初の通常の印に朱で補筆したものか。この落款印章より作者が駿河台狩野家五代目の狩野洞白愛信と判明する。落款には「式部卿」とあるが、『古画備考』等の画伝類で確認出来る愛信の名乗りは大蔵卿のみである。本落款から愛信が大蔵卿の他に文献資料には記録されない式部卿を名乗った時期があった事が判明する。なお、式部卿は愛信の父である洞春美信の名乗りでもある。父から名乗りを受け継いだのであろう(2)。また「法眼」とあることから、愛信が法眼に叙せられた文化十年（一八一三）十二月から没する文政四年までの約八年間に制作されたものであることが判明する。

図1　朱文方印「狩野氏」

愛信について述べるためには、駿河台狩野家に触れる必要がある。『東洋美術大観』には「駿河臺の狩野家は表絵師諸家の中第一の格を有し、その筆頭として扶持高も諸家の五人扶持なると同じからず、獨り貳拾口を給せられき」とあり、駿河台狩野家は表絵師筆頭の家系であることから、五人扶持であった他の表絵師とは異なり二十人扶持を頂戴していたとする。表絵師とは奥絵師の補佐の任を担ったとされる家系で、江戸時代を通して早々に廃絶した家系も含めて十五家程存在していた。奥絵師とは、江戸時代初期の狩野派を牽引した狩野探幽、その弟の尚信、安信の三兄弟から始まる鍛冶橋狩野家、木挽町狩野家、中橋狩野家と、木挽町狩野家の分家である浜町狩野家の四家系を指す。奥絵師は狩野派の組織の頂点に位置し、他の狩野派絵師たちを指導する立場にあった。駿河台狩野家はその奥絵師四家系に次ぐ格式を有す家系であった。すなわち、狩野派内で五番目に高く格付けられた家系と言うことになる。

駿河台狩野家の初祖は狩野洞雲益信（寛永二年〜元禄七年〔一六二五〜一六九四〕）である。益信は彫金家の後藤家出身で、(3)当時実子のなかった探幽の養子となった。益信は探幽に養子入りするだけでなく、通称を探幽の幼名である采女と改めており、探幽の跡取りとして狩野派を支えていくことが期待されていたと思われる。

しかし、その後探幽に実子が誕生したため、洞雲は別家して駿河台狩野家を立てる。別家した後の文化三年（一八〇六）、宗家中橋狩野家の安信の娘を娶る。このことから、別家した後も益信が狩野派の有力絵師であった事が窺える。

益信に実子はなく、養子の洞春義信が(4)二代目となるが、義信の出自について『古画備考』には「或書」からの引用として、実は探幽の実子で勘当された狩野五右衛門なる人物の子であると記されている。つまり、義信は探幽の実の孫と言うのである。「或書」がどのような資料かは判然とせず、この真偽は不明だが、探幽の関係を強調することで駿河台狩野家の正統性について述べているように思われる。

そして、愛信の父美信の代に駿河台狩野家の格式がさらに上昇した事を文献資料から見出すことが出来る。『古画備考』に「文化乙亥六月龍平話」と、文化十二年（一八一五）に龍平なる人物が語った内容として掲載されている「狩野當時家式」には「駿河臺、已前は一通り狩野並に候所、先洞春美信より、法眼に成候に付、洞白も法眼の子と申ものにて帯刀也、鍛冶橋の次に坐候得共、近年法眼に相成候てより、上席なり、」と書かれている。それまで他の表絵師の家系と一通り同じ扱いを受けていた駿河台狩野家であったが、美信が法眼に叙されたことで帯刀が許されたと言う。そして、法眼の子であるという理由で、洞白つまり愛信も同様に帯刀が許されたようだ。さらに注目すべきは、「上席なり」という部分である。これは将軍への謁見の際の席次のことで、この席次にはその家の格式がそのまま反映された。(5)「鍛冶橋の次に坐候得共」と鍛冶橋狩野家に次ぐ席次であった駿河台狩野家が「上席」、つまり奥絵師の家系と同じ席次になったというのである。

『東洋美術大観』第五冊の「表絵師の格式」という項目の中に、駿河台狩野家の格式がさらに高かったようにうかがえる記述を見出せる。「法眼にも叙せられ、或は觸頭永徳が洞春を推せしこと上に見ゆとも爲り、両刀を帯し、席次時に鍛冶橋家の上に在ることあり」と、帯刀が許されたとされる点は「狩野當時家式」の記述と同様だが、加えて触頭を務めた事、時には席次が鍛冶橋狩野家と同様ではなく、さらにその上に座す事もあったと記す。「上に見ゆ」とは中橋狩野家の天明五年（一七八五）の「記録」なる資料から引用された「御絵師へ觸之儀、當時洞春法眼にも相成候に付、洞春、探牧へ被二仰付一私儀者御除被レ下候様に被レ爲レ掛二御聲一可レ被レ下候。以上。　十二月廿八日　狩野永徳」と言う部分を指す。これによれば、中橋狩野家の当主であった永徳高信が、美信と鍛冶橋狩野家の探牧守邦へと触頭の任を譲ったことがあるようだ。触頭とは二条城の障壁画制作の指揮を一手に担った探幽のように、大規模作事全体のとりまとめる絵師の事で、各作事の度に奥絵師の中でも特に大きな指導力を有したものが選ばれた。

以上のような点から、美信の代には駿河台狩野家の立場が、奥絵師と同等、或いは一時的な措置とは言え他の奥絵師よりも上位に置かれるようになった事が判明する。愛信も美信からの家督相続によって父と同等の処遇を受けるようになった事が推察される。愛信の絵師としての格式は幕府の御抱絵師であった狩野派の中でも高いものであったと言えよう。

愛信の現存作例については数点が確認されているが、中でも注目すべきは八点の絵馬である。その他、江戸・東京の絵馬に関する文献資料を収集・整理された坪井利剛氏によれば、浅草寺に現存する「神馬図」を含めて記録の中から四点の絵馬を確認できると言う。(6) 現存する八点と資料のみから判明する三点、それに「鶴図」を併せて十二点もの絵馬の存在が確認出来る。

愛信の絵馬の中でも特に着目すべきは青森県弘前市の高照神社《たかてるじんじゃ》の奉納額五点である。(7) 高照神社は弘前藩四代藩主津軽信政を祀るために五代信寿によって正徳元年（一七一一）に高岡霊社として建立された。五十四点の絵馬が拝殿に掲げられ、そのすべてが弘前藩主とその重臣によって奉納されたものである。五十四点が一括して「高照神社奉納額絵馬」として青森県有形民俗文化財に指定されている。(8) そのうち五点の愛信の絵馬は九代藩主寧親、十代藩主信順とその家族によって奉納されたものである。(9) 狩野派は幕府関係の画事の他に有力な武家や貴族、寺社の為に揮毫することがあった。愛信の高照神社奉納額はその好例と言えよう。

「鶴図」の奉納者についての記録は現在のところ見出せず、鬼子母神堂に収められた経緯は明らかでない。しかし、愛信という絵馬の作例が目立つ狩野派絵師によって制作されたという点で、重要な作品と言えるであろう。冒頭でも述べたように狩野派は絵馬を多く制作しながら、他の画業と比較して絵馬は注目される事が少ない。しかし、高照神社奉納額のように絵師の活動の側面を知る事の出来る作品も存在する。「鶴図」についても今後考察が深まれば、狩野派や絵馬についての研究への寄与につながるだろう。

（早稲田大学會津八一記念博物館助手）

注

(1) 『東洋美術大観』第五冊（審美書院、一九〇九年）。

(2) 式部卿、大蔵卿は、本来律令制における行政官庁である式部省、大蔵省の長官の事である。しかし、美信、愛信がこの職に就いた記録はなく、官職名を通称に用いた百官名であったと思われる。

(3) 後藤家は狩野派と同様、室町幕府、江戸幕府に仕えた彫金家で、刀剣装身具の制作や大判鋳造を行った。益信は『古画備考』には後藤立乗の子、前掲注1の『東洋美術大観』には立乗の子である益乗の子とあり、その出自の詳細は判然としない。

(4) 義信の名に関しては、『古画備考』では「福信」とする。前掲注1の『東洋美術大観』では「今洞春美信墓陰の記に従ふ」として「義信」を採用するため、本稿ではこれに準じた。

(5) 狩野派絵師の席次については尾本師子「江戸幕府御絵師の身分と格式」（武田庸二郎・江口恒明・鎌田純子共編『近世御用絵師の史的研究――幕藩制社会における絵師の身分と序列――』所収、思文閣出版、二〇〇八年）を参照。

(6) 愛信の絵馬の作例については坪井利剛「江戸・東京の絵馬――浅草寺絵馬群の位置付け――」（『浅草寺の絵馬と扁額――解説論考編――』所収、台東区文化財調査報告書第五十四集　浅草寺絵馬扁額調査報告書、東京都台東区教育委員会生涯学習課、二〇一六年）を参照。

(7) 愛信の高照神社奉納額については『高照神社所蔵品目録』（高照神社文化財維持保存会後援会、一九九一年）を参照。

(8) 高照神社奉納額の詳細については『高照神社』（特別展「高照神社宝物展」図録、青森県立郷土館、一九九二年）参照。

(9) 愛信の高照神社奉納額の奉納者は前掲注7の『高照神社所蔵品目録』によれば、それぞれ弘前藩九代藩主津軽寧親、寧親室、十代藩主津軽信順と寧親の娘二人である。

◉コラム◉

鬼子母神堂本殿旧障壁画

由良　濯

寺院建築を荘厳するものとして、障壁画の果たす役割は大きい。しかし、堂内にはめられた制作当初の姿のままで保存されている障壁画は多くない。ここに紹介する壁画四面もまた、本来は法明寺鬼子母神堂本殿の壁に貼られていたものである。これらは昭和五十四年の修理の際に取り外されるまで、奥に牡丹に唐獅子図二面、手前に山水図二面が向かい合わせになっていた。現在は捲りの状態で別置されているが、金箔や金砂子を用いた豪華な壁画である。

牡丹に唐獅子図二面（本書68・69頁）は本殿奥の壁に宮殿を挟んで向かいあわせに貼られていた。北壁の画面①は縦一九六・〇×横一六一・二cm、南壁の画面②は縦一九六・四×横一六二・〇cmである。北壁に尻を咬んで戯れる二匹の獅子、南壁には岩に前足を掛ける獅子と、こちらを見る獅子が、それぞれ紅白の牡丹とあわせて金箔の下地に描かれている。北壁は、左下と中央が大きく補修されており、獅子の背中や足の一部が欠けている。南壁は右下の岩が一部欠損しているほか、左側の獅子の頭部の彩色がやや剥落している。紅白の牡丹の輪郭線は細線で丁寧にひかれ、葉や花びらに緑、赤、白の彩色が施されている。墨線で引かれる獅子の尻尾やたてがみは淡墨と濃墨の二つの線で渦を描き、それを縁取るように金泥の細線で毛の流れが描かれる。その他の体毛も同様に、金泥で毛の流れが表されるほか、胴体の斑点模様にはそれを囲うように金泥で細かく毛描きが施されている。落款等、作者を示すものは書かれていない。

山水図二面（本書70・71頁）は本殿手前の壁に貼り付けられていた。北壁の画面は縦一八四・五×横一六三・四cm（本紙縦一七三・一×横一五二・四cm）、南壁の画面は縦一八三・五×横一六四・三cm（本紙縦一七〇・六×横一五二・〇cm）である。北壁には天台大師にまつわる聖地が描かれているため、以下、天台大師聖蹟図、南壁は霊鷲山図とする。どちらも水墨の山水に金砂子で瑞雲が描かれる。天台大師聖蹟図は遠景に二つの大きな山が左右に分かれて描かれ、それらは中央で橋によって結ばれている。その橋の向こうから流れる滝は、画面右へと流れ、水辺が広がる。画面左下には謹直な線で描かれた建造物群が描かれている。その他の山の合間に楼閣が見え、それぞれのモチーフに金泥で名称が記されている。画面向かって右に大蘇山、左に天台山を配し、中央に石橋、下部には揚州が描かれている。それぞれの名称と天台大師の関係については後述する。霊鷲山図は画面右上に金泥で「南天竺　霊鷲山」（図1）と書かれていることからその画題が判明する。近景には傘状に枝を広げる樹木が左上に向かって生え、中景右方には大きくそびえる岩山が立ち、遠景には鋭い岩山が乱立している。山と湖を対角線構図に配置し、中景から遠景へ繋がるあたりに楼閣の屋根が見えている。折れ曲がる木の幹やごつごつした岩肌は、強弱をつけた墨線で表される。天台大師聖蹟図と霊鷲山図の諸峯や楼閣、樹木や岩皴の描き方は共通して、真体によっている。天台大師聖蹟図の左下には落款が記されており、「時年七十五　暁雲齋勝月筆」「暁雲齋画印」（図2）とある。小稿では、牡丹に唐獅子図の特

図1

図2

徴と内容を確認し、天台大師聖蹟図、霊鷲山図に見られる法華信仰について考察する。

まずは牡丹に唐獅子図である。その図様は形式的で、狩野派の手法に則っている。また、画面に対して小ぶりに描かれた可愛らしい獅子は狩野探幽以降の作例に共通するものである。例えば、宮内庁三の丸尚蔵館所蔵の狩野永徳筆「唐獅子図屏風」と対をなす狩野常信筆「唐獅子図屏風」や仙台市博物館所蔵の狩野典信筆「唐獅子図屏風」（図3）は探幽以降の特徴である、体躯や四肢が短く、顔は鼻が小ぶりで眉間の幅の狭い親しみやすい獅子が描かれている。それらと本図を見比べると、可愛らしい表情や自由に飛び跳ねる様子が類似している他、金泥で縁取る毛描きや斑点の表現も共通している。本図はこれら江戸中期以降の狩野派の系譜に連なるものと言えるだろう。また、松平安芸守光晟の室自昌院の寄進により建てられた鬼子母神堂本殿の最奥部に画格の高い霊獣の獅子を描いていることから、本図の作者は狩野派の人物と考えられる。

図3　狩野典信「唐獅子図屏風」（仙台市博物館）

本図を含めた探幽以降の愛らしい獅子の表現は、謡曲「石橋」に関わるものだろう。唐に入り清涼山にたどり着いた寂昭法師が、その向こうに文殊菩薩の浄土があると伝えられる石橋を渡ろうとしたところ、童子が現れ、「すぐれた修行者ですら渡れない」と戒められる。すると文殊菩薩の使獣の唐獅子が現れ、御代を祝福し、牡丹と戯れ踊るという内容である。(1) 本図に描かれた唐獅子も前足を交差させてこちらを見ていたり、もう一匹の獅子のお尻に噛みついていたりと、戯れている様子がよく表されていて愛らしい。ところで、千葉市美術館所蔵の曾我蕭白「獅子虎図屏風」（図4）は獅子と虎のポーズがそれぞれ本図の南壁の獅子と同じであることが注目される。この屏風の右隻の獅子は橘守國の『絵本写宝袋』に描かれている獅子と一致していることが既に指摘されており、(2) 左隻の虎は探幽の南禅寺襖絵にも見られ、本図も同じ図様を用いていることがわかる。

古来、唐獅子は文様として用いられてきたが、牡丹と唐獅子が共に描かれるのは、百獣の王である獅子と花の王である牡丹を共に描くことで完全な存在を表そうとしたと考えられている。それに加え、獅子の唯一の弱点である獅子の体内に巣食う虫を殺すのが牡丹に溜まる露であるため、獅子が牡丹を食べるという意味も込められている。(3) そのため寺院障壁画には好んで用いられた。

本図は本殿最奥の宮殿を守る強い霊獣としての役割に加え、御代を祝福するおめでたい画題として描かれているのだろう。

山水図二面は、金箔下地に濃彩色で描かれた牡丹に唐獅子図とは異なり、水墨の画面に金砂子を用いて瑞雲を表し、金泥による書き込みがされている。

図4　曾我蕭白「獅子虎図屏風」（千葉市美術館）

本殿手前右側の天台大師聖蹟図には、多くの楼閣が描かれ、それぞれのモチーフに書き込みがされている。(4) その一つ一つを拾っていくと、それらが天台大師にまつわるものであるとわかった。天台大師は中国の僧・智顗のことで、天台宗の開祖である。『法華玄義』『摩訶止観』『法華文句』の三つの著書・天台三大部でその思想を説き、日蓮もその思想を基本としていた。(5) 本図に描かれた種々のモチーフは『随天台智者大師別伝』や『天台大師和讃』に見られる。『天台大師和讃』とは、『往生要集』の著者として知られる恵心僧都源信によって著された賛歌で、天台大師の一生を伝える

図5

図6

図7

図8

ものである。

　画面右上に智顗が出家した果願寺（図5）、その上に法華経を授かった光州・大蘇山（天蘇山）（図6）、左上には修業した天台山（図7）が描かれ、下方には示寂した石城寺（図8）などが描きこまれている。また画面左下から右下へ、建物に「江綾玄義」「止観院」「文句」と書き込まれ、天台三大部がそれぞれ説かれたことを表している。「江綾」とは「江陵」のことで中国の荊州にあたる。天台大師の生涯を本図で追うと、右上の光州から始まり、反時計回りに、台州・天台山、江陵・荊州、最後に、そこに向かう途中で示寂したと伝えられる揚州が描かれている。さらに画面中央には中国の名所、鯉が登って龍になるという「龍門滝」や「石橋」が描かれている。しかし、本来天台山に描かれるべき「王子晋跡」や「石橋」の位置が大賢山のあたりにずれており、地理的な関心はあまり見られない。

図9　蔀関月「廬山図」（大阪市立美術館）

　先述したように天台大師聖蹟図と霊鷲山図の図様は水墨による山水図である。中国の名所を描いた山水図は画譜にも見られるが、本図のように金泥で個々の名称を記したものとしては、大阪市立美術館所蔵の蔀関月筆「廬山図」（図9）がある[6]。この作品も大画面に山水を描き、建造物や諸峯のそれぞれに金泥で名称を記しているが、「廬山図」が一つの名所を描いているのに対し、本図は一人の人物にまつわる地名、名称を描き、記している点で興味深い作品である。智顗にまつわる名所が描かれていることから本図は、人物こそ描かれていないが、高僧絵伝と同じ性格を持った作品だろう。

　最後に、霊鷲山図は本殿手前の左側の壁に貼られていたもので、画面右上に「南天竺　霊鷲山」と書かれている。霊鷲山とは、「霊山」「霊山浄土」とも呼ばれ、聖霊のいる山であり、仏陀が説法を行った聖地である。とりわけ『法華経』がこの地で説かれ教化されたことから、日蓮聖人は霊鷲山を最も重要な場所であり、また浄土であるとした。本図は、中央に大きく鷲の形をした山が描かれ、その麓にはわずかに楼閣の屋根が見える（図10）。ここで釈迦が説法をしたことを示しているのだろう。画面右下から始まる道が右方の山の背後を廻って橋を渡り、霊鷲山へと繋がり、左方には洞窟とその間を通る道が描かれる（図11）。本図が霊鷲山を描いていることは文字以外からも明らかであるが、本図のように風景のみを描いた作例は珍しい。霊鷲山が描かれる作品は「霊鷲山説法図」「霊山浄土図」「霊山変相図」と呼ばれるもので、中央に釈迦如来と数体の脇侍菩薩、十大弟子や十六羅漢などを描き、その背後に霊鷲山を描いた仏画として有名である。最初期の作例は法隆寺玉虫厨子宮殿部背面に見られ、八世紀頃から盛んに制作されるようになった。多くあるそれらの作例の中で、本図と同様に釈迦説法の様子が描かれていない事例としては、法隆寺金堂「阿弥陀如来像台座」板絵がある。この図においては霊鷲山へ至る道に人物が描かれるが、これは画中の人物に自己を投影するためである。本図の主題もこの図と同様に霊鷲山へ続く道が重要であるようだ。また、本図に描かれたこの道は、香川県歴史博物館所蔵「法華経」巻第一、第六の見返絵などに見られる。それらの作品において洞窟は「別の空間への通路として明確に位置づけられ(7)」ているが、本図では位置が下にずれているために、右下から始まる道との整合性が無くなってしまっている。つまり、本図では洞窟の間を通る道がモチーフとして記号化してしまっていることがわかる。

本図のような山水図に一つの名所を当てはめる例は、享保十二年に刊行された橘守國の『画典通考』に「廬山図」が描かれ、そこには謹直な筆致の山水図に廬山を示す諸モチーフが描き込まれている。本図はそれら名所絵と同じ構造ではあるが、霊鷲山を描いた作例を筆者はまだ見つけられていない。

本図は名所絵に「霊鷲山説法図」があてはめられた珍しい例である。日蓮は法華経を信じることで霊鷲山、娑婆世界に顕現する霊山浄土へ参詣できるとしている(8)。信徒たちは本図を見て、画面内の道を辿り、霊山浄土を思い描いたことだろう。

図10

図11

以上に述べたように、「牡丹に唐獅子図」は宮殿を守る霊獣として格式の高い伝統的な画題として描かれ、天台大師聖蹟図と霊鷲山図は漢画の手法に忠実に依拠しながら、画題は『法華経』との関わりを強く意識した作品であることがわかった。鬼子母神堂内を荘厳する堅実な壁画である。また霊鷲山図を描くにあたり、鷲の形の山や洞窟の間の道といった仏画の図様を、形式化してはいるものの描き込んでいることは、本図の作者がそれらの図様を学んでいた可能性が示唆される。落款に記されているように、暁雲齋という人物で「勝月」と名乗っていた、またその時に七十五才であったという特徴が一致する人物を見つけることができなかった。しかし、『風俗画報』第三七三号、現在の文京区にある「興善寺」の項には、「高祖旭日を拝する画額文化辛酉年暁雲齋と署す(9)」という記述が見られる。天台大師聖蹟図と霊鷲山図は、作風から見ても文化年間の制作と思われ、日蓮聖人と旭日を描く画題からも、この「暁雲齋」は同一人物の可能性があるが、同寺に現存しておらず、この絵師について詳細は不明である。

牡丹に唐獅子図という伝統的な画題に合わせて、霊鷲山と智顗にまつわる山水図を描いた暁雲齋なる絵師は、伝統的な絵画に関する知識を持ちながら、それに留まらず、鬼子母神堂にふさわしい『法華経』と強いつながりを持つ絵を描いたのである。

（早稲田大学大学院）

注

（1）校註・訳者、小山弘志、佐藤健一郎『新編日本文学全集五九謡曲集②』（小学館、一九九八年、五八三～五九一頁）。

（2）伊藤紫織「作品解説」（『蕭白ショック!! 曾我蕭白と京の画家たち』読売新聞社、二〇一二年、二〇九頁）。

（3）雨宮久美「日本における牡丹と獅子文化の形成と謡曲『石橋』」（『国際関係研究』、日本大学国際関係学部国際関係研究所、二〇一五年）。

（4）本図に記された名称は以下の通り。

地域、山…光州、天蘇山（大蘇山）、大賢山、台州、天台山、
仏読《（ママ）》山（仏隴山）、唐渓山、陽州（揚州）

寺院など…果願寺、普賢堂、修禅寺、法華堂、尾宮寺、竹林院、
玉泉寺、同修寺、弥勒堂、石城寺、楊品、江陵玄義、
遠菜《（ママ）》、止観院、文句

その他……王子晋跡、白道百台、滝水、石橋、龍門滝

（5）日蓮『守護国家論』（小松邦彰『日蓮聖人全集 第一巻 宗義1』春秋社、一九九二年）。

（6）秋田達也「蔀関月と「廬山図」と懐徳堂」（奥平俊六編著『懐徳堂ゆかりの絵画』大阪大学出版会、二〇一二年、一二六～一五九頁）。

（7）中島博「霊鷲山への道──奈良国立博物館所蔵「釈迦霊鷲山説法図」をめぐって──」（『鹿園雑集 第九号』奈良国立博物館、二〇〇七年、二七～六二頁）。

（8）上田本昌「日蓮聖人における仏国土思想の展開」（『日蓮教学の諸問題』茂田井先生古稀記念論文集、平学寺書店、一九七四年）。

（9）『風俗画報』第三七三号（東洋堂、一九〇七年、二二頁）。

挿図の一部は以下の刊行物から転載した。

図5 徳島市立徳島城博物館『狩野栄川院と徳島藩の画人たち』（二〇一三年）

図6 千葉市美術館『千葉市美術館所蔵作品選』（一九九五年）

図7 堺市博物館『近世の大阪画人──山水・風景・名所──』（一九九二年）

御会式と練供養

安藤昌就

はじめに

「御会式」は日蓮宗寺院にとって最も重要と位置づけられる宗教行事の一つである。その盛儀を誇る池上本門寺を始めとして、あまたの参詣者で賑わう多くの寺院の「御会式」は人口に膾炙し、江戸・東京の歳時記の中で庶民に親しまれてきた。雑司ヶ谷法明寺もその例外ではない。しかしながら今日では「御会式」といえば、行事本来の目的である寺院による法要よりも、夜間に寺院へ登詣する講中によって繰り広げられる万燈練供養を連想するのが一般的であろう。そこで本稿では御会式の由来を概観したのち、万燈練供養を含む法華講中の寺院登詣時に繰り広げられた練供養について、その変遷を中心に見ていきたい。

一　御会式の由来と法会

会式とは法会の儀式を略した呼称である。これは決して日蓮宗固有の語ではなく、他宗においても通用される語ではあるが、日蓮宗においては通例として宗祖日蓮の忌日に修される報恩法会のことを指す語として用いられる。

中世では宗祖日蓮の御影（肖像）を前に修される報恩法会であることに由来する「御影講」「御影供」などの呼称が用いられていた。また、江戸時代に至って一般に通用した「御命講」の呼称は、斉藤月岑が『東都歳時記』に記した説明によると「御影講」より転訛した語であるという。(1)

弘安五年（一二八二）九月八日、悪化する病を療養するため、晩年の九年間を過ごした身延沢（山梨県身延町、身延山久遠寺）を離れた日蓮は、常陸国へ向かう途中、同月十八日に武蔵国千束郷池上に所在した檀越池上宗仲の邸に立ち寄った。ここで重篤な体調から死期を悟った日蓮は、教団の後事を弟子たちに託した後、十月十三日辰の刻、同所において入滅した。この地は池上本門寺塔頭で池上院家一老であった大坊本行寺の地にあたる。弟子たちは池上邸にて葬儀の式を修し、池上邸に接する谷戸にて日蓮の遺骸を荼毘に付した。日蓮遺骨は遺言によって身延沢に遷されるが、日蓮入滅の霊地や荼毘所、灰骨（遺灰）などが残る池上には本門寺が開かれ、後に日蓮入滅の霊場として本寺的な発展を遂げていく。明治初年において池上本門寺は孫末を含め三五〇ヶ寺の末寺を従えていた。(2)

日蓮滅後における日蓮宗寺院では早期に日蓮影像が造立されており、その宝前において日々日蓮への供養礼拝が行われた。現在に多く残存する日蓮直弟六老僧の一人、日興の書状には、僧侶や信徒からの供養の品を日蓮影像の宝前へ備えたことに言及するものが少なくない。(3)また、早期の日蓮像の現存例としては、日蓮七回忌（正応元年・一二八八）の造立になる池上本門寺像や、無銘であるが鎌倉時代造立の鎌倉比企谷妙本寺像などが知られる。

宗祖日蓮の忌日の報恩法会を修してその威徳を偲ぶことは、日蓮宗寺院にとって早くより重要な行事とされていた。早期の史料例では、池上本門寺・比企谷妙本寺両山第三世日輪が、京都にて布教活動に励む兄弟子の日像に宛てた、元亨元年（一三二一）に比定される十二月二日付書状の中で、門下の行事として宗祖の仏事を修していることについて言及している。[4]

中世における池上本門寺関係の史料を見ると、十月に行われるこの宗祖報恩会は、後に四月に修される千部会（法華経千部読誦会）と並んで「二季の大会」として、極めて重要な行事とされていた。

池上・比企谷両山第八世日調は、長禄二年（一四五八）に上総国の国本寺である行川妙泉寺に下した掟書の中で「二季御会御正日勤之事」と記し、二季の大会を「正日」に修することを規定している。[5]

また、両山第九世日純が妙泉寺に下した永正十三年（一五一六）の掟書では、「二季之大会真俗共ニ可致参詣事」「二季之御会式坊張分可勤出銭事」と規定され、末寺僧侶および信者の本山における二季大会への参詣と応分の出銭が課せられている。[6]

池上本門寺での「二季之大会」は、江戸期に入ると末寺総出仕のもと行われる行事として位置づけられ、盛大さを益していった。宗祖命日の十月十三日を結願として十一日より三日間にわたって行われるのを定例とし、これは少なくとも江戸後期より現在まで変わりは無い。[7] 三百五十遠忌、四百遠忌など五十年ごとの遠忌には、行事期間も長く、法要の座数も多く修された。[8]

このように、日蓮宗寺院にとって御会式は極めて重要で盛大な行事であった

二　檀信徒の寺院登詣と練供養

日蓮宗寺院において最重要の行事とされた御会式に、篤信の檀信徒が参詣することは、法要と同じく日蓮滅後、早期より行われてきたものと思われるものの、具体的にそれを物語る史料は管見の限り見ることは出来ない。先述の日純掟書からは、室町時代後期には信徒の御会式登詣が盛んになっていた様を想起させるが、檀信徒が群参する様子については、講中や個人による信仰の発露としての行為に帰するものであるため、法会としての御会式行事を奉行する寺院側の文書には記されることはない。

明治になってからの記録であるが『江戸府内絵本風俗往来』には、御命講として次のような記述がある。[9]

〇御命講

十月十三日は日宗御命講の法要にて此宗の壇越武家町家の別なく家々の仏壇を飾り日蓮上人の尊像をば御綿とて紅白の綿をかけ青紅の餅を供え造り花を挿むこと常なり、此飾りに上中下精粗あるは家の貧富に応ずるなるべし、今日朝より終夜池上なる本門寺へ参籠する講中を始め其他の士女江戸より本門寺まで引もきらず、其他参詣群集せる寺院は品川妙国寺本郷丸山浄心寺浅草どぶ店長遠寺大塚本伝寺うし込願満の祖師赤坂今井谷の祖師小梅村常泉寺高田亮朝院等とす

『江戸府内絵本風俗往来』は、四代歌川広重を名乗った菊池貴一郎が、江戸の年中行事や市井の話題などを書き綴ったもので、明治三十八年（一九〇五）に出版された。書中で語られる各項には浮世絵師であった著者による挿絵を伴うが、御命講の項には、男二人が曼荼羅本尊の掛軸を掛け、桜の造花で装飾した仏壇の前で、団扇太鼓を打ちながら題目を唱える挿絵が付されている。

ここに見るような姿で、御会式行事が庶民の間で盛んに行われるようになるのはいつの頃であろうか。管見の限り残念ながら資料がなく、詳しいことはわからない。しかしながら、元禄七年（一六九四）に没した俳人松尾芭蕉には「御命講油のような酒五升」という句が知られている。これは日蓮遺文の中に見られる「古酒のごとく候油一筒」[10] という文句を意識して詠まれたものと思われるが、この句からは、芭蕉在世時には御命講は行事に酒宴をともなう庶民の楽しみとして意識されていたことが知られる。また、同じく芭蕉には「菊鶏頭切りつくしたる御命講」という句もあり、御会式のご宝前に供えるため菊や鶏頭の花が切り尽くされてしまうほど、その行事が盛んであった様を伝えている。[11] しかしながら、これら芭蕉の句が伝える事象は日蓮宗の信徒である庶民の各家におけるものと見るべきであり、日蓮宗寺院への登詣参拝とは分けて見なければならない。ただし、庶民の家庭レベルで信仰行事が盛んであったことは、当然ながら寺院への登詣もまた盛んであったとして問題は無いものと考えてよい

ではあろう。それを証する比企谷・池上両山貫首の書状を次に示す。

尚々近習共ゟ申越候通、安国寺住持も一両日之内可被参候条可被申渡候、
以上

一封令啓候、先以其山無替儀各々無事ニ候哉承度存候、爰許会式天気快晴大勢之群集ニて首尾能大会相済、仏法広布と怡悦此事候、尓者飯高玄能延式と申仁本行院申付候、来月二日頃入院可申候、左様ニ被心得仕度頼入候、態以飛札可申入と存候処、幸大円寺参候由申入候、恐々謹言

十月十五日　　池上日潤（花押）

常住御院
正覚御院

この史料は宝永元年（一七〇四）より享保元年（一七一六）まで在山した比企谷・池上両山第二十三世日潤が、池上本門寺の御会式直後である十月十五日に鎌倉比企谷妙本寺へ送った書状である。(12) その内容は飯高檀林の玄能を勤めていた延式という僧侶を、比企谷院家一老で妙本寺の留守居となる本行院住職に任命したことを、同院家二老の常住院、同三老の正覚院へ申し送ったものである。年代的には芭蕉没年より十余年を経たものであるが、日潤はその文中に池上の御会式について触れている。それによると池上本門寺の御会式は快晴に恵まれ、大勢の群衆の参詣もあって大変首尾良く済ますことができたといい、その群参の様から日潤は仏法の広宣流布を果たし得たと喜んでいます、とその成果を大きく強調している。

ここで日潤は、ただ「大勢之群集」と記すのみで、池上本門寺へ登詣した群集の内容について特別言及はしていないものの、仏法広宣流布とその様子を声高々に兼帯寺院で日蓮霊蹟でもある比企谷妙本寺へ申し送っているところからは、江戸府内や近郊の法華講中に加え、一般の参詣者も挙って池上本門寺に参詣している様子を想起させる。

このように江戸時代中期、元禄年間を過ぎた頃には実際に寺院への群参が見られていたことは確認できるが、ここで問題とする練供養が既に行われていたかについては確認することが出来ない。

ここでいう練供養とは、法華講中が参詣寺院に向かう課程において、行列を組み様々な手段で信仰を発露しながら練り歩く行為を示すものである。『東都歳時記』巻四に記載された雑司ヶ谷法明寺御会式の記事の中には「音楽練供養等法会厳重なり」と記されているが、これは雅楽を奏しながら法要式場へと向かう庭儀として行われる、僧侶による練供養を指す語彙であると理解すべきで、法華講中による練供養とは見ることは出来ない。(13)

池上本門寺をはじめとする日蓮宗各寺院で行われる今日の御会式では、講中による万燈練供養が一般的に行われている。それは万燈を奉じた講中が、団扇太鼓、横笛、鉦を用いて囃子たてながら、纏を振りつつ練り歩き寺院に登詣するというものであるが、御会式におけるこのような万燈練供養はいつ頃から行われるようになったのであろうか。残念ながらその答えについては資料がなく未詳といわざるを得ない。しかしながら、少なくとも江戸時代後期における万燈練供養の姿は、今日に見るものとは少々違っていた。池上本門寺の御会式において以下にそれを確認する。

まずは池上本門寺の御会式における法華講中の練供養について、大きな示唆を与えてくれる文献がある。それは昭和七年に刊行された『池上町史』である。(14)『池上町史』は、「池上の御会式」という項を設けて、池上本門寺御会式に関連して法華講中の起こりや練供養について言及している。近代における書籍ではあるが、江戸末期に生まれた人物が未だ在世していた昭和初年において、古老の回顧談や伝承をもとに記述されていると想像されるその内容は、現在における伝承や伝説を掲載する諸本よりもはるかに説得力を有する。いささか長文の引用となるが、煩をいとわず次に示す。

（前略）今日では万燈は池上本門寺の附き物の如く、又日蓮宗の専有物の様になりしは、徳川幕府初期の不受不施の乱により、一時衰微せしも民間の信仰は再び年と共に隆んとなり、元禄以来は市中に各諸本山の出開帳の

数々なるに供なひ、寺院と信徒との連絡を取る必要上、講中の成立を見るに至り此等の講中が、本山出開帳の際送迎の為め幟を立て標章とせしものにて、八代将軍の治世身延山出開帳ありて、江戸の信徒挙つて旅所品川海徳寺に出迎をなす時に、神田講尤も多く混雑を制する為め、急の間に合せに芝三田の三河屋といふ煙草屋の暖簾を借り、呉粉にて神田講中と認め目標として道案内をなせしを旗幟の濫觴なりと云ふ、其後各講中行列を整へ旗幟、花車、万燈など思ひ〳〵に押立て揃ひの着衣揃の手拭、花笠、福草履と随分趣向を凝して、団扇太鼓の音も勇ましく練り歩き沿道篤信の家に小憩し、かくて示威黙折の行列は滞り無く目的寺院に到着しかくして諸本山の出開帳は行はれたり、以上の諸講中が万燈を生ずる基となり、御会式は日蓮聖人が弘安五年十月十三日御入滅遊ばされて以来年々御報恩会は行はれ、後ち上記の諸講中の参詣する者万燈を灯せし者にて、文化以後天保の頃は実に益んな万燈或は仮装万燈の行列あり、其頃より的も有りて旗幟は巾四尺長さ二丈以上もある、大幟に中央に御題目を書き両端に昇龍降り龍を書き緞子地に金にて縫出せる立派な物で、是を蓮台に乗せ牛車に曳かせ等する実に隆盛なるものなりしも、水野越前守が天保の大改革の時中止を命ぜられたる事もあり、天保以後明治初年に掛けて、角行燈式の大万燈が作らるヽ様になれり、そして東京を中心として諸講中は必ず、本門寺御会式に万燈を出す事となり、今日の如く種々変形や新形を見るに至りて万燈は本門寺御会式の専有物の如くなれり、此の講中は確かな数は判明せざるも、大正の頃は四百以上もあらんかと云へり、万燈の太鼓、此の太鼓は中山法華経寺附近に太鼓の霊場あり是れが最初なりとも云ひ、泉州堺の歌題目踊りに太鼓を用ひたのが起源だとも、色々伝説あり、何れにしても此頃では万燈に鐘や太鼓は付物で、揃ひの着物揃ひの手拭でドンツクドン〳〵南無妙法蓮華経と十月十二日の夜中は池上名物の名を擅まヽにするに至れるなり。

この解説によると、日蓮宗の信徒団体である法華講中は、もともと日蓮宗各本山が江戸において出開帳を行うに及んで、地方より江戸へ入る諸本山の本尊や霊宝に対する江戸府内での送迎や、出開帳行事への奉仕のために組織された団体であるという。この伝承の当否についてはさておき、ここでは練供養についても言及されている。ここで解説される練供養には、講中が練り歩くのに奉じ掲げた二種類の標識的な出し物について述べている。一つは幟旗であり、一つは万燈である。

先に引用した『江戸府内絵本風俗往来』の「御命講」項中に見られる「今日朝より終夜池上なる本門寺へ参籠する講中」という記述は、宗祖日蓮の御逮夜である十月十二日には、今日のように夜に行われる万燈を奉じた講中による登詣のみではなく、朝から晩まで幾多の法華講中による池上本門寺への登詣が続いたことを物語っている。この池上登詣にあたり各講中は隊列を組んで練供養を行ったことは言うまでも無かろう。その講中の数は、いささか誇張があるかも知れないが大正年間で四百を越えたといい、江戸時代後期においても同様の盛儀が想起される。これら法華講中の登詣は、現在のように交通規制や協力する公共団体などとの関係から、特定の出発場所や時間を決めて行われるものではなく、各講中がその本拠地より思い思いの時間とペースで練り歩き、時折「沿道篤信の家に小憩」しながら池上を目指したものであったであろう。

彼らの内の多くは宗祖日蓮の御逮夜に日蓮入滅の霊場である池上本門寺へ参籠して、日蓮に報恩の誠を捧げることを目的とした。現在の池上本門寺御会式では、日蓮を祀る祖師堂（大堂）において、檀信徒による終夜不断の題目修行が行われている。江戸後期における御会式御逮夜の祖師堂内においても、終夜不断の題目修行が行われていたか、あるいは終夜不断の説法（通夜説教）であったかは確かな資料に恵まれず定かではないが、『東都歳事記』には「夜中説法あり」と記されており、通夜説教が行われていたことを匂わせている。初代歌川広重の画による『絵本江戸土産』に収められた池上本門寺挿絵の詞書には「毎年十月十三日祖師の忌日により、前夜より堂内に籠る人夥しく、万を以て算ふべし」と記され、万にも及ぶ人々が池上本門寺に参籠していたことを伝えている。(15) この「万」は単に大勢の人々という意味で用いられているのであろうが、その参籠のために登詣する檀信徒の群参する様子が伝わってくる。池上本門寺の御会式では、翌十三日朝の法要において、日蓮入滅の時刻である辰の刻を期して、日蓮入滅の際に教団の後事を託された六老僧の内の一人である日昭が打ち鳴らしたと伝えられる本門寺の重宝「臨滅度時の鐘」を、貫首自らが打ち鳴らす。この法要に参列し厳かな儀式の場に身を置いて、宗祖日蓮との結縁を確認するために多くの講中の人々は参籠したのである。

さて、この祖師堂参籠・参詣の目的において法華講中が寺院へ登詣する課程で行った練供養における二つの出し物、幟旗と万燈について少し具体的に見ていきたい。

三　講中の幟旗

先述した講中の標識の内、まずは幟旗について見てみよう。

『池上町史』によれば、幟旗はもともと日蓮宗本山寺院の江戸出開帳を送迎する際の標章として用いられたものであるといい、法華講中における幟旗の濫觴は、八代将軍徳川吉宗の治世（享保年間）に、身延山久遠寺が出開帳を行った際、江戸府内の信徒が挙って御旅所であった品川宿の海徳寺に出迎した中、神田講が多くの講員の混雑を制するため、芝三田の三河屋という煙草屋の暖簾を借りて、胡粉で神田講中と認めて目標とし、道案内をしたことだという。貝殻由来の白色顔料である胡粉で文字を記せたということは、三河屋の暖簾は染め物であったことを示している。何とも乱暴な話ではあるが、この話が史実かどうかはさておき、『池上町史』の記述の中で重要なのは、幟旗の濫觴ではなく、幟旗自体についての具体的な記述である。ここで問題とするのは現在でも僧侶の行脚や寺院に帰属する講中に見られる、墨書や染め抜きの簡単な幟旗ではない。『池上町史』によると文化年間頃より豪奢な大幟が出現したといい、中には「巾四尺長さ二丈以上もある、大幟に中央に御題目を書き両端に昇龍降り龍を書き緞子地に金にて縫出せる立派な物で、是を蓮台に乗せ牛車に曳かせ等する実に隆盛なるもの」もあったという。このような豪奢な幟旗は天保の改革により規制されたとも記されている。

『池上町史』に記されているものほど大きくはないが、池上本門寺には法華講中が用いていた豪奢な幟旗が三旒納められている。これらは戦後の東京中心部の空洞化により構成人員を失い解散した法華講中構成者より奉納されたものである。このうち、まずは芝・白金講中が用いていた幟旗（図1）をみてみよう。

この幟旗は長さ三三四センチ、幅七四センチに及ぶ大きなもので、『池上町史』の記述のように緞子やビロードといった高価な裂に金糸を用いて「南無妙法蓮華経」の七字題目、昇り龍や降り龍、日月を刺繍している豪奢なものである。明治七年に制作されたものであるが、幟旗の裏面には墨書銘が有り、文政六年（一八二三）に制作された以前の幟旗が傷んだために、制作し直されたものであることが記されている。また、幟旗に用いられている一遍首題（七字題目）は、比企谷・池上両山第十二世である日惺が揮毫したものを用いている。日惺は天正十八年の徳川家康江戸討ち入り時の両山貫首であり、池上本門寺を門下の最重要拠点として、江戸府内への末寺開創を進めて、近世における池上門下の繁栄の基礎を固めた貫首である[16]。おそらく芝・白金講中は日惺揮毫の一遍首題を所持していて、そのオリジナルからこの幟旗に一遍首題を写している

図1　「白金講中玄題幟旗」（池上本門寺蔵）

のであろう。また、この幟旗の日惺一遍首題の脇には「延享三乙丑年霜月良感得而表具之補於虫喰之處者也　長興長栄嗣法賜紫日顗」と金糸にて刺繍されており、オリジナルの日惺一遍首題が延享二年（一七四五）十一月に両山第二十五世日顗により取得され、修理されたものであったことがわかる。つまりは日惺一遍首題のオリジナルは芝・白金講中に直接授与されたものではなく、日顗ないしはそれ以降の先師を介して、文政六年までに芝・白金講中の取得するところとなったのであろう。この脇書を記した日顗も、学問・文化・寺院経営に優れ、両山を隆盛に導いた江戸中期を代表する両山貫首であったが[17]、日惺・日顗と、かかる有力な先師が関わった一遍首題本尊を有し、それを豪奢な幟旗に仕立てていることは、講中の由緒を一層強調する明確な意図があってのことであろう。

　このほかに池上本門寺が蔵する二旒の幟旗は、いずれも芝・松本講中のものである。このうちの一遍首題幟旗は白金講中のものほど大きくはなく、ビロードを用いているものの白金講中に比して決して豪奢とはいえないものである。しかし、残る一旒は極めて特殊である。それは緞子、ビロードを用いて制作された地に、金糸を用いて三宝尊（題目宝塔・釈迦牟尼仏・多宝如来）を刺繍し、その下部には縮緬に綿をつめた日蓮の説法像を人形状にして縫い付けたものである（図２）。この日蓮説法像は丁寧にも金銅製の勺と水晶製の数珠を持つ。その造りはやはり豪奢なものである。収納箱には「三宝尊　祖師」とあり、厳密には練供養の際に本尊として奉じたものであって幟旗とはいえないものかもしれないが、その形態からここでは幟の一種として見ておく。

図2　「芝松本講中三宝尊祖師幟旗」（池上本門寺蔵）

　また、平成初年頃まで池上本門寺の御会式にて見られた品川四天王講の幟旗は、「大毘沙門天王」・「大持国天王」・「大増長天王」・「大広目天王」の四天王を文字で一尊づつ一旒の旗に仕立てた物で、緞子地に金糸で各尊名や昇龍・降龍・宗紋などを表した豪奢なものであった。大正十三年（一九二四）に記された「品川四天王講縁起[18]」によると、この幟旗は天明八年（一七八八）四月より六十日間、江戸浅草法養寺において行われた池上本門寺の旅立日蓮大菩薩出開帳の終了後、将軍家斉の内意によって六月二十九日より七月二十二日まで開帳のため法養寺より江戸城へ登城する旅立日蓮大菩薩の守護として、特に城中まで随従した旗であるという。この四天王幟旗は、昭和二十八年に日本橋高島屋で行われた身延山出開帳における練行列においても、宗祖尊像を載せた輿の周囲を固めており、その姿は写真で見ることが出来る[19]。

　さて、これらの遺品や、芝・白金講中幟旗の倍という巨大さのため牛車に曳かせたという『池上町史』に紹介された豪奢な幟旗の記事から、御会式に登詣する法華講中では、豪奢で人の目を引く幟旗を競い合うように押し立てて練り歩いた姿が浮かび上がってくる。このような豪奢な幟旗を参詣の面々や沿道の見物人へ見せつけるには、日中でなければならない。暗くてはその豪奢さが引き立たないからだ。先述した品川四天王講の幟旗のように、このような豪奢な幟旗は数少ないながらも昭和六年（一九三一）の日蓮六百五十遠忌御会式の際にも見ることができ、日中に池上本門寺祖師堂前で撮影された写真には通常の染め抜きの幟旗に混じって写されている[20]。先に見た『江戸府内絵本風俗往来』記事には、講中の池上本門寺登詣は朝から見られたことが記されていた。豪奢な幟旗はこのように日中に登詣を行う講中が主として用いたのであろう。

『大田区の文化財第十五集　郷土芸能』には、古老の伝承から「この頃（筆者注・江戸〜昭和初期）の講中の御会式参詣には万灯よりも幟の方が多かったようで、講中の人びとは、江戸市中から東海道を通って品川宿に出、南品川から池上道に入って本門寺に着いたといわれ、当日池上道（大森郵便局前から本門寺入口まではバス通りでなく、その北側にある細い旧道）は万灯や幟を持つ講中の人や参詣人で道が一ぱいになったといわれている。」と記されている。[21]

日中に登詣する江戸時代の講中について、その姿を確認できる資料が存在する。それは歌川広重が描いた「名所江戸百景　金杉橋芝浦」という浮世絵である（図3）。「名所江戸百景」は広重が安政三年（一八五六）二月から同五年（一八五八）十月にかけて制作した連作の名所絵で、「金杉橋芝浦」は八一番目、安政四年七月の出版である。場面は明け方、ここに描かれた法華講中は、井桁に橘の宗紋をあしらった赤い唐傘を指した竿に、やはり宗紋を染め抜き「一天四海皆帰妙法」と記した下に「南無妙法蓮華経」を大書した幟旗（玄題旗）をつけたものと、同じく赤い唐傘を指した竿に宗紋と「江戸講中」と染め抜いた幟旗をつけたものを掲げている。この「江戸講中」は絵画上の表現であり、実際に広重が取材した講中では具体的な講中名を染め抜いた幟旗を掲げていたのであろう。この講中は幟旗の他、竹竿に横竿を三本ゆわい、その横竿にひたすら

図3　「名所江戸百景　金杉橋芝浦」（池上本門寺蔵）

宗紋と講中の名前を染め抜いた手拭いを吊り下げ、竿頭近くには柄杓を結いつけた、一見万燈のように見えるものを掲げている。一種の幟の用途として用いたものであろうか。他にも竿にいくつもの手拭いを付けたものも見られ、また幟旗の一つも傘の周りに「身延山」と染めた手拭いを吊している。実質的にこれら手拭いと柄杓は、参拝に際して手水をとるのに用いたものであろうが、練供養の華やかさを演出する大きなアイテムとして機能していることが見て取れる。この画はよく池上本門寺御会式に向かう万燈講中として解説されるが、[22]芝金杉橋という場所と、海を奥にして左に向かう行列の姿をあわせてみれば、この講中は池上本門寺に背を向けていることがわかる。もしこの講中が池上本門寺御会式登詣を目的とした講中ならば、既に参詣を終え地元に帰る講中を描いたことになろう。しかしながら、海の奥には深川にあたる地が描かれ、その中に寺院の堂宇が描かれている。身延山久遠寺配下の有力寺院である深川浄心寺であろう。幟に吊した「身延山」という手拭いの存在を考えれば、この講中は明け方に地元を出発して、深川浄心寺御会式に向かう講中であった可能性が高いだろう。池上本門寺を目指していなくとも、いずれにせよこの画が日中における法華講中の練供養を描いたものであることには変わりは無い。

このように日中における講中の練供養は、幟旗を掲げて練り歩くもので、その幟旗には豪奢で巨大なものや奇抜なもの、あるいは手拭いや傘で装飾したものなど、多彩で人目を引く意匠が用いられていたことが知られる。これは雑司ヶ谷法明寺の御会式でも同様であった。[23]

四　万燈の姿

さてもう一方の万燈をみてみよう。そもそも万燈とは日蓮逮夜に供えられる献灯である。その燈籠に日蓮入滅の際に大地が振動して時ならぬ桜が咲いた、という伝承から、桜の造花を装飾としてあしらっている。今日の万燈は五重塔や三重塔を模した豪華な装飾の燈籠本体に、それを覆わんばかりの桜造花を包むように取り付けており、電灯を用いた灯りの光源としてバッテリーや発電機を使用した大型のものが多い。しかしこの発電機等を使用して明かりを採る万

図4 「江戸みやげ 高輪池上詣」（品川区立品川歴史館蔵）

燈は戦後に出現したもので、それ以前においては当然のことながら蝋燭の提燈を取り付けていた。万燈の姿は江戸後期以降に描かれたいくつかの浮世絵の題材となっている。それらのいくつかを見てみたい。

まずは歌川広重が描いた「江戸みやげ　高輪池上詣」を示す（図4）。ここで描かれるのは巨大な万燈を奉じた講中が池上本門寺登詣を前に、沖に品川台場を望む高輪の海辺の茶屋にて休息する姿である。この講中が奉ずる万燈は太い竿の上方に巨大な提燈を取り付け、更にその下方に横竿を上下二段にわたして小さな提燈を十個取り付ける。また竿頭には傘状に桜の造花を取り付けているが、その長さは現在見るものよりかなり短い。この万燈はかなりの重量物であろう。講中の面々が茶を飲み休息する中、この万燈を奉じる役の講員は片肌をあらわにして万燈を持しながら勇ましく構えている。その脇にいる人物は万燈奉持者の交代要員であろうか。茶店側では講中の指導者とおぼしき人物が、団扇太鼓を片手に万燈奉持者に対してなにやら指示を与えているのが印象的である。

このように大きな万燈は上部が重く一人で奉ずると不安定さを生じる。明治時代になってからの錦絵であるが秀勝筆「東京名所案内　池上通八っけい坂」（図5）には、「江戸みやげ　高輪池上詣」に描かれた万燈よりも大分小ぶりの万燈を奉じて練り歩く講中が描かれている。その万燈は竿の上部に渡した横竿に六個の提灯を下げ、竿頭に同じく傘状に短い桜の造花を取り付けたものである。描かれたこの講中では、万燈の竿を持すのは一人の講員であるが、頭の重い万燈が横振れするのを防ぐため、万燈上部に四本の綱が付けられ、補助者がこの綱を引いて万燈奉持者を補助している。現在の万燈講中における万燈も一人で担ぐのを原則としているが、このような綱を付けた物は現在でも一部の万燈講中に見ることができる。これは先に紹介した幟旗でも同じで、豪奢な裂地を用いた大きな幟旗は重量物であると共に風による影響を大きく受ける。このため池上本門寺が蔵する芝・白金講中の幟旗では幟の八双の上部と軸木の両端には金物の環が取り付けられていて、綱が結わえるようになっている。

図5 「東京名所案内　池上八っけい坂」（品川区立品川歴史館蔵）

もう少し浮世絵を見る。次に示すのは歌川広重（二代）が風景を描き、歌川豊国（三代）が人物を描いた「江戸自慢三十六興　池上本門寺会式」である（図6）。この「池上本門寺会式」は元治元年（一八六四）の出版である。場面は池上本門寺の門前。本門寺参道入り口より御会式に参詣する人々が集う本門寺を望んでいる。池上本門寺の門前を流れる呑川に架けられた霊山橋前の参道左右に軒を連ねる茶屋の前で、侍者を従えて不自然に佇む美人を主として描くが、その美人はさておき、茶屋の前には二本の万燈が置かれており、その周りには本門寺登詣を前にして気合い十分の万燈講中の人々が集っている。ここに見られる万燈はいずれも箱形の大きめの行燈を二つ竿の上方へ付け、この内一本はその下に渡した横竿に小さな提燈を取り付ける。竿頭の傘状の短い桜造花は先に見た画の中に描かれた万燈と変わらない。この万燈が先に見た画の万燈と大きく違う点は箱形の大きな行燈を付けていることである。中には日の出に波濤の画が描かれているものが見られるが、これが先に引用した『池上町史』に説明される「角行燈式の大万燈」であろう。(24)

小林清親が描いた「武蔵百景之内　池上本門寺」は明治十七年（一八八四）の出版になる。御会式の十月十二日夜に池上本門寺へ登詣する万燈講中を描いたものである（図7）。ここに描かれた万燈は先に見た「角行燈式の万燈」に加えて、ただ沢山の提燈をぶら下げただけのもの（提燈万燈）や、角行燈の周囲に提燈を配したものなど多彩である。

現在に万燈練供養の姿を伝えるこれらの浮世絵からは、『池上町史』に説明される「仮装万燈」の姿は分からないものの、現在ではあまり見られなくなった、いわゆる提燈万燈や行燈万燈が用いられていたことが知られる。

図6　「江戸自慢三十六興　池上本門寺会式」（池上本門寺蔵）

五　練り歩く人々

これまで見た幟旗や万燈を奉じて練供養を行う講中の人々は、どのように練り歩いたのだろうか。まずは先にも引いた『江戸府内絵本風俗往来』から、「池上本門寺参籠」項を引用する。(25)

○池上本門寺参籠

例年十月十三日は日蓮上人御入滅の当日とて日宗の寺院へ会式詣ふで多く、池上本門寺はまた別だんなりしより、江戸及び近在のありとあらゆる法華講中毎講万燈を作り大勢群をなして、団扇太鼓題目の響き高輪あたりへ引も切らず日暮前より推出すこと夥しく、老若男女遠慮憚る会釈もなく只信心は此なりと思ひ〳〵の揃ひの手拭其品川は大森辺はや池上へつかれも忘れ、是南無妙法の徳なるべく天下泰平は乃ち是なり

この記述には「毎講万燈を作り大勢群をなして、団扇太鼓題目の響き高輪あたりへ引も切らず」とあり、万燈講中が団扇太鼓を叩きながら「南無妙法蓮華

図7　「武蔵百景之内　池上本門寺」（池上本門寺蔵）

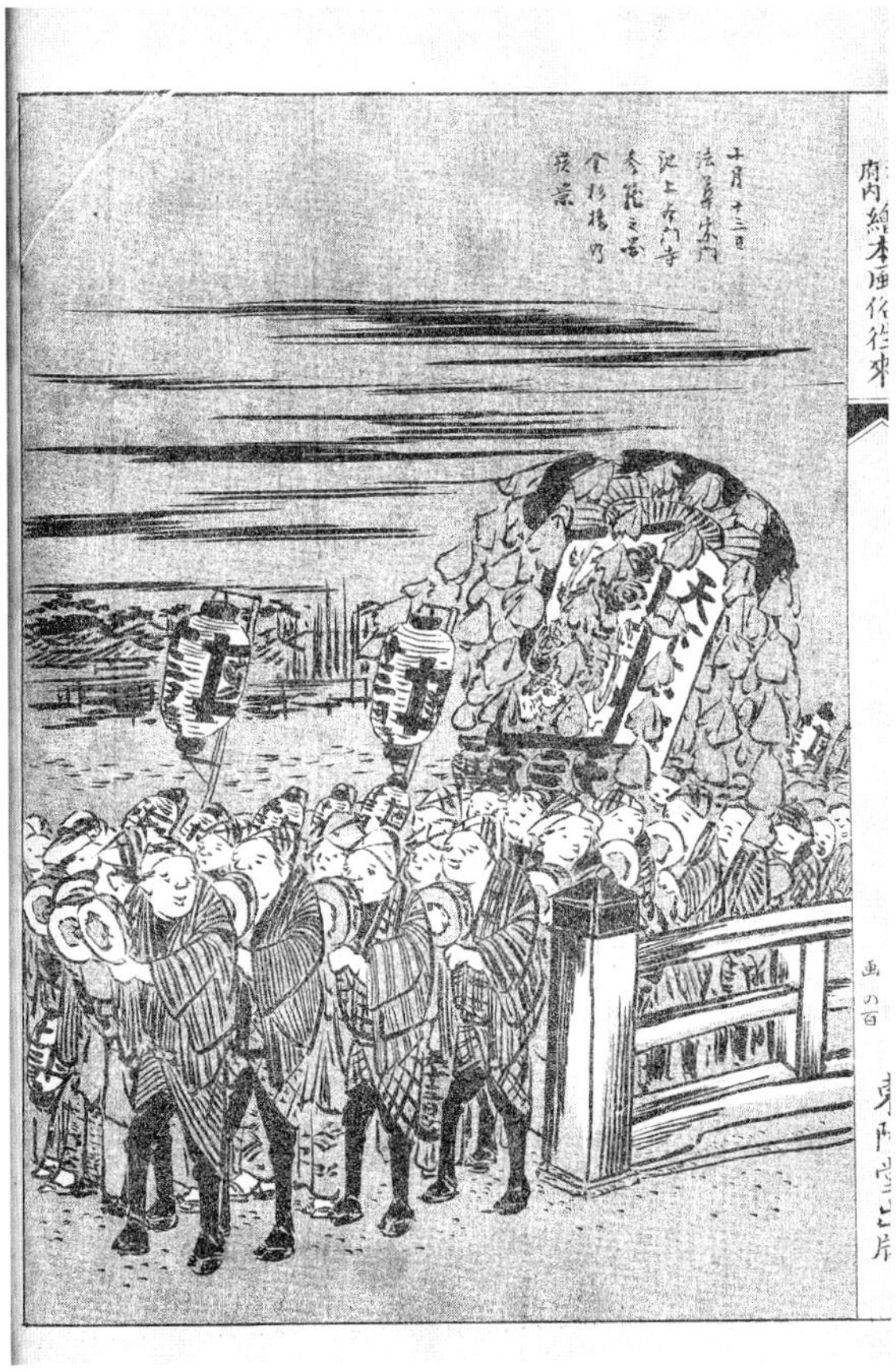

図８　『江戸府内絵本風俗往来』画の百（池上本門寺蔵）

経」の七字題目を唱え（唱題）て練り歩いたことを伝えている。この記述と対になる同項の挿絵も、角行燈式の万燈を奉じた万燈講中の一団が、団扇太鼓を打ちながら半ば整然と隊列を組んで橋を渡ってゆく姿が描かれている（図８）。これまで見た浮世絵に描かれた万燈講中や日中登詣の講中の面々も手にしているのは団扇太鼓のみであった。これらのことから、江戸時代において万燈講中は、団扇太鼓を叩いて唱題行を行いながら練り歩いていたことが推測される。

唱題の際の団扇太鼓の打ち方については、今日三点打のものと五点打のものがある。『日蓮宗事典』には「修行僧の行脚などには五点打する打ち方が用いられ、題目講中などでは主に三点打の打ち方が行われている。」と説明されている。[26] しかしながら、江戸時代まで遡るものかは史料上の確認が困難であるものの、『池上町史』が万燈の太鼓について特記しているように、万燈講中ではそれらとは異なる「ドンツクドン〳〵南無妙法蓮華経」といった題目踊りにも通じる華やかな打ち方を行っていたという。この太鼓の打ち方が、現在の万燈講中にて行われている「ゲンタ」「ヤギブシ」「ホタルコイ」などの拍子打ちに通ずるものかは未詳である。[27]

また、明確な典拠もあるわけでもなく、江戸時代に遡り得る伝承かも未詳であるが、この団扇太鼓を打ちながら、江戸の講員たちは「一貫三百どうでもいい」とのかけ声をかけたとの伝承もあり、一日の労働収入一貫三百文を棒に振っても万燈練供養に参加した講員の心意気を示すものとして、現在に伝わっている。

浮世絵の内、江戸時代後期に描かれた「江戸みやげ　高輪池上詣」「江戸自慢三十六興　池上本門寺会式」や二代広重の「江戸名勝図会　池上」に見られる万燈講中の講員は、揃の手拭いを頭に巻き、揃の法被を着して足には脚絆をはいて、首から大きな数珠を懸けるという共通した出で立ちで描かれている。まさに「揃ひの着衣揃の手拭、花笠、福草履と随分趣向を凝して、団扇太鼓の音も勇ましく練り歩き」と記された『池上町史』の記述の信憑性を高めてくれる。

以上に、江戸時代において万燈講中は団扇太鼓を打ち唱題を行いながら練り歩いたことについて見たが、先に見た明治時代前半に出版された小林清親『武蔵百景之内　池上本門寺』においても、万燈講中は手拭いをかぶり、団扇太鼓を打ちながら整然として本門寺へ登詣している様子が描かれている。

しかしながら、明治中期になると講中練供養の様子に変化が見られるようになる。

『大日本名所図会』第八十五編の口絵である「池上本門寺会式の図」[28]（図９）には、明治三十八年（一九〇五）の池上本門寺御会式万燈練供養の様子が描かれている。品川より本門寺前に至る池上道から本門寺を俯瞰的に望んだ構図で、池上道と、遠くの本門寺参道には多くの講中が万燈を奉じて練り歩いている。俯瞰図の中に御会式の賑わいを盛り込んだイメージ画的な要素が強く、各講中の構成員を少なくして、多くの講中を画中に取り込んでいるが、ここに描かれる講員は万燈を奉じる者以外は皆団扇太鼓を手に練り歩いている。いずれも口元は大きく開けられており、唱題している様子が窺われる。しかしながら隊列はばらけ、団扇太鼓を構える位置がやや高めで、体が前のめりに描かれている人物が多い。また、江戸の浮世絵において講員たちがかぶっていた手拭いは、本図では一部の人物において鉢巻きとなっている。つまりが江戸期の講中の様子と比べて動きが感じられるようになるのである。

さて、ここで問題となるのは、今日の万燈練供養において、露払いとして先陣を切り、衆人の注目を集める万燈練供養の花形ともいうべき纏が、これまでの画に一つも描かれていないことである。

纏といえば言うまでもなく火消しが各組の目印として火事場で振ったものである。この纏が万燈講中に取り入れられたことについて、池上本門寺では次のような伝承を伝える。

池上本門寺の仁王門に掛かっていた本阿弥光悦筆の「長栄山」という扁額の「栄」という字が、通常の「榮」ではなく、冠の火を土とした「栄」と記してあったため、火伏せの験があるとして、本門寺は江戸の町火消の信仰を得た。町火消したちは池上本門寺を代表する行事である御会式に参詣する万燈講中に纏をもって参加した。これが万燈講中の纏の起こりである。

また、火消しの池上本門寺への信仰について次のような説もある。

江戸浅草下谷に所在した法養寺には、町火消しから厚く信仰されていた熊谷稲荷を祀っていた。ところが、明治四十三年（一九一〇）にこの法養寺が池上本門寺塔頭の妙境庵と合併して池上に移転した。火消したちは熊谷稲荷が移った池上にある、法養寺の本山である池上本門寺の御会式に纏を振って参加した。これが万燈講中の纏の起こりである。[29]

この他にも諸説あるが、何れの伝承も史料的な検証の出来るものではない。しかしながら、江戸時代後期において池上本門寺が町火消しの信仰を得ていたことは、寛政九年（一七九七）に本門寺境内に建立され、現在も残る「も組」の青銅製宝塔の存在から明らかではある。[30]だが、これまで見た明治期までの絵画や記録類には、万燈講中の練供養に纏が含まれていることに言及しているもの、またそれを確認できるものは一つもないのである。

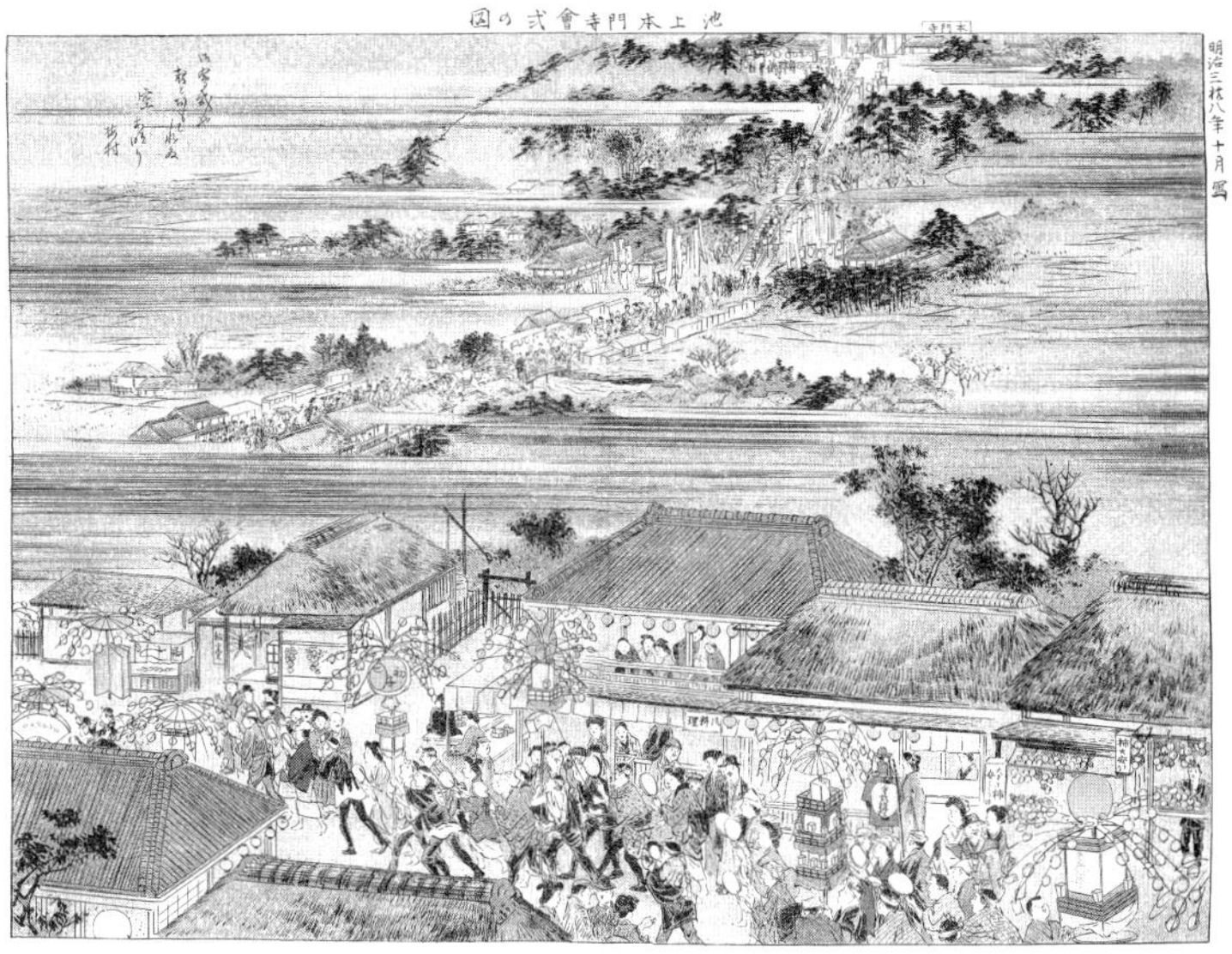

図9　「池上本門寺会式の図」（池上本門寺蔵）

図10　「池上本門寺御会式万燈立会川を渡る」（品川区立品川歴史館蔵）

管見の限り、万燈講中の練供養に纏が登場する資料として最も早いのは、竹内重雄という品川の郷土画家が大正十年（一九二一）の景を描いた「池上本門寺御会式万燈立会川を渡る」というスケッチ画である[31]（図10）。これは池上本門寺御会式登詣に向かう万燈講中が、品川の立会川に架かる橋を勇壮に渡っていく様子を、ほぼ真横より描いた作品である。人物の描写が簡便なため、この講中が「揃ひの着衣揃の手拭」というような出で立ちかは確認できないが、その中に橋の先端近くで威勢良く振られる纏が目を引く。陀志と呼ばれる竿頭の飾りには「三番」の文字が記されている。この画には纏のほかにも注目すべき特徴的な姿が二つ指摘できる。一つは万燈の姿である。ここに描かれた万燈は四本。そのうちの一本はこれまで江戸・明治期の画で見た角行燈式の万燈そのものであるものの、残りの三本は大きな角行燈が三個も重ねて取り付けられ、桜の造花がそれを覆うように長大になっていることがわかる。その姿は今日の万燈に極めて近い。もう一つは講員たちの団扇太鼓を構えて打つ位置が不自然に高いのである。唱題行で団扇太鼓を打つ場合、その位置は胸元あたりに来る。しかしこの絵に描かれた講員たちは顔ないしは顔より高い位置で団扇太鼓を打っている。これは先に見た『大日本名所図会』にも見られたが、本画ではより顕著である。太鼓を打つその姿勢は前屈みになり、片足を大きく上げており、隊列もおよそ整然としたものとはいうことが出来ない。中には両手を挙げ、かけ声を掛けて調子をとっているとおぼしき人物まで描かれている。ここに描かれた講中の姿は、もう唱題行のそれではなく、纏をはやし立てるものとしか思えない。画を見る限り講員たちの持ち物は団扇太鼓のみである。しかしながら、纏を振る人物のすぐ後ろにいる人物は、身を大きくかがめ、手元で何かを操るように描かれている。肝心の手元は橋の欄干で隠れてしまっているが、恐らくはその姿勢から鉦を叩いているように見て取れる。

少し降って昭和六年（一九三一）の日蓮六百五十遠忌御会式における池上本門寺登詣の万燈講中を写した記録写真には、団扇太鼓の講員たちに混ざって鉦を打つ講員が見られる[32]。先に引用した『池上町史』に「此頃では万燈に鐘や太鼓は付物で」とあったが、昭和初年より池上本門寺の役僧として勤務し、「本門寺の生き字引」として知られた大埜慈稔氏は、「昔の御会式を偲んで」と題した随筆の中で、戦前の御会式に参詣した万燈講中について「長い道中を徒歩で来るのだから、大変なことであるが、一ぱい機嫌で、太鼓とすり鉦の調子に乗って歩いてしまう」と回想しており、昭和初年には鉦が講中に取り入れられていたことを記している[33]。

昭和初年の万燈練供養にに鉦が既に取り入れられていたことを考えれば、竹内重雄によって描かれた纏を振る万燈講中にも、既に鉦が導入されていたと推測しても大きく問題となることはなかろう。竹内重雄の描く万燈講中はそれほど躍動感にあふれているのである。

纏と鉦が参加することにより、唱題から囃子調への万燈練供養の変貌はこのあたり、すなわち明治末年から大正初年あたりで見られるようになったと理解しても問題は無いように思われる。

池上本門寺の御会式においては、戦時中の昭和十六年より二十年まで万燈練供養は行われておらず、戦後まもなく復活を見るが、現在の囃子方で重要な要素を担う横笛については、戦後に至って神社祭礼に囃子方として参加していた人々が万燈講中に加わるようになった影響から付加されていくようになったものと、池上本門寺近在結社の一つである「池上本睦会」の古参で元会長でもある片岡久夫氏は回想する[34]。

以上のようにして今日に見るような万燈講中囃子方が成立していったと考えられるのであるが、そこからは万燈講中による練供養が信仰的な発露として裏付けされた半ば整然とした練供養（唱題行脚）から、動きのある祭りとしての練供養（纏と囃子）へと変貌を遂げていることが知られよう。その変貌は明治中期頃より見え始め、大きな画期としては纏と鉦が付加された明治末から大正初年、および横笛の参加が始まるようになる戦後（昭和中期）が指摘できるであろう。

六　霊場としての雑司ヶ谷

これまで日蓮入滅の霊場にして最も御会式が盛大に行われる池上本門寺を中心として、御会式の行事および万燈練供養の様子を見てきた。しかし江戸において御会式の盛儀を誇ったのは、なにも池上本門寺ばかりではない。

江戸およびその近郊に所在する数多くの日蓮宗寺院の内、高い由緒や霊験で著名な寺院では、御会式もまた賑わい、これら寺院には多くの法華講中が登詣し、その盛儀は大いに人口に膾炙した。先に引用した『江戸府内絵本風俗往来』にも数ヶ寺が挙げられていたが、江戸期の史料としての一例を斉藤月岑の『東都歳時記』に見ると、池上本門寺の他、御会式行事で多くの人を集める寺院をいくつか紹介する中、二ヶ寺のみ御会式の様子を挿絵入りで紹介している。堀之内妙法寺と雑司ヶ谷法明寺である。

御会式は宗祖日蓮への報恩謝徳を表する意義を持つ法会であるため、霊験ある日蓮像を奉祀する寺院が、賑わう御会式の中心であったことは言うまでも無い。日蓮入滅の霊場である池上本門寺には、直弟である中老僧の一人、日法が日蓮の面前で彫刻し、日蓮自らが開眼したと伝える霊像を奉安する。対して堀之内妙法寺は、関東日蓮宗においても一大勢力を有しながらも、元禄十一年（一六九八）に不受不施問題から御取潰の上、天台宗に下げ渡された大寺院、碑文谷法華寺の日蓮像を奉祀する。碑文谷法華寺は妙法寺の旧本寺でもあった。この日蓮像は日蓮高弟の六老僧の一人、日朗が手ずから霊木で彫刻し、これに感激した伊豆流罪（伊豆法難）を赦されたばかりの四十二歳の日蓮が、難を逃れた自らに引き合わせて、この像に「除厄」の号を与えて開眼したと伝承される霊像である。この由緒から堀之内妙法寺は「厄除け祖師」として信仰を集めた。[35]

他方、雑司ヶ谷法明寺の日蓮像は、もと岩本実相寺（静岡県富士市岩本）の寺僧で後に碑文谷法華寺や法明寺開山ともなる中老僧の一人日源が、岩本実相寺にて『立正安国論』撰述のため一切経を閲覧していた日蓮の姿を彫刻したという霊像で、『立正安国論』に関わる由緒から「安国の祖師」と尊称された。[36]戦前の法明寺祖師堂が安国殿と呼称されたいわれである。この尊像は戦災により伽藍とともに消失したが、現在に残る古写真[37]や戦前に兜木正亨氏が調査した記録[38]は、この日蓮像が中世の制作になる威厳に満ちた古像であったことを示している。『東都歳時記』の挿絵は鬼子母神堂周辺から法明寺の仁王門を望んだ風景を描いているが、鬼子母神堂背後の仁王門に至る参道入口には「安国日蓮大菩薩」と大書された幟旗二旒が描かれている。信仰の観点から内憂外患を予見した日蓮著作の代名詞ともいうべき『立正安国論』にまつわる霊像は、鬼子母神とともに雑司ヶ谷法明寺の霊性を高める大きな柱として、人口に膾炙し大いに信仰された。本来、雑司ヶ谷法明寺の「鬼子母神の御会式」は、「安国の祖師」の霊性とそれへの報恩が前提にあることを理解しなければならない。江戸時代後期に境内に飾られて評判をとった日蓮伝のからくり人形の出し物[39]も、日蓮の生涯を立体的に通覧することで、その霊性をわかりやすく参詣の諸人に紹介し、「安国の祖師」のありがたみを認識させるための装置であったのであろう。

さて、ここでもう一点、霊場としての雑司ヶ谷の特性を指摘しておかなければならない。雑司ヶ谷には本寺である法明寺とその塔頭八坊および境外堂宇である鬼子母神堂、末寺四ヶ寺が展開していた。法明寺地中、法明寺寺中と呼ばれた塔頭はもとより、末寺も法明寺に近接し、これらはいわば雑司ヶ谷山内といえる景観を呈していた。このうち鬼子母神堂の別当でもあった塔頭大行院には六老僧像が、同じく塔頭真乗坊には五老僧像が、また末寺の蓮成寺には中老僧像が、末寺本納寺には九老僧像が奉安されていたという。[40]

六老僧とは日蓮が入滅に当たり教団の後事を託した六人の高弟で、日昭（浜土法華寺開山、浜土門流祖）、日朗（池上本門寺二祖、池上門流祖）、日興（北山本門寺開山、富士門流祖）、日向（茂原藻原寺開山、身延門流祖）、日頂（真間弘法寺開山）、日持（貞松蓮永寺開山）の六師。このうち日興を除いたのを五老僧と称する。中老僧とは日蓮直弟のうち六老僧に準じる十八人、日源（碑文谷法華寺・法明寺開山、碑文谷門流祖）、日家（小湊誕生寺開山、小湊門流祖）、日保（興津妙覚寺開山）、日弁（北総妙興寺開山）、日法（立正寺開山）、日伝（小室妙法寺開山）、日位（池田本覚寺開山）、日秀（南総墨田妙福寺開山）、天目（佐野妙顕寺開山）、日得（阿仏坊妙宣寺開山）、日合（野呂妙興寺開山）、日賢（村松海長寺二世）、日高（中山法華経寺三世）、日実（沼津妙海寺開山）、日礼（曽谷法連寺開山）、日祐、日忍（相州相橋長福寺開山）、日門（常陸妙光寺開山）の十八師。九老僧とは六老僧の一人日朗の高弟九人をいい、「朗門の九鳳」とも尊称される。日像（京都妙顕寺開山、四条門流祖）、日輪（池上本門寺三世）、日印（三条本成寺開山。京都本圀寺開山で六条門流祖日静の師）、日澄（安房日澄寺開山）、日典（平賀本土寺三世）、日善（京都宝国寺開山）、日行（京都大妙寺開山）、日範（福知山常照寺開山）、朗慶（中延法連寺開山）の九師である。

日蓮孫弟子までの段階で多くの門流に分化した日蓮教団においては、各寺院が属するか、係わりを有する先師の像のみを祀るのを通例としている。六老僧に関してすら、六人の諸師を一堂に奉祀する例は殆ど無く、関東では管見の限り日蓮龍口法難の霊蹟寺院である片瀬龍口寺以外には知らない。[41]ましてや、六・中・九老僧すべてを奉祀していた例は全国でも恐らく雑司ヶ谷山内以外ではないであろう。天保十一年（一八四〇）に板行された江戸近郊の日蓮宗寺院参詣案内である『東都本化道場記』においても、やはり雑司ヶ谷以外にこのような例は見られない。

また、寛政七年（一七九五）頃成立の高井蘭山著の往来物『雑司谷詣』には「鬼子母神は塔頭大行院東陽坊の持にして宗祖の附弟六老僧の影有り、五老僧ハ真承院、日朗の弟子九老僧は同末の本納寺、十八老ハ蓮成寺にあり」と記されており、雑司ヶ谷の特性として強調され、認識されていたことが知られる。[42]

このような雑司ヶ谷山内の特質は江戸の好事家の興味をそそり、辛口の随筆をものす十方庵敬順も「大行院観静院の事実」あるいは「本納寺九老僧安置の木像」と題して『遊歴雑記』五編の中に、このことを書き記している[43]。

大行院の六老僧以外は、元禄の不受不施問題から法明寺が身延支配とされた後に奉祀されたものと推測されるが[44]、これら上代日蓮宗の諸師は、日蓮宗一致派に属する諸門流の門祖をほぼ網羅しているのである。それは一致派日蓮宗を篤信する熱心な檀信徒を特に意識して、勝劣派である富士門流の開祖日興を外した五老僧を、六老僧とは別に勧請しているほど徹底したものであった。

これらの諸師像は「安国の祖師」に近侍させることで、その霊性を高める装置として働くと共に、たとえ篤信の故に菩提寺の門流を意識するような参詣者があった場合でも、その受け皿となり得たものと思われる。

雑司ヶ谷が、法華経の行者の守護神であり、近世においては日蓮宗の祈祷本尊として重要な善神とされた鬼子母神が、出現し鎮座している霊地であることと相まって、これらの諸師像を奉安することは、この霊地をより日蓮宗世界に具現化させるものとして、日蓮宗信徒の中に作用し認識されたものと思われる。

おわりに

御会式は日蓮宗の宗祖日蓮に報恩謝徳の誠を捧げる、寺院にとって極めて重要な行事であったが、それは檀信徒にとっても日蓮に結縁する大切な場でもあった。池上本門寺、堀之内妙法寺そして雑司ヶ谷法明寺は、いずれも霊性の高い祖師像(日蓮像)を柱とする日蓮宗の霊地として認識されるが故、御会式での檀信徒による熱狂的な登詣が繰り広げられた。これら檀信徒の講中による信仰の発露としての万燈練供養については、創始された時期など未詳なことが多いものの、少なくとも江戸後期には盛んなものとなっていた。そして江戸期の唱題行脚に万燈や幟旗を伴った練供養自体の姿は、都市の近代化の中でより華やかなものへと変貌していった。

この御会式における練供養は、昭和前期の戦争による断絶と、戦争被害や都市部の空洞化のため、古くからの伝統を有する殆どの既存講中が解散する中、戦後に寺院を中心とする万燈講中が多く組織され、練供養は夜の万燈練供養に特化されていった。そして近年では信仰に基盤を持たない愛好家団体による万燈講中が増加するなど、地域の祭礼として認識された御会式(万燈練供養)へと、更なる変貌を見ている。

しかしながら、池上本門寺、堀之内妙法寺、雑司ヶ谷法明寺など、江戸期に繁盛した各霊場の御会式は、今も変わらぬ賑わいを見せている。そこには信仰によって培われてきた伝統が残るとともに、その伝統により継承され発展する型がある。御会式は江戸・東京の庶民信仰により隆盛した往時の様を今に偲ばせてくれる。

(池上本門寺管理部霊宝殿担当主事)

註

(1) 『東都歳時記』巻四、十月八日「法華宗寺院御影供法会」項。

(2) 明治二十六年(一八九三)『末寺帳』『孫末寺帳』池上本門寺蔵。

(3) 『日興上人全集』(興風談所、平成八年)所収、正篇　消息之部四二番文書ほか。

(4) 「日輪書状」十二月二日付　京都妙顕寺蔵。日朗門下で行っていた宗祖の仏事を日印のみ独自に行った一件について言及した書状で、『龍華秘書』により元亨元年のものと比定されている。『大田区史』資料編寺社2(大田区、昭和五十八年)、『大経阿闍梨日輪聖人』展図録(池上本門寺霊宝殿、平成二十年)などに採録されている。

(5) 千葉県いすみ市行川、妙泉寺蔵。『大田区史』資料編寺社1(大田区、昭和五十六年)一三六九頁。

(6) 妙泉寺(千葉県いすみ市行川)蔵。『大田区史』資料編寺社2(大田区、昭和五十六年)一三七〇頁。

(7) 『東都歳時記』巻四、十月十日「池上本門寺会式」項等。

(8) 一例を池上本門寺における、享保十六年(一七三一)の日蓮四百五十遠忌に見ると、法会は九月十七日の宗祖御衣替に始まり、翌日から十月二日まで法華経五千部読誦、三日は「立正安国論」講義、四日より七日まで法華経二十八品講義、八日は法華経頓写、九日は法華和讃、十日は法華八講、十一日は大論義、十二日は貫首説法や談義、十三日が十種供養が修されている。「高祖四百五十年池上法事次第書物」(行川妙泉寺蔵、『大田区史』資料編寺社1、一三七七頁に採録)。

(9) 菊池貴一郎『江戸府内絵本風俗往来』下(東陽堂出版、明治三十八年)三六頁。この記事に対応する挿入図は同巻「画の百九十五」。

（10）「四条金吾殿御書」（『昭和定本日蓮聖人遺文』四九三頁、八二番文書）。

（11）『日蓮宗事典』（日蓮宗宗務院発行、東京堂出版、昭和五十六年）「俳句」項（上田本昌筆）。なお、「菊鶏頭切りつくしたる御命講」句は、字句に差異があるものの『江戸名所図会』巻十二「雑司谷会式」の挿絵上部にも書き込まれている。

（12）大巧寺（神奈川県鎌倉市）蔵。『大田区史』資料編寺社1（前出）五五三頁。大巧寺は院号を正覚院と称する旧妙本寺塔頭で、比企谷院家三老を勤めた有力寺院である。

（13）『江戸名所図会』巻十二、法明寺項の中にも「会式中練供養修行あり」と記されているが、このことについて永村眞氏は、「相論・江戸時代に生まれた庶民信仰の空間――音羽と雑司ヶ谷――」（企画展図録『江戸時代に生まれた庶民信仰の空間――音羽と雑司ヶ谷――』文京区・日本女子大学、平成二十二年、所収）の中で「この「練供養」が、法明寺の年中行事に列記される以上は、寺僧の所作と考えるべきであろうが、これが後の講中による御練りにつながる可能性も否定しがたい。」と、講中練供養への含みを残しつつ、寺院側の行事と指摘している。

（14）『池上町史』（池上町史編纂会、昭和七年）。引用文は一六三頁。

（15）『絵本江戸土産』三編、嘉永三年（一八五〇）板行。

（16）日惺の事蹟は、石川存静『池上本門寺史管見』（池上本門寺、昭和四十四年）五二頁。新倉善之「本門寺史話」その一一一～一五二（本門寺布教誌『池上』平成三年五月号～同六年十月号に連載）に詳しい。

（17）日顗の事蹟は石川存静『池上本門寺史管見』（前出）一〇〇頁。『守玄院日顗聖人』展図録（池上本門寺霊宝殿、平成十九年）に詳しい。

（18）池上本門寺蔵の複製本による。なお、「品川四天王講縁起」は『大田区の文化財第十五集　郷土芸能』（大田区教育委員会、昭和五十四年）二四六頁に全文採録されている。

（19）身延山久遠寺身延文庫編『身延山古寫眞帖』（大誠社、平成二十七年）五七頁。なお、この四天王幟旗は講元を勤めた人物より品川・海徳寺に奉納され、現在は同寺が所有している。

（20）『撮された戦前の本門寺』増補版（池上本門寺霊宝殿、平成二十三年）四一～四二頁、写真一〇七～一〇九。

（21）『大田区の文化財第十五集　郷土芸能』（前出）二三五頁。

（22）ヘンリー・スミス『広重　名所江戸百景』（岩波書店、平成四年）ほか。

（23）金子直徳『若葉の梢』（寛政十年（一七九八）兜木正亨編『江戸西北郊郷土誌資料』、新編若葉の梢刊行会、昭和三十三年、所収）には「祖師堂の額に、開帳仏御迎幡のぼり四五百本の余出たり。大方、金襴・錦の類、猩々緋は殊更多、縮緬なんどは夥敷、皆上に造花・枝垂桜・牡丹、其外誠にはなはだし。御江都の眼を驚かす事なりき。真先に弐本、神田講中布綿のぼりに一天四海皆帰妙法と書、妙の字のさし物す。一本、後五百歳中広宣流布と染ぬきたるさきに丸き法の字の差物とす。（中略）其のぼり本来は諸国よりの御開帳に、当村より和讃・歌題目の根本なれば出けれども、大勢にて聚りがたかりければ、やがて紙四五枚つぎのぼりにして、ぞふしがやと書て立けるを見て、皆々集て、彼講中ども外へ散ざりしと。其後度々なれば木綿に書て出けるを、諸所に見付て、木綿染ぬきにして出ける者多成、元の目印見苦成し故、ちりめんに柘榴と題目染、ぞうしがやと書けるを見て、また諸所より此類に成し故緋綾に右之通金糸縫に首題等両面にして出ければ、世間赤きもの目立ゆへ猩々緋・しためんなどにて昇織を作り、或は四界の幡・宗弘記・天蓋・蓮台・日傘など、思ひくに撰画、美つくせり。（後略）」と記されており、講中間で幟旗の美を競ったことが見て取れる。なお、本書では雑司ヶ谷の講中から幟旗が発祥したとしている。

（24）歌川広重（二代）には、このほかにも文久二年（一八六二）に板行された「江戸名勝図会　池上」という御会式に賑わう池上本門寺を描いた作品があるが、ここにも「江戸自慢三十六興　池上本門寺会式」と同様の燈籠万燈が二本、門前茶店の前に描かれている。

（25）『江戸府内絵本風俗往来』上（前出）四四頁。挿入図（図8）は同巻「画の百」。

（26）『日蓮宗事典』（日蓮宗宗務院発行、東京堂出版、昭和五十六年）。「団扇太鼓」項は九六七頁。

（27）現在の万燈講中では団扇太鼓の拍子の取り方に「ゲンタ」「ウメガイ」「ナンブ」「ホタルコイ」「ヤギブシ」「カズウタ」「ミツダイコ」などがあり、講中によって同じものでも拍子の取り方に差異がみられるという。『大田区の文化財第十五集　郷土芸能』（前出）には、これらの拍子打ちは唱題の際の一般的な打ち方に対して「さらにテンポの早いそして変化のある曲がつくり出された」と説明するが（二三一頁）、その時期について言及していない。この他に、和田春恵「万灯行列に関する研究――日蓮宗のお会式における万灯行列のお囃子と纏の動きについて――」（『東京女子体育大学紀要』三五、平成十二年）、『雑司が谷鬼子母神御会式調査報告書』（豊島区教育委員会、平成二十六年）参照。

（28）『大日本名所図会第八十五編　東京近郊名所図会第十巻』口絵（東陽堂出版、明治四十四年）。

（29）『正法』一三一　特集お会式（日蓮宗新聞社、平成二十四年）二〇頁「お会式のミニ知識」。

（30）池上本門寺正面石段下に建てられている。江戸期には同石段下右側にあった大黒堂の敷地（現在の日蓮宗宗務院）に所在していた。物故組員の遺髪も納入されたといわれ、近年まで関係者による参詣があった。

(31) 竹内重雄（明治四十三年〜平成三年）が大正期の品川界隈を描いたスケッチ画は、氏の没後、遺族により品川区立品川歴史館に寄贈されている。本作品もこの中の一点である。

(32) 『撮された戦前の本門寺』増補版（前出）四三頁、写真一一四。

(33) 大埜慈稔「池上歳時記　昔の御会式を偲んで」（池上本門寺布教誌『池上』昭和五十二年十二月号）。大埜氏は当時池上本門寺執事長の要職にあった。

(34) 片岡久夫氏は昭和二十二年生まれ。片岡氏によると「池上本睦会」は氏が幼少の頃から既に横笛を導入していたが、周りの講中の殆どは横笛を用いていなかったという。

(35) 『妙法寺文化財総合調査』（杉並区教育委員会、平成八年）「第一章　歴史と信仰」（中尾堯担当）五頁。

(36) 兜木正亨「威光山法明寺誌」（『法華経と日蓮聖人』兜木正亨著作集第三巻、大東出版社、昭和六十年、所収）。

(37) 國學院大學所蔵の柴田常恵氏写真資料に納められている。寺尾英智『日源上人とゆかりの寺院』（日源上人第七百遠忌報恩奉行会　平成二十六年）五二頁に図版採録され紹介されている。

(38) 兜木正亨氏は「威光山法明寺誌」（『前出）の中で「法明寺御影彩色本尊について」という項を設けて祖師像の調査成果について紹介している。

(39) 『新編武蔵風土記稿』巻一六　雑司ヶ谷村　寺中大行院の項の「毎年会式には当院を始め一山の坊中日蓮一代の行状を造りものとし凡俗を教化す」と記されているのを始め、諸書に紹介されており、中でも『江戸名所図会』巻十二には挿絵にて紹介されている。『豊島区史』資料編三（豊島区、昭和五十四年）、企画展図録『江戸時代に生まれた庶民信仰の空間——音羽と雑司ヶ谷——』（前出）参照。

(40) 『新編武蔵風土記稿』『江戸名所図会』など諸書に紹介される（『豊島区史』資料編三）。なお、これら諸師の像は『豊島区仏像彫刻調査報告書　豊島区の仏像』（豊島区教育委員会、平成十二年）には採録されておらず、戦災等によりすべて失われていると思われる。

(41) 片瀬龍口寺は江戸時代まで近隣に所在する龍口八ヶ寺の輪番により護持されていた。この八ヶ寺は比企谷妙本寺（池上本門寺兼帯寺院）末の本龍寺と妙典寺、身延山久遠寺末の常立寺、鎌倉本覚寺（身延山久遠寺系本山）末の本成寺、中山法華経寺末の法源寺と東漸寺、玉沢妙法華寺末の勧行寺、京都本圀寺末の本蓮寺であり、この八ヶ寺の上部組織として鎌倉三ヶ寺〔比企谷妙本寺、鎌倉本覚寺、妙法寺（京都本圀寺末）〕があった。龍口寺が日蓮霊蹟として門流の別なく護持されたという特殊な寺院であったため、各門流開祖である六老僧像を安置していたものと思われる。六老僧像は江戸時代の造立で現在は龍口寺本堂（祖師堂）に安置されるが、江戸時代においては題目堂に安置されていた。龍口寺関係史料は新倉善之・江原亮宣「竜口寺史・史料」（『登龍十年』、竜口寺、昭和五十一年）に詳しい。

(42) 『豊島区史』資料編三（前出）四六〇頁。

(43) 『豊島区史』資料編三（前出）五八一、五八二頁。

(44) 金子直徳『若葉の梢』下巻（前出）によると大行院の六老僧像は、小幡勘兵衛〔寛文三年（一六六三）没〕の奉納。真乗院の五老僧は年次未詳。蓮成寺の中老僧像も年次未詳。本納寺の九老僧像は施主従五位下中山氏丹治信敏により元禄年中より寄進、と伝える。本納寺門前には「九老僧安置」と大書された宝暦三年（一七五三）の石碑が現存しており、この頃には各院共に諸師安置を宣伝していたものと思われる。

御会式の今

近江正栄

平成二十七年（二〇一五）は、威光山法明寺と雑司が谷の地において飛躍の年となった。平成二十六年（二〇一四）十二月十八日、日本ユネスコ協会連盟主催の第六回未来遺産プロジェクトに雑司が谷の歴史と文化が選ばれたのである。この未来遺産プロジェクトとは日本の伝統的な文化や町並み、歴史を百年先の子供達に遺していきたいという思いのもと始められた。これまでに、全国で五十一の地域や伝統が選ばれている。

さらに、雑司ヶ谷鬼子母神御会式万灯練供養が、豊島区の無形民俗文化財（風俗習慣）の指定を受けたのである。これは、年中行事などに関する風俗習慣に於いて、御会式が重要な役割を担っていると認められたことを意味している。

雑司ヶ谷鬼子母神の御会式については、江戸時代からの史料に記されており、この事から二百年以上の歴史があり、脈々と守り続けられてきた事がわかる。練供養の順路は、江戸後期から昭和初期にかけては、文京区の護国寺を出発点とし、音羽通りを下り、目白坂を上ってケヤキ並木を抜け、鬼子母神堂境内正面より参拝したり、昭和八年（一九三三）に千登世橋が開通してからは橋まで行き、Uターンして鬼子母神堂を目指し、音羽通りを矢来下まで行くなど、その時代時代によって順路を変えていたという。

第二次世界大戦中には、東京大空襲により豊島区も殆どが焦土と化し、法明寺も山内寺院も含め全焼してしまった。が、雑司ヶ谷鬼子母神堂だけは奇跡的にも被害を免れ江戸時代からの形を遺すことができた。

当時の様子を知る人によれば、雑司が谷近隣の住民たちは、空襲警報が鳴る中、身一つで家を飛び出し死に物狂いで鬼子母神堂を目指して駆け込み、大銀杏をはじめ境内にある木々にしがみつき、爆撃機の脅威が過ぎ去るのを歯を食いしばり声を殺して耐え忍び、すがりつく思いで鬼子母神に祈りを捧げ続けたという。そして、耳を突く爆音が収まり辺りを見回すと、変わり果てた池袋の姿と変わらぬ姿で人々を守り続けた鬼子母神堂があったという。

昭和十六年（一九四一）から昭和二十四年（一九四九）までは戦中・戦後の混乱期にあったため、万灯練供養は中断する事となったが、昭和二十五年（一九五〇）には雑司が谷の人々の思いから有志が集まり御会式復興会が結成され、その年から御会式練供養が再開された。この時、大きな問題となったのは、資金と物流の不足であった。練供養の行列で一際目を引く万灯の飾り付けに使用する花紙は、薄く滑らかなものであるため、戦後間もない当時では必要な数を用意する事が難しく、またわら半紙とは異なり大変高価であったために講社それぞれの万灯分を購入できず、再開初年度は地元二講社、万灯は三基のみであった。だが、雑司ヶ谷鬼子母神御会式万灯練供養復興を機に、地元では参加する講社と講員の人数が増えていった。その熱気は豊島区だけにはとどまらず、堀之内や大泉といった遠方の講社の練供養参加をも促すことになり、年を重ねるごとにその数は増加した。

御会式復興から二十五年後の昭和五十年（一九七五）、地元の講社の交流を深め、培った経験を若い世代へと引き継ぎ、雑司が谷で行われている御会式をより多くの人達に認識して参加してもらうことを目的に、「鬼子母神御会式

図1　昭和初期の講中

連合会」が作られた。結成当時の参加講社は、雑司が谷二丁目講（現・雑二講）、西参道木曜会（現・表参道睦会）、燈友会、東部若睦、目白台二丁目、目白鼓会（現・目白睦鬼神会）、高田若睦、千登世若睦、宮元講（現・大門宮元講）の九講社であった。その後、鬼子母神御会式連合会参加の講社は増えていった。実際、講社の増え方は子供の頃から御会式に参加していた人が、所属講社の解体・分裂などの経験を経て、大人になって昔からの友人や近隣の人を集め新しく講社を結成するというようなものであった。その数は、平成二十七年（二〇一五）現在で二十一講社までになり、以下が鬼子母神御会式連合会所属の全講社である。

藍鼓
青葉睦
鵬葦
表参道睦会（旧ホームサービス会）
鬼熟蓮
紅嶺
雑二講（旧雑司ヶ谷二丁目町会）
大門宮元講
高田南睦
高田若睦
千登世若睦
東池母神会
東部睦会
燈友会
南和会
波羅門
三嶽中島講
南池一若葉睦
目白台睦会（旧雑司ヶ谷西部睦会）
目白睦鬼神会（旧鳴鼓会並びに鬼神会）

目白睦商工会（旧高田商工会）

以上二十一講社

鬼子母神御会式連合会に所属している各講社は、それぞれが町内会や親しい仲間内で結成されている事が多いため、日蓮宗の檀信徒として御会式に参加しているというよりも、雑司ヶ谷鬼子母神を中心とした地域のコミュニティを形成し、参加していると言える。現在の鬼子母神御会式連合会の会則では、「本会は構成する講社又は会の親睦と交流を図る事をモットーとし、鬼子母神の御会式並びに地域の普及発展に積極的に寄与し、相互の連絡と研究の為の機能を果たす事」（連合会会則第三条）が目的として定められており、他の地域の講社とは根本的な違いが見て取れる。他の地域の講社は檀信徒を中心とし、日蓮宗寺院が運営などを取り纏めていることが多く、日蓮宗の色合いが強く出ている。それに対し雑司が谷では各講社の自主的に運営しまた、宗教色よりも地域コミュニティの色合いが強いといった違いが、今回、豊島区の無形民俗文化財に指定された大きな要因となっている。

また、現在、鬼子母神御会式連合会では「御会式新聞」の制作・発行も行っている。この御会式新聞は昭和四十五年（一九七〇）に高田若睦の活動を中心に、雑司ヶ谷鬼子母神や御会式の歴史、雑司が谷を中心とした地域の歴史などが掲載されたことが始まりである。その後、鬼子母神御会式連合会が結成されてからは、機関紙として引き継がれ、会の活動報告や御会式期間中の練供養の順番が掲載されており、読者の需要も高く、雑司ヶ谷鬼子母神御会式万灯練供養の認知度を上げる要素のひとつとなっている。

雑司が谷の御会式は現在三日間行われており、メインとなる十八日は昭和四十八年（一九七三）に万灯練供養順路の見直しが行われ、JR池袋駅前がスタート地点となる。環状五号線の明治通りの片側一車線を交通規制し、練供養専用のコースとして使用している。これにより中学生や、小学生等の幼い子供たちも安心して御会式に参加出来るようになり、また全体が明るく広い安全な順路を確保することが出来た。また、都内でも多くの人が訪れる池袋駅の前を行進することにより、多くの人々に御会式の存在を知られるようになった。

今では万灯練供養の参加者は四千人を超え、参拝や見物を目的とした人々は三十万人にも達している。それだけの人々が発するエネルギーは池袋だけでなく、豊島区全体に広がっていく力があり、力強い太鼓の音は身体だけではなく心の奥にまで響き渡っている。その行列に参加している人たちの八割以上は、日蓮宗以外の人たちであるにも関わらず、御題目を書写した太鼓を打ち、日蓮聖人の生涯を映した万灯を掲げ、鬼子母神堂の向拝口に到着するや、鉢巻きや帽子を取り、「南無妙法蓮華経」と高唱して参拝する。その根底には出現以来四百五十年の間、守り続けてきた鬼子母神への愛着と信仰があるのではないだろうか。鬼子母神堂は雑司が谷の人たちの共有する「場」であり、そこに参ることは地域のアイデンティティーになっていると言っても過言ではないであろう。それ故に、鬼子母神堂を中心とした様々なコミュニティが形成され、年間を通して活動しており、そのいくつかを挙げれば、鬼子母神御会式連合会、すすきみみずく保存会、雑司が谷七福神の会、ボランティアガイド雑司が谷案内人、けやき並木保存会、鬼子母神盆踊り奉行会、妙見講、武芳稲荷講、花園中などがある。こうした集まりは皆、雑司ヶ谷鬼子母神御会式万灯練供養を通して結ばれた人間関係、人と人との絆によって形成されている。この絆は時に人々を励まし、助け、心の支えとなってこの地域の人々の生活を護る力となっている。この源が御会式の向拝口で唱える「南無妙法蓮華経」にあるのだと私は思っている。この鬼子母神への信仰心を絶やすことなく大切に守り続け、次の世代の子供達に繋いでいくことが、今を生きる私達の勤めなのである。

（威光山法明寺執事）

鬼子母神堂関連年表

年号	年	月	西暦	鬼子母神堂	法明寺	日蓮宗	典拠
弘仁	一	この年	八一〇		威光寺が草創される。		江戸図説、櫨楓
	九	この年	八一八		本堂を飛騨国工匠造営。（「南向茶話」）		新編江戸志
貞応	一	二	一二二二			日蓮聖人、安房国長挟郡東条郷に生る。	本尊問答抄
天福	一	五	一二三三			日蓮聖人、出家して東条郷清澄寺に入る。	妙法比丘尼御返事、本尊問答抄
建長	五	四	一二五三			日蓮聖人、清澄寺において立教開宗する。	清澄寺大衆中、聖人御難事
文応	一	七	一二六〇			日蓮聖人、宿谷入道を介して立正安国論を前執権北条時頼に献ずる。	立正安国論、安国論御勘由来、安国論奥書
		八				鎌倉松葉谷草庵が焼打ちにあい、日蓮聖人、下総中山に赴く。（名越松葉谷法難）	破良観等御書、下山御消息
弘長	一	五	一二六一			日蓮聖人、執権北条長時により伊豆に流される。（伊豆法難）	船守弥三郎許御書、聖人御難事
文永	一	十一	一二六四			日蓮聖人、安房国東条郷小松原において地頭東条景信に襲撃されて、傷を蒙る。（小松原法難）	南條兵衛七郎殿御書、聖人御難事、波木井殿御書
	八	九	一二七一			日蓮聖人、平頼綱に捕えられ、相模依智へ送られる途中、龍口で斬首されるようになる。（龍口法難）	土木殿御返事、種種御振舞御書
		十				日蓮聖人、佐渡に配流。	寺泊御書
	九	二	一二七二			日蓮聖人、佐渡にて『開目抄』を著す。	開目抄
	十	四	一二七三			日蓮聖人、佐渡にて『如来滅後五五百歳始観心本尊抄』を著す。	如来滅後五五百歳始観心本尊抄
	十一	この年	一二七四			日蓮聖人、赦免され佐渡から帰還。鎌倉で平頼綱と会見し、身延に入る。	富木殿御書、種種御振舞御書、光日房御書
弘安	二	十	一二七九			駿河信徒、熱原神四郎等処刑される。（熱原法難）	瀧泉寺申状
	五	十	一二八二			日蓮聖人、療養のため身延を下山、常陸へ向かう。武蔵国池上宗仲の館で没する。（六十一歳）	波木井殿御報、波木井殿御書、宗祖御遷化記録
正応	一	六	一二八八			日蓮聖人の七回忌に日持、日浄が池上本門寺に日蓮聖人影像を造立。	池上本門寺史管見
		十二				日興、身延山を離山、大石寺を創建する。	安房保田妙本寺記

永仁	二	四	一二九四			日像、上洛して日蓮宗を広める。	本化別頭仏祖統記
	三	一	一二九五			日持、海外伝道へ旅立つ。	本化別頭仏祖統記
正和	三	この年	一三一四		真言僧巖譽律師日蓮宗に帰依し、日源と名を改め、威光寺を威光山法明寺と改名し法華の霊場とする。（「威光山法明寺略縁起」）		江戸図説、江戸名所図会、櫨楓、新編武蔵風土記稿
	四	九	一三一五		法明寺開山日源寂。		櫨楓
元亨	一	十一	一三二一			日像、御溝の傍今小路に妙顕寺を創建する。	本化別頭仏祖統記
建武	一	四	一三三四			後醍醐天皇、妙顕寺を勅願寺とし、日像上人に一乗弘通の綸旨を授ける。	妙顕寺書、後醍醐天皇綸旨
暦応	一	三	一三三八		法明寺初祖日賢寂。		櫨楓
延文	三	七	一三五八			朝廷、日蓮聖人へ大菩薩号、日朗、日像へ菩薩号を下賜する。	竜華秘書
応安	二	一	一三六九		法明寺二世日蔵寂。		櫨楓
嘉慶	一	十一	一三八七			妙顕寺、比叡山山徒に破却される。日什、独立して一派を創唱。	日運記
康応	一	十	一三八九			日什、京都室町に妙満寺を創建する。	日什伝
応永	七	九	一四〇〇		法明寺三世日威寂。		櫨楓
	十二	三	一四〇五		日源作日蓮聖人影像に、楠正行息女が檀越として色彩を加える。（「威光山法明寺略縁起」）		江戸図説、江戸名所図会、若葉抄
	十三	四	一四〇六			日陣、本圀寺より独立し、京都四条堀川に本禅寺を創建する。	日陣書状
	十七	十二	一四一〇			日秀、京都今出川に本満寺を創建する。	本満寺歴譜、新編法華霊場記
	二十二	十二	一四一五			日隆、京都五条油小路高辻に本応寺（後に本能寺と改称）を創建する。	新編日蓮宗年表
	年間	この頃	一三九四～一四二八	公孫樹を僧日宥が植えたという。後年辨財天が安置され子授公孫樹と呼ばれる。			新編若葉の梢
永享	二	十	一四三〇			宗祖日蓮聖人一五〇遠忌。	身延山史
	十二	二	一四四〇			日親、『立正治国論』を著すが、足利義教の命により逮捕される。	埴谷抄
文安	二	四	一四四五		法明寺四世日承寂。		櫨楓
		六		大行院開山東陽坊日進寂。			櫨楓
寛正	六	十	一四六五			京都本覚寺日住、『妙法治世集』を足利義政に献じ、諫暁する。	妙法治世集奥書
文明	十三	十	一四八一			宗祖日蓮聖人二〇〇遠忌。	身延山史
	十四	九	一四八二		法明寺五世日東寂。		櫨楓
	十八	三	一四八六	大行院二世日了寂。			櫨楓
大永	一	八	一五二一		法明寺六世日珍寂。		櫨楓
享禄	四	十	一五三一			宗祖日蓮聖人二五〇遠忌。	身延山史

元号	年	月	西暦	事項	法明寺	一般事項	出典
天文	一	八	一五三二			京都の法華宗、一向一揆と戦う。以後、法華一揆が活発となる。	京都本満寺文書、後法成尚通公記
	五	七	一五三六			京都法華一揆、延暦寺衆徒と戦い、破れる。法華宗徒、堺に逃れる。(天文法華の乱)	天文日記、厳助往年記、快元僧都記、東寺過去帳、本圀寺古記
	十一	十一	一五四二			後奈良天皇より、法華宗二十一ヶ寺の帰洛・本地管領再興の綸旨を賜る。	新編法華霊場記
	十八	五	一五四九	大行院四世日瑞寂。			櫨楓
弘治	二	六	一五五六		法明寺七世日養寂。		櫨楓
	年間	この頃	一五五五～一五五八		祖師堂を飛騨国工匠が造営したという。手斧造。		櫨楓
				雑司が谷武芳稲荷社勧請。			遊歴雑記、新編武蔵風土記稿
永禄	四	五	一五六一	村民山本丹右衛門が雑司ヶ谷清土の畑中より鬼子母神像を掘出し、地主柳下氏と諮り法明寺寺中東陽坊五世日性聖人に預ける。(「雑司谷鬼子母神略縁起」)			江戸図説、江戸名所図会、新編武蔵風土記稿、遊歴雑記
	七	八	一五六四			京都四条通東洞院西入ル今村泰久宅にて、洛中致劣十六ヶ寺役者会合し、法理一統・毀他停止等を約す。(永禄の規約)	妙顕寺古記、己行記、両山歴譜、京都本能寺文書
天正	三	三	一五七五	木造鬼子母神立像奉納される。			本書副島論考、本書久保田解説、本書向坂コラム
		八				洛中の法華宗寺院の間で五ヶ条の盟約が結ばれる。(天正の盟約)	妙顕寺旧記、日蓮教団全史上
	六	五	一五七八	雑司ヶ谷の諸檀越が合力し、本地堂と称する鬼子母神堂を稲荷社の地に造営。東陽坊日性上人鬼子母神像を納め雑司ヶ谷地域の総鎮守となる。(棟札写)			江戸図説、江戸名所図会、新編武蔵風土記稿、遊歴雑記
		六		鬼子母神社の草薙の神事が始まる。鬼子母神社地門前に百姓家二十三軒あり。			遊歴雑記、地誌御調書上抄
	七	五	一五七九			日珖等、織田信長の命により、安土にて浄土宗と問答。(安土宗論)	己行記、仏心歴代師承伝、信長記
	八	十一	一五八〇	大行院五世日性(鬼子母神堂別当初祖)寂。			櫨楓
	九	十	一五八一			宗祖日蓮聖人三〇〇遠忌。	身延山史
	年間	この頃	一五七三～一五九二	前田利家、法明寺寺中東陽坊(後の大行院)を建立されるという。			江戸名所図会
慶長	四	八	一五九九		法明寺八世日続寂。		櫨楓
		十一				徳川家康、大坂城で日奥上人と京都法華宗僧侶を呼び、不受不施・受不施義の対論(大坂対論)	万代亀鏡録、鹿苑日録、了義筌、本化別頭仏祖統記
元和	三	十	一六一七	大行院六世日清寂。			櫨楓
	五	九	一六一九		法明寺九世日雄寂。		櫨楓

寛永	一	九	一六二四	願主岡本氏、雑司ヶ谷鬼子母神稲荷社へ絵馬を奉納する。			遊歴雑記
	二	この年	一六二五	太田采女正元資・同舎弟遠山平六資正、鬼子母神社殿を造営する。（棟札写）			櫨楓
	七	二	一六三〇			酒井雅楽頭邸にて身延日暹上人等六人、池上日樹等六人と不受不施論対決を行う。（身池対論）	万代亀鏡録、身延山歴代譜、身池対論記録
	九	四	一六三二		法明寺十世日納寂。		櫨楓
	十	この年	一六三三	東陽坊所持の田地、検地で宮地として除地される。			豊島区史通史編1
	十一	この年	一六三四	長島内匠助・戸梁唯兵衛、雑司ヶ谷鬼子母神奉射祭礼の式を記し後世に伝えるという。（「僧司谷鬼子母神歩射来頭帳」）			江戸名所図会、櫨楓、若葉の梢
	十七	九	一六四〇		三代将軍徳川家光雑司谷寺（法明寺）御成。昼食。		大猷院殿御実紀
	二十	九	一六四三	大行院七世中興日信寂。（櫨楓には日倚と表記）			大行院歴代墓碑銘
正保	一	六	一六四四		法明寺仁王像、池谷惣右衛門願主となり彩色する。		新編若葉の梢
		十二			法明寺の梵鐘鋳造される。		江戸名所図会、南向茶話、遊歴雑記
	三	九	一六四六	桑山修理亮貞久朝臣鬼子母神像宮殿を造立する。（棟札写）			櫨楓
		十			三代将軍徳川家光法明寺御成。休息。		大猷院殿御実紀
慶安	三	四	一六五〇	江戸葺屋町住服部豊左衛門（生国江州甲賀郡）雑司ヶ谷鬼子母神稲荷宮へ堅額（髭題目）奉納。			遊歴雑記
万治	二	四	一六五九		法明寺十二世日暁寂。		櫨楓
	三	六	一六六〇	幕府、氏子の鬼子母神訴訟に関し、東陽坊は法明寺支配、宮は東陽坊支配との採決を下す。（「東陽坊日解等連署証文」）			「柳下敏恵文書」豊島区史資料編1
	年間	この頃	一六五八～一六六一	鬼子母神氏子、法明寺氏子を離檀する。			櫨楓
寛文	二	十一	一六六二		法明寺十三世日延寂。		櫨楓
	三	二	一六六三	甲州流軍学者小幡勘兵衛景憲没し、大行院に葬られる。（現在墓は法明寺）			高田雲雀、新編武蔵風土記稿
		三			四代将軍徳川家綱雑司谷御殿に御成。		巌有院殿御実紀
	四	十	一六六四	加賀藩主前田利常息女で広島藩主浅野光晟正室自昌院英心日妙鬼子母神堂本殿を造立。（本殿小屋組の中央棟束に「寛文四年甲辰十月廿日棟上ゲ（略）」の墨書あり。）			法明寺鬼子母神堂修理工事報告書

寛文	五	十一	一六六五			谷中感応寺・小湊誕生寺・碑文谷法華寺・鏡忍寺・越後村田妙法寺等、悲田供養の不受不施義を立て朱印を受ける。（悲田派の成立）	万代亀鏡録、厳有院殿御実紀
		十二			法明寺十五世日了・上総妙覚寺日堯は讃岐丸亀に配流。	平賀本土寺日述・大野法蓮寺日完は伊予吉田に配流。	破鳥鼠論、寛政重修家譜
	六	一	一六六六	鬼子母神堂本殿落成。（碑文谷法華寺日禅棟札写）			艫楓
		五				下総玉造蓮華寺日浣・野呂妙興寺日講、不受不施を主張して、日浣は肥後人吉、日講は日向佐土原へ配流となる。（寛文の惣滅、禁制不受不施派の成立）	破鳥鼠論、厳有院殿御実紀、寛政重修家譜、身延山文書
	十二	一	一六七二	お題目奉納。（「寛文十二年壬子正月八日南無妙法蓮華経 新橋泉屋半兵衛」の墨書あり。）			法明寺鬼子母神堂修理工事報告書
延宝	五	四	一六七七	下谷池之端横田七郎右衛門子なきをうれい、雑司ヶ谷鬼子母神をいのり、その舅木村伊左衛門、小網町三叉川で鬼子母神像を感得す。その後、七朗右衛門妻男子を生ず。			武江年表
		十二			法明寺十四世日悟寂。		艫楓
天和	一	十	一六八一			身延山久遠寺宗祖四〇〇遠忌法要を修す。	甲州鏡中条長遠寺文書
	二		一六八二			広島藩主の室自昌院、下総野呂妙興寺の経蔵造立。	妙興寺記
貞享	三	七	一六八六	木造鬼子母神立像奉納される。			本書副島論考、本書久保田解説
		十一			法明寺十六世日証寂。		艫楓
	五	八	一六八八		法明寺十五世日了、配流先の讃岐丸亀にて寂。		艫楓
元禄	四	五	一六九一			広島國前寺、身延山久遠寺末となる。	知新集、顕妙公済美録
		七		鬼子母神堂石燈籠(右)造立。本願主牛込講中。（宝暦六年雑司谷講中再興）石燈籠(左)造立。本願主小石川指谷町講中。（宝暦六年雑司谷講中再興）			豊島区文化財調査報告8
	五		一六九二		法明寺隠居地、蓮成院となる。元禄十四年蓮成寺と改める。		御府内場末沿革図書抄
	八	六	一六九五	石垣、鬼子母神堂境内に奉納される。（「元禄八乙亥年石垣寄進片岡土佐太夫」の刻銘あり。）			法明寺鬼子母神堂修理工事報告書
		十		手洗鉢、鬼子母神堂境内に奉納される。（「元禄八乙亥年奉寄進水鉢大願成就敬白」の刻銘あり。）			法明寺鬼子母神堂修理工事報告書
	九	二	一六九六	鬼子母神門前の町屋より中野犬小屋に犬を納める。法明寺、法明寺門前町として書き付けたが、氏子側は東陽坊かかえの町であると主張し、元禄十四年、その旨の証文を取り付けた。			豊島区史通史編1

元号	年	月	西暦	鬼子母神堂	法明寺	その他	出典
元禄	九	七	一六九六	石像金剛力士立像阿吽一対、境内入口に奉納される。			本書副島論考、本書久保田解説
	十一	三	一六九八			安国院日講寂。	説黙日課書写奥書
		十一				碑文谷法華寺・谷中感応寺、天台宗となる。	憲廟実録、遺滴新目録
						碑文谷法華寺日附上人・谷中感応寺日遼上人・同日饒上人等八人配流される。	徳川十五代史、碑文谷史
					法明寺、碑文谷法華寺破却により、身延山末寺となる。		豊島区史通史編1
	十二	五	一六九九	帝釈天塔、鬼子母神堂境内に奉納される。(竿)宝暦八年四月一五日再興(基壇)「明和二年」の刻銘あり。)			豊島区文化財調査報告8
	十三	七	一七〇〇	鬼子母神堂拝殿に枯木釣金具奉納される。(「元禄十三年辰ノ七月吉日」の刻銘あり。)			法明寺鬼子母神堂修理工事報告書
				鬼子母神堂拝殿に鰐口奉納される。			本書副島論考、本書久保田・菱沼解説
				鬼子母神堂寄進願主、自昌院英心日妙大師没。			顕妙公済美録
		八		鬼子母神堂拝殿入母屋破風力士像奉納される。(「元禄十三庚辰季八月吉祥日」の墨書あり。)			法明寺鬼子母神堂修理工事報告書
		九		鬼子母神堂拝殿に花瓶二口、香炉一口、梵鐘一口奉納される。			本書副島論考、本書久保田・菱沼解説
				鬼子母神堂拝殿に扁額奉納される。(裏面に「元禄十三年庚辰九月吉日」の刻銘あり。)			法明寺鬼子母神堂修理工事報告書
				鬼子母神堂拝殿・幣殿の建立の時期と推定される。			法明寺鬼子母神堂修理工事報告書
	十四	二	一七〇一		法明寺二十一世日教、身延山より晋山。		豊島区史通史編1
		六		鬼子母神訴訟あり。村方氏子、法明寺による鬼子母神支配策に反対して幕府に訴える。幕府より、社寺は法明寺支配、別当職は東陽坊との裁定があった。			「柳下敏恵文書」豊島区史資料編1
		九		鬼子母神堂拝殿へ懸仏奉納される。(「南無妙法蓮華経　南無鬼子母神　元禄十四辛巳歳九月吉祥日」の刻銘あり。)			法明寺鬼子母神堂修理工事報告書
	十五	四	一七〇二		法明寺十九世日仁寂。		櫨楓
	十六	九	一七〇三		法明寺二十一世日教寂。		櫨楓
	年間	この頃	一六八八～一七〇四	雑司ヶ谷鬼子母神参詣、群集始まる。			武江年表
				柳下住の家持専右衛門、雑司ヶ谷鬼子母神の風車をつくり始める。			武江年表

元号	年	月	西暦	事項	事項		出典
元禄	年間	この頃	一六八八〜一七〇四		四ヶ家町伊達小右衛門と日廣が会式の法行、練供養、音楽法要を喧伝する。		若葉の梢下巻
				鬼子母神氏子、過半が法明寺から離檀し、本染寺(現本教寺)の壇家となる。			豊島区史通史編1
宝永	一	この年	一七〇四	大行院八世日解寂。			櫨楓
		十一			法明寺十七世日寅寂。		櫨楓
	二		一七〇五	文字額「擁護」鬼子母神に奉納される。(「宝永二乙酉中冬 赤得水門下士 海栄水書」との刻銘あり。)			法明寺鬼子母神堂修理工事報告書
				鬼子母神堂へ宇田川善兵衛重勝作銅像灯明台童子座像二躯奉納される。			本書副島論考、本書久保田解説
	三	三	一七〇六	雑司ヶ谷鬼子母神稲荷宮に奉納額(甲州身延の図。願主不明)あり。			遊歴雑記
				奈良屋藤九郎重喬、俳諧連歌額雑司ヶ谷鬼子母神へ奉納し、蓮成寺の寺宝となる。			櫨楓
	五	七	一七〇八	御神木柘榴塔、鬼子母神堂境内に奉納される。施主麹町。			豊島区文化財調査報告8
				鬼子母神門前商売家の家作、寺社奉行鳥井伊賀守に願う。			地誌御調書上抄
	七	十一	一七一〇		法明寺十八世日寛寂。		櫨楓
	年間	この頃	一七〇四〜一七一一		法明寺客殿造立。(天保一年焼失)		櫨楓
正徳	一	五	一七一一	鷺大明神の木製銭箱。			本書副島論考、本書久保田・菱沼解説
		十	一七一一	雑司ヶ谷鬼子母神二の鳥居建立。唐銅製。額は正徳三年一月十八日、身延山三十二世賜紫遠沾院日亨上人筆。			若葉抄、櫨楓
				絵馬 鬼子母神解脱図、鬼子母神堂へ奉納される。			本書梅沢論考「法明寺鬼子母神堂の奉納絵馬」、解説
	二	五	一七一二	木造鷺大明神立像奉納される。			本書副島論考、本書久保田解説
		この年		角力取松風瀬兵衛能忠、大関を記念して雑司ヶ谷鬼子母神へ額を奉納。			遊歴雑記、若葉抄、武江年表
		この年		雑司ヶ谷鬼子母神境内に出雲鷺村より鷺大明神を勧請し疱瘡の守護神とする。			遊歴雑記、若葉抄、櫨楓
	三	一	一七一三	地蔵(立像、錫杖・宝珠をもつ)鬼子母神堂境内に奉納される。			豊島区文化財調査報告8
	四	十一	一七一四	大行院九世日行寂。			櫨楓
		この年		武芳稲荷堂棟札。			本書副島論考、本書久保田・菱沼解説
	五	この年	一七一五	雑司ヶ谷鬼子母神一の鳥居再建。			櫨楓
	年間	この頃	一七一一〜一七一六	鬼子母神境内で川口屋の飴、売り始める。			地誌御調書上抄、遊歴雑記

享保	二	八	一七一七	銅鏡奉納される。			本書副島論考、本書久保田・菱沼解説
	三	七	一七一八		法明寺、表門のあとへ二王門引直す。		櫨楓
		十			日蓮宗御影講、法会式は十月八日から十八日迄執行。雑司ヶ谷法明寺地中寺々には飾り物が出される。	日蓮宗御影供、法会式を執行。池上・堀之内・下総中山への参詣人の数は多い。	増補江戸年中行事
	四	この年	一七一九	鬼子母神堂本殿屋根の檜皮葺替えが行われた。(本殿右側の棟木下端に「藤原朝臣檜皮御大工」と記した棟札あり。)			法明寺鬼子母神堂修理工事報告書
	七	六	一七二二		法明寺二十二世日相寂。		櫨楓
		この年		鬼子母神氏子、歩射祭礼の座順を改める。			若葉抄、櫨楓
	八	八	一七二三	鬼子母神御寶前常燈(左)、造立。日本橋万講中、雑司谷門前講中、大行院日英(花押)、銘「天地長久、国家安全」			豊島区文化財調査報告8
	十	八	一七二五	鬼子母神堂拝殿へ風鐸奉納される。(「為祈禱惣講中新吉原角町(略)享保十年巳八月十八日(略)」の刻銘あり。)			法明寺鬼子母神堂修理工事報告書
	十一	九	一七二六		大納言徳川家重、雑司ヶ谷・王子で放鷹。法明寺御腰掛。		有徳院殿御実紀、柳営日次記、櫨楓
	十六	十	一七三一			宗祖日蓮聖人四五〇遠忌、諸寺院で法会が行われる。	武江年表
	十七	十一	一七三二		二十四世本量院日達代、法明寺の鐘新鋳される。神田鍋町鋳物師太田駿河守久兵衛作。		南向茶話、櫨楓
	十八	十	一七三三	仏器膳奉納される。			本書副島論考、本書久保田・菱沼解説
		この年			法明寺釈迦堂建立。(天保一年焼失。)		櫨楓
	十九	十	一七三四	田安右衛門督家武御成、大行院小休。			櫨楓
	二十	三	一七三五	一橋小五郎宗尹卿御成、大行院膳所。			櫨楓
		六			法明寺二十三世日啓寂。		櫨楓
	年間	この頃	一七一六～一七三六		雑司ヶ谷の歌題目を川口屋忠兵衛が広め、堀之内、池上にも流行する。		若葉の梢下巻、地誌御調書上抄
元文	二	三	一七三七	将軍徳川吉宗御成の節、雑司ヶ谷鬼子母神御成跡開帳を命ず。四月十五日より七日開帳。			櫨楓
		十一		一橋刑部卿宗尹御成、大行院御膳所。			櫨楓
				紀伊中納言宗直御成、大行院小休。			櫨楓
		十二		一橋刑部卿宗尹御成、御膳所大行院。			櫨楓
	三	十	一七三八	雑司ヶ谷鬼子母神御宝前常燈(右)建立される。(「天地長久、国家安全」の刻銘あり。)			豊島区文化財調査報告8

元文	三	この年	一七三八	鳥山石燕筆絵馬　大森彦七図、鬼子母神堂に奉納される。東京都指定文化財。			本書梅沢論考「鬼子母神堂所蔵鳥山石燕筆大森彦七図絵馬」、解説
	四	四	一七三九		将軍徳川吉宗、雑司ヶ谷・落合で狩。御膳所雑司ヶ谷法明寺。		有徳院殿御実紀、櫨楓
		九		鬼子母神堂裏妙見宮前に石灯籠一対造立。浅草講中奉納。宝暦九年十一月二十八日再興。			豊島区文化財調査報告8
		十一			法明寺二十四世日達寂。		櫨楓
寛保	二	この年	一七四二	鬼子母神出現所に小祠を建立。			遊歴雑記
		七			法明寺二十五世日俊寂。		櫨楓
	三	三	一七四三		法明寺二十六世日充寂。		櫨楓
		四		中村富十郎(俳号慶子)、雑司ヶ谷鬼子母神へ絵馬を奉納。			遊歴雑記、櫨楓
延享	一	十一	一七四四	大行院第十世日津寂。			櫨楓
	二	九	一七四五	大行院第十一世日猷寂。			櫨楓
		この年		江戸の流行物を集めた句集『時津風』(反故斎果然編)出る。なかに雑司ヶ谷会式飾物、同百度参り、同風車みえる。			武江年表
				鬼子母神門前町屋、町奉行所支配となる。			新編武蔵風土記稿、地誌御調書上
				鬼子母神堂本殿屋根の再度の檜皮葺替えが行われた。(享保四年の修理棟札に「二位中将藤原家次檜皮御大工」と記した棟札が重ねて打ち付けられていた。)			法明寺鬼子母神堂修理工事報告書
	三	八	一七四六		法明寺二十七世日享寂。		櫨楓
	四	六	一七四七		法明寺二十八世日亮寂。		櫨楓
寛延	二	五	一七四九	鬼子母神堂御宝前に銅製灯籠一対奉納される。			本書副島論考、本書久保田・菱沼解説
		この年		鬼子母神の角兵衛獅子作り始める。高田四つ家町裏店に住む久米女、あるいは久米女の娘、始めるという。			江戸名所図会、地誌御調書上、若葉抄、武江年表
宝暦	三	四	一七五三			深川浄心寺で身延古仏堂祖師開帳、身延出開帳の濫觴。	身延山史
		十			大納言徳川家治、雑司ヶ谷で鷹狩。御膳所雑司ヶ谷法明寺。		惇信院殿御実紀、櫨楓
		この年		雑司ヶ谷鬼子母神御成跡開帳。(十月二十八日〜十一月九日)			櫨楓
	十二	一	一七六二	大行院十五世日圭寂。			櫨楓
		六		大行院十四世日詮寂。			櫨楓
	十二	七	一七六二	鬼子母神堂境内に敷石奉納される。(「奉寄進敷石願主上総屋清五郎宝暦十二壬午七月吉日別当大行院十六世日昌代」の刻銘あり。)			法明寺鬼子母神堂修理工事報告書

宝暦	十三	十一	一七六三	雑司ヶ谷鬼子母神御成跡開帳。（十一月五日～十九日）	将軍徳川家治、雑司ヶ谷放鷹。		櫨楓、浚明院殿御実紀
	十四	六	一七六四	鬼子母神堂境内の仁王像前に花立奉納される。(左)西山氏(右)柳町石屋内吉			豊島区文化財調査報告8
			一七五一～一七六四	雑司ヶ谷鬼子母神社の御供所再建、銅葺屋根。	戦後移築され法明寺祖師堂に使用。		櫨楓、新編若葉の梢
明和	二	四	一七六五		法明寺三十世日清寂。		櫨楓
	五	三	一七六八		法明寺二十九世日逢寂。		櫨楓
	七	六	一七七〇	大行院十二世日英寂。			櫨楓
		四				深川浄心寺で身延奥之院祖師像・鬼子母神像開帳。	武江年表
安永	一	四	一七七二	徳川大蔵卿君御成、御膳所大行院。			櫨楓
	二	八	一七七三		法明寺三十一世日到寂。		櫨楓
		十			大納言徳川家基、雑司ヶ谷に遊ぶ。御膳所雑司ヶ谷法明寺。		浚明院殿御実紀、櫨楓
				鬼子母神堂境内に石燈籠奉納される。(台石に「安永二年癸巳十月朔日ヨリ天明二壬寅年十月大吉辰」の刻銘あり。)			法明寺鬼子母神堂修理工事報告書
				鳥居台座(「発起人牛込千部講(略)安永二癸巳十月朔日三千日□参大願成就(略)明治四十二年十月再建威光山四十六世日龍代」の刻銘あり。)			豊島区文化財調査報告8
				雑司ヶ谷鬼子母神御成跡開帳。（十月十七日～十一月一日）			櫨楓
	三	二	一七七四	雑司ヶ谷鬼子母神に画額奉納あり。願主深川蛤町。			半日閑話
	四	九	一七七五		大納言徳川家基、雑司ヶ谷遊行。御膳所雑司ヶ谷法明寺。		浚明院殿御実紀、櫨楓
	五	六	一七七六		雑司ヶ谷法明寺千部供養修行。（六月二十一日～七月一日）		櫨楓
		九			大納言徳川家基、雑司ヶ谷遊行。御膳所雑司ヶ谷法明寺。		浚明院殿御実紀、櫨楓
		十一		清水宮内卿君御成、御膳所大行院。			櫨楓
	六	三	一七七七		将軍徳川家治、雑司ヶ谷・高田で鷹狩。御膳所雑司ヶ谷法明寺。		浚明院殿御実紀、柳営日次記、櫨楓
		十		清水宮内卿君御成、御膳所大行院。			櫨楓
	七	六	一七七八	大行院十三世日詠寂。			櫨楓
		九			大納言徳川家基、雑司ヶ谷遊行。御膳所雑司ヶ谷法明寺。		浚明院殿御実紀、櫨楓
	八	十	一七七九	清水宮内卿君御成、御膳所大行院。			櫨楓
天明	一	九	一七八一		将軍徳川家治、雑司ヶ谷放鷹。御膳所雑司ヶ谷法明寺。		浚明院殿御実紀、柳営日次記、櫨楓
		十				宗祖日蓮聖人五〇〇遠忌。	武江年表

天明	二	十	一七八二		将軍徳川家治、雑司ヶ谷放鷹。御膳所雑司ヶ谷法明寺。		浚明院殿御実紀、柳営日次記、櫨楓
		この年		鬼子母神会式には茶屋二階より武家衆、参詣の女達の衣服を眺めて楽しむ。			天明紀聞
	三	二	一七八三		大納言徳川家斉、雑司ヶ谷で放鷹。		浚明院殿御実紀
				雑司谷鬼子母神御成跡開帳。（二月十五日～二十九日）			櫨楓
		十一			将軍徳川家治、雑司ヶ谷で放鷹。御膳所雑司ヶ谷法明寺。		浚明院殿御実紀、柳営日次記
	四	十	一七八四		将軍徳川家治、雑司ヶ谷で狩。御膳所雑司ヶ谷法明寺。		浚明院殿御実紀、柳営日次記、櫨楓
	五	十	一七八五		将軍徳川家治、雑司ヶ谷で狩。御膳所雑司ヶ谷法明寺。		浚明院殿御実紀、柳営日次記、櫨楓
	七	三	一七八七		将軍徳川家斉、雑司ヶ谷御成。御膳所雑司ヶ谷法明寺。		文恭院殿御実紀、櫨楓
		この年		鬼子母神大門入口の木戸番所を建てる。			新編若葉の梢
	八	二	一七八八		将軍徳川家斉、雑司ヶ谷で放鷹。御膳所雑司ヶ谷法明寺。		文恭院殿御実紀、櫨楓
		七		鬼子母神堂本殿背面中央に妙見宮・明神鳥居を建立。（「棟梁廣澤善四郎政次、小石川傳通院前白壁町」と記された棟札あり。）			法明寺鬼子母神堂修理工事報告書、江戸名所図会
	年間	この頃	一七八一～一七八九	『雑司ヶ谷鬼子母神縁起』板行される。金子直徳作という。			豊島区史通史編1
寛政	二	九	一七九〇		将軍徳川家斉、雑司ヶ谷で放鷹。御膳所雑司ヶ谷法明寺。		文恭院殿御実紀、柳営日次記
	三	この年	一七九一	川上不白、雑司ヶ谷鬼子母神境内の髭題目層塔を修復。（基壇裏に「寛政辛亥之夏重修之(略)」の刻銘あり。）			豊島区文化財調査報告8、櫨楓
	五	六	一七九三		法明寺三十二世日宏寂。		櫨楓
	七	十	一七九五		日蓮聖人一代を模した飾り物などが麗美で、女子供も見物して楽しむ。		雑司ヶ谷詣
	八	四	一七九六	絵馬　繋馬図、奉納される。			本書梅沢解説
	十	五	一七九八	灯籠「常夜燈」鬼子母神堂境内に奉納される。願主外櫻田篠原氏。			豊島区文化財調査報告8
		九		灯籠「永代常灯明」鬼子母神堂境内に奉納される。(竿裏に「戊午寛政十年九月吉祥日東都牛込宇野素令書」の刻銘あり。）			豊島区文化財調査報告8
	年間	この頃	一七八九～一八〇一	鬼子母神門前松屋藤左衛門、鬼子母神境内に桜植えつけを発起し、目白台先手与力大久保善左衛門ら桜を奉納する。			櫨楓
				雑司ヶ谷鬼子母神歩射神事の座順変る。			豊島区史通史編1
				鬼子母神堂拝殿屋根を柿椽葺より桟瓦の錣葺に改変修理。			法明寺鬼子母神堂修理工事報告書

寛政〜文化	年間	この頃	一七八九〜一八一八		戸張富久(喜惣次)、このころ金工師として活躍。代表作『朝顔図小柄』など。		刀装小道具講座
享和	一	九	一八〇一	田安右衛門督斉匡御成。御膳所大行院。			櫨楓
		十			大納言徳川家慶、雑司ヶ谷へ御成。御膳所雑司ヶ谷法明寺。また専右衛門後家および娘風車を上覧し、白銀一枚を頂戴する。		文恭院殿御実紀、柳営日次記、櫨楓
		十		雑司ヶ谷鬼子母神開帳(十月十七日〜十一月一日)			櫨楓
	三	六	一八〇三	石坂並土留再興(昭和六年寄進碑巡歴に「享和三癸亥年六月石坂並土留再興長門國産當時江戸青山権田原住當社日参三十年大圓日行」の銘刻あり)			豊島区文化財調査報告8
文化	一	九	一八〇四	天水鉢一対、鬼子母神堂境内に奉納される。(右台座に「文化元甲子九月吉日奉納願主大圓日参三千日」、左台座に「別當大行院十九世代」の刻銘あり。)昭和四十年十月十日再建する。			豊島区文化財調査報告8
	四	七	一八〇七			深川浄心寺で身延七面大明神開帳。	武江年表
		十		田安右衛門督斉匡御成。御膳所大行院。			櫨楓
				清水宮式部卿斎明、大行院御入。			櫨楓
		この年		神号額「鬼子母神」奉納される。			本書梅沢論考「法明寺鬼子母神堂の奉納絵馬」、解説
	五	六	一八〇八	小林一茶、糀町河内屋武兵衛を誘い、雑司ヶ谷鬼子母神堂に参拝。			一茶・草津道の記
	六	一	一八〇九	金子直徳、鬼子母神奉射礼式を悉く図書して大行院に納める。			新編若葉の梢
		十		田安右衛門督斉匡御成。御膳所大行院。			櫨楓
	七	七	一八一〇	大行院十九世日鑑寂。			櫨楓
		十		徳川菊千代斉順御成、御膳所大行院。			櫨楓
	八	九	一八一一		武蔵國威光山法明寺略縁起、金子直徳により開板される。		若葉抄、櫨楓
					題目塔、金子直徳により建立。上総国夷隅郡麻綿原初日山大日天堂妙法生寺創建の銅版祈願文を埋めたという。		新編若葉の梢
					法明寺杉大門の近くに埋もれていた元禄十一年の碑、金子直徳により再建される。		新編若葉の梢
		十		徳川菊千代斉順御成。御膳所大行院。			櫨楓
		この年		絵馬　唐子遊び図、鬼子母神に奉納される。			本書梅沢解説

文化	九	九	一八一二	清土鬼子母神出現堂境内に「此道に出て涼しさよ松の月」の芭蕉句碑、金子直徳により建立される。			新編若葉の梢
		十		徳川菊千代斉同御成。御膳所大行院。			櫨楓
		この年		石川錠之筆絵馬　趙雲幼主を救う図、奉納される。			本書梅沢解説
	十	十	一八一三	徳川松之助君、大行院御入。			櫨楓
	十一	十	一八一四	徳川菊千代斉同御成。御膳所大行院。			櫨楓
				大行院を筆頭に寺中八ヶ寺では御命日講の八日から二十三日の期間、「雑司ヶ谷の飾り物」といわれる日蓮聖人生涯を模した飾り物が堂内一面に飾りつけられ、鬼子母神茶屋には参詣人が群をなして集まる。			遊歴雑記
				十一代将軍徳川家斉が川崎大師河原平間寺厄除大師へ御成の際、雑司ヶ谷鬼子母神に将軍参拝の古式を調べさせ、名主平次左衛門倅平五郎が数々の古式を書き上げた。			新編若葉の梢
				この頃、鬼子母神のにぎわい衰える。			塵塚談
	十二	十	一八一五	伊藤光雲作木造愛染明王坐像奉納される。			本書副島論考、本書久保田解説
	十四	九	一八一七	雑司ヶ谷鬼子母神御成跡開帳。(九月十八日〜十月三日)			櫨楓
					将軍徳川家斉御成。		文恭院殿御実紀、櫨楓
	十五	四	一八一八	大行院十八世日慈寂。			櫨楓
文政	二	一	一八一九		法明寺三十四世日聞寂。		櫨楓
		四			金子直徳、上総国妙法性寺入仏式を行う。		新編若葉の梢
		十		徳川保之丞、大行院御入。			櫨楓
		この年		鬼子母神境内に力石奉納される。(「元飯田町堀留万屋金蔵、金次郎」刻銘あり。)			豊島区文化財調査報告8
	三	この年	一八二〇	徳川保之丞、大行院御入。			櫨楓
				雑司ヶ谷鬼子母神、草薙の神事(六月十五日)中止される。			櫨楓
		三				身延日逞上人、古仏堂祖師像を深川浄心寺で出開帳。	身延山歴代譜
	四	四	一八二一		法明寺千部供養修行。(四月八日〜十三日)		櫨楓
		十		田安父子同道大行院御入。			櫨楓
		この年		蓮斎筆絵馬　猿図、奉納される。			本書梅沢解説
	五	十	一八二二	清水式部卿斉明大行院御入。			櫨楓
	六	十	一八二三	清水式部卿斉明大行院御入。			櫨楓
	七	十	一八二四	田安右衛門督斉荘大行院御入。			櫨楓

文政	八	十	一八二五		内府徳川家慶、雑司ヶ谷放鷹、御膳所雑司ヶ谷法明寺。		文恭院殿御実紀、柳営日次記、櫨楓
		十二			法明寺三十五世日了寂。		櫨楓
				松本幸四郎、市川高麗蔵、市川團十郎等が銅製灯籠一対奉納。			本書副島論考、本書久保田・菱沼解説
		この年		地誌調の節、林大学頭に対し、別当職より鷺大明神の縁起書を提出。			新編若葉の梢
	九	十	一八二六	鬼子母神の境内、食べ物店奥庭、茶店、植木屋で菊を養い造って十月八日からの会式中の参詣人を待つ。			江戸名所花暦
	十	九	一八二七		内府徳川家慶、雑司ヶ谷で放鷹。		文恭院殿御実紀、柳営日次記、櫨楓
	十一	二	一八二八	雑司ヶ谷鬼子母神御成跡開帳。（三月二日～十六日）			櫨楓
	十二	一	一八二九		法明寺三十六世日慈寂。		櫨楓
	十三	この年	一八三〇	鬼子母神境内に力石奉納される。（「文政十三庚寅年」の刻銘あり。）			豊島区文化財調査報告8
				雑司ヶ谷の料理屋、向耕亭絶える。			武江年表
	年間	この頃	一八一八～一八三〇	雑司ヶ谷鬼子母神境内の大銀杏、子授け銀杏として流行り出す。			豊島区史通史編1
天保	一	七	一八三〇			深川浄心寺で身延山諸堂再建勧財の出開帳を行う。	延山御用留、武江年表
		九			法明寺釈迦堂内より出火、鐘楼・番神社・石仏堂・祖師堂・客殿・方丈・庫裏一面焼失。延焼して塔中の真乗院・観静院・大行院・良仙坊など焼払い、自証院領百姓寅右衛門・宮城治兵衛両家類焼。		櫨楓
	二	十	一八三一			宗祖日蓮聖人五五〇遠忌。	武江年表
	四	十	一八三三			池上本門寺日萬上人、寺社奉行へ将軍還暦、内府四十二歳の厄除けのため谷中感応寺を日蓮宗に帰宗させるよう願書を差出す。	感応寺興隆記、御取立感応寺記、感応寺記
		十二				将軍思召をもって感応寺帰宗の台命が下る。新寺を長耀山感応寺と改め池上本門寺末寺となす。	感応寺興隆記、御取立感応寺記、感応寺記
	五	十	一八三四	八日は御衣替、十八日迄参詣人が群集し、これを会式詣という。			江戸名所図会
	八	十一	一八三七		右大将徳川家祥御成。		慎徳院殿御実紀、櫨楓
	九	四	一八三八	雑司ヶ谷鬼子母神御成跡開帳。（四月八日～二十三日）			櫨楓
		六		鬼子母神境内鷺大明神後へ吉多明神建立。七月下旬頃より参詣人で賑わう。九月幕命により破却。（翌年春ともいう。）			範例記、櫨楓
		七				雑司ヶ谷感応寺盛大な開堂供養が、二十日より二十七日迄修される。	櫨楓

年号	年	月	西暦	事項			出典
天保	九	十	一八三八	柳営御所、御紋付錦の戸張幷緞帳を鬼子母神宝前へ奉納する。			櫨楓
		十			七日は法明寺会式の経揃へ。八日から二十三日は法衣期間中の開帳があり、種々の機巧や見世物が出て参詣人が群集する。	法華宗寺院は御影供法会・報恩会又は会式という。十月十三日は宗祖日蓮聖人の忌日で法会を修して十三日まで修行する。	東都歳時記
		十一			鬼子母神境内出茶屋普請をめぐる悪説風聞たち、法明寺住持日持捕われる。天保十年判決の結果、日持無罪となり、大行院日良・同隠居日義追放される。大行院無住となる。		豊島区史通史編1、櫨楓
	十一	十一	一八四〇		田安民部卿、中野筋御成。法明寺地中飾物上覧。		豊島区史資料編2
		この年			右大将徳川家祥(家定)、高田御成。法明寺御成跡開帳を命じる。		文恭院殿御実紀、櫨楓
	十二	九	一八四一	鬼子母神氏子、大行院後住を大行院法類のなかから選ぶよう幕府に訴える。また法明寺にかわり感応寺支配を願う。幕府訴えを却下。			豊島区史通史編1
		九				将軍思召をもって雑司ヶ谷(鼠山)感応寺廃寺の台命が下る。	感応寺引払一件
		十二			田安一位、雑司ヶ谷御成。御膳所大行院、法明寺境内飾物上覧。		豊島区史資料編2
		この年			法明寺祖師堂再建。		櫨楓
	年間	この頃	一八三〇〜一八四四		雑司ヶ谷法明寺塔中は会式の飾り物を止める。向耕亭、藪そばの跡形もなくなり、天保年間には参詣の勢いが衰える。		武江年表、江戸風俗総まくり
				雑司ヶ谷鬼子母神歩射衰微し、法華経の読誦ばかりとなる。			豊島区史通史編1
弘化	三	一	一八四六	鬼子母神堂拝殿縁回り修理。(「弘化三年午正月再修造當山日持別当日廣」と刻銘された拝殿高欄擬宝珠あり。)			法明寺鬼子母神堂修理工事報告書
	四	十	一八四七	十月八日からの会式には大行院が護持する雑司ヶ谷鬼子母神堂に参詣人が群集。			江都近郊名勝一覧
		この年		鬼子母神堂境内に百度石奉納される。			豊島区文化財調査報告8
	五	この年	一八四八	鬼子母神堂本殿土台を新しくし、本殿一部改変。(弘化五戊甲歳二月大吉日當山□世日持別當二十九世日廣造之(略)の刻印あり。)			法明寺鬼子母神堂修理工事報告書
嘉永	三	この年	一八五〇	鳥居清満筆絵馬　三人静白拍子図、鬼子母神堂に奉納される。東京都指定文化財。			本書永村論考、本書梅沢論考「法明寺鬼子母神堂の奉納絵馬」、解説
	四	十	一八五一		法華経御影供は八日より十三日まで。池上本門寺、雑司ヶ谷法明寺、堀之内妙法寺の会式に参詣人が群集する。		東都遊覧年中行事

嘉永	五	十	一八五二		法明寺会式中、境内に唐辛子の大達磨をつくる。		武江年表
安政	四	十	一八五七	鬼子母神堂仁王金剛神像に石の玉垣建立。	法明寺三十八世日治寂。		新編若葉の梢、櫨楓
安政	五	一	一八五八	清土信者中、鬼子母神出現所小社の再建を大行院に願出る。			柳下家文書（豊島区史資料編1）
安政	五	十	一八五八			講中は竹竿に万灯、幟を立てて法華寺院（池上本門寺）に詣でる。	絵本江戸土産
文久	一	一	一八六一		法明寺三十九世日廣寂。		櫨楓
文久	一	十一	一八六一	鬼子母神堂全体の屋根の修復。（拝殿小屋組大棟中央に二枚の修理棟札あり。）			法明寺鬼子母神堂修理工事報告書
文久	二	この頃	一八六二	絵馬　神功皇后武内宿禰図、神号額「妙見大菩薩」奉納される。			本書梅沢解説
文久	三	二	一八六三	三方二基奉納される。			本書副島論考、本書久保田・菱沼解説
				法華経額奉納される。			本書梅沢論考「法明寺鬼子母神堂の奉納絵馬」、解説
				雑司ヶ谷鬼子母神堂、本堂修復なり開帳。（二月十八日より六十日間、参詣人少し。）			武江年表
元治	一	八	一八六四		法明寺四十世日富寂。		櫨楓
					法明寺四十一世日壽寂。		櫨楓
慶応	一	十一	一八六五	鬼子母神境内の酉明神の酉の祭始まる。			武江年表
安政～慶応	年間	十	一八五四～一八六八		日蓮宗信徒は仏壇を掃除し、造花を挟み、五色餅を供した。会式は八日から二十三日迄で院々に飾り物が出て特に塔頭大行院には参詣人が群る。		砂子の残月
明治	一	十一	一八六八			新政府、神仏混淆廃止令を発し、日蓮宗には三十番神の祭司、曼荼羅中への天照・八幡両神を書き加えることを禁じた。（神仏分離令）	身延山史
		十二			法明寺、神仏分離令にともなう鬼子母神・鷺明神・三十番神・稲荷社の処置について東京府に伺う。東京府、鬼子母神像の装飾除去・三十番神堂・稲荷社の撤去などを指示。		豊島区史資料編4
明治	二	この年	一八六九	銭額　石榴図、奉納される。			本書梅沢論考「法明寺鬼子母神堂の奉納絵馬」、解説
明治	四	二	一八七一	磬子一口奉納される。稲荷大明神護札奉納される。			本書副島論考、本書久保田・菱沼解説
明治	五	九	一八七二			日蓮宗五山（身延・池上・中山・妙顕寺・本圀寺）をもって大本寺とする五山盟約を締結。	身延山史
明治	七	この年	一八七四	銭額奉納される。			本書梅沢論考「法明寺鬼子母神堂の奉納絵馬」、解説

年号	年	月	西暦	鬼子母神堂関係	法明寺関係	一般事項	出典
明治	八	一	一八七五			身延西谷本種坊より出火、本・支院一四四棟焼失。	身延山史、吉川日鑑伝記
	九	二	一八七六			一致派管長日薩、一致派を日蓮宗と改称することを許される。	教部省布達
						勝劣派は、妙満寺派・講門派・八品派・本成寺派・本隆寺派の独立を許す。	(本興寺・本能寺)両山歴譜、京都本能寺歴譜
		四				不受不施派再興を許され、釈日成管長心得となる。	教部省布達、不受歴史、雑誌『明教新誌』
	十一	七	一八七八			身延山久遠寺、日蓮宗総本山と確定。	身延山史
	十四	五	一八八一			身延山祖師堂再建し、上棟式、祖師像御遷座供養会を修する。雑司ヶ谷感応寺古材を祖師堂用材に使う。	身延山史
		十				身延山久遠寺、宗祖日蓮聖人六〇〇遠忌を修す。	身延山史
		この年				池上本門寺、宗祖日蓮聖人六〇〇遠忌を修す。	池上本門寺史管見
	十五	三	一八八二			不受不施講門派独立し、釈日成、管長に任じられる。	教部省布達、明治史要二巻
		この年		神号額「鬼子母神尊」、奉納される。			本書梅沢論考「法明寺鬼子母神堂の奉納絵馬」、解説
	十六	十二	一八八三	仏徳碑建立される。(「正四位山岡鐵太郎書(落款)」との刻銘あり。)			豊島区文化財調査報告8
	十七	十	一八八四	鬼子母神堂本殿屋根を檜皮葺から銅板葺に改変。(「明治十七年十月吉辰」と記した修理棟札あり。)			法明寺鬼子母神堂修理工事報告書
		この年		高橋泥舟筆扁額、鬼子母神に奉納される。			豊島あちらこちら
		この年		銭額「奉納」、奉納される。			本書梅沢論考「法明寺鬼子母神堂の奉納絵馬」、解説
		この年		神号額「鬼子母神尊神」、奉納される。			本書梅沢論考「法明寺鬼子母神堂の奉納絵馬」、解説
	十八	六	一八八五	鬼子母神堂本殿縁回りの修理や拝殿欄間取付。(本殿高欄擬宝珠・拝殿欄間ともに「明治十八年六月」との刻銘あり。)			法明寺鬼子母神堂修理工事報告書
		この年		絵馬　鬼子母神影向図、奉納される。			本書梅沢論考「法明寺鬼子母神堂の奉納絵馬」、解説
	十九	八	一八八六		法明寺四十三世日英寂。		法明寺歴代譜
	二十二	この年	一八八九	南坡筆絵馬　黄石公張良図、奉納される。			本書梅沢論考「法明寺鬼子母神堂の奉納絵馬」、解説
				銭額「三重塔」、奉納される。			本書梅沢論考「法明寺鬼子母神堂の奉納絵馬」、解説
	二十三	この年	一八九〇	絵馬　鬼子母神影向図、銭額　日章、奉納される			本書梅沢論考「法明寺鬼子母神堂の奉納絵馬」、解説
	二十四	この年	一八九一	銭額　三重塔図、奉納される。			本書梅沢論考「法明寺鬼子母神堂の奉納絵馬」、解説

明治	二十五	この年	一八九二	神号額「鬼子母尊神」、奉納される。			本書梅沢論考「法明寺鬼子母神堂の奉納絵馬」、解説
	二十六	十	一八九三	万灯を復興、お会式日数を十月十二日から十八日までとする。			高田町史
		この年		秀齋筆絵馬　鬼子母神堂参詣図、奉納される。			本書梅沢論考「法明寺鬼子母神堂の奉納絵馬」、解説
	二十九	二	一八九四		法明寺四十四世日信寂。		法明寺歴代譜
		この年		句碑、鬼子母神堂境内に奉納される。			豊島区文化財調査報告8
	三十一	十一	一八九八			妙満寺派は顕本法華宗、八品派は本門法華宗、本隆寺派は本妙法華宗、本成寺派は法華宗と改称する。	新編日蓮宗年表
	三十二	一	一八九九	武芳稲荷堂棟札。			本書副島論考、本書久保田・菱沼解説
		二				講門派、本門宗と改称する。	日宗年表
		八		浅子周慶作木造鬼子母神及び両脇侍立像奉納される。豊島区登録文化財。			本書副島論考、本書久保田・菱沼解説
		この年		絵馬　鬼子母神影向図、奉納される。			本書梅沢論考「法明寺鬼子母神堂の奉納絵馬」、解説
	三十三	五	一九〇〇	石井日運作木造鬼子母神立像奉納される。			本書副島論考、本書久保田・菱沼解説
		九				大石寺、本門宗より独立し、日蓮宗富士派と称す。	日宗年表
		この年			法明寺四十五世日祥寂。		法明寺歴代譜
	三十五	この年	一九〇二	書額「感応」、奉納される。			本書梅沢解説
	三十九	五	一九〇六	戦捷記念碑建設される。(「【表】戦捷紀念碑従三位子爵岡部長職書【裏】明治三十七八年戦役従事者(略)」刻銘あり。)			豊島区文化財調査報告8
		この年		奉納塔(「奉納明治世九年」刻銘あり)			豊島区文化財調査報告8
		この年		銭額　石榴図、奉納される。			本書梅沢論考「法明寺鬼子母神堂の奉納絵馬」、解説
	四十一	八	一九〇八	銭箱、鬼子母神堂境内に奉納される。(「【正】奉納世には古【左】北豊島郡元船方村(略)」との刻銘あり。)			豊島区文化財調査報告8
	四十二	この年	一九〇九	絵馬　石榴牡丹鶏図、不説庵誠也筆絵馬　鬼子母神像彫刻図、奉納される。			本書梅沢論考「法明寺鬼子母神堂の奉納絵馬」、解説
	四十三	この年	一九一〇	書額「心願成就」、奉納される。			本書梅沢論考「法明寺鬼子母神堂の奉納絵馬」、解説
	四十四	一	一九一一	木造鬼子母神立像奉納される。豊島区登録文化財。			本書副島論考、本書久保田解説
	四十五	六	一九一二			日蓮宗富士派を日蓮正宗と改称する。	新編日蓮宗年表

大正	二	三	一九一三	仏工矢野永寿作供物台奉納される。牛込千部講、御会式所用に奉納。			本書副島論考、本書久保田・菱沼解説
	三	この年	一九一四	絵馬 石榴図、奉納される。			本書梅沢論考「法明寺鬼子母神堂の奉納絵馬」、解説
	六	この年	一九一七	神号額「鬼子母神」、奉納される。			本書梅沢論考「法明寺鬼子母神堂の奉納絵馬」、解説
	七	この年	一九一八	絵馬 餅図、奉納される。			本書梅沢解説
	十	この年	一九二一	神号額「鬼子母神」、奉納される。			本書梅沢論考「法明寺鬼子母神堂の奉納絵馬」、解説
	十一	十	一九二二			宗祖日蓮聖人に立正大師の諡号を宣下せらる。	勅諡拝戴要録、宗報
		この年		書額「心願成就」、奉納される。			本書梅沢解説
	十二	十	一九二三	お会式を十月十二日から十八日迄とする。			高田町史
		三		三方五基奉納される。			本書副島論考、本書久保田・菱沼解説
	十四	四	一九二五	防水用貯水池碑建立。			豊島区文化財調査報告8
		十		六角台奉納される。			本書副島論考、本書久保田・菱沼解説
		この年		銭額「妙法」、奉納される。			本書梅沢論考「法明寺鬼子母神堂の奉納絵馬」、解説
	年間	十	一九一二〜一九二六	万灯は護国寺に集合。最盛期には一五〇基の万灯が練り、混乱を避ける為、講社が一度に境内にお参りせず、一講社毎のお参りとなる。			御会式新聞
	十五	この年	一九二六	神号額「鬼子母神」、「鬼子母神尊」、奉納される。			本書梅沢論考「法明寺鬼子母神堂の奉納絵馬」、解説
昭和	二	この年	一九二七	大正十三年から関東大震災後の復興大修理を行う。屋根瓦の総葺替、本殿内陣荘厳具や内部の総漆塗等。（本殿棟木に修理竣工棟札あり。）			法明寺鬼子母神堂修理工事報告書
		九		鬼子母神堂棟札。			本書副島論考、本書久保田・菱沼解説
		十		大仏師富田龍慶作灯籠奉納される。			本書副島論考、本書久保田・菱沼解説
	三	十	一九二八	五具足奉納される。			本書副島論考、本書久保田・菱沼解説
		この年		書額「心願成就」、奉納される。			本書梅沢解説
	四	九	一九二九	燭台二基奉納される。			本書副島論考、本書久保田・菱沼解説
		この年		神号額「鬼子母神」、奉納される。			本書梅沢論考「法明寺鬼子母神堂の奉納絵馬」、解説
	五	三	一九三〇	灯籠二基奉納される。			本書副島論考、本書久保田・菱沼解説
		十二		木造鬼子母神立像奉納される。豊島区登録文化財。			本書副島論考、本書久保田解説

昭和	六	四	一九三一	鬼子母神堂大銀杏に対し天然記念物碑建立。（「昭和五年七月文部大臣指定」との刻銘あり。）			豊島区文化財調査報告8
	六	十	一九三一			宗祖日蓮聖人六五〇遠忌。	日蓮宗宗務院宗報
	八	この年	一九三三	花瓶二口奉納される。		皇室より「立正大師」の勅額を拝戴する。	新編日蓮宗年表
	九	九	一九三四		法明寺四十六世日龍寂。		法明寺歴代譜
	十	この年	一九三五	木造鬼子母神立像、木像日蓮上人坐像奉納される			本書副島論考、本書久保田解説
	十三	九	一九三八	白龍大善神鏡一面奉納される。			本書副島論考、本書久保田・菱沼解説
	十三	十一	一九三八	石像鬼子母神立像奉納される。			本書副島論考、本書久保田解説
	十三	十一	一九三八	鬼子母神像建立。（「白石惣一郎三歳ノ年當山御本尊鬼子母神尊神ノ御弟子に上リ爾来御本尊ノ御加護（略）」の刻銘あり。）			豊島区文化財調査報告8
	二十四	十	一九四九	木造鬼子母神立像奉納される。			本書副島論考、本書久保田解説
	二十五		一九五〇	御会式復興会により万灯練り供養が再興。参加講社は二講社。集合場所は法明寺。			法明寺近江正隆師聞書
	二十六	二	一九五一	伏見稲荷大神御幣一基奉納される。			本書副島論考、本書久保田・菱沼解説
	二十八	一	一九五三	御籤筒一基奉納される。			本書副島論考、本書久保田・菱沼解説
	二十九	十	一九五四	木造鬼子母神立像奉納される。			本書副島論考、本書久保田解説
	三十三	十	一九五八	日本童話協会により心願碑建立。（「童心」との刻銘あり。）			豊島区文化財調査報告8
	三十五	二	一九六〇	門扉建立。（「鬼子母神西参道」との刻銘あり。）			豊島区文化財調査報告8
	三十五	二	一九六〇	十三日東京都、鬼子母神堂を都重宝（昭和五十一年「東京都指定有形文化財」に変更。）に指定。			法明寺鬼子母神堂修理工事報告書
	三十六	二	一九六一	鬼子母神堂に文化財指定碑建立。（「都重宝法明寺鬼子母神堂」との刻銘あり。）			豊島区文化財調査報告8
	三十七	二	一九六二	句碑建立。（「昭和三十七年二月二十一日建立　白炎社一同」との刻銘あり。）			豊島区文化財調査報告8
	三十七	四	一九六二	木造大黒天立像奉納される。			本書副島論考、本書久保田解説
	三十八	五	一九六三		法明寺四十七世日厚寂。		法明寺歴代譜
	三十九	九	一九六四	一字一石碑、江戸千家家元、九世川上宗雪により建立。（「孤峰不白一字一石妙経塔」との刻銘あり。）			豊島区文化財調査報告8
	四十七	三	一九七二	木造不動明王立像奉納される。			本書副島論考、本書久保田解説
	四十九	三	一九七四	武芳稲荷に狛狐像一対奉納される。			豊島区文化財調査報告8

昭和	五十	この年	一九七五	地元十一講社により御会式連合会を結成。			御会式新聞
	五十四	この年	一九七九	木造観音菩薩立像奉納される。			本書副島論考、本書久保田解説
				法明寺鬼子母神堂大修復。昭和五十一年十一月一日着手し、昭和五十四年十月三十一日竣工した。床下・縁回りの解体、不同沈下の建て起し、屋根の葺替を主として、建具、塗装、飾金具も補修と防災設備の設置を行ない、加えて本殿厨子と妙見宮を修理した。			法明寺鬼子母神堂修理工事報告書
	五十五	四	一九八〇	法明寺鬼子母神堂昭和大修復落慶。五日、落慶大法要。			法明寺記録
		この年		鬼子母神堂棟札を棟札箱に納める。			本書副島論考、本書久保田・菱沼解説
				鬼子母神拝殿前に縁起碑が建立される。（雑司ヶ谷鬼子母神の縁起の刻銘あり。）			豊島区文化財調査報告8
				雑司ヶ谷鬼子母神堂境内に灯籠一対が建立される。（台座部分に柘榴紋、灯籠部分に七宝文様。）			豊島区文化財調査報告8
	五十六	四	一九八一	木造大黒天立像奉納される。			本書副島論考、本書久保田解説
		十				宗祖日蓮聖人七〇〇遠忌。	日蓮宗年表
	六十一	七	一九八六	雑司ヶ谷鬼子母神堂境内に手洗鉢が建立される。			豊島区文化財調査報告8
平成	一	この年	一九八九	銅像鬼子母神立像奉納される。			本書副島論考、本書久保田解説
	九	十一	一九九七	雑司ヶ谷鬼子母神境内に香炉が建立される。			豊島区文化財調査報告8
	十	十二	一九九八	木造大黒天立像奉納される。			本書副島論考、本書久保田解説
	十六	十	二〇〇四	大黒堂棟札。			本書副島論考、本書久保田・菱沼解説
	二十五	この年	二〇一三		開山日源上人七〇〇遠忌。		『日源上人とゆかりの寺院』
	二十六	この年	二〇一四	鬼子母神堂本殿建立三五〇年。			法明寺記録
		四		豊島区教育委員会、雑司ヶ谷鬼子母神の御会式万灯練供養を文化財登録。			豊島区
	二十七	三	二〇一五	豊島区教育委員会、雑司ヶ谷鬼子母神の万灯練供養を豊島区指定無形民俗文化財(風俗習慣)として認定。			豊島区
	二十八	七	二〇一六	二十五日文化庁、鬼子母神堂を重要文化財に指定。			官報
		九		二十六日、鬼子母神堂重要文化財指定記念碑除幕式。（於・鬼子母神堂）			法明寺記録
				二十六日、鬼子母神堂重要文化財指定報告会。（於・ホテルメトロポリタン東京池袋）			法明寺記録

（作成　國分眞史・佐藤妙晃）

雑司ヶ谷鬼子母神堂開堂三百五十年・重要文化財指定記念誌刊行会名簿

調査・執筆・撮影

上野勝久	元東京藝術大学大学院教授
永村　眞	日本女子大学名誉教授
副島弘道	大正大学文学部教授
井上久美子	写真家
安藤昌就	池上本門寺管理部霊宝殿担当主事
小林直弘	東京藝術大学大学院美術研究科文化財保存学専攻保存修復建造物研究室非常勤講師
永井文仁	東京藝術大学美術学部附属写真センター助教
梅沢　恵	神奈川県立金沢文庫主任学芸員
向坂卓也	神奈川県立金沢文庫主任学芸員
國分眞史	元日本女子大学総合研究所客員研究員
小谷量子	日本女子大学大学院
菱沼沙織	大正大学文学部歴史学科副手
久保田綾	大正大学大学院
柏﨑　諒	早稲田大学會津八一記念博物館助手
由良　濯	早稲田大学大学院

調査補助

樋口美咲	早稲田大学美術史コース助手
田所　泰	独立行政法人国立文化財機構東京文化財研究所
工藤優衣	早稲田大学大学院
渡邉尚恵	東京藝術大学大学院助手
小柏典華	東京藝術大学
赤熊莉江	東京藝術大学
副島泰平	東京藝術大学
坪内綾子	日本女子大学学術研究員・醍醐寺霊宝館学芸員
佐藤亜莉華	日本女子大学
吉田恵美子	日本女子大学
木田花緒里	日本女子大学
長瀬沙紀	日本女子大学
吉田麻美	日本女子大学
齋藤さつき	日本女子大学
杉田美沙紀	大正大学大学院

調査・執筆協力

渡邊　隆　風基建設株式会社　代表取締役社長
吉田祐輔　勉誠出版株式会社　編集部部長
上田　亮　日本通運株式会社　横浜支店美術品担当係長
大山征男　株式会社大山石材　代表取締役社長

豊島区

区　長　高野之夫
教育委員会教育長
三田一則
教育委員会学芸員
伊藤暢直
吉成香澄

法明寺

住　職　近江正典
院　首　近江正隆
参　事　吉田正教
執　事　近江正栄
小山内功静
鬼子母神堂番司
高野顕修
主　事　近江和代　近江順子　近江美佳　岡安　晶　岡安雅子
福田良行　桜井文英　神倉尚子　佐藤妙晃　加藤晃啓
書　記　阿部正慎　中澤真弘　上坂顕法　堀内紳行　根師龍雅
総　代　斎田晴一
三角哲生（平成二十八年四月十五日逝去）
宮子眞一
望月龍二
金子　章
威光山花園中会長
堀口吉三郎
雑司ヶ谷妙見講代表
渡邉晃一
武芳稲荷講講元
児玉　章
雑司ヶ谷鬼子母神　御会式連合会会長
川井　誠

編集後記

日本女子大学が法明寺御住職近江正典師のご理解のもとに、雑司ヶ谷鬼子母神堂の調査に着手したのは、本学において開講されていた社会人講座（「文の京地域文化インタープリター養成講座」）の中からでした。この講座は日本女子大学文学部史学科の永村研究室が企画・運営し、学外から上野勝久氏（東京藝術大学）、川瀬由照氏（文化庁）、増記隆介氏（文化庁）を講師としてお迎えし、鬼子母神堂について日本史・建築史・彫刻史・絵画史という側面からの調査・研究がなされました。その成果の一端は、平成二十二年九月、豊島区・豊島区教育委員会の後援のもとに、法明寺さんと日本女子大学により、「江戸時代に生まれた庶民信仰の空間――音羽と雑司ヶ谷――」という展示として結実し、展示図録『江戸時代に生まれた庶民信仰の空間――音羽と雑司ヶ谷――』が刊行されています。

さらに平成二十四年からは、日本女子大学を会場として「鬼子母神研究会」が開催され、鬼子母神堂本殿落慶三百五十年を記念する図録『雑司ヶ谷鬼子母神堂』の刊行を目指し、改めて本格的な調査・研究が再開されました。とりわけ図録の中核をなす鬼子母神堂の建築写真、堂内に安置される絵馬・仏像・法具等の調査が企画され、法明寺さんを中心として、豊島区教育委員会・日本女子大学永村研究室・大正大学副島研究室・神奈川県立金沢文庫・東京藝術大学美術研究科・早稲田大学大学院文学研究科美術史学コースの学生・研究者と写真家井上久美子氏のご協力を得て、総合的な調査と撮影が実施されました。

とりわけ本堂内に懸けられている絵馬は、全て降ろして一点毎の詳細な調査と撮影が行われ（調査経過は神倉尚子氏作成の「雑司ヶ谷鬼子母神堂開堂三百五十年・重要文化財指定記念誌制作日程」参照）、この調査作業の中で、本堂床下から七十九点の絵馬が発見され、これらも図録に収められることになりました。堂宇や仏像・法具の撮影作業は、七五三参詣の時期と重なり、参拝者の方には撮影のためご協力を賜りました。

なお平成二十八年七月、一連の調査・研究の成果を踏まえ、「雑司ヶ谷鬼子母神堂」は国の重要文化財の指定を受け、堂の脇にはその由緒を記す石塔が建立され、併せて図録も『雑司ヶ谷鬼子母神堂開堂三百五十年・重要文化財指定記念　雑司ヶ谷鬼子母神堂』との書名で、勉誠出版より刊行される運びとなりました。

江戸時代より多くの人々が足を運んだ鬼子母神堂は、今後も末永く人々の信仰のよりどころとなるものと確信します。

（永村眞、小谷量子）

雑司ヶ谷鬼子母神堂開堂三百五十年・重要文化財指定記念

雑《ぞう》司《し》ヶ《が》谷《や》鬼《き》子《し》母《も》神《じん》堂《どう》

編者　威光山法明寺
近江正典

発行者　池嶋洋次

発行所　勉誠出版㈱

〒101-0051 東京都千代田区神田神保町三―一〇―二
電話　〇三―五二一五―九〇二一㈹

平成二十八年十一月二十八日　初版発行

印刷　太平印刷社
製本　若林製本工場

ISBN978-4-585-21036-8　C3015